U0509077

陆学艺全集

北京市陆学艺社会学发展基金会 编

第7卷

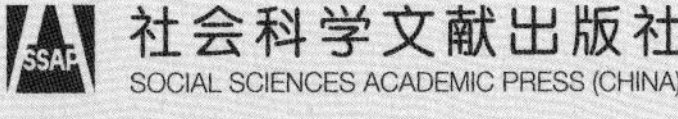

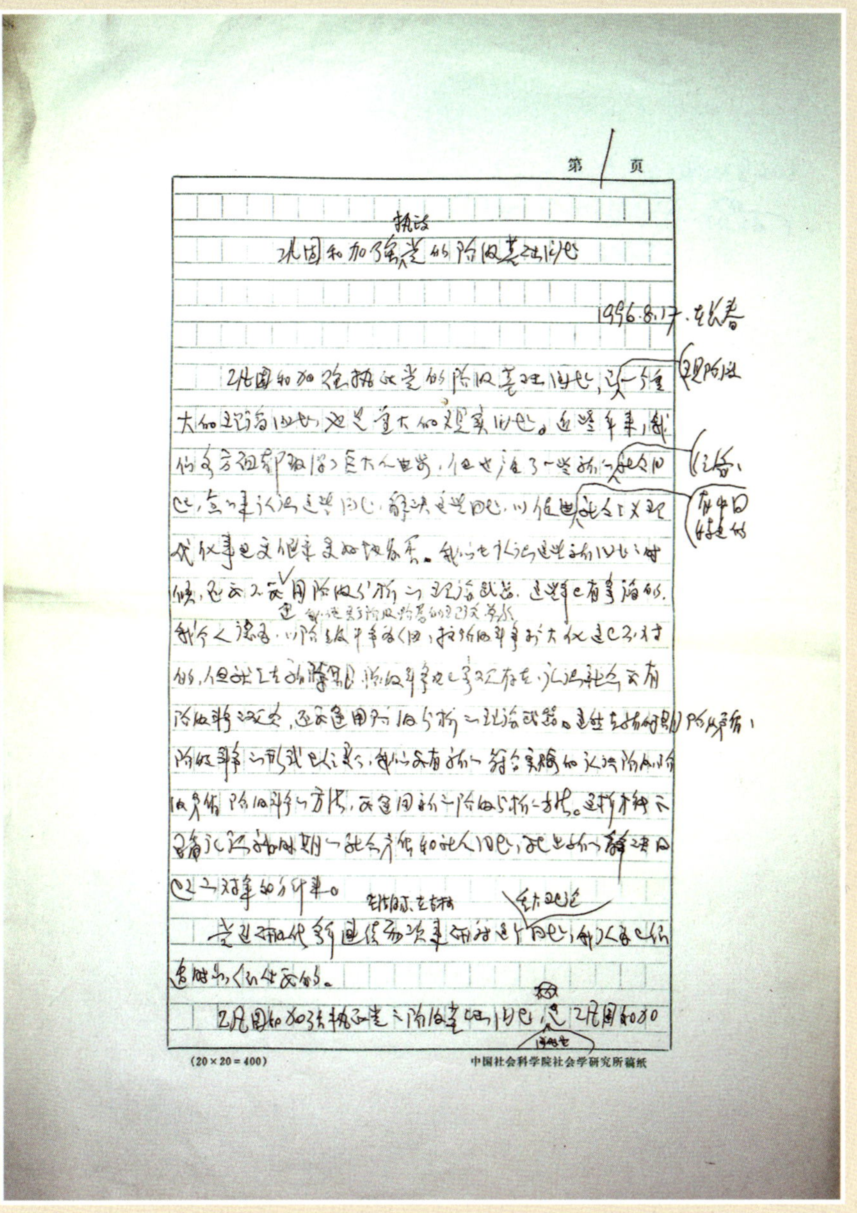

第 1 页

巩固和加强执政党的阶级基础问题

1996.8.17. 长春

(20×20=400)　　中国社会科学院社会学研究所稿纸

《巩固和加强执政党的阶级基础问题》原稿第一页

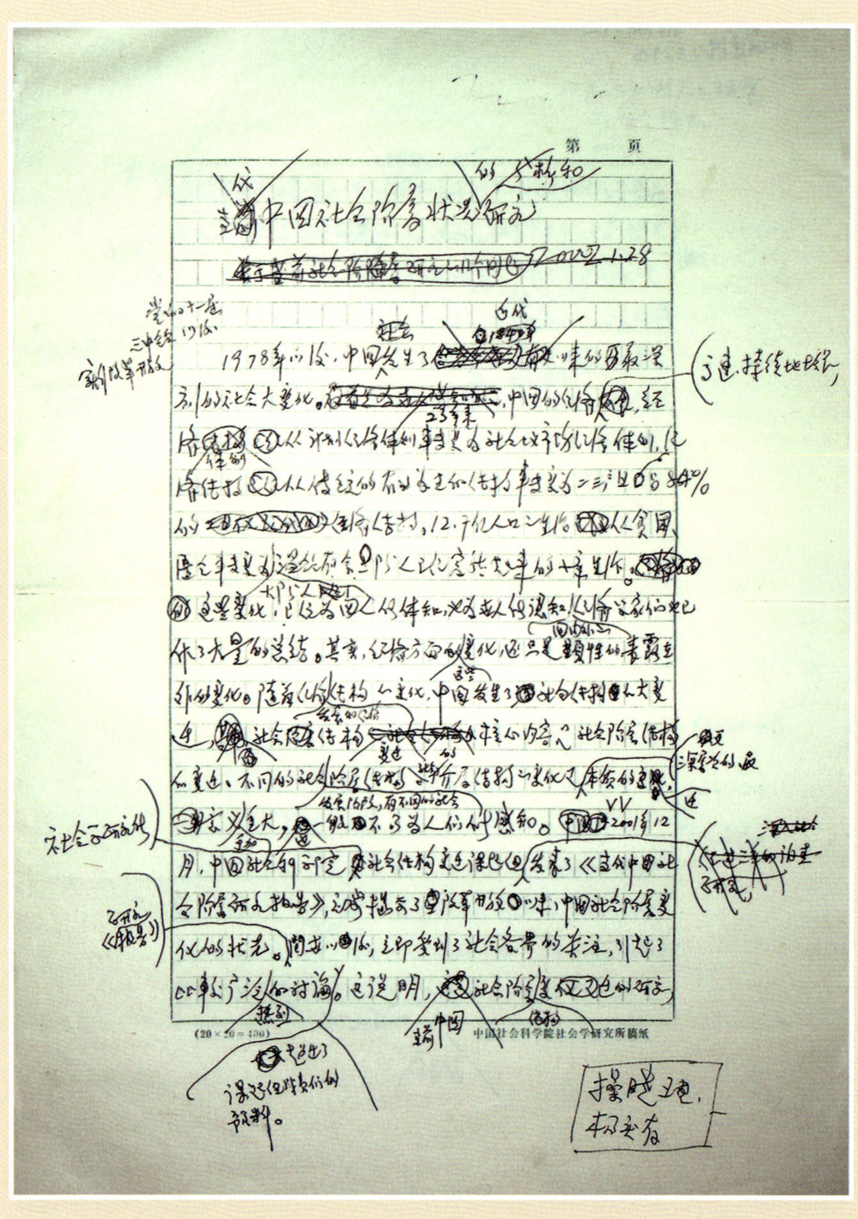

《当代中国社会阶层状况的分析和研究》原稿第一页

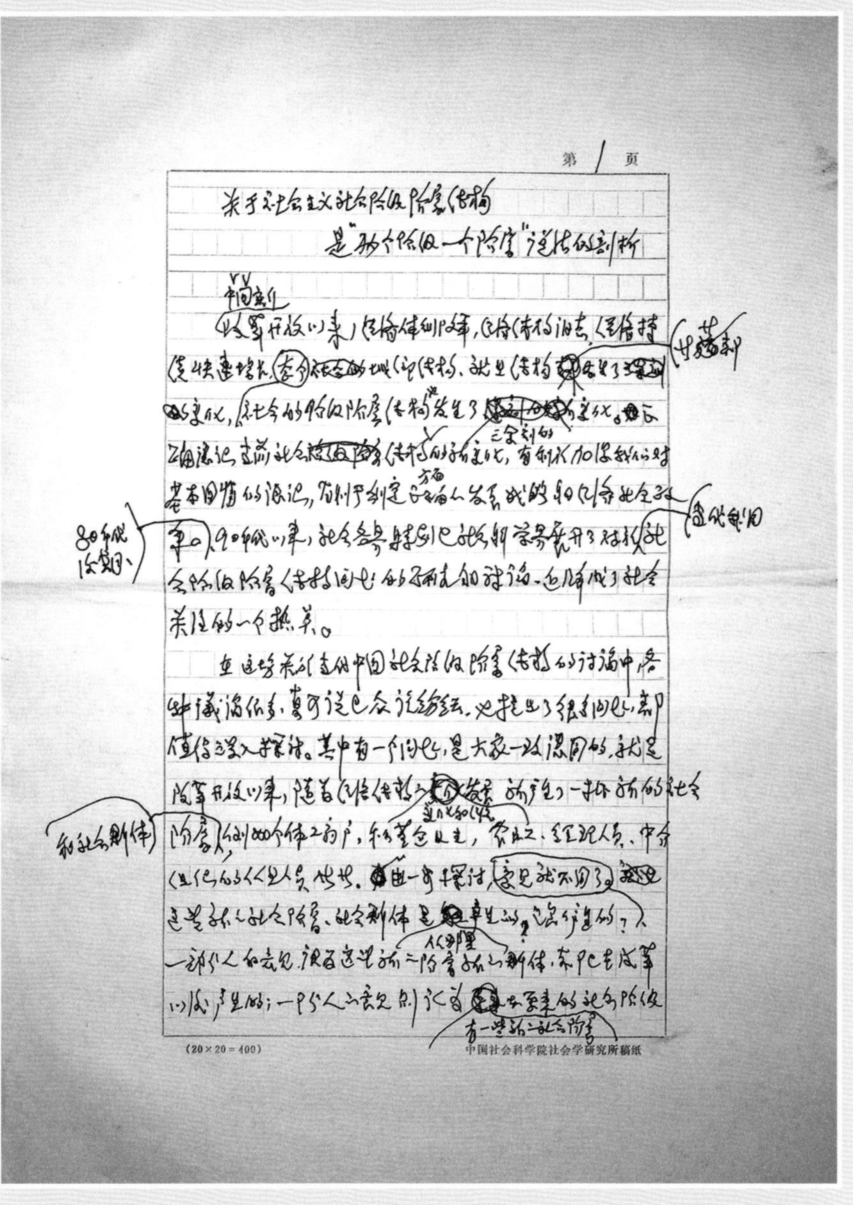

《关于社会主义社会阶级阶层结构是"两个阶级一个阶层"说法的剖析》原稿第一页

第7卷　社会结构论

（1990～2003）

本卷收录了陆学艺在1990～2003年撰写和发表的关于社会结构研究的学术论文、调研报告、演讲、发言摘要、书序及学术书信。自1987年因工作需要转入社会学领域之后，陆学艺早年关于当代中国农民分化与分层的研究奠定了他在社会学领域的研究基础。1998年以后，他组建了"当代中国社会结构变迁研究"课题组，开创了关于当代中国社会转型、当代中国社会分层、当代中国社会流动、当代中国社会结构和当代中国社会建设等系列研究，取得了令人瞩目的成果，在学术界和社会上都产生了重大影响。这一时期这方面的主要代表作有：《21世纪中国的社会结构——关于中国的社会结构转型》《中国及世界社会结构的变化趋势》《当代中国社会阶层研究》《当代中国社会结构变迁研究的第一个成果》《当代中国社会结构变迁与中国共产党》《关于社会主义社会阶级阶层结构是"两个阶级一个阶层说法的剖析》，等等。20世纪90年代以后，陆学艺对新社会阶层，特别是个体劳动者和私营企业主阶层的关注，实际上也是其社会分层理论中的一个重要组成部分，《对我国现阶段个体、私营经济发展的再认识》《私营企业发展的新阶段呼吁出台社会政策》《中国私营经济、私营企业主阶层产生、发展的实践和理论演变》等成果就是这方面的代表作。

本卷目录

当代中国社会分层

当代中国社会流动

当代中国社会结构

经济与社会协调发展

区域社会结构与发展

当代中国社会分层

巩固和加强执政党的阶级基础问题[*]

巩固和加强执政党的阶级基础问题，是现阶段一个重大的理论问题，也是重大的现实问题。近年来，我们各方面都取得了巨大的进步，但也产生了一些新的经济、社会问题。怎么来认识这些问题、解决这些问题，以促进有中国特色的社会主义现代化事业更健康、更好地发展？我们在认识这些新问题的时候，还要不要运用我们党关于阶级阶层的理论、关于阶级分析的理论武器，这些年是有争论的。

我个人认为，以阶级斗争为纲，把阶级斗争扩大化，这是不对的。但就是在新时期，阶级斗争也是客观存在的，认识社会要有阶级斗争的观念，还要运用阶级分析的理论武器。当然，在新时期，阶级矛盾、阶级斗争的形式已经变了，我们要有新的符合实际的认识阶级、阶级矛盾、阶级斗争的方法，要运用新的阶级分析的方法，这样才能正确认识新时期的社会矛盾和社会问题，提出新的解决问题的对策和方针来。

党建研究所今年①连续两次（在湖南、在吉林）来研讨这个重大理论问题，我认为是很适时的、很必要的。

巩固和加强执政党的阶级基础问题，同时也是巩固和加强我们国家的阶级基础问题，是有关我们这个社会主义国家能否巩固、社会主义现代化的宏伟目标能否顺利实现的重大问题。正确认识执政党的阶级基础问题，说到底，也还是正确认识毛主席在70年前即1926年提出的要“依靠谁、团结谁、打倒谁”的问题。早在新中国成立的前夕，毛主席就提出，“无产阶

---

* 本文源于作者手稿。该文稿系陆学艺1996年8月17日在长春“巩固和加强执政党的阶级基础问题理论研讨会”上的发言稿，似未完成。——编者注

① 此处指1996年。——编者注

级领导的以工农联盟为基础的人民民主专政，要求我们党去认真地团结全体工人阶级、全体农民阶级和广大的革命知识分子。这些是这个专政的领导力量和基础力量。没有这种团结，这个专政就不能巩固”。[①] 这个指示在现阶段也还是适用的。

① 毛泽东：《在中国共产党第七届中央委员会第二次全体会议上的报告》，载《毛泽东选集》第4卷，北京：人民出版社，1991年6月第2版，第1436~1437页。

做好首次全国社会结构变迁调查的工作*

一　新中国成立50年来，我们国家发生了翻天覆地的变化

改革开放20年，我们国家走上了社会主义现代化建设的快车道。我国的经济高速发展，综合国力有了很大的提高，GDP已经接近1万亿美元①。1994年我国只占世界GNP（5万亿美元）的0.8%，1997年占28万亿美元的3.3%（占世界人口的21%），人民生活有了极大的提高。湖北省汉川市也同样发生了极大的变化。1964年，我在襄阳搞了一年的"四清"，在牛首镇竹条村住过。那时到秋后，很多群众的温饱还有问题。襄樊地委招待所还是平房。

用我们社会学家的语言说，我们国家正在经历两个转变，一个是正在由一个农业社会、农村社会向工业社会、现代社会转变，另一个是正在由计划经济体制向社会主义市场经济体制转变，一步步实现现代化（这要分若干阶段）。

1992年以后，特别是1996年以后，我们国家正在经历一些新的变化，出现了一些新的现象。1998年十五届三中全会公报指出，"当前我国改革和

---

* 本文源自作者手稿。该文稿系陆学艺于1999年6月15日在孝感、汉川市社会结构变迁调查课题组成立大会上的发言稿。原稿无题，现标题为本书编者根据发言稿内容所拟定。——编者注

① 《中华人民共和国1998年国民经济和社会发展统计公报》，http://www.stats.gov.cn/tjsj/tjgb/ndtjgb/qgndtjgb/200203/t20020331_30012.html。

发展正处在一个非常关键的时期”。[①] 温家宝同志说，当前农村遇到的问题，是在农业生产发展、农民生活提高、农村社会进步基础上出现的新问题。近年来，农民收入增长缓慢，主要不是自然灾害的原因，也不是农村政策和工作指导上有什么问题，而是农业和农村经济发展阶段性变化的反映。朱镕基在九届二次人代会议上说：“经过二十年的农村改革，我国农业进入了一个新的阶段。”[②]

二　新阶段，有新的问题

首先，我国已由短缺经济进入主要工农产品相对过剩的时期，由卖方市场进入买方市场；其次，我国的经济结构已经改变了，已经由一二三产业结构，进入到二一三、二三一的产业结构（上海、北京已经是三二一的结构）；最后，我国市场经济框架已经建立，50%已经实现了市场化。

新阶段出现新问题。用原来的观念指导工作已经不行了，商品普遍卖不出去，要有一些新的思路。一个大的问题是，我们的社会结构也发生了变化，但不似经济改革这样自觉、这样清楚。下一个阶段，要调整社会结构来促进经济发展。

鉴于新时期的新特点，中国社会科学院领导提出要进行社会结构变迁的研究，弄清楚我国改革开放以来，随着经济的发展，社会结构已经发生了哪些变化，正在发生哪些变化，将向什么方向发展，由此制定新的符合实际的经济社会政策。

总的来说，我们是富起来了，经济实力增强了，城乡关系变了。阶级、阶层、人的群体变了，原来的工人、农民、干部“两个阶级一个阶层”已经不能概括了。

（1）工人、农民阶级本身分化了。

（2）一些新的社会阶层、职业群体出现了，如农民工、私营企业主、三资企业的经理和工人。

（3）原来是统一的工资制，不管是什么行业。现在的一些行业收入差别大，如人们所说的“三电一草”“五行一保”，这些行业收入高。

---

① 《〈中共中央关于农业和农村工作若干重大问题的决定〉学习辅导讲座》，北京：人民出版社，1998年，第35页。

② 《中华人民共和国第九届全国人民代表大会第二次会议文件汇编》，北京：人民出版社，1999年，第13页。

这是社会发展、市场经济的必然现象，社会分化总的来讲是进步的表现，但也产生了不少不公平不合理现象。

我们对现在的问题，心中无数。过去我们对经济结构掌握比较好，但对社会的这些变动心中无数。这些现象看到了，但到底有多少人富了，富到什么程度，哪些人富了，用什么方式富的，大部分群众怎么样，心中无数。

三 关于这次社会结构变迁调查的任务

我们这个调查就是要弄清楚：20 年来到底产生了哪些新的职业群体？他们的收入、心态、愿望到底怎么样？要弄清楚，做到心中有数。在这个基础上，做出新的社会政策，推动经济持续发展、社会全面进步。

这个任务是全国性的。发达国家都有这种调查，每 3 ~5 年或 10 年调查一次。我们还没有，这次调查是第一次。这个调查要弄清楚全国 12 亿人，非常不容易。还是老办法，先做典型调查，再向全国铺开。我们经过多次协商，选汉川作为第一个试点调查县，原因如下。

（1）汉川这 20 年发展得比较好，有了极大的进步，在全省处于前列。工作基础好，干部、群众条件好，市场经济发展好，可以反映中部地区，有代表意义。

（2）孝感市委党校同我们中国社会科学院有长期合作关系，《中国国情丛书——百县市经济社会调查·孝感卷》做得很出色，有一支训练有素的调查队伍。

（3）汉川是何秘书长①的老家，我们彼此很熟悉。这一点，我在这里表个态，我们这次调查是来学习的，是来和市委党校合作的，和市委合作共同完成这项任务。作为第一个点，我们最后的工作是在孝感、汉川市委的领导下弄清楚这 106 万人社会结构有哪些变化，心中有数了，可以制定相应的政策，促进经济发展，互相信任，互相支持，长期合作，使工作更上一层楼。

这项工作是全国组织、有领导的调查，任务很艰巨，意义很重大。有理论意义，有实用价值。在汉川开这个头，同志们很支持，我们很感谢！我们中国社会科学院主要依靠孝感、汉川的同志来做，我们只是在调查方

① 指的是何秉孟。——编者注

案、专题调查、抽样方案、问卷调查、统计分析等方面给予协助，我已经说过了，我们是来协作的，共同把这件事搞好。

孝感市委党校已制定了具体的方案，今天以后就要开展调查了，请大家来，拜托大家按照方案完成这项任务。很辛苦，百忙中还加了这项任务。

成果很有意义，预期的两项成果如下。

（1）汉川市106万人，社会结构是怎样分层的，是怎么形成的，各方面关系怎样，将来会向什么方向变化？

（2）汉川市20年来的社会结构变迁。这是全国第一本数量化的研究著作，在国内外会有很大影响的。

在完成这个任务的过程中，要仰仗大家，最后要市委把关。

最后我说一句，我个人是当过3年陵县县委副书记的，我深知工作难度很大，不容易。我在那儿是合作很好的，最近他们还请我回去做了一次报告。我们在全国有好几个点，晋江、太仓、肇东，都处得很好。我带的这些博士都会照此办的。我们保证人数，好好工作，配合工作，不会给市委添任何麻烦。一回生、二回熟，以后我们是朋友，中国社会科学院和汉川建立起友谊，互相学习，互相促进，要把这件事办好，以后还要建立长期的合作关系。

不可忽视的基础和不该冷落的研究*

由金丽薇同志主持的国家哲学社会科学规划项目成果《不可忽视的基础——社会主义市场经济条件下的工农联盟问题研究》一书，已由红旗出版社出版。近年来，学术界对这一重要课题关注不够，相关的研究成果也甚少，但从我国社会主义建设实践来看，这一课题却有着极为重要的理论和现实意义。该书的贡献主要有两个：一是在全面总结我国革命和建设工农联盟实践的基础上，对工农联盟的历史和现实、内容和形式、条件和趋势等，进行了富有创新的研究，初步形成了新时期工农联盟的理论体系，填补了这一研究领域的空白；二是在深入、系统研究的基础上，得出了对新时期巩固和发展工农联盟实践具有指导、参考意义的系列结论。在这两个贡献中，后一方面的现实意义更大。

首先，该书向读者展示了新时期巩固和发展工农联盟的重要性。

作者依据我国新时期政治、经济的实践，吸取苏东国家社会制度骤变的教训，得出在社会主义现代化时期，在社会主义市场经济条件下，在改革开放以来出现阶级、阶层分化和改组的情况下，工农联盟依然是人民民主专政的基础，是共产党执政的基础这一科学结论。作者同时指出，包括知识分子在内的工人阶级、农民阶级，以及由这两大阶级结成的新型联盟，是中国现代化的主体力量。

作者分析指出，现实存在的忽视甚至否定工农联盟存在意义的倾向，其原因不仅在于一些人受传统思维方式和观点影响，仅把工农联盟看作阶级斗争和革命的工具，而且在于一些人对我国社会主义初级阶段的长期性

* 本文原载《科学社会主义》1999 年第 6 期（12 月 25 日）。该文系陆学艺为金丽薇的专著《不可忽视的基础——社会主义市场经济条件下的工农联盟问题研究》（北京：红旗出版社，1999 年）撰写的书评。——编者注

和艰巨性认识不透。作者正确地指出，由于我国经济、文化的落后性，由于我国大部分社会居民仍然在农村，由于二元经济社会结构和城乡、工农差距在短期内难以改变，由于对农民改造任务的长期性和艰巨性，由于改革所带来的经济结构、利益结构、思想文化的迅疾变化，也由于现实的国际政治格局的影响，工农联盟将长期发挥基础性和主体性的作用。在变化了的形势下，探索工农联盟的新内容、新形式，使工农联盟在更高层次上得到巩固和发展，仍是我们党的一个重要方针，是我们党的一大政治优势，也是我们克服发展中的困难、保持社会稳定，并战胜国际敌对势力的一大法宝。

其次，该书深入分析了新时期工农关系的新变化和影响工农联盟进一步发展的诸因素。

作者对改革开放以来工人阶级、农民阶级、知识分子的范围、经济状况、政治状况、文化教育状况等进行了全面分析，并在此基础上总结了新时期工农关系的新变化，如工农联系的主渠道由计划向市场转变；城乡产业关系由分割状态向融合发展转变；城乡生产要素由单向流动向双向流动转变；工农、社会身份由界线分明向模糊变化；工农生活水平随市场状况、经济结构调整和经济发展而不断提高，但在不同阶段也出现波动；等等。这为我们正确认识社会主义市场经济条件下新型工农联盟的内涵、性质、特点的变化提供了依据。

对于影响新型工农联盟巩固和发展的诸因素，作者进行了深入的分析。一是经济体制改革在使城乡、工农关系由计划协调变为市场调节，由间接变为直接，由被动变为主动，由单一变为多元的同时，又使城乡、工农之间出现了新的政治和经济利益冲突。二是分析了经济结构调整对城乡、工农关系的影响，并指出，城乡产业结构的合理调整，是工农关系协调发展的物质基础；农村产业结构的调整和升级，是农民由温饱向小康迈进的基本途径。三是分析了国家发展战略选择对城乡、工农关系的影响，包括：传统战略对工农业发展失衡、城乡收入严重倾斜方面造成的深远影响，新时期发展战略对失衡和倾斜的矫正，以及市场经济条件下新的不平衡的形成，等等。四是分析了高度集中的领导体制、城乡分割的行政管理、传统的户籍管理制度等体制缺陷，提出巩固而健康的工农联盟，必须体现公正和民主两大原则。五是分析了改革开放以来文化变迁和价值观裂变对工农联盟的促进和制约作用。

最后，作者提出了在社会主义市场经济条件下巩固和发展新型工农联

盟的整体思路和制定系列对策的建议。

作者的整体思路是：建立以社会主义市场机制为纽带的新型工农经济联盟，构建民主法制基础上的工农政治联盟，建立邓小平理论旗帜下的工农思想文化联盟，完善党对新型工农联盟建设的领导，巩固执政党和国家政权的阶级基础。

在经济方面，作者认为，建立城乡一体化的市场经济体系，推动城乡产业一体化融合发展，实现城乡资源合理流动和城乡平等交换、公平分配，不仅是巩固和发展工农联盟的需要，也是社会主义市场经济健康发展的基本内涵和前提。作者正确指出，通过国家调控市场来协调城乡关系，调整工农利益，是工农联盟新的结合部。

在政治方面，作者认为要巩固和发展工农政治联盟，必须加强农村民主政治建设，保障农民的民主权利，支持农民当家作主，从而在政治上保障农民合法权益不受侵犯，保障农民在市场体系中的平等地位。

在思想文化方面，要坚持用邓小平理论武装工人和农民群众，提高工农群众的思想文化素质，形成工农共建、共享精神文明的格局。

在党的建设方面，通过加强党的思想、作风和组织建设，从严治党，深入开展反腐败斗争，净化工农群众的生产、生活环境，密切党和工农群众的关系，加强党对工农联盟的组织、领导工作。

尽管由于理论、实践、资料、时间的限制，该书的个别内容存在不深入、不全面的缺憾，但整体而言仍不失为一本颇具理论和实践价值的好书。

20年来大陆的经济发展与社会分化*

感谢张代所长、傅仰止教授的接待！我这次来是同台湾的同行交流我们关于大陆社会结构变迁的调查与研究，探讨在经济高速增长下社会结构的变迁问题的。1978年以后大陆经济经过改革，发展是很快的。但社会结构没有相应的正向变化，由此引起了一系列社会问题。可以做如下的总结。

一 经济发展成就瞩目

（一）经过20年，特别是在1996年以后，我们已经从计划经济下的短缺经济转变为多数商品供给有余，从卖方市场转变为买方市场。十多年前，中国许多商品供不应求，从粮食到自行车都要凭票供应。现在多数商品都供过于求。1999年统计显示，全国608种主要商品80%供过于求，18%供求平衡，2%还供不应求。

（二）我们已从一个比较僵化的计划经济体制转变为比较灵活的市场经济体制。现在生产要素的管理，如价格等方面，已经由市场来决定了。过去连油票、公园的门票、火柴的价格都要由政府、计划部门来制定，现在则多数由市场决定了。

（三）我们已经从一个封闭的经济体系、封闭社会转变为开放的体系。我们过去在自力更生的口号下，形成了一个"闭关锁国"的体系，喊出了既无内债又无外债的口号。现在对内对外开放了。至今有约36万家中外合

---

* 本文源自作者手稿。该文稿系陆学艺于2000年10月24日在台湾"中研院"社会学所座谈会上的发言稿。原稿无题，现标题和文中小标题为本书编者根据发言稿内容所拟定。——编者注

资企业，利用了实际约3000亿美元的资金（约半数是港台的）。今年外贸进出口约4000亿美元（外贸依存度超过25%）。

（四）实现了翻两番的目标，1995年实现GDP总值翻两番，1997年实现人均GDP翻两番。1999年GDP总量达到1万亿美元，人均超过了800美元。上海3300美元，深圳4300美元，苏南3000美元。真的使一部分地区、一部分人先富起来了。综合国力增强了，同发达国家的差距缩小了。

二 社会差距正在扩大

随着经济体制改革和经济迅速发展，新的社会问题来了。日本、韩国、中国台湾这些战后崛起的国家和地区，在经济高速增长的时候，城乡之间、地区之间、人之间的收入差距是缩小的。而我们这20年，特别是后15年，差别不是缩小，而是扩大的，而且扩大得很快，并且还在继续扩大，这已经引起了社会学者的忧虑。

（一）城乡差距是扩大的（见表1）

表1 1978～1999年城乡居民收入比

年份	城镇居民人均可支配收入：农民人均纯收入
1978	2.3∶1
1984	1.7∶1
1990	2.2∶1
1995	2.7∶1
1996	2.5∶1
1999	2.67*∶1

* 实际约为4∶1。

（二）地区之间的差距在扩大

中国目前把31个省（区、市）划分为东部沿海11个省（区、市），中部内陆10个省（区、市），西部10个省（区、市），它们之间的差距是明显的（参见表2）。

表2 1978、1998年东、中、西部GDP和人口所占比重

	1978年	1998年	
	地区GDP占全国GDP的比例（%）	地区GDP占全国GDP的比例（%）	地区人口占全国人口的比例（%）
东部	52.3	58.1	41
中部	31	28	36
西部	16.7	14	23

以贵州和上海为例，二者GDP总量之比为1∶11.6，人均GDP分别是2215元和25750元。

（三）行业之间的差距在扩大

1978年以前都是公有制，不同行业之间的工资是统一的，对地贸、石油一类有些补贴。所以知道什么样的干部、什么职务，就知道工资是多少了。房子是按职务分等级的。但这些年不同行业的收入差距扩大了，一些垄断的行业，如银行、电力、电讯、石油、工商、税务等的收入高于其他行业，一个办事员住的房子比教授都要好，收入比教授都要高。

（四）同一行业不同企业、单位之间差别大

同为纺织业，有些厂搞得好，收入就高，有些则濒临破产，工资发不出。同为大学，国家给10所大学特殊照顾了。这些大学的教授的收入与别的大学的教授的收入比达到2∶1、3∶1，甚至4∶1、5∶1，这些大学的科研经费比别的大学的科研经费高出几十倍。在中国社会科学院，工经所、法学所的收入好一些，社会学所、世界历史所就差一些。

（五）单位内部人与人之间差别很大

工资收入差距是缩小的。我1962年到所，同所长的收入比是1∶9；现在司机同我的收入比是1∶2，但实际则超过十倍。社科院有小汽车的人不在少数，但是灰色的①，汽车停在外面，步行到所。

确实一部分人先富起来了。20世纪80年代有万斤粮户，80年代初期有万元户，80年代末期有百万元户，90年代初有亿元户，现在百万元户约有

① 指购买这些汽车的收入是灰色的。——编者注

500 万户，亿元户有几百户。

这几年的新情况是，差距在扩大。收入最高的 10% 的人提高得快一些，但最穷的户也在增长，速度慢一些。1997 年以后，前者还在高速发展，后者的收入则不仅不增长，还有减少的。如下岗工人（1000 多万）、以农业收入为主的农民。农产品价格下降，这种势头没有得到遏止，还在发展，引起社会的不安，社会问题增加，农村治安不好。

三　开展社会分层研究，探讨社会分化的原因

这是我们要从体制上来探讨的一个问题。社科院的领导给了我们一个任务，要进行社会分层研究。(1) 目的是弄清现在分化到什么程度了（社会上有各种著作），文学家、历史学家、政治学家、经济学家、社会学家都关注这些，但都是分析、观察，定性分析，没有实证研究。(2) 到底存在多少个阶级阶层（工人、农民、干部各占多大的比例）。(3) 现在是在向什么方向发展？(4) 我们应该有一个什么样的社会政策？形成一个现代化的社会分层结构，以利于长治久安，要采取哪些政策？

当代中国社会结构变迁研究的第一个成果*

关于阶级、阶层结构的分析和研究，向来是中国共产党在进行革命和建设的过程中制定路线、方针和政策的重要依据。《毛泽东选集》的第一篇文章，就是《中国社会各阶级的分析》。在这篇纲领性的文献中，毛泽东同志通过对当时中国阶级阶层形势的分析，指出了在民主革命时期要“依靠谁，团结谁，打倒谁”这一革命的首要问题，为我们党进行革命并取得胜利奠定了阶级路线基础。经过20多年的革命斗争，我们终于夺取了新民主主义革命的伟大胜利，建立了新中国。实践证明，这条阶级路线是完全正确的。

中华人民共和国成立以后，经过土地改革，经过社会主义改造，经过国家工业化建设，我们国家的阶级阶层结构发生了大变化，逐步形成包括工人阶级、农民阶级、知识分子阶层在内的社会结构。这是同苏联和东欧社会主义国家基本类似的，并没有形成现代社会阶级阶层结构。

改革开放20多年来，中国进行了经济体制改革，调整了经济结构、产业结构，经济持续稳定快速发展。与此同时，中国的社会阶层结构发生了深刻的变化，有些阶层分化了，有些阶层新生了，有些阶层的社会地位提高了，有些阶层的社会地位下降了。整个社会阶层结构向多元化方向发展，社会分化和流动的机制变化了，社会流动普遍加快。各个社会阶层之间的经济、政治关系发生了并且还在继续发生各种各样的变化，正在向与现代经济结构相适应的现代社会阶层结构方向转变。

正确认识目前社会阶层结构发生的变化，正确认识各个社会阶层的地

* 本文源自《当代中国社会阶层研究报告》（陆学艺主编，北京：社会科学文献出版社，2002年1月），第1~6页，原稿写于2001年11月8日，系中国社会科学院社会学研究所“当代中国社会结构变迁研究”课题组集体撰写的该书前言，由陆学艺执笔，现标题为本书编者根据发言内容所拟定。——编者注

位特点以及他们之间的相互关系和发展趋向，正确认识各个社会阶层在社会主义现代化建设事业中的作用，从中得出社会主义初级阶段关于社会阶层结构的科学结论，有利于加深我们对当代基本国情的认识，有利于我们制定正确的发展战略和经济社会政策。在新的历史时期，我们必须通过周密的调查研究，实事求是地认识社会阶层结构的新变化，认识这些变化对我们党和政府实行的政策和管理提出的新要求，并据以形成新的理论和新的经济社会政策，用以协调好党和政府同社会各阶层的关系，正确处理好社会各阶层之间的关系。应当指出，现阶段我们研究社会阶层结构的目的与革命时期不同，已经不再是为了革命斗争的需要去分清敌友，而是为了实现社会主义现代化建设的共同目标，安排好、协调好社会各阶层的地位和关系，以进一步调动各方面的积极因素，促进整个社会的安定团结，维护社会稳定，推进有中国特色的社会主义现代化事业健康有序的发展，保证我们社会主义国家的长治久安。

1998 年 8 月，中共中央政治局委员、中国社会科学院院长李铁映同志，指示社会学研究所要进行社会结构变迁的研究。经过酝酿准备，在院领导和有关部门的支持下，社会学研究所于 1999 年初成立了“当代中国社会结构变迁研究”课题组，从此开展了这项重大课题的研究。三年来，课题组学习了马克思主义关于阶级阶层和社会结构的理论，并对国内外有关社会阶级阶层问题的文献资料进行了分析和整理。开展了大规模的社会调查，先后对湖北省汉川市、辽宁省海城市、福建省福清市、贵州省镇宁县、安徽省合肥市、江苏省无锡市和吴江市（今吴江区）七都镇、广东省深圳市、北京燕山石化总厂、吉林省长春第一汽车制造厂和天津南开大学等市、县、厂、校，进行了抽样问卷调查、入户访谈并召开各种座谈会、调研会，得到了 11000 多个样本和近千份各类成员的访谈记录。

为了保证此项重大课题研究能够全面系统地反映当代中国社会阶层结构变动的整体状况，从 2001 年 6 月开始我们着手进行全国规模的抽样问卷调查。课题组聘请抽样专家，采用概率抽样方法，在全国 12 个省区市，72 个市、县、区进行问卷调查，发放了 6000 份问卷，由课题组成员会同这 12 个省区市的同行学者合作实施。

江泽民同志“七一”重要讲话①发表以后，社会上对当前社会阶层变动的状况特别关注，有关方面要求课题组能及早提供调查数据和成果。课题

① 指江泽民总书记在 2001 年 7 月 1 日庆祝中国共产党成立 80 周年大会上的讲话。——编者注

组经过讨论，改变了原来打算在全国6000份抽样问卷调查完成后才写研究报告的计划，决定先根据在上述各典型地区进行社会调查所得的数据和资料，再辅以全国的统计数据和已有的文献，撰写《当代中国社会阶层研究报告》。这只是第一份研究报告，随着全国抽样问卷调查的完成，以及分析研究的深入，我们还将写出若干份研究报告。最后的成果将是反映当代中国社会阶层结构变迁的一整套丛书。

本书由三个部分组成。第一部分是课题组集体研究讨论后撰写的《当代中国社会各阶层研究总报告》，对当前社会阶层的变化做了总体分析，提出了以职业分类为基础，以组织资源、经济资源、文化资源占有状况作为划分社会阶层的标准，把当今中国的社会群体划分为十个阶层，并对每个阶层的地位、特征和数量做了界定；对现有的社会阶层结构做了初步分析，指出目前中国的社会阶层结构正在向现代社会阶层结构变化，但还只具备现代社会阶层结构的雏形，并提出了相应的政策建议。第二部分是课题组部分成员分别撰写的关于产业工人阶层、农业劳动者阶层、私营企业主阶层和社会中间阶层的4个专题报告。第三部分是由5个地区的分课题组各自撰写的深圳、合肥、福清、汉川和镇宁5个市县社会阶层结构状况的地区个案研究报告。

关于社会阶层结构的变迁，一直是学术界和实际工作部门十分关心的大问题。早在1981年第一个私营企业主出现的时候，《人民日报》就在1981年9月开辟专栏，开展了全国范围的理论研讨。20世纪80年代中期以后，就有一批社会学家对社会分层、社会流动问题进行了比较深入的调查和研究，有一批学术论著问世，这些论文和著作多数是关于某一地区、某一阶层的调查和研究。1987年11月，“我国现阶段阶级、阶层研究”正式被列为全国哲学社会科学“七五”规划重点课题。到了20世纪90年代中期，社会分化、社会流动明显加快，一些新的阶层和群体逐渐形成，如私营企业主阶层、个体工商户阶层和农民工群体等，受到社会的广泛关注。不仅社会学家，而且文学家、新闻工作者、政治学家、经济学家都来研究这个关系到中国经济与社会发展前途命运的重大问题，有大量的论文和著作出版，其中有几部著作是关于中国社会阶层结构总体性分析的研究论著。

关于中国社会结构变迁的研究，是一项重大的课题，也是一项最基本的国情研究，是党和政府进行经济、社会发展重大决策的依据。这项研究要运用科学的方法，进行全国性大规模的社会调查，写出全面、系统、深刻、真实的研究成果，是很大的难题，确非某一学者、某一单位的力量所

能独立完成的。国际上一些发达国家有专门的机构、专门的人员和专门的经费进行此项研究，一般是每隔五年或十年进行一次。例如，日本每隔十年进行一次全国调查，被称作“关于社会阶层和社会移动的全国调查”，出版的研究成果称为《日本社会的阶层结构》。这样的全国调查，日本是从1955年开始的，已经进行了五次，每次都有新的改进，其理论框架逐步成熟，研究内容逐步深入，研究方法逐渐完善。所以，这项调查的基本数据和研究结论，在社会上有权威性。

中国社会科学院社会学研究所有好几位研究人员，长期从事社会阶层结构这一社会学核心议题的研究，但因条件限制，只能就某一阶层、某一社区的阶层、某一专题进行研究。虽有一些研究成果发表，但影响却是有限的。

自李铁映院长亲自下达了社会学研究所要进行中国社会结构变迁研究的任务之后，这项重大的课题研究就进入了一个新的研究阶段。在院所领导的直接支持下，组成了十多人参加的课题组，使原来由单个个人分散的研究转变为有组织、有领导的集体合作研究。项目被定为中国社会科学院的重大研究课题，得到了院科研基金的重点资助。课题组根据研究的需要，选定了汉川、海城、福清、镇宁、合肥、无锡、深圳等市县进行社会调查，都是和当地省市的同行学者合作共同完成的，有的还是主要由他们完成的。在进行社会调查的过程中，得到了各地市（县）委、市（县）政府领导干部和群众的密切配合、热情帮助，有的还给予了人力、财力方面的支持。可以说，没有他们的积极参与、无私帮助，要完成此项重大课题的研究，是不可想象的。这个课题自开展调查研究之日起，就得到了社会学同行学者的关注、帮助和支持，课题组先后召开过三次学术研讨会。清华大学的李强、孙立平教授，北京大学的杨善华教授，中国人民大学的郑杭生、李路路教授，北京社会科学院的戴建中研究员，天津南开大学的朱光磊教授，上海社会科学院的卢汉龙研究员，广州社会科学院的蔡国萱研究员等，都在百忙中拨冗前来参加会议，并对此项研究贡献了宝贵的意见，使课题组的研究工作能沿着正确的方向进行。

社会科学文献出版社在本课题研究过程中给予了很大的关注，社长兼总编辑谢寿光、总编助理范广伟多次参加课题研讨会，提出了不少建设性意见，尤其是在课题成果的编辑出版方面付出了心智和辛劳，也正是由于出版社的努力，本课题成果得以列入“十五”国家重点图书出版规划项目。

现在，本课题的第一批研究成果就要出版了，让我们借此机会向上述给予课题组帮助、支持的同志表示诚挚的谢意。在这里，我们要特别感谢李铁映同志，他一直十分重视和关心这项重大课题的调查和研究，多次听取我们的汇报，并给予明确的指示。感谢其他院领导和院科研局的同志们，感谢社会学研究所的领导和办公室、科研处、资料室的同志们三年来给予课题组一贯的支持，在此，也向他们表示谢意。

《当代中国社会阶层研究报告》是本课题组的第一个研究报告，是阶段性的研究成果。由于时间紧迫，未能利用全国规模的抽样问卷数据和资料，即使是已经进行调查的市、县和厂、校的调查资料，也未能完全运用，我们主要选用了具有代表性的深圳、合肥、汉川、镇宁这4个市县的资料和数据。加上我们的水平有限，所以我们在报告中提出的一些观点和判断，难免有偏颇不当之处，这只能作为一家之言，抛砖引玉，希望同行学者和广大读者给予批评指正，使以后的研究做得更好。

当代中国社会阶层研究*

不同的社会发展阶段，有不同的社会阶层结构。工业化、现代化社会的社会阶层结构和传统的农业社会的社会阶层结构是完全不一样的，虽然前者是由后者逐步演变而来。所以，我们判断一个社会的发展阶段，不仅可以从这个社会的经济发展水平、产业结构来判断，也可以从这个社会的社会阶层结构来判断。从某种意义来说，从社会阶层结构的特征去判断这个社会的发展阶段，可以更可靠、更确定。

中国目前正处在由传统的农业社会向工业化、现代化社会转变，由计划经济体制向社会主义市场经济体制转变的阶段。1978 年以来，随着改革开放政策的实施，经济体制改革不断深化，原来的工人阶级、农民阶级、知识分子阶层分化了，产生了诸如经理阶层、私营企业主阶层和农民工群体等新的社会阶层，各个社会阶层之间的政治、经济关系也发生了并且还在继续发生着各种各样的变化。正确认识当前中国社会阶层结构的变化，可以拓宽和加深对于目前中国正处于社会主义初级阶段的认识，有利于制定正确的经济社会发展政策。

本报告是“当代中国社会结构变迁研究”课题组在广泛调查研究的基础上写出的第一份研究报告，扼要概括了现阶段中国社会阶层结构的基本构造与特征，初步分析了其中存在的问题及其成因，并根据培育合理的现代化社会阶层结构的基本要求，提出了一些解决问题的思路与对策。

---

* 本文源自《当代中国社会阶层研究报告》（陆学艺主编，北京：社会科学文献出版社，2002 年 1 月），第 3～124 页。该文成稿于 2001 年 12 月，系该书的总报告，总报告篇名与书名相同，现标题为本书编者根据总报告内容所拟定。该报告作者署名：中国社会科学院社会学研究所“当代中国社会结构变迁研究”课题组，执笔人：陆学艺、王春光、李春玲、李炜、陈光金、张林江、樊平。——编者注

一 中国社会阶层结构发生了深刻的变化

1978年以来的改革开放使中国社会发生了深刻的变化，经济体制转轨和现代化进程的推进也促使中国社会阶层结构发生结构性的改变。原来“两个阶级一个阶层”（工人阶级、农民阶级和知识分子阶层）的社会结构发生了显著的分化，一些新的社会阶层逐渐形成，各阶层之间的社会、经济、生活方式及利益认同的差异日益明晰化，以职业为基础的新的社会阶层分化机制逐渐取代过去的以政治身份、户口身份和行政身份为依据的分化机制。这些迹象表明，社会经济变迁已导致了一种新的社会阶层结构的出现，并且，这种结构正在趋于稳定。与1978年以前的阶层结构相比，这一新的社会阶层结构在基本构成成分、结构形态、等级秩序、关系类型和分化机制等方面都发生了深刻的变化。

（一）对现阶段中国社会阶层结构进行科学分析需要新的视角

对于当前新出现的社会阶层结构，应当如何去认识，如何给予理论解说，存在着各种争论。但不管人们有些怎样的争论，今天，简单地照用马克思针对19世纪早期欧洲资本主义提出的阶级分析理论，或者毛泽东针对20世纪二三十年代的中国社会提出的阶级分析理论，来分析当代中国的社会阶层问题，无疑已经是不够的了。恩格斯在《共产党宣言》1888年英文版序言中指出：“每一历史时代主要的经济生产方式与交换方式以及必然由此产生的社会结构，是该时代政治的和精神的历史所赖以确立的基础，并且只有从这一基础出发，这一历史才能得到说明。”① 我们必须运用马克思主义、毛泽东思想的基本原理，解放思想，实事求是，对已经发生的深刻变化进行实证的、科学的分析，从中得出关于现阶段中国社会阶层结构的科学认识。具体而言，在分析中国现阶段的社会阶层结构时，应该注意下述几个问题。

1. 对生产资料的占有并不是划分阶层的唯一标准

当代中国社会的生产资料占有形式，与马克思和毛泽东所研究的时代已经有了很大的不同。首先，马克思和毛泽东所研究的时代的生产资料占有形式主要是个人（私人）占有，而在当代中国社会中，最重要的和最大

① 《马克思恩格斯选集》（第一卷），北京：人民出版社，1972年5月，第237页。

量的生产资料是由国家和集体占有的，同时，公司制近十年来的发展也导致了许多不同于马克思和毛泽东所研究的时代的私人生产资料占有形式。其次，当代中国社会结构比较复杂，并且明显具有多元特征，这就决定了单用生产资料占有这一指标来解释社会阶层分化是不充分的。在当代中国社会中，对物质财产的占有并不是衡量人们的社会阶层位置的唯一标准。要准确把握当代中国社会阶层结构的特征，就要重新认识传统的阶级分析理论，并加以科学的发展，形成一个更加符合变化的、现实的多元分类标准框架。

2. 阶级阶层问题研究的目标与分析思路需要调整

在当前有关阶级阶层问题的争论中，有一种误导性的说法，即认为采用“阶级”一词意味着坚持马克思主义理论，而采用“阶层”一词则似乎是非马克思主义的观点。实际上，在大多数英文文献的有关论述中，并不存在“阶级”与“阶层”两个概念的明显区别，大多数理论家都采用一个词语——“class”，它既可以被译成“阶级”，也可以被译成“阶层”。[①] 真正的区别并不在于采用哪一个词汇，而在于采用哪种思路来分析“class”这种社会现象。

目前，学术界存在两种相互对立的分析思路，即“冲突论”的阶级阶层分析与“功能论”的阶级阶层分析。冲突论强调各个“class”之间的利益冲突，强调对社会现实的批判；功能论则强调社会分化现象有其合理性，强调协调各个“class”之间的利益关系和社会整合。绝大多数学者认为，在当代社会中，“class”，不论是被理解为阶级还是被理解为阶层，都有其两面性：既存在相互利益的矛盾性，也存在相互利益的可协调性。根据所

---

① 国内学界和民众通常采用的“阶级”和“阶层”这两个词汇的含义，与英文中的 class（阶级）和 stratum（阶层）的含义有些不同。英文中的 class 一词的含义较为广泛，包括了中文中的“阶级”和“阶层”这两个词的含义，而 stratum 一词的意思则比较窄，一般指的是由等级分化（stratification）而造成的连续性的等级排列。例如，按收入这一指标来分，从最低收入（每月 50 元）到最高收入（每月 5000 元），可以排列出连续的若干层（stratum），层与层之间只存在量（数值）的差异，不存在质（属性）的差异。但是，如果要把连续的 stratum 划分为几个区间，那么，处于各区间的个人或家庭构成的群体，在英文中被称为 class 而非 stratum，如 50 ~ 500 元是 underclass（下层阶级），501 ~ 2000 元是 middleclass（中间阶级），2001 ~ 5000 元是 upperclass（上层阶级）。在中文中，情况有所不同，“阶级”这一词汇往往是指传统马克思主义意义上的阶级概念——由生产资料占有来进行划分的、相互之间存在利益冲突、对立、斗争关系的群体，这一词汇让人联想到的是严重的社会冲突、动荡或人与人之间的争斗，有些学者和民众对这一词汇还带有反感情绪和否定倾向。“阶层”常常被认为是不那么具有冲突性并带有等级性质的群体概念。

研究的问题的不同、出发点的不同、关注点的不同和目标的不同，可以采用不同的分析思路。

马克思和毛泽东当年在对阶级问题进行分析时，主要目的是为了改造社会制度，动员广大人民群众起来推翻资本主义社会和半殖民地半封建社会，因此，他们的分析特别强调阶级关系之间的对抗性，揭露不合理的社会制度所造成的剥削和压迫现象。在现阶段，中国共产党已经是一个执政党，因而研究当代中国社会阶层分化问题的目的，应当是为了团结和动员更多的社会力量来实现社会经济的发展目标，是为了建设好现代化的社会主义国家。因此，执政党目标的变化也需要相应调整阶级阶层问题的分析思路，需要客观地调查和评估当代中国各社会阶层的变化、地位、特点，研究他们的社会、经济、政治状态，从而更好地协调各阶层之间的利益关系，充分调动各种社会力量的积极性，促进社会经济进一步稳定发展。

（二）依据三种资源的占有状况勾画新的社会阶层结构

1. 当前中国社会阶层分化的四个主要特性

基于国际学术界对现代社会阶层结构的普遍特征的研究结论，也基于本课题组对当代中国社会的一些特殊性的认识，我们对当代中国社会阶层分化现象做出了一些基本判断。

首先，与绝大多数已经实现工业化或正在实现工业化的社会一样，在当代中国社会，阶层的分化越来越趋向于表现为职业的分化。职业因素对社会阶层分化的影响主要表现在两个方面。一是体力与非体力劳动者之间的社会经济差异扩大，二是管理者与非管理者之间的社会经济差异扩大，这两个方面的表现都是工业化社会的技术进步和科层组织发展所导致的必然结果。

其次，当代中国社会的一些特殊的制度性安排对社会阶层分化仍然有着显著的影响，[①] 这些制度因素包括所有制、户籍制度、部门差异以及国家在资源配置中的强有力的作用。

再次，生产资料所有权仍然是导致当代社会阶层分化的重要因素之一，这也是市场经济社会的普遍特征。但很显然，这一因素在当代中国社会阶

---

① 有关观点参见北京大学“社会分化”课题组《现阶段我国社会结构的分化与整合》，《中国社会科学》1990 年第 4 期，第 121 ~ 130 页；李路路、王奋宇：《当代中国现代化进程中的社会结构及其变革》，杭州：浙江人民出版社，1992 年；李培林主编《中国新时期阶级阶层报告》，沈阳：辽宁人民出版社，1995 年；李强：《当代中国社会分层与流动》，北京：中国经济出版社，1993 年。

层分化中的作用要相对弱于它在当代资本主义社会中的作用。

最后，经济体制转轨的过渡期对社会阶层分化也产生了特殊的影响，即在过渡时期的利益调整中，大部分人的收入和生活水平会逐渐提高，同时也会有一部分人因为收入和生活水平相对下降而落入社会底层；另外，在过渡时期还会出现阶层位置不确定的边缘性群体。

2. 依据职业分化和三种资源占有状况为划分标准的十大阶层划分

基于上述认识，我们提出了以职业分类为基础、以组织资源、经济资源和文化资源的占有状况为标准来划分社会阶层的理论框架。组织资源包括行政组织资源与政治组织资源，主要指依据国家政权组织和党组织系统而拥有的支配社会资源（包括人和物）的能力；经济资源主要是指对生产资料的所有权、使用权和经营权；文化（技术）资源是指社会（通过证书或资格认定）所认可的知识和技能的拥有。在当代中国社会中，这三种资源的拥有状况决定着各社会群体在阶层结构中的位置以及个人的综合社会经济地位。

根据这种分层原则，我们勾画了当代中国社会阶层结构的基本形态，它由十个社会阶层和五种社会地位等级组成（参见图 1）。这十个社会阶层是：国家与社会管理者阶层、经理人员阶层、私营企业主阶层、专业技术人员阶层、办事人员阶层、个体工商户阶层、商业服务业员工阶层、产业工人阶层、农业劳动者阶层和城乡无业失业半失业者阶层。

各社会阶层及地位等级群体的高低等级排列，是依据其对三种资源的拥有量和其所拥有的资源的重要程度来决定的。在这三种资源中，组织资源是最具有决定性意义的资源，因为党和政府组织控制着整个社会中最重要的和最大量的资源；经济资源自 20 世纪 80 年代以来变得越来越重要，但它在当代中国社会中的作用并不像在资本主义社会中那么至关重要，相反，现有的社会制度和意识形态都在抑制其影响力的增长；文化（技术）资源的重要性则在近十年来上升很快，它在决定人们的社会阶层位置时的重要性并不亚于经济资源。

（三）十个社会阶层的界定

1. 国家与社会管理者阶层

指在党政、事业和社会团体机关单位中行使实际的行政管理职权的领导干部，具体包括：中央政府各部委和直辖市中具有实际行政管理职权的处级及以上行政级别的干部；各省、市、地区中具有实际行政管理职权的乡科级及以上行政级别的干部。目前，中国的社会政治体制决定了这一阶

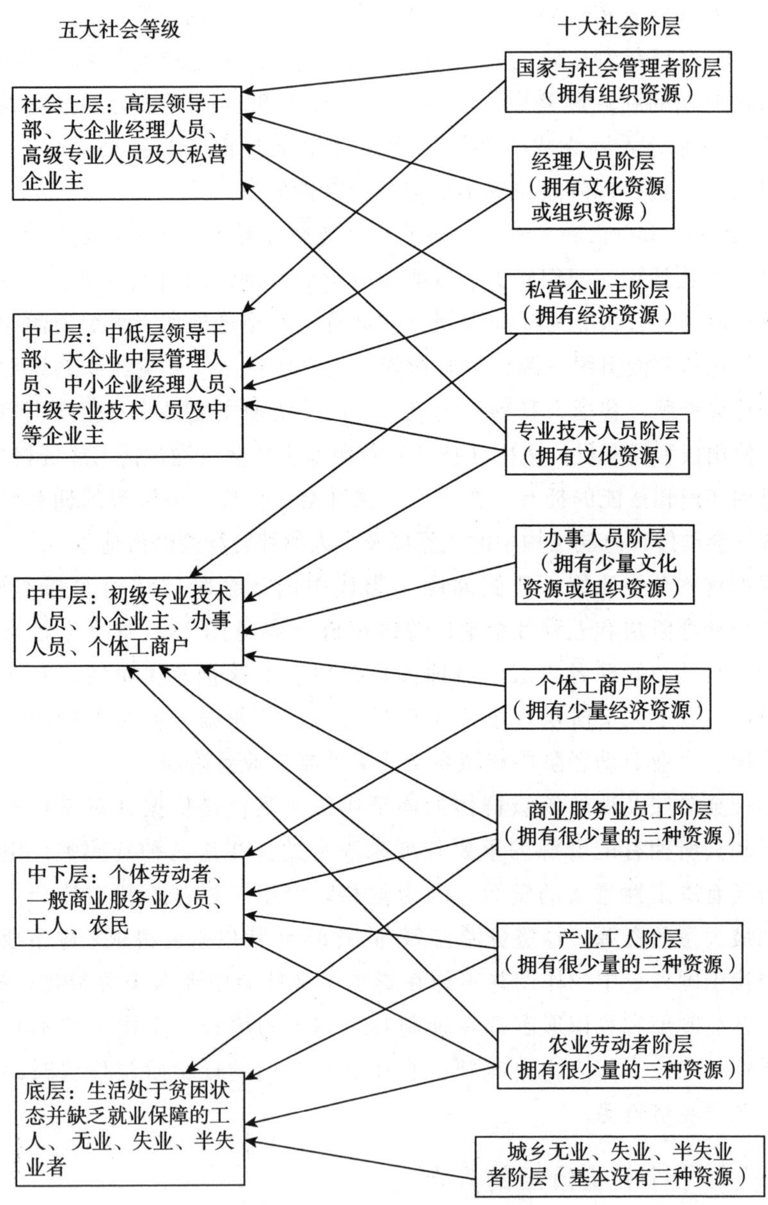

图1　当代中国社会阶层结构图

注：图中箭头表示相关社会阶层的全部或部分可以归入五大社会等级中的某个等级。

层在趋于等级分化的社会阶层结构中居于最高或较高的地位等级，是整个社会阶层结构中的主导性阶层，是当前社会经济发展及市场化改革的主要推动者和组织者。这一阶层的社会态度、利益及行动取向和品质特性，对于正在发生的经济社会结构的变迁和将要形成的社会阶层结构的主要特征具有决定性的影响力。

在改革的最初十年，国家与社会管理者阶层处于政治与社会经济地位不一致的状态，他们的经济利益没有得到相应的补偿；在改革的后十年，他们仍是最积极的参与者和推动者，并且是经济改革和经济增长的较大获益者之一。另外，由于国家与社会管理者阶层是执政党和政府意志的代表和体现，所以，各社会阶层同国家与社会管理者阶层之间的关系——与他们的合作或冲突，经常转而表现为对执政党和政府的支持或不满。目前，这一阶层在整个社会阶层结构中所占的比例约为2.1%；在城市中的比例为1%～5%；在城乡合一的县行政区域中的比例大约为0.5%（参见图2、图3、图4、图5，下同）。

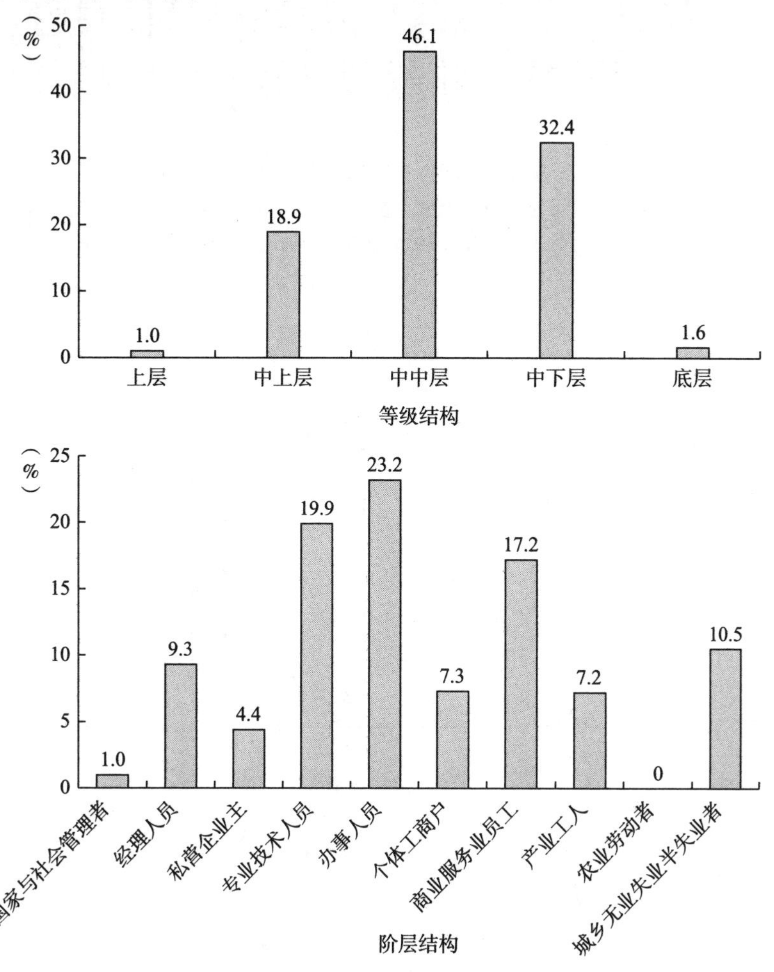

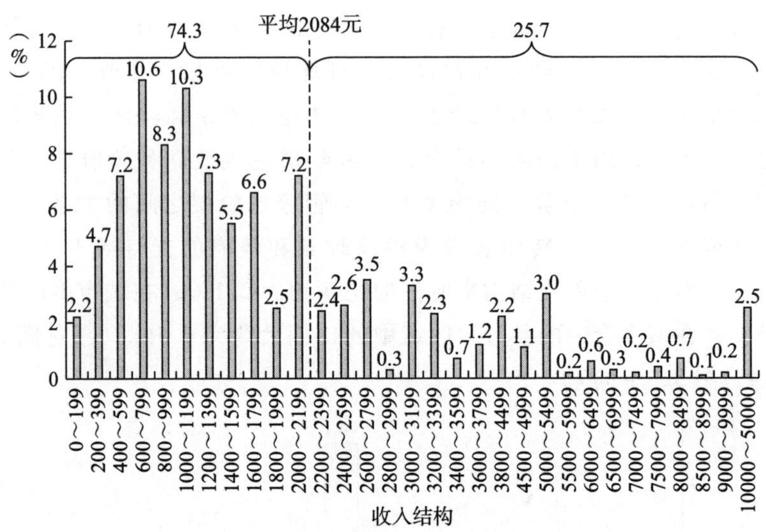

图 2　深圳市市区阶层分化形态图

* 深圳的“三来一补”企业大多数集中在农村地区，因此市区的产业工人比例较低。

** 城乡无业失业半失业阶层由 3.6% 的家庭主妇和 6.9% 的失业半失业者构成。

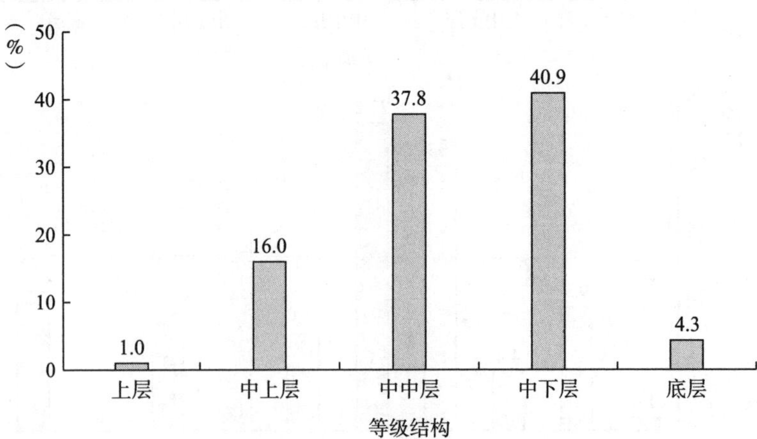

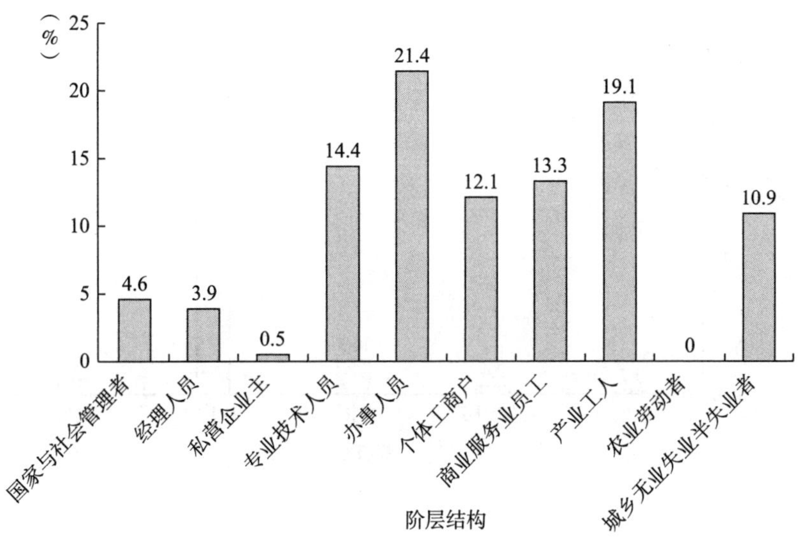

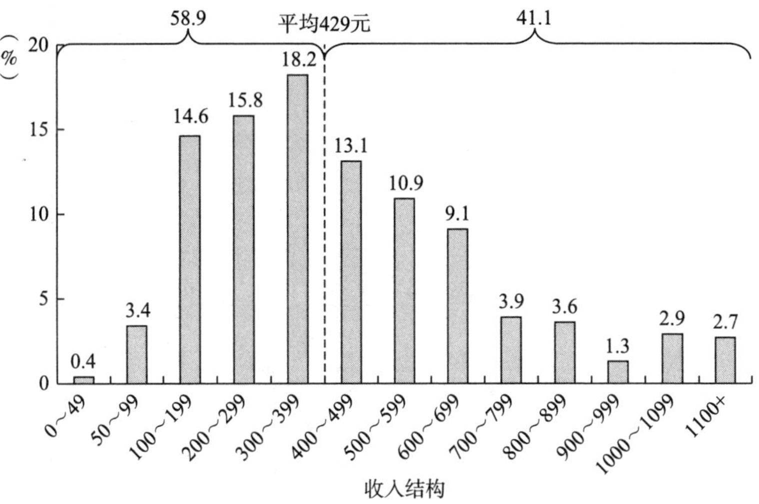

图 3　合肥市市区阶层分化形态图

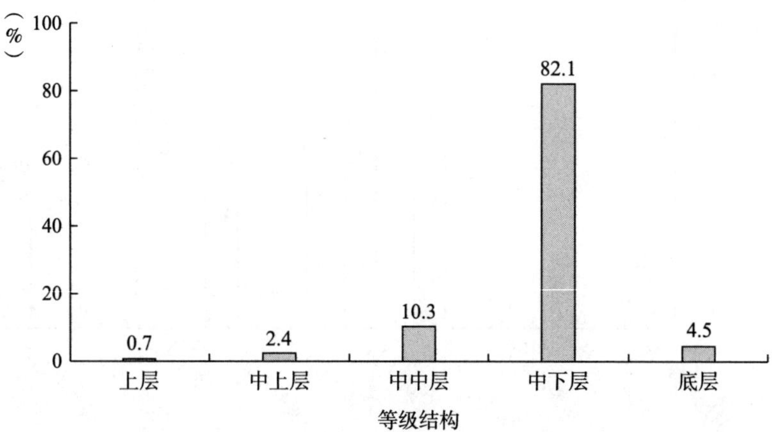
(%)
100
80
60
40
20
0
0.7
2.4
10.3
82.1
4.5
上层
中上层
中中层
中下层
底层
等级结构

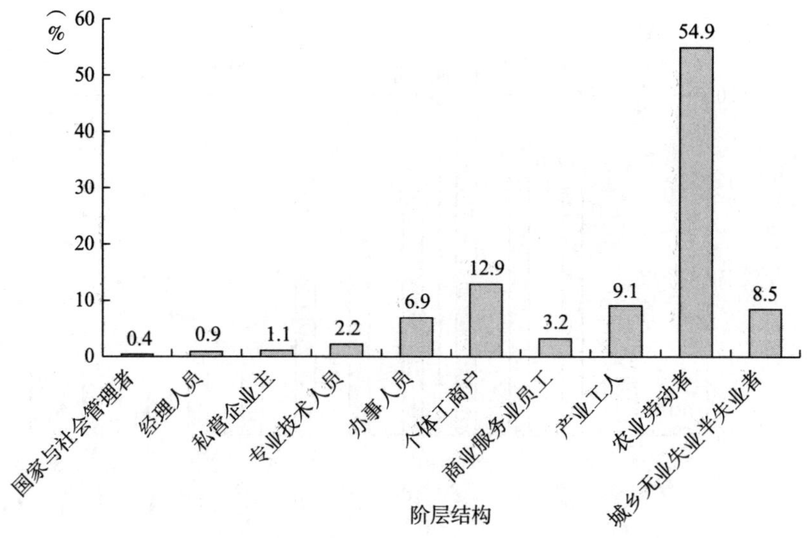
(%)
60
50
40
30
20
10
0
0.4
0.9
1.1
2.2
6.9
12.9
3.2
9.1
54.9
8.5
国家与社会管理者
经理人员
私营企业主
专业技术人员
办事人员
个体工商户
商业服务业员工
产业工人
农业劳动者
城乡无业失业半失业者
阶层结构

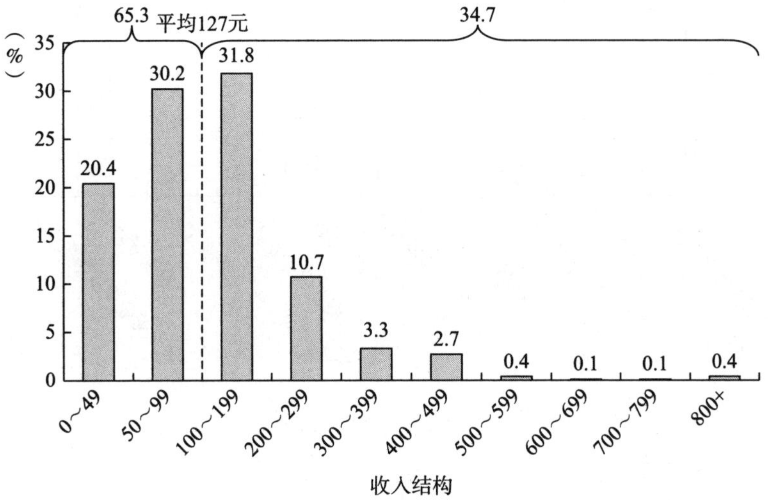

图4　汉川市（县）阶层分化形态图

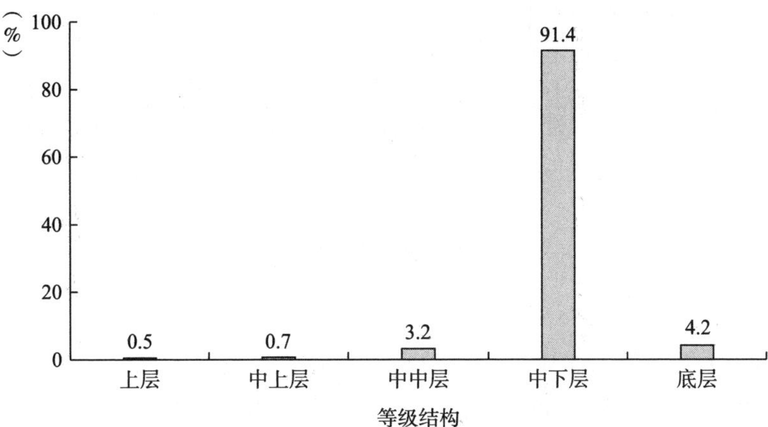

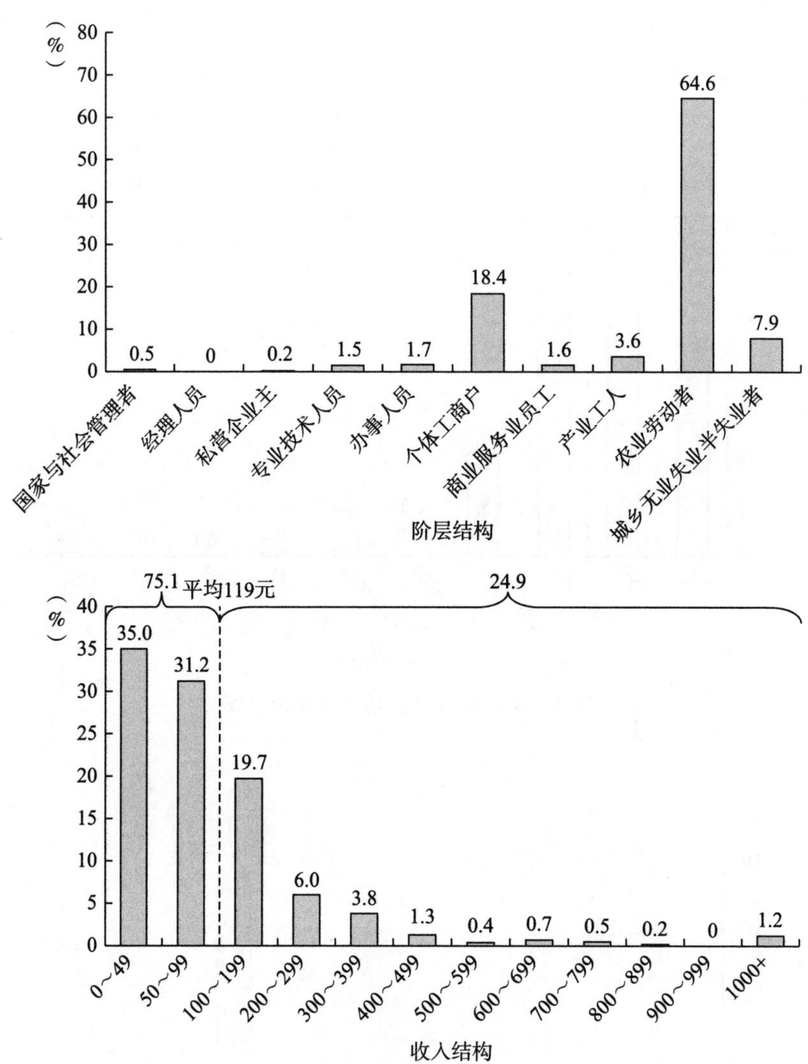

图 5　镇宁县阶层分化形态图

2. 经理人员阶层

指大中型企业中非业主身份的高中层管理人员。这一阶层同国家与社会管理者（干部）阶层和私营企业主阶层之间的区分界线还没有完全明晰化，其阶层内部的不同来源的成员，在社会政治态度和利益认同方面还有明显差异。这一阶层的社会来源主要是三部分人。第一部分是原来的国有和集体企业干部。随着现代企业制度的发展，这一部分企业干部逐渐从行政干部系列中脱离出来，成为职业经理人。第二部分来自较大规模的私营

企业或高新科技产业领域中的民营企业，这些企业在20世纪90年代后期以来开始出现所有权与管理权分离的趋势，一些企业主聘用职业经理人来为他们经营管理企业；另一些业主则通过企业股份化而使自己从业主型的创业者转变为职业经理人。第三部分是“三资”企业的中高层管理人员。

经理人员阶层是市场化改革的最积极推进者和制度创新者，他们代表着先进生产力和现代经济体制的发展方向。这一阶层的成员支配着大量的经济资源，他们都有较高的学历和专业知识水平，同时，他们的政治社会地位也较高，被称为“老总”。许多大中型企业处于国有或产权不清的状态，实际上是经理人员在支配这些企业的生产资料和经济资源。同时，这一阶层的主导成分与国家权力和海外资本有着紧密的联系。

这种状况决定了经理人员阶层在当前的社会阶层结构中也是主导阶层之一，他们在社会经济政治生活领域中的影响力——特别是对政府经济决策的影响力，甚至要大于私营企业主阶层的影响力，而且这种影响力还在继续扩大。这个阶层还在发展之中，在目前社会阶层结构中所占的比例约为1.5%，但在地区之间的分布极不平衡。这一阶层的成员多数集中在大中城市特别是经济发达的城市。据我们调查，在深圳市这类经济中心城市，经理人员阶层所占比例高达9.3%，远远超过国家与社会管理者阶层和私营企业主阶层所占比例；但在经济不发达地区，如贵州省镇宁县，经理人员就非常少。在一定程度上，可以用经理人员阶层所占比例以及这一阶层的经济回报率来衡量一个地区的经济发展水平和市场化程度。

3. 私营企业主阶层

指拥有一定数量的私人资本或固定资产并进行投资以获取利润的人，按照现行政策规定，即包括所有雇工在8人以上的私营企业的业主。私营企业主阶层是改革开放的产物，是在社会主义市场经济发育和发展的过程中产生和成长起来的。他们不仅是先进生产力的代表者之一，而且是社会主义市场经济的主要实践者，是社会主义市场经济的重要组织者，他们也是中国特色社会主义伟大事业的建设者，在二十几年来中国经济的高速增长中发挥了重要的作用。

私营企业主阶层的成员最初主要来自乡村和城镇社会的较低阶层，但在1992年以后，具有文化专业知识的原国有和集体企业的管理人员、专业技术人员和机关干部开始大量加入这一阶层，使这一阶层的社会形象和社会地位有了极大提高。但是，由于传统意识形态的阻碍，私营企业主阶层的政治地位一直无法与其经济地位相匹配，他们对社会政治生活的参与受到很大局限。私营企业主阶层内部拥有的资本规模大小不同，他们自身的政治文化素质也有很大差异，因而在社会上的地位和声望是很不相同的。在一个相当长的时间里，社会上对他们的评价有很大的争议。

在人数上，中小企业主构成了这一阶层的主体。就全国而言，私营企业主阶层在社会阶层结构中所占比例约为0.6%，但地区差异比较大。在私营经济较发达地区，这一比例可达3%左右；在私营经济不发达的地区，该比例在0.3%以下。表1显示了中国私营企业主阶层的发展过程与趋势。

表1　1981～2000年中国私营企业数和出资人数

项目＼年份	1981	1988	1991	1999	2000
私营企业数（万个）	1	22.5	10.8	150.9	176
私营企业出资人（万人）	1	—	—	—	395

注：1981年的企业数单位为“个”，出资人数单位为“人”。

4. 专业技术人员阶层

指在各种经济成分的机构（包括国家机关、党群组织、全民企事业单位、集体企事业单位和各类非公有制经济企业）中专门从事各种专业性工作和科学技术工作的人员。他们大多经过中高等专业知识及专门职业技术培训，并具有适应现代化社会大生产的专业分工要求的专业知识及专门技术。

专业技术人员是现代工业社会的中等阶层的主干群体，他们既是先进生产力的代表者之一，也是先进文化的代表者之一。而且，他们还是社会主导价值体系及意识形态的创新者和传播者，是维护社会稳定和激励社会进步的重要力量。在当代中国社会，专业技术人员阶层在推动科学技术发展和市场经济理念传播方面发挥了重要的作用。

在改革开放以来的二十多年中，中国的专业技术人员群体显现出从传统知识分子到现代知识分子的历史性的转型，即从以传统的人文知识分子为主导构成转变为以现代的专业技能性知识分子为主导构成。这种转变十分有利于专业技术人员阶层在市场经济发展中保持较优势的地位，并与掌握着组织资源和经济资源的国家与社会管理者阶层、经理人员阶层和私营企业主阶层保持良好的关系。

专业技术人员在中国的阶层结构以及社会中间层中所占比例还比较低，他们主要集中于城镇。随着社会主义现代化进程的推进，随着教育、科技

和各种社会事业的发展，这一阶层将日益壮大。目前，专业技术人员在社会阶层结构中所占比例约为5.1%，但城乡差异很大，经济发展水平不同的地区差异也很大。在经济发达地区的大中城市中，专业技术人员阶层所占比例为10%～20%，而在城乡合一的县（市），其比例仅为1.5%～3%。

5. 办事人员阶层

指协助部门负责人处理日常行政事务的专职办公人员，主要由党政机关中的中低层公务员、各种所有制企事业单位中的基层管理人员和非专业性办事人员等组成。这一阶层是社会阶层流动链中的重要一环，其成员是国家与社会管理者、经理人员和专业技术人员的后备军，同时，工人和农民也可以通过这一阶层实现上升流动。这一阶层也是现代社会中间层的重要组成部分，他们目前在中国社会阶层结构中所占比例大约为4.8%。在城市中，其比例约为10%～15%；在城乡合一的县（市）中，其比例在2%～6%之间。随着工业化和市场化水平的提高，将会有大量的体力劳动者上升流动进入这一阶层，在未来十几年中，这一阶层的人员比例将会有明显提高。

6. 个体工商户阶层

指拥有较少量私人资本（包括不动产）并投入生产、流通、服务业等经营活动或金融债券市场并且以此为生的人。如小业主或个体工商户（有足够资本雇佣少数他人劳动但自己也直接参与劳动和生产经营的人）、自我雇佣者或个体劳动者（有足够资本可以自己开业经营但不雇佣其他劳动者）以及小股民、小股东、出租少量房屋者等。

在1949年以前，中国曾经大量存在个体工商户和个体劳动者。但经过20世纪50年代的工商业改造和手工业改造，特别是在“人民公社化运动”以后，这个阶层在城乡基本消失了，到1978年，全国总共只有15万个个体工商户。改革开放以后，特别是农村实行家庭联产承包责任制以后，个体工商户首先在各地农村大量涌现，继而又在城镇大规模地发展起来。所以，完全可以说，个体工商户阶层也是经济改革的产物，这一阶层的规模随着经济改革的推进而不断扩大。

在20世纪80年代，这一阶层的主要来源是农民和城镇的失业待业人员（尤其是返城的“知识青年”）。进入20世纪90年代以后，由于国有企业改革和产业结构调整，大量国有企业工人和城市居民涌入这一阶层。目前，这个阶层是吸纳下岗工人、失业待业人员和进城农民的一个重要渠道，也是社会主义市场经济的重要组成部分，是建设社会主义市场经济的一支很活跃的力量。调查表明，东部沿海诸省市经济繁荣，个体工商户发展得多，发展得好；相比之下，中西部地区经济之所以发展得慢，个体工商户较少也是一个原因。随着社会主义市场经济特别是第三产业（服务行业）的发展，这一阶层还有扩充并吸纳劳动力的很大潜力。而且，他们中的一部分人由于有某种特长或因为经营得当而逐渐积累资本，扩大经营规模和范围，从而将上升到私营企业主阶层。

个体工商户阶层是20世纪80年代改革的主要获益阶层之一。但是，20世纪90年代以来，由于一些城市搞所谓的形象工程，大拆大建，把许多较为简易的商业设施拆掉了，把马路市场取缔了，致使不少个体工商户因失去经营场地和经营条件而歇业。另外，由于政府管理部门对这一阶层的管理变得日益严厉，向他们征收的税费也有所增加，他们所能分享的利益相对减少，收入增长速度明显低于20世纪80年代，其经济地位与20世纪80年代相比也有所下降，所以他们的不满情绪较多。目前，个体工商户阶层在整个社会阶层结构中所占比例为4.2%，这一比例是根据国家工商管理部门的登记数计算出来的，但该阶层的实际人数比登记人数多得多。

7. 商业服务业员工阶层

指在商业和服务行业中从事非专业性的、非体力的和体力的工作人员。由于中国目前的商业服务业还不发达，而且产业层次较低，这一阶层的绝大多数成员的社会经济状况与产业工人阶层较为类似。但在一些大城市中，在与国际较为接轨的商业服务业部门中，商业服务业人员的社会经济状况较接近办事人员阶层。随着工业化和市场化的推进以及第三产业的发展，这一阶层的规模将会进一步扩大。

目前，商业服务业员工阶层在社会阶层结构中所占比例约为12%。但城乡之间的差异极大，因为这一阶层与城市化的关系最为密切。在深圳市和合肥市，商业服务业员工阶层的比例分别为17.2%和13.3%，但在城乡合一的汉川市（县级市）和镇宁县，此阶层所占比例仅为3.2%和1.6%。在小城市和乡村当中，商业服务业还很不发达，而且产业层次较低，从业人员还很少，远远不能满足社会的需要。

与发达国家相比，中国商业服务业员工阶层在整个社会阶层结构中所占的比例还不够大。原因是多方面的，但主要是因为中国的城市化严重滞后，限制了第三产业的发展；也因为中国目前的服务业尚停留在餐饮业等传统服务业领域。可以预计，随着旅游业、体育事业、科技教育事业、文化娱乐业以及社会服务事业的发展，这个阶层会迅速发展起来。

8. 产业工人阶层

指在第二产业中从事体力、半体力劳动的生产工人、建筑业工人及相关人员。产业工人阶层是推动先进生产力发展的基本力量，是近代以来中国经济社会发展特别是社会化大生产的产物。随着中国工业化、社会化的继续发展，这个阶层将会进一步提高自身的政治、科技、文化素质，其劳动技能也将不断提高，从而为社会主义现代化事业做出越来越多的贡献。

在相当长时期内，中国的产业工人阶层内部一直存在着企业所有制和户籍身份制所导致的差异。这种差异体现在收入、福利、社会地位、劳动保障等多个方面。近几年来，随着国有企业改革和市场经济的深化，不同所有制企业的工人之间的差异相对缩小，但户口因素的影响仍然很强。“农民工”应该是产业工人阶层的一个组成部分，但实际上却成了这个阶层中的一个相对独立的群体，其原因就在于，他们做的是与城市工人相同的工作，但因为他们的身份是农民，所以在工资、劳保和福利等方面的待遇明显不如城市工人。

除了户籍因素导致的差异之外，单位部门因素也越来越多地引起产业工人阶层内部的分化。福利和劳动保障较好的正规部门的工人与缺乏福利和劳动保障的非正规部门的工人，经济效益低的传统部门的工人与经济效益好的新兴产业和国家垄断部门的工人，在社会经济状况方面有明显差异。

经济体制改革以来，产业工人阶层的社会经济地位明显下降，这使产业工人阶层的人员构成发生了根本性的变化，原工人阶层中一部分成员通过接受成人教育和技术培训离开了工人队伍，进入社会经济地位较高的其他社会阶层。20 世纪 90 年代中期以后，国有工矿企业改革，实行减员增效等政策，导致大批工人下岗，从而在事实上改变了原来那种终身雇佣格局。有相当一部分人员，在“铁饭碗”被打破以后，处于就业无保障的状况。这使他们在心理上承受着很大的压力。应当指出，这种变化带来了正反两方面的影响：好的一面是，这促使大多数工人有了学习技术和专业技能并做好本职工作的积极性；不好的一面是，在传统的计划经济体制下，工人阶层长期没有就业压力，因而没有竞争意识，一旦他们的这种既得利益状况被改变，且一时又不能适应这种改变，他们难免会有牢骚和不满。与此同时，进城的农民大批涌入产业工人阶层，他们成为产业工人阶层中的重要组成部分。目前，整个产业工人阶层在社会阶层结构中所占的比例为 22.6% 左右，其中农民工占产业工人的 30% 左右。城乡之间差异极大，不同经济结构的城市之间，不同发展水平的乡村之间，差异也都很明显。

9. 农业劳动者阶层①

该阶层是指承包集体所有的耕地，以农（林、牧、渔）业为唯一或主要的职业，并以农（林、牧、渔）业为唯一收入来源或主要收入来源的人员。这是目前中国规模最大的一个阶层。在改革开放的过程中，农业劳动者阶层曾经起过极为重要的作用：他们是传统计划经济体制的真正突破者，是农村经济体制的率先改革者，是市场经济的最早实践者和推动者。农村经济体制的改革，尤其是家庭联产承包责任制的实行，使农民得到了自主和实惠，解放了生产力，农业连年获得丰收，不仅在较短时间内一举解决了绝大多数中国人的吃饭问题，而且推动了中国整个体制的改革。另外，这个阶层还是通过分化而产生个体工商户阶层、私营企业主阶层、产业工人等的母体阶层。

尽管如此，由于这个阶层几乎不拥有组织资源，所拥有的文化资源和经济资源往往也低于上述所有阶层，所以在整个社会阶层结构中的地位比较低。本来，按照现代社会阶层结构的要求，这个阶层的规模理应进一步分化并大规模缩小，但在目前，这种分化和缩小受到与经济社会发展水平不相适应的制度与政策（如户籍制度等）的阻滞。当然，不可否认，与改革开放初期相比，中国农民阶层的规模已经有了显著的缩小，纯粹的农业劳动者和以农业为主业的农民在劳动人口中所占比例，已经从1978年的70%以上减少为1999年的44%左右。但是，农业增加值在国内生产总值（GDP）中所占比重也从1978年的28.1%下降为1999年的17.3%，两种比例仍然是很不相称的，在经济落后的中西部地区，这种不相称状况更为明显。这种状况决定了农民阶层的较低收入水平和较低的社会经济地位。

尤其严重的是，在20世纪80年代中期以前，农业劳动者阶层是改革和发展的受益阶层，而在20世纪80年代中期以后，这个阶层便逐渐成为利益受损的阶层了；特别是在1997年以后，由于大宗农产品从卖方市场转变为买方市场，销售困难，价格显著下降，乡镇企业不景气，进城做工变得更加困难，以农业为唯一收入来源和以农业收入为主的农民的收入，实际上是在减少的，而各种税费负担却没有减轻。所以，这个阶层利益受损的状况表现得更为明显。这是很应当引起注意的问题。

10. 城乡无业、失业、半失业者阶层

指无固定职业的劳动年龄人群（排除在校学生）。体制转轨和产业结构

① 这里之所以用“农业劳动者”，主要是为了区别于身份制下的农民概念，西方国家的农民就是农业劳动者，没有身份制含义。

调整导致一批工人和商业服务业人员处于失业、半失业状态。就业机会不足使许多新进入劳动力市场的青年劳动力长期待业。城市大批征用农用地，则使大批农民无地可种，而这些农民在城镇一时还找不到合适的职业。另外，还有不少城乡居民因为残障或长期卧病而不能就业，他们多数也陷入贫困境地。目前，这几部分人的数量还在继续增加。

任何社会都会存在失业者，但无业、失业、半失业者构成一个阶层，却是中国目前这一特殊历史过渡阶段的产物。一方面，无业、失业、半失业人群数量比较庞大；另一方面，这些人具有类似的社会经济背景，比如大多是原国有、集体企业工人及其子女，以及无法依靠农业维持生计的中青年农民。值得注意的是，在这个阶层中，相当部分人的失业、半失业状态持续数年之久，给他们的生存带来了极大的威胁。

失业、半失业人群的这些特征使他们构成一个过渡性的特殊阶层。这一阶层的许多成员处于贫困状态。目前，这一阶层在整个社会阶层结构中所占比例约为3.1%。

（四）社会经济地位等级结构：橄榄型还是金字塔型

关于现代化的社会阶层结构或者工业化的社会阶层结构，学术界有一种比较形象的说法——两头小、中间大的橄榄型等级结构，它有庞大的社会中间层。与现代社会阶层结构相反的是传统社会阶层结构——顶尖底宽的金字塔结构，在这种结构中，极少数人居于社会的上层，而绝大部分人则处于社会的下层。这种等级结构一般包括两个方面的等级排列，一方面是以职业的技术分化为基础的社会声望或社会地位等级序列，另一方面是按经济地位（收入或财富）排列的等级序列。也就是说，拥有庞大社会中间层的橄榄型社会阶层结构指的是这样一种阶层结构，在这种结构中，社会中的大多数人从事着有较高社会地位的职业（如白领职业），并享有中等或中等以上的收入。

关于当代中国社会阶层结构是橄榄型的还是金字塔型的这个问题，学术界也有不同的说法。不过，大部分学者认为，中国目前的社会阶层结构尚未发展成橄榄型结构，也就是说，还未能形成庞大的社会中间层。本课题组根据典型调查数据和全国抽样调查数据，从社会等级地位的结构形态和经济收入的分布结构两个方面来观察目前中国社会结构的形状。

本报告的图1在划分出十大社会阶层的同时，已依据各阶层拥有的资源的量及其重要程度，排列出一个等级位序。但实际上，同一阶层的成员在资源拥有量以及相应的社会经济综合地位方面有较大的差异。因此，图1中的社会等级分层跨越了阶层界线，它虽然一方面仍以职业的技术等级分化为基础，另一方面也考虑了组织分化（组织规模）和资产分化（生产资料规模），但更强调个人由于这些因素而形成的资源拥有量的差异。经济地位等级排列的主要依据，是家庭人均年收入或月收入数据。由于本课题组的全国抽样调查数据正在处理当中，现只能利用深圳、合肥、汉川和镇宁这4个市、县的抽样调查数据，初步估算各社会地位等级群体的比例分布和收入分布的结构形态。

图2、图3、图4和图5显示，深圳和合肥的社会等级结构是底部较为宽大的类橄榄型结构，而汉川和镇宁则是明显的顶尖底宽的金字塔型结构。深圳的社会等级结构最为类似橄榄型，中中层所占比例最大，接近半数的人处于中中层，但同时其结构的下半部分仍然明显比上半部分大，中下层所占比例比中上层高13个百分点。合肥的社会等级结构则处于从金字塔型结构向橄榄型结构过渡的过程中，所占比例最大的还是中下层，但中中层所占比例正在接近中下层，中上层的比例则相对较小。城乡合一的城市与县的社会等级结构有极大差异。在汉川和镇宁，80%～90%的人都处于中下层，中中层和中上层所占比例还很小。

4个县市的家庭月人均收入分布结构都展现出顶部尖小、底部庞大的类金字塔结构，60%～70%的人的家庭收入水平在平均线以下（参见图2、图3、图4、图5）。尽管深圳和合肥在以职业结构为基础的社会等级分化方面已趋向于橄榄型，但收入分布距离橄榄型还有较大的距离。最值得注意的是，与社会等级分化所展现的趋势不同，收入分配结构并没有表现出如下的趋势，即越是经济发达的地区，收入分配结构越趋向于橄榄型，或者城市比农村的收入分配结构更趋向于橄榄型。4个县市中，经济最落后的镇宁与经济最发达的深圳的收入差距似乎更大，其收入分配结构更类似于金字塔结构。在镇宁县，74%的人的家庭月人均收入在平均线以下，最高收入组的家庭月人均收入是最低收入组的15倍。在深圳，也有74%的人的家庭月人均收入在平均线以下，最高收入组的家庭月人均收入是最低收入组的14倍（参见表2及图2、图3、图4、图5）。相对而言，在经济发展水平处于中间位置的合肥和汉川，收入分配结构较接近于橄榄型，绝大多数人的家庭月人均收入水平集中于平均线附近，最高收入组与最低收入组之间的差距也较小。

表 2　1999 年 4 县市家庭月人均收入五等分组

单位：元

收入分组＼市县	深圳	合肥	汉川	镇宁
高收入家庭	6305	887	321	366
较高收入家庭	2170	523	156	104
中等收入家庭	1394	374	109	63
较低收入家庭	879	267	77	42
低收入家庭	445	141	44	–

注：深圳和镇宁为 2000 年调查数据，合肥和汉川为 1999 年调查数据，下同。

这种情况表明，收入差距与经济发展水平和职业结构的产业升级之间的关系，并非必然是正相关或负相关。经济发展水平提高和职业结构升级为橄榄型社会结构创造了条件，但并不必然导致有庞大中间层的社会阶层结构，橄榄型社会阶层结构的出现还需要其他的一些条件，比如调节收入差距的社会政策等。

综合四个县市的情况来看，中国城市的社会等级结构正在向橄榄型现代社会阶层结构演变，而乡村地区或城乡结合的县级行政区的社会阶层结构要转变为现代社会阶层结构，则还要走很漫长的路。全国的社会等级结构形态很可能类似于汉川的金字塔型结构，因为汉川的城乡人口比例和职业结构与全国的城乡比例和职业构成较为接近。

（五）各社会阶层的社会经济特征及其地位变化

1. 与职业和技术等级相关的经济分层形态开始出现

研究社会分层现象的一个最主要的目的是了解经济的分化，经济差异或者说经济不平等是阶层分化的基础，也是阶层分化的主要表现形式。近年来，有大量的调查和研究表明，中国社会的收入差距在扩大，但对于收入差距扩大与阶层分化之间的关系的分析并不很清晰。我们根据调查数据（表 3 和表 4）进行的分析，用经济收入、日常消费开支和家庭耐用品拥有情况三个指标反映社会阶层之间的经济分层。尽管由于经济发达程度和城市化水平的不同，深圳市、合肥市和汉川市有略微的差异，但经济分层的总体趋势是一致的。

（1）国家与社会管理者阶层、经理人员阶层、私营企业主阶层和专业技术人员阶层的收入水平是最高的，办事人员阶层和个体工商户阶层收入水平居中，商业服务业员工阶层和产业工人阶层收入水平较低，而农业劳动者阶层和无业、失业、半失业者阶层的收入最低。

（2）家庭生活消费水平与收入状况是一致的（参见表 3、表 4）。国家与社会管理者阶层、经理人员阶层、私营企业主阶层和专业技术人员阶层的家庭经济生活水平最高，办事人员阶层和个体工商户阶层次之，商业服务业员工阶层和产业工人阶层家庭生活水平较低，而农业劳动者阶层的日常消费水平和家庭耐用品拥有水平远低于其他各阶层。无业、失业、半失业者阶层的家庭生活比较复杂，一部分人（尤其是夫妻双方都是下岗失业人员）的家庭生活处于极为贫困的状态，也有一部分人的生活水平较高（考虑到这种复杂性，表 4 暂不包含这个阶层的相关情况）。

表 3　1999 年各阶层的个人月收入和家庭月人均消费水平

单位：元

层别	个人月收入			家庭月人均消费水平		
	深圳	合肥	汉川	深圳	合肥	汉川
国家与社会管理者	4500	1119	660	1244	379	218
经理人员	7666	1117	304	1632	456	184
私营企业主	7572	800	631	1927	361	200
专业技术人员	5799	956	473	1851	385	169
办事人员	3045	868	401	1171	358	154
个体工商户	6014	774	417	1306	304	158
商业服务业员工	2074	552	235	1039	287	130
产业工人	1749	584	245	802	241	150
农业劳动者	–	–	181	–	–	85
城乡无业失业半失业者	–	–	–	1079	267	134
平均	3532	734	265	1292	315	115

表 4　1999 年各阶层家庭生活耐用品拥有情况

层别	14 种家庭耐用品拥有指数			其中 3 种耐用品拥有率								
				深圳			合肥			汉川		
	深圳	合肥	汉川	微波炉	电脑	轿车	电话	空调	电脑	彩电	空调	电话
国家与社会管理者	88.6	42.9	18.7	80.0	90.0	0.0	97.2	85.4	22.0	70.0	20.0	90.0
经理人员	70.9	44.3	10.6	70.9	78.2	16.4	94.1	79.4	20.6	46.2	15.4	61.5

续表

层别	14种家庭耐用品拥有指数			其中3种耐用品拥有率								
				深圳			合肥			汉川		
	深圳	合肥	汉川	微波炉	电脑	轿车	电话	空调	电脑	彩电	空调	电话
私营企业主	76.8	42.8	14.4	67.9	75.0	50.0	93.0	81.1	21.8	54.5	9.1	54.5
专业技术人员	70.8	41.5	18.1	85.4	81.3	18.7	90.6	70.1	26.8	91.1	6.7	46.7
办事人员	63.1	38.0	15.2	63.4	74.6	12.1	86.8	65.1	15.9	72.7	5.7	62.1
个体工商户	54.4	27.7	14.9	50.0	44.0	18.0	71.7	34.9	10.4	69.7	9.6	47.4
商业服务业员工	47.0	29.9	11.4	39.4	43.7	4.8	79.2	47.5	10.8	57.4	2.1	36.2
产业工人	47.4	26.8	9.3	39.6	41.5	1.9	75.1	38.7	3.9	52.0	5.9	29.4
农业劳动者	-	-	4.9	-	-	-	-	-	-	19.6	0.6	6.4
平均	60.8	32.8	8.5	57.9	61.4	14.6	80.0	52.2	12.5	47.9	4.4	29.8

相对于经济改革之前的经济分配平均化的社会结构而言，目前的社会阶层分化出现了明显的经济等级分层。很显然，这种经济的等级分层与职业和技术等级分化相关，比如体力与非体力劳动者之间的经济差异明显，有管理权的人与没有管理权的人经济差异明显，有文化技术资源的人与没有文化技术资源的人经济差异明显。这一经济分化趋势与工业化的发展方向是一致的。早在20世纪五六十年代，美国著名社会学家弗兰克·帕金在研究社会主义国家经济分配的平均化现象时就指出，只要这些国家追求工业化目标，就必然会出现体力与非体力劳动者、技术人员与非技术人员、管理人员与非管理人员之间的经济差异扩大的格局，这是“工业化的逻辑”。这说明，中国目前出现的社会阶层之间的经济分层是一种必然的现象。①

目前的经济分层现象与改革初期的20世纪80年代有很大的不同。改革的最初十年中，普通农民和产业工人经济收入水平上升很快，个体户、私营企业主和暴富者（一些敢钻体制空子的人或从事特别职业的人）的收入一般要比人们的平均收入高3~5倍甚至更多，而管理人员（干部）和专业技术人员的收入水平则上升得相对较慢，或者出现相对下降，那时的经济分化显得较为无序。目前的经济分化虽然在分配机制上还存在许多不合理

① Frank Parkin, “Class Stratification in Socialist Societies”, *British Journal of Sociology*, 1969, pp. 358 -360.

之处，但相对而言，基本上是向着工业化社会的职业功能分化趋势发展的，是趋向于按市场规则进行的有序的经济分化。深圳的阶层经济分层结构（参见图2）代表了这一未来趋势，即经理人员阶层和私营企业主阶层的收入将进一步提高并居于首位，专业技术人员阶层的收入也将进一步提高。

20世纪90年代以来，中国社会的教育经济回报率不断提高（参见表5），"脑体倒挂"现象已基本被消除。1981年与1987年中国教育的经济回报率仅为0.025和0.027。① 我们最新的调查显示，目前，教育回报率大约为6%～7%，即多受一年教育者收入增长6%～7%，这一教育回报率水平接近欧美国家，但比东亚一些国家低。经济分层规则的这种发展方向有利于现代化的社会阶层结构的出现。但需要强调的一点是，目前政府部门和一些官员对资源的垄断权在严重干扰正常、合理的市场经济分配机制的运行。我们的调查表明，目前人们主要不是对市场因素所导致的收入差距不满意，人们最大的抱怨针对的是一些不合理的分配机制，特别是权力市场化和部门垄断等。还有一点要指出，目前的经济分层中，产业工人阶层的经济地位下降明显。与农业劳动者阶层不同，工人阶层在经济改革以前和经济改革的最初十年里，在经济分层中一直保持着中等地位，其地位下滑至目前较低的经济地位也就是在最近十年里发生的事。随着体力劳动者与非体力劳动者、有技术资源者与无技术资源者之间的差距进一步扩大，产业工人阶层的经济地位有可能还会下降。当前严重的就业压力，更恶化了产业工人阶层在劳动力市场中的状况。尽管这是工业化、市场化推进的必然结果，但在一个较短时期内，经济地位快速下降，的确使这一阶层的成员难以接受。

表5　教育经济回报率的历年变化

年份	1981	1987	1996	2000[a]	2000[b]	2000[c]
	城镇	城镇	城镇	城镇	城镇	农村
收入对教育回归 R^2	0.025	0.027	0.040	0.065	0.073	0.069

数据来源及说明：1981年和1987年数据来自中国社会科学院技术经济与数量经济学研究所在1981～1987年对30个行业的企业职工共120000人进行的追踪调查（Xin Meng, *Labour Market Reform in China*, Pitt Building: Cambridge University Press, 2000, p. 89）。1996年数据来自中国人民大学社会学系李强等人的全国抽样调查（李强、刘精明：《影响中国城市居民收入的"先赋因素"与"自致因素"》，《中国社会科学季刊》2000年夏季号总第30期，第66页）。2000年数据是本课题组调查数据。2000年[a]未加虚拟变量，2000年[b]加入虚拟变量，2000年[c]加入虚拟变量。

① Xin Meng, *Labour Market Reform in China*, Pitt Building: Cambridge University Press, 2000, p. 89.

2. 各阶层的社会地位与经济地位一致化倾向

对社会地位有多种测量方法，我们这里采用一种较为简便的方式，以各阶层成员的文化水平来反映其社会地位的高低。所谓社会地位或者社会声望，通俗来说，就是受人尊敬的程度，是社会上多数人对某一个人或某一群体的价值评价。以往的许多研究都表明，在中国社会以及其他的工业化社会中，这种价值评价与教育程度高低相关。

表 6 显示了各社会阶层成员的平均受教育年限，这从一个侧面折射出了各阶层社会地位的高低。文化程度最高的首先是专业技术人员阶层、国家与社会管理者阶层和经理人员阶层，其次是私营企业主阶层和办事人员阶层，较低的是商业服务业员工阶层、产业工人阶层和个体工商户阶层，最低的是农业劳动者阶层。这一等级排列与前述经济分层等级排列较为类似，这表明目前中国的社会阶层分化的特征是，经济地位与社会地位趋于一致，或者说，经济资源与文化资源的分配趋于一致。尤其需要强调的一点是，掌握最多经济资源的阶层（经理人员阶层和私营企业主阶层）的文化资源拥有量也在不断上升。这一点在私营企业主阶层成员身上表现得最明显。表 6 的数据还表明，越是发达的地区，私营企业主的文化素质越高。私营企业主阶层成员的文化素质的提高，有利于改变其以往的社会形象，逐渐提高他们的社会地位。目前，在人们眼中，他们不再完全是为富不仁、投机取巧的暴发户形象，他们中的一部分人被认为是精明能干、勤奋上进的经济创业者。当然，虽说私营企业主的社会形象在逐渐改善，但人们对他们的社会地位的评价仍然无法与他们的优势经济地位相匹配。在合肥市和汉川市，分别有 70% 和 59% 的人认为，“应该让私营企业主享有与国营集体企业家同样的社会政治地位”；在深圳、合肥和汉川分别有 22%、15%、16% 的人认同有经济资产的人应该获得高收入。

表 6　各阶层的平均受教育年限

单位：年

层别＼市县	深圳	合肥	汉川	镇宁
国家与社会管理者	13.80	12.80	13.80	12.16
经理人员	13.46	12.35	11.40	–
私营企业主	12.43	10.25	8.50	9.00
专业技术人员	14.25	12.89	13.00	12.13

续表

层别＼市县	深圳	合肥	汉川	镇宁
办事人员	12.85	11.92	10.15	9.43
个体工商户	10.47	9.20	7.90	4.31
商业服务业员工	11.03	9.93	8.65	8.55
产业工人	10.69	9.42	7.22	6.31
农业劳动者	–	–	5.38	3.55
城乡无业失业半失业者	9.69	9.42	8.27	3.15
平均	11.86	10.70	8.91	4.11

3. 主观等级地位认同与客观社会经济地位分化之间有距离

自我社会等级地位认定也是社会地位的一种反映。我们的调查要求人们对自己的社会等级地位按上、上中、中中、中下、下五个等级进行归类，表7列出了不同阶层对其个人等级地位评价的量分结果。自我地位评估的等级差异与经济分层基本上趋于一致，只是自我地位认同的等级差异不像经济分层那么明显。绝大多数人倾向于选择“中层”，经济地位高的人很少认定自己为“上层”，而经济地位低的人也较少选择“下层”。比如，深圳有54.6%人认为自己属于“中层”，合肥有55.1%的人选择“中层”，汉川有36.4%的人选择“中层”。并且，人们对自身的等级地位的评价与其经济收入、教育和阶层归类之间的相关性也比较小（参见表8）。

表7　1999年各阶层社会等级地位自我评价量分

（满分为10分）

层别＼市县	深圳	合肥	汉川	镇宁
国家与社会管理者	6.80	5.35	5.50	4.73
经理人员	6.37	5.57	4.91	–
私营企业主	7.08	5.95	4.00	4.00
专业技术人员	6.18	5.65	5.14	5.36
办事人员	5.60	5.48	4.73	4.31
个体工商户	5.80	4.70	4.43	4.17
商业服务业员工	4.87	5.11	3.95	4.59
产业工人	5.32	4.75	4.37	3.81

续表

层别 \ 市县	深圳	合肥	汉川	镇宁
农业劳动者	-	-	3.76	3.65
城乡无业失业半失业者	5.66	5.17	4.12	4.27
平均	5.72	5.18	4.18	3.86

注：职业声望的测量和计分采用 Nan Lin and Xiaolan Ye "*Occupational Prestige in Rural China*" (1997) 的计算方法。

表 8　自我地位评价与收入、教育和阶层的相关分析

（pearson 相关系数）

市县	收入与自我地位评价	教育与自我地位评价	阶层与自我地位评价
深圳	0.15**	0.21**	0.09**
合肥	0.15**	0.11**	0.04**
汉川	0.17**	0.21**	0.18**

** Sig = 0.01

对这一现象可做两种解释。一种解释是，从文化传统和社会心理角度来说，中国人较倾向于认为自己在社会中处于中间地位，并保持一种中庸的社会态度；另一种解释是，人们对于目前出现的社会经济等级分化结构认同的程度较低。客观社会经济地位已经上升的人不敢承认自己居于社会的上层，而客观社会经济地位下降的人（特别是产业工人阶层）则不能接受自身地位下降的事实，同时他们也不承认那些拥有更多社会经济资源的人的社会地位比自己高。

自我地位认同的等级分化程度不明显，可能会有两种相互矛盾的后果。一方面，绝大多数人认为自己的社会地位属于中等，这在一定程度上可以淡化或掩盖社会分化，缓解目前较快速的社会分化给人们心理上带来的强烈冲击。另一方面，自我地位认同等级分化不明显或与客观的社会经济分化不一致，不利于当前已经出现的社会经济等级分化秩序的合法化和稳定化。同时，客观社会经济地位较低的人不认同等级分化的社会分层结构，将不利于激励他们进行上升的社会流动。一般来说，如果客观社会经济地位较低的人主观上承认整个社会的地位等级分化的合理性（比如，承认有能力的人或有文化的人应该居于更高的社会地位），那么，他们就可能会更努力地改变自己的客观社会经济地位，争取进入更高等级的阶层，实现上升的社会流动。客观社会经济地位较低的社会阶层对地位等级分化的认同，及其强烈的上升社会流动愿望，既有利于现存社会秩序的维持，也有利于社会经济的发展。

自我地位认同的一个突出变化是，私营企业主阶层的自我地位评价明显提高，特别是在深圳、合肥两个城市当中，私营企业主自我地位评价得分都是最高的，尽管高出的幅度很小。其他的一些调查数据也证实了这一变化。① 实际上，我们的调查数据表明，私营企业主阶层的成员比领导干部（国家与社会管理者）更可能选择“上层”或“中上层”。访谈资料也显示，私营企业主强烈渴望，在获得物质财富的同时，也能赢得社会的承认和他人的敬重，他们对自己目前的社会地位状况多多少少有些不满意。领导干部虽然极少自认为属于“上层”，但他们中的多数人不认为私营企业主的社会地位比他们高或者应该比他们高。私营企业主阶层同国家与社会管理者阶层在社会地位方面存在着明显的竞争心态。另一方面，与私营企业主阶层相比，国家与社会管理者阶层的自我地位认同更趋于中间化，他们极少有人选择“上层”，同时基本上没有人选择“下层”。在各地的私营企业主阶层当中，有2% ~10% 的人自认为属于“上层”，同时也有近似比例的人自认为属于“下层”。

4. 各阶层的政治地位有所变化

在中国的社会分层中，政治地位或者说政治因素有其特殊的意义。虽然目前的情况与经济改革以前有所不同，政治身份不再是一个决定性的因素，但是它在社会分层中仍然发挥着重要的作用。目前的社会政治制度决定了党和国家在资源配置中占据着至关重要的位置，因此，较高的政治地位可以享有一些非物质性的资源，比如说社会荣誉、影响或参与决策的机会，在体制内有优先晋升提拔的机会等等，这些非物质性的资源有利于个人实现社会经济地位的上升流动和获取更多的物质资源。另一方面，各阶层的政治地位也反映出他们与执政党和政府之间关系的紧密程度，而这种关系的紧密程度又可能会影响各阶层的社会经济地位的变化。

对政治地位的测量极为复杂，我们采用了一种既简单而又基本有效的方式，即用各阶层中党团员所占比例来反映各阶层的政治地位情况（参见表9）。表9显示，国家与社会管理者阶层的党团员所占比例最高，除合肥

---

① 张厚义、明立志主编《中国私营企业发展报告（1978 ~1998）》，北京：社会科学文献出版社，1999年1月，第163页。

市外，[①] 其他3个县市的国家与社会管理者阶层中的党团员所占比例高达95%～100%。这表明，这一阶层与党和政府几乎是三位一体的，它的政治地位最高。其次是经理人员阶层和办事人员阶层中党团员所占比例较高。经理人员阶层中的许多成员以前的身份就是干部（企业干部），而办事人员阶层中相当大的比例是党政机关的普通公务员或一般的办事人员，他们是国家与社会管理者阶层的后备军，因此这两个阶层中的许多成员与党和政府有密切的联系。再次是专业技术人员阶层，党员比例在各地都接近1/5或1/4，城市专业技术人员中的党团员比例明显高于县城和乡村专业技术人员的党团员比例。党团员比例最低的是产业工人阶层、个体工商户阶层、商业服务业员工阶层和农业劳动者阶层。私营企业主阶层中的党团员比例在各地差异很大，这与当地的私营企业主的主要来源及地方政府的相关政策有关。

表9　各阶层中党团员所占比例

单位：%

层别	深圳		合肥		汉川		镇宁	
	党员	团员	党员	团员	党员	团员	党员	团员
国家与社会管理者	100.0	100.0	77.5	95.0	100.0	90.0	100.0	93.3
经理人员	35.7	76.8	58.8	97.1	53.8	61.5	–	–
私营企业主	22.2	85.2	24.4	72.1	9.1	45.5	0.0	0.0
专业技术人员	27.2	86.4	25.2	88.2	17.8	73.3	24.0	67.3
办事人员	28.2	87.4	40.7	83.6	54.5	75.3	46.3	44.4
个体工商户	13.7	60.8	10.4	52.8	7.7	41.0	5.2	11.8
商业服务业员工	10.4	59.4	7.6	68.3	10.6	55.3	3.9	28.8
产业工人	0.0	72.2	13.3	72.9	5.9	31.1	10.3	21.6
农业劳动者	–	–	–	–	4.3	23.9	5.2	10.2
城乡无业失业半失业者	2.0	58.4	9.1	58.3	1.8	46.4	3.9	9.0
平均	17.5	73.1	23.4	74.1	12.1	40.3	6.7	12.9

注：表中“团员”项指曾经入过团。

与以往的一些数据相比，有几个阶层的党团员比例发生了升降变化，这反映出这几个阶层的政治地位有所变化。

① 合肥的情况比例特殊，合肥有大量的国有科研院所，其中有一些高层管理人员不是党员。

第一，私营企业主阶层中的党员比例明显上升。全国工商联等部门的调查数据证实了这一趋势。1993 年，私营企业主中党员比例为 13.1%，1995 年上升至 17.1%，2000 年进一步上升到 19.8%。[①] 这是由于 1992 年以后有大批党政干部和国有集体企业干部加入私营企业主阶层。这从一个侧面反映出，私营企业主阶层的政治地位有所提高。

第二，产业工人中的党团员比例明显下降。这与原来的产业工人队伍发生分化有一定的联系。一些工人党员退休了，另一部分工人党员实现了上升的社会流动，进入了其他社会阶层，还有一部分处于下岗失业状态。目前产业工人的一个新的主要来源是农民工，他们基本上都不是党员，党组织也很少在这批人当中发展党员。这一点在深圳表现得最为明显。深圳本身不存在传统的产业工人队伍（即原来的国有企业职工），集体企业职工也很少，新产生的产业工人阶层的构成基本上都是农民工。在深圳的被调查工人中，竟然没有一个是党员。有关的访谈调查还发现，现今的工人与党组织没有多少联系，他们既很少参与也很少关心党组织的活动和有关的政策精神的宣传学习。这些情况表明，产业工人阶层的政治地位下降，与党的关系疏远。这一状况与工人阶层是共产党的阶级基础这一原则不相称。这一点很值得我们关注。

第三，专业技术人员中的党团员比例在经济改革后有所波动，但并不能说已出现了明显的上升或下降趋势。总的来说，专业技术人员阶层的政治地位一直在提高。经济改革以来的二十多年中，执政党较为重视从专业技术人员中提拔干部和发展党员。在合肥市的专业技术人员阶层党员中，37.5%的人是在 20 世纪 80 年代入党的，43.7%是在 20 世纪 90 年代以后入党的；40 岁以下党员所占比例为 37.5%。在深圳市的专业技术人员阶层党员中，20 世纪 80 年代入党的占 45.7%，20 世纪 90 年代以来入党的占 42.9%；40 岁以下的党员占 71.4%。不过，由于专业技术人员数量在快速增长，执政党发展党员的速度未能赶上这一阶层的规模扩大速度，在非公有制经济领域更是如此。在非公有制企业从业人员中，专业技术人员所占比例逐年上升，而执政党不太重视在这些单位的从业人员中发展新的党员。在体制内的专业技术人员中，党员比例还保持着一定的水平。例如，就深圳市而言，在全民所有制单位的专业技术人员中，党员比例为 31%，而在私营、个体、三资、混合所有制单位的专业技术人员中，党员比例为 21%。

---

① 戴建中：《现阶段中国私营企业主研究》，《社会学研究》2001 年第 5 期，第 75 页。

就合肥市而言，在全民所有制单位的专业技术人员中，党员比例为29%；在私营、个体、三资、混合所有制单位中，党员比例则只有8%。

综合上述各阶层的政治地位变化的情况来看，执政党的社会基础在逐步地向拥有经济和文化资源的阶层（经理人员阶层、专业技术人员阶层、私营企业主阶层）倾斜，这是执政党要实现经济发展目标的必然选择。但另一方面，执政党近年来在产业工人阶层和农业劳动者阶层中的社会基础受到部分削弱。这是一个必须加以重视的问题，因为工人和农民在人口中仍占有极大比例。

（六）各阶层的社会态度

1. *获益阶层与相对利益受损阶层有不同的社会满意度*

1996年的一项全国调查显示（参见表10），大约86%的人认为他们的生活比10年前更好，仅有4%的人认为他们的生活变差了。这表明，最初十几年的改革确实使绝大部分中国人都获得了益处，生活水平普遍提高，因而人们广泛支持改革和党的政策。

表10　1996年和2000/2001年人们对生活水平变化的评价及预期

单位：%

年份	地区	好了许多	好了一点	几乎一样	差了一点	差了很多	合计
与十年前相比（1996年调查）*	全国	51.0	35.1	9.6	2.7	1.6	100.0
与1995年比（2000/2001年调查）	深圳	37.1	34.8	14.0	8.9	5.2	100.0
	合肥	24.2	35.0	17.0	12.6	11.2	100.0
	镇宁	13.0	38.1	29.3	13.0	6.6	100.0
今后五年的变化（2000/2001年调查）	深圳	28.9	50.2	14.4	5.5	1.0	100.0
	合肥	18.8	47.8	16.6	11.7	5.1	100.0
	镇宁	9.3	44.5	31.7	11.9	2.6	100.0

* 清华大学社会学系李强等人1996年调查数据。

几年之后，我们在2000年和2001年的调查中采用了同样的问题，得到的回答有些变化。认为自己的生活水平比1995年更好的人所占比例下降，而认为生活变差或者没有什么变化的人所占比例则有所上升。在深圳市，大约14%的人认为自己的生活水平下降了；在镇宁县，大约20%的人有同样的感觉；在合肥市，这一比例则高达24%。这种变化表明，近五六年来的经济改革和经济发展虽然使超过半数的人明显获益，但也有相当一批人获益不多或利益相对受损。在城市中，大约1/6的人感觉生活水平提高不大，另外1/6至1/4的人感觉生活水平下降；在乡村中，这一问题更为突出，接近1/3的人认为自己的生活水平没有明显提高，另有1/5的人认为生活水平不如以前。

人们对生活水平变化的感受存在着明显的阶层差异，也就是说，有些阶层的人普遍感到生活水平提高了，而另一些阶层中的许多人则没有感受到生活的改善（参见表11）。感到普遍受益的阶层有国家与社会管理者阶层、经理人员阶层、私营企业主阶层和专业技术人员阶层，他们对国家的改革和发展都持积极的、支持的态度；在个体工商户阶层、商业服务业员工阶层、产业工人阶层、农业劳动者阶层和城乡无业失业半失业者阶层中，则有较多的人感到自身利益相对受损，这些阶层在某种程度上对改革和发展的目标（如共同富裕等）感到怀疑，还有不少人对某些相关政策感到不满，对未来缺乏信心。由于后者这些阶层的总规模庞大，所以，他们的这种态度对中国经济社会的进一步改革、发展和稳定是不利的。例如，在深圳市，11.8%的个体工商户、18.8%的商业服务业员工、30.2%的产业工人和21.4%的城乡无业失业半失业者自认为生活水平下降了；合肥市的相应比例分别为27.4%、26.9%、36.5%和34.1%；在镇宁县，有15.2%的个体工商户、23%的商业服务业员工、16.3%的产业工人、22.1%的农业劳动者和14.9%的城乡无业失业半失业者自认为生活水平下降了。这几个阶层也有较高比例的人对未来5年生活水平变化的预期不太好。

表11　1999年各阶层对生活水平变化的感受

单位：%

层别	深圳			合肥			镇宁		
	变好	没变	变差	变好	没变	变差	变好	没变	变差
国家与社会管理者	100	0.0	0.0	70.0	15.0	15.0	93.4	6.6	0.0
经理人员	85.7	10.7	3.6	79.5	11.8	8.8	—	—	—
私营企业主	82.2	7.1	10.7	75.0	25.0	0.0	0.0	100.0	0.0
专业技术人员	81.8	9.5	8.7	75.6	15.7	8.7	86.0	8.0	14.0
办事人员	78.4	14.0	7.7	68.2	15.9	15.9	57.4	24.1	18.6
个体工商户	78.4	9.8	11.8	57.5	15.1	27.4	60.3	24.5	15.2
商业服务业员工	59.4	21.7	18.8	58.8	14.3	26.9	57.7	19.2	23.0
产业工人	56.6	13.2	30.2	45.8	17.7	36.5	67.3	16.4	16.3

续表

层别	深圳			合肥			镇宁		
	变好	没变	变差	变好	没变	变差	变好	没变	变差
农业劳动者	—	—	—	—	—	—	46.2	31.7	22.1
城乡无业失业半失业者	61.7	16.9	21.4	41.7	24.2	34.1	49.0	36.1	14.9
平均	71.9	14.0	14.2	59.2	17.0	23.9	51.1	29.3	19.6

上述调查数据说明，近年来的改革政策所导致的利益调整，使得经济增长所带来的益处在各阶层之间的分配显著不平等。如何确保绝大多数人从改革和发展中获益，从而使执政党赢得广泛的支持和信任，是亟待解决的问题。

2. 人们对收入差距的感受是否达到了不能容忍的程度

改革开放以来，中国的收入和财富分配的差距在不断拉大，20 世纪 90 年代中后期以来更是如此。这使收入差距和贫富分化的问题成为人们关注的焦点。世界银行、国家统计局和有关学者专家公布的目前中国的基尼系数为 0.35 ~0.48，并认为中国进入了收入差距较大的国家行列。关于应当如何判断现阶段中国收入差距或贫富分化的程度的问题，存在着不同观点的争论。我们这里所关注的并不是基尼系数本身，而是人们对收入差距现象的实际感受和价值判断。某个基尼系数所代表的收入差距程度，在某个特定社会中是否合适，并不存在什么绝对的标准。在某些国家或地区（比如美国和中国香港等国家和地区），基尼系数长期维持较高水平，但生活于其中的人们并不认为这种较大的收入差距有什么不合理，反而认为这有利于刺激经济增长。另一些国家（比如北欧和西欧的一些国家）却一直保持较低的基尼系数，基尼系数一旦略有提高，便会立即招致社会公众对政府政策的强烈批评和不满。这表明，收入差距程度是否合理，在某种程度上是一种主观的文化价值判断，是特定历史时期、特定社会中的绝大多数人的主观感受。

中国社会目前的收入差距程度是否合理，是否是有利于社会稳定和经济增长，这主要不取决于人们测算出的基尼系数的高低，而取决于人们对收入差距扩大的心理承受能力。有两个特殊的历史因素影响着中国人对目前的收入差距的主观感受。一个因素是，在改革之前，中国是一个相当均等化的社会，收入差距是在改革后的一个较短时期内迅速扩大的；另一个因素是，迄今为止，党和政府一再向社会大众承诺的是一个共同富裕的社会，而不是一个收入财富等级分化的社会。

我们的调查数据显示，大约半数的人认为，社会中存在收入差距是合理的，另外半数的人则认为是不合理的（参见表12）。其中，产业工人阶层最不能容忍收入差距扩大的现象。在合肥市和镇宁县，大约70%的产业工人认为，存在收入差距是不合理的；在深圳市，则有60%的产业工人持相同的观点。这说明，在当前的产业工人阶层中，平均主义的影响仍然是很强的。而且，即便是认同收入差距现象的人，也不一定认为目前的收入差距是合适的。表13的数据显示，在深圳市和合肥市，仅有1/4的人认为，他们生活的城市中人们的收入差距是适中的或还不够大，3/4的人认为收入差距太大了；在镇宁县，则有4/5的人认为，他们所在县人们的收入差距过大。尽管社会经济地位较低的阶层对于收入差距过大的感受更强烈，但社会经济地位较高的阶层也多半认为，现在的收入差距过大了。我们在访谈调查中发现，一些有资产的人或高收入的人认为，收入差距过大使他们缺乏安全感，他们时常感受到低收入者、失业者对他们的不满或仇视心态。如果一个社会中有半数左右的人不认同收入差距现象，而且3/4的人认为收入差距过大，那么政府就的确需要调整或控制收入差距的程度了。

表12　各阶层对收入差距现象的认同程度

单位：%

层别	您认为一个社会存在着收入差距是否合适？					
	深圳		合肥		镇宁	
	完全合理或有点合理	不太合理或完全不合理	完全合理或有点合理	不太合理或完全不合理	完全合理或有点合理	不太合理或完全不合理
国家与社会管理者	100.0	0.0	50.0	45.0	93.3	6.7
经理人员	72.2	27.8	58.9	41.1	—	—
私营企业主	50.0	50.0	75.0	25.0	—	—
专业技术人员	67.0	33.0	53.2	46.8	53.5	46.5
办事人员	56.7	43.3	49.0	51.0	71.4	28.6
个体工商户	70.8	29.2	45.1	54.9	47.7	52.3
商业服务业员工	55.0	45.0	42.8	57.2	53.0	47.0
产业工人	39.6	60.4	29.9	70.1	30.2	69.8
农业劳动者	—	—	—	—	53.2	46.8
城乡无业失业半失业者	47.2	52.8	38.9	61.1	51.9	48.1
平均	57.4	42.6	44.1	55.9	51.5	48.5

表 13　各阶层对收入差距程度的判断

单位：%

层别	在您看来您所在的市县里人们之间的收入差距如何？								
	深圳			合肥			镇宁		
	差距太小	差距适中	差距太大	差距太小	差距适中	差距太大	差距太小	差距适中	差距太大
国家与社会管理者	0.0	40.0	60.0	5.1	38.5	56.4	0.0	33.3	66.7
经理人员	3.6	27.3	69.1	6.1	39.4	54.5	—	—	—
私营企业主	7.7	19.2	73.1	0.0	75.0	25.0	—	—	—
专业技术人员	5.0	23.5	71.4	0.8	23.8	75.4	2.0	32.7	65.3
办事人员	6.6	25.7	67.6	3.4	24.0	72.6	14.8	13.0	72.2
个体工商户	0.0	25.5	74.5	3.9	14.6	81.6	2.3	12.1	85.6
商业服务业员工	5.9	10.8	83.3	4.3	14.5	81.2	2.0	19.6	78.4
产业工人	2.1	16.7	81.3	1.8	23.8	74.4	0.0	11.1	88.9
农业劳动者	—	—	—	—	—	—	4.6	14.0	81.3
城乡无业失业半失业者	3.4	16.9	79.7	5.6	24.6	69.8	4.0	16.1	79.8
平均	4.5	20.6	74.9	3.4	13.1	73.5	4.0	14.2	81.8

二　现代化的社会阶层结构的雏形已经形成

不同的社会发展阶段，有不同的社会阶层结构。在中国传统农业社会，农民是最大的社会阶层，占总人口的绝对多数，地主、官僚、手工业者、小商小贩在人数上只占人口的很小比例，阶层结构相对简单。在高度集中的计划经济体制阶段，中国对过去的社会阶层结构进行了革命性改造，结果只剩下“两个阶级和一个阶层”，即工人阶级、农民阶级和知识分子阶层，其中农民阶级占绝对多数（1978 年为 82%），仍然保留着传统社会的阶层特征。不论是传统社会的阶层结构，还是计划经济体制时代的社会阶层结构，都不是现代化的社会阶层结构，都不符合工业化、城市化和现代化建设的要求。

从宏观层面上来看待改革开放二十多年来中国社会的深刻变化，就会发现，阶层结构的变化是中国社会转型和经济转轨的最核心内容。在这二十多年中，中国经历着从传统社会向现代社会、从农业社会向工业社会转型的过程，经历着从计划经济体制向社会主义市场经济体制转轨的过程，这些转变最直接地体现在中国社会阶层结构的现代化变迁上。

由于缺乏历年的追踪调查数据，我们很难准确描述中国社会阶层结构的详细演变过程。现根据历年的《中国统计年鉴》《中国人口统计年鉴》及其他统计和研究的数据资料，来考察最近20年来社会阶层结构变化的总体趋势。表14根据国家统计局和有关部门公布的统计数据，推算出了历年来十大社会阶层的大致比例。应当着重强调的是，表14中的数据都只是约数。

表14 1952～1999年中国社会阶层结构的演变

单位：%

层别＼年份	1952	1978	1988	1991	1999
总计	100.00	100.00	100.00	100.00	100.0
国家与社会管理者	0.50	0.98	1.70	1.96	2.1
经理人员	0.14	0.23	0.54	0.79	1.5
私营企业主	0.18	0.00	0.02	0.01	0.6
专业技术人员	0.86	3.48	4.76	5.01	5.1
办事人员	0.50	1.29	1.65	2.31	4.8
个体工商户	4.08	0.03	3.12	2.19	4.2
商业服务业员工	3.13	2.15	6.35	9.25	12.0
其中：农民工	—	0.80	1.80	2.40	3.7
产业工人	6.40	19.83	22.43	22.16	22.6
其中：农民工	—	1.10	5.40	6.30	7.8
农业劳动者	84.21	67.41	55.84	53.01	44.0
其中：外来农民	—	0.00	0.10	0.20	0.1
城乡无业失业半失业人员	—	4.60	3.60	3.30	3.1

对表14须做如下说明：

（1）此表根据历年《中国统计年鉴》分行业从业人员数，《中国人口统计年鉴》各职业人口状况数据，并参考全国人口普查和全国1%人口抽样调查资料综合而成。“其中”项中的农民工和外来农民指占总从业人数的百分比。“—”为缺乏相应数据，在计算时按零计。

（2）1952年工业劳动者、城镇个体劳动者、农村集体和个体劳动者数据见《中国人口统计年鉴·1989》，第250页。该年商业服务业员工数用的是1957年数据，见《中国人口统计年鉴·1988》第252页。该年经理人员、专业技术人员、办事人员为推算值。

（3）在国家与社会管理者中，1999 年公务员为 528.2 万人，加上教育、科研、卫生、文化、体育等事业单位和社会组织的处、科级以上领导人员，以此数和当年分行业年底从业人员数之比推算以前年度的国家与社会管理者阶层的人数，并参照全国人口普查和全国 1% 人口抽样数据加权处理。

（4）经理人员阶层的人数根据历年《中国统计年鉴》中的职业个数，分所有制不同比例计算得出。国有企业按 5 人计算，集体企业按 2 人计算，其他企业按 1 人算。

（5）1952 年私营工商企业 16 万户，1978、1988 年数据引自《中国私营企业发展报告（1978～1998）》（社会科学文献出版社，1999）。1991 和 1999 年数字是《中国统计年鉴》中私营企业的投资者数。

（6）在办事人员中，1999 年政府机关办事员及其他人员有 311.2 万人，加上企事业部门的办事人员，以前年度为按此数占分行业从业人员数比例推算，并参照全国人口普查全国 1% 人口抽样数据加权处理。1999 年办事人员阶层根据全国普查和 1% 人口抽样数据推算和抽样调查差距较大，根据后者作了调整。

（7）个体工商户资料根据《中国统计年鉴》个体从业人口计算，1988 年和 1991 年数据来自全国私营企业和个体工商户调查数据。1999 年数据见《中国统计摘要·2001》第 30 页，为 3160.1 万户。

（8）农业劳动者中 2% 为国营农场职工，根据《中国统计年鉴·2000》“分行业年底从业人员数”和“乡村劳动力”（年底数）的比值计算。产业工人中的农民工流动人口根据中国社会科学院农村发展研究所《农村绿皮书》比例推算，是农村劳动力的 20.9%。商业服务业员工中农民工根据中国社会科学院农村发展研究所《农村绿皮书》比例推算。扣除“农民工”的“产业工人阶层”和“商业、服务业员工阶层”与《中国统计年鉴》分行业从业人数的比例相同。

（9）城乡无业失业半失业人员阶层根据农村和城市贫困人口推算，其成员主要是登记失业人口、隐性失业人口及在业贫困者。

众所周知，在社会阶层结构现代化的过程中，以专业技术人员、办事人员、个体工商户、商业服务业员工为主的社会中间层将逐渐成为多数，农业劳动者阶层在全国总就业人口中不再占多数，私营企业主和经理人员阶层成为一个非常重要的独立阶层，他们同国家与社会管理者阶层以及专业技术人员阶层一起，成为主导性的社会阶层。在这个过程中，对每个人来说，社会流动日益开放，机会日益变得均等，公平竞争成为主要的社会流动机制，能力主义准则取代身份主义原则，成为社会流动的主要依据。

从表14来看，与现代化的社会阶层结构相比，当前中国社会阶层结构还有很大的差距，但是，自从改革开放以来，中国社会阶层结构正在朝着现代化社会阶层结构演变，所以，可以说，一个现代化社会阶层结构的雏形已在中国形成。下面，我们根据表14提供的中国社会阶层结构的宏观变化轨迹以及我们的实地调查研究，从6个方面来描述和分析这一雏形的基本特征。

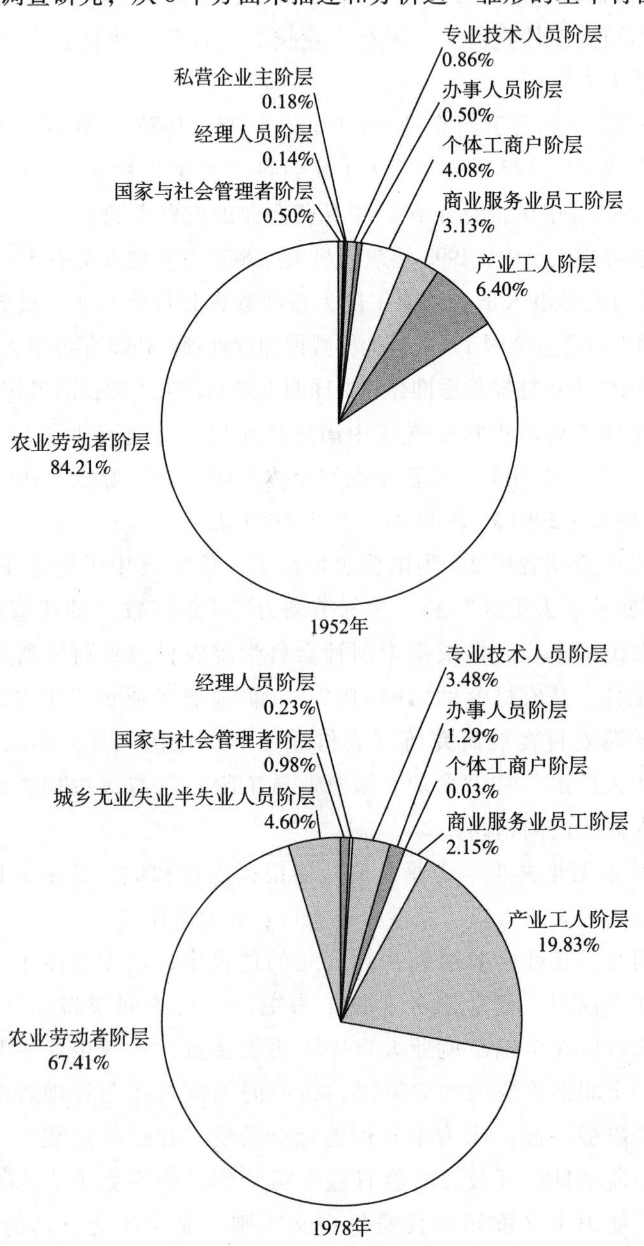

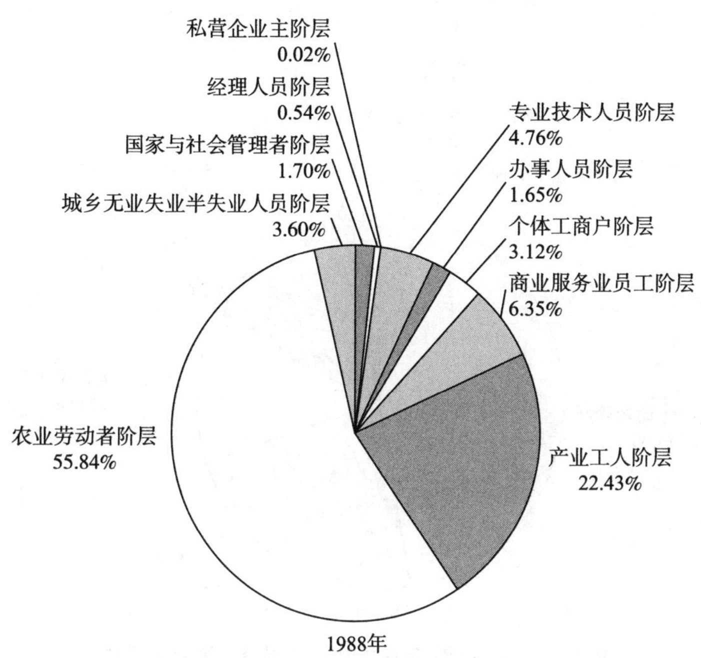
私营企业主阶层
0.02%
经理人员阶层
0.54%
国家与社会管理者阶层
1.70%
城乡无业失业半失业人员阶层
3.60%
专业技术人员阶层
4.76%
办事人员阶层
1.65%
个体工商户阶层
3.12%
商业服务业员工阶层
6.35%
农业劳动者阶层
55.84%
产业工人阶层
22.43%
1988年

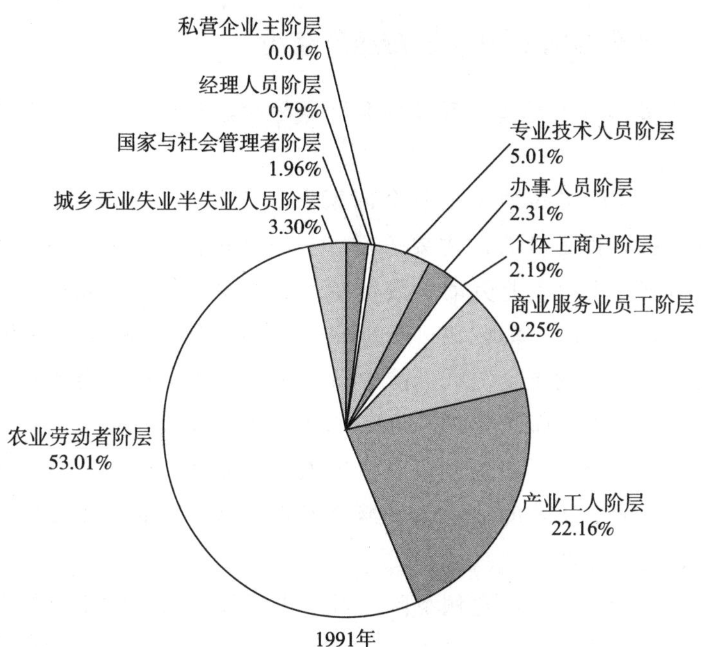
私营企业主阶层
0.01%
经理人员阶层
0.79%
国家与社会管理者阶层
1.96%
城乡无业失业半失业人员阶层
3.30%
专业技术人员阶层
5.01%
办事人员阶层
2.31%
个体工商户阶层
2.19%
商业服务业员工阶层
9.25%
农业劳动者阶层
53.01%
产业工人阶层
22.16%
1991年

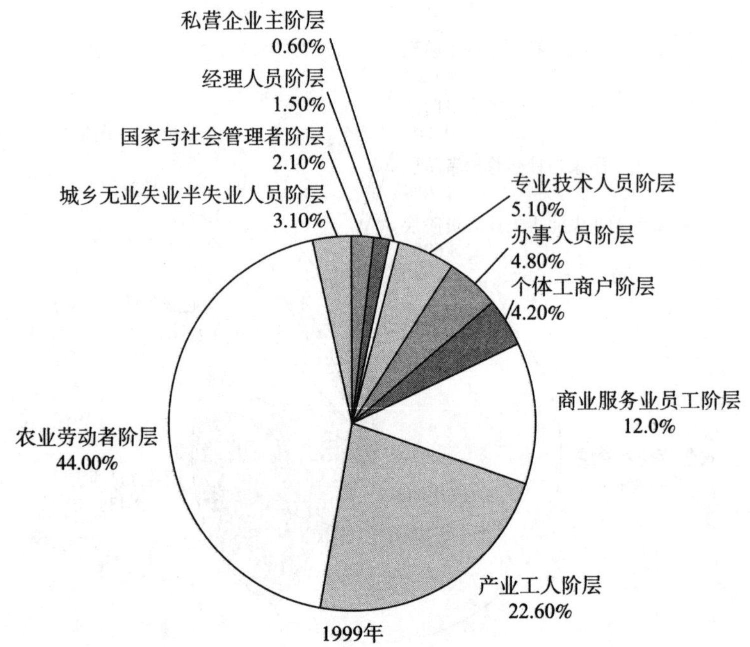

图6 1952～1999年中国社会阶层结构变迁示意图

(一) 社会结构的中下层在逐步缩小

1. 农业劳动者不断地向其他社会阶层流动，农业劳动者阶层正在逐渐缩小

农业劳动者阶层的缩小是一个国家现代化的必然结果。在发达国家，农业劳动者已不再是社会的主要阶层，一般都仅占其总人口的15%以下。改革开放以来，中国农业劳动者数量在大量减少，他们占就业人口的比重从1978年的67.4%下降到1999年的44%。外出务工经商、兴办乡镇企业、接受高等教育以及城市化，是当前中国农业劳动者实现社会流动的主要途径。仅仅外出务工经商就吸纳了8000多万农业劳动者，还有上亿农业劳动者被吸纳到乡镇企业，成为乡镇企业工人、企业家和管理人员。在未来的十几年中，农业劳动者的数量还将继续下降，但下降的速度要取决于经济增长和城市化的速度。

农业劳动者阶层所占比例下降，对于中国社会从传统社会结构向现代社会结构转型、从金字塔型结构向橄榄型结构过渡是极为重要的。但是，与西方现代化国家相比，中国农业劳动者所占比重还是过大，甚至还超过

许多发展中国家。1998 年，马来西亚、巴西和墨西哥的农业劳动者比重分别为 18.17%、24.19%、19.79%。可见，中国农业劳动者阶层规模过大，不但无法与西方发达国家水平相比，而且比许多发展中国家还大很多，这大大地制约了中国社会阶层结构的现代化进程。从这一点看，尽管改革开放以来，中国农业劳动者转移很快，其速度在中国历史上也是不曾有过的，但仍然只能说，这仅仅是中国社会阶层结构向现代化方向发展和转变的一个良好开端，整个社会阶层结构的现代化过程还远没有完成。

2. 商业服务业员工和产业工人阶层在分化

伴随着农业劳动者的逐年减少，整个社会结构的中下层（或底层）部分也在逐步缩小。当然，社会结构的中下层部分不仅包括农业劳动者，通常还包括传统型的、以体力劳动为主的商业服务业员工与产业工人。

在过去 20 多年中，商业服务业劳动者的数量有所上升，近年来，一些以商业服务业为中心的城市发展迅速，小城镇的扩张运动还在持续，这些将导致商业服务业员工阶层规模的继续增长，并开始出现分化，尤其是随着新兴服务行业的出现，随着服务行业的产业层次逐渐提高和日益规范化、现代化，这个阶层中的相当一部分成员将向上流动，进入社会中间层，从而对缩小社会结构中的中下层起着重要作用。

与此同时，产业工人的数量及比例在 20 世纪 80 年代的农村工业化高潮中有明显上升，进入 20 世纪 90 年代以来则变化不大。在今后一段时期，产业工人在阶层结构中所占比例的变化也可能不会很大。虽然随着一些传统工业的衰落，会有一部分产业工人流向其他社会阶层，但中国加入世界贸易组织之后，东亚和西方一些国家的新兴产业中的劳动密集型工业企业将加速转移到中国，从而对产业工人的需求将保持在一定水平上。因此，在相当时期内，中国不会像西方国家那样，出现产业工人在社会阶层结构中的比例大幅度下降的现象。但是，产业工人内部的分化也将不可避免，随着产业升级和技术含量的增加，一部分产业工人将成为现代意义上的技术工人，从而实现向上流动，进入社会中间层。

实际上，商业服务业员工阶层与产业工人阶层的上述变化，目前和今后一段时期内将会继续发展下去，这种变化将与农业劳动者的减少一起，正在并将继续为中国社会结构中的中下层部分逐步缩小做出贡献。

（二）社会中间层已经出现，并且正在不断壮大

与传统社会不同，现代化的社会阶层结构以社会中间层为主体，社会

阶层结构的形态不再是金字塔型，而是橄榄型，社会大部分成员处在中等和中上层地位，只有少数人处于高层和较高层，而处于最低阶层的人也是少数。在传统社会，处在最低阶层地位的主要是农民。改革开放以来，中国农民大量向其他阶层流动和转移，也意味着有更多的人开始向上流动，这为社会中间层的发展和壮大提供了条件。

社会中间层（或称“中产阶层”）不是某个阶层的代称，而是几个具有相近或相似特征特别是收入处于中等或接近中等以上水平的阶层的合称。按照国际学术界的分类，社会中间层主要由两大部分人组成：一部分是所谓老社会中间层（简称“老中间层”“老中产”），包括中小私营企业主、个体工商户和富裕的自耕农；另一部分是所谓新社会中间层（简称“新中间层”“新中产”），主要包括大部分专业技术人员、经理人员、行政与管理人员、办事员、商业服务业人员和技术工人等，他们不但在收入上处于中等及中等以上水平，而且在受教育程度和社会声望上也处于中等和中等以上水平。

1978 年以来，中国的社会中间层规模有了非常快的扩张，可以说是扩张最快的阶层结构部分（见表 14）。比如，从 1978 年到 1999 年，中国私营企业主阶层所占比重从零上升为 0.6%，个体工商户阶层和经理人员阶层所占比重也分别从 0.03% 和 0.23% 增加到 4.2% 和 1.5%，商业服务业员工阶层则从 2.2% 左右增加到 12% 左右，都翻了几番。这样，中国社会阶层结构便开始从原先的金字塔型逐渐向橄榄型转变。

但从我们所调查的四个县市阶层结构（参见图 2、图 3、图 4 和图 5）的比较显示，目前，中国社会中间层的主要构成成分在城市和乡村有很大的不同。在深圳市和合肥市，社会中间层的主要成分是所谓的“新中间层”——专业技术人员和办事人员；在汉川市（县级市）与镇宁县，社会中间层的主要成分则是“老中间层”——个体工商户。由于目前中国的多数人口还生活在乡村，而县和县级市行政区域的数量也远远超过地级市的数量，因此，从全国范围来说，中国目前的社会中间层还是以“老中间层”的成分为主，“新中间层”成分所占比例还较低。

要使中国社会阶层结构完全成为橄榄型结构，社会中间层还需要大大扩张。可以预见，随着中国工业化、信息化和城市化的发展，社会中间层将会不断得到扩张，最终成为中国现代化社会阶层结构的最重要部分、最稳定的社会力量，而且，专业技术人员阶层和办事人员阶层有望构成社会中间层的主体，从而使中国的社会中间层更多地具有“现代社会中间阶层”

的特征。

（三）掌握或运作经济资源的阶层正在兴起和壮大

在中国社会结构较上层的部分或者说居于优势位置的社会阶层中，掌握或直接运作经济资源的阶层正在兴起和壮大。在这类阶层中，除了国家与社会管理者外，还有私营企业主与经理人员。在过去二十多年里，私营企业主阶层从无到有，经理人员从干部队伍和企业主中分离出来形成一个相对独立的社会阶层。这两个阶层在社会结构中所占比例都在逐年稳步上升，而且还将继续上升，尤其是经理人员阶层的比例将会有较大幅度的上升。从发达国家的发展经验来看，随着现代企业制度和产权形式的发展，企业主的数量将稳定在一定水平或者相对减少，而企业经理人员的数量将会明显增加。不过，中国的私营企业主阶层的规模增长还未达到顶峰，在未来几十年中，私营企业主阶层在社会阶层结构中的比例还会有所上升。

在 20 世纪 80 年代以前，通过社会主义改造，中国的个体工商户只剩下 15 万户，私营工商业者则不再存在，国有企业和集体企业的厂长都被当作国家干部对待，属于工人阶级。在当时的条件下，权力精英与经济精英甚至文化精英是合二为一的，实际上只存在权力精英，厂长和经理的首要任务不是发展经济，而是讲政治，搞政治挂帅。这显然是不利于经济发展的。世界各国的现代化经验表明，一个国家没有一个相当规模的企业家阶层，是不可能实现经济的快速发展和国家的现代化的。比如，日本的企业家阶层在 1950 年只占 1.9%，到 1980 年已占到 6.3%，日本的现代化也就是在这 30 年中实现的。

20 世纪 80 年代以来，中国非国有经济尤其是非公有经济发展得非常快，充满着生机和活力，避免了国有企业的许多问题，成为中国经济快速增长的重要支撑点，个体工商户阶层和私营企业主阶层则是这一支撑点的主要组成部分。这对于中国经济社会的发展而言，是一种非常有利的变化。我们看到，苏联解体后，俄罗斯的经济改革并没有很快带动经济发展，其中一个重要原因，就是缺乏一批经过市场锤炼过的企业家。中国的经济发展一直比较迅速的一个重要原因，则是有了一批在市场上拼打出来的企业家（特别是私营企业主），他们已经成为中国市场经济发展的重要推动力量。中国的第一个私营企业主诞生于 1981 年，到 2000 年底为止，在工商部门登记的私营企业有 176 万家，私营企业出资者有 395 万人，私营企业雇工达到 2215 万人。目前，中国私营企业主占就业人口的比例为 0.6%，尚未达到日本1950年的水平。当然，这里还没有包括乡镇企业和国有中小企业改制后出现的大批私营企业主，如果加上后者，其比例会大得多，但与现代化经济发展的要求相比，其比例仍然是很低的，估计为1%左右。

真正的经理人员阶层也是最近20年中出现的，特别是20世纪90年代以后，随着国有企业进行现代企业改造以及私营企业的发展壮大，出现了一批真正意义上的经理。私营企业主和经理人数的多少跟经济发展水平是很有关系的。以深圳市、合肥市与汉川市为例。据我们课题组1999年、2000年和2001年在三地所做的抽样问卷调查，深圳市经理人员阶层和私营企业主阶层在其十大阶层中占的比例分别达到6.15%和3.08%，已经超过日本1980年的水平（该年日本的企业主和经理的比例只有6.3%）；而合肥市和汉川市的上述比例分别为2.84%、0.33%和0.97%、1.03%，各自只占深圳市的46.17%、10.17%和15.77%、33.44%。显然，深圳市的经济发达程度是合肥市和汉川市所不能比拟的。一般而言，经理人员和私营企业主多，意味着投资主体多，投资数量多，这无疑会带动当地经济更快地发展。

国家与社会管理者阶层的比例在过去的20年当中也有所上升，这是因为经济增长、城市化推进和国家的社会管理功能的扩张，导致了政府组织和公共机构的膨胀。在未来的几十年里，城市化还将进一步推进，政府的社会管理功能还要继续扩展，因此，国家与社会管理者的人数还可能继续上升。但与经理人员阶层和私营企业主阶层相比，国家与社会管理者阶层在整个阶层结构中所占比例的上升幅度不会太大。对于结构性的变化而言，最为关键的一点是，在三个等级地位最高的阶层中，国家与社会管理者阶层将从目前比例最高的阶层变为比例最低的阶层，经理人员阶层和私营企业主阶层在社会阶层结构中所占的比例将会超过国家与社会管理者阶层所占的比例。

（四）现代化社会阶层的基本构成成分已经具备

从以上分析可见，当前中国社会阶层结构已不再是“两个阶级一个阶层”，原来的阶层发生分化，新阶层已经形成和壮大，更重要的是出现了一个不断扩大的社会中间层和企业家阶层。与发达国家相比，现代化社会阶层结构的基本构成成分在中国已经具备，凡是现代化国家所具备的社会阶层，都已经在中国出现，有的已经具有相当的规模（见表15），只是各个阶层规模有大小区别而已。当前中国专业技术人员、私营企业主、经理人员、

办事人员、商业服务业员工等属于中间层的阶层规模过小，还没有达到1950年美国和1975年日本的规模，而农业劳动者阶层还过于庞大。当然，尽管中国的中上阶层规模过小，但是已占有一定的比例。今后，中国社会阶层结构在构成成分上不会有大的变化，可能变化的主要是各个阶层的规模，其中专业技术人员阶层、商业服务业员工阶层、经理人员阶层和私营企业主阶层会大大地扩张，这是与现代化建设和市场经济发展相适应的变化趋势。

表15　美国、日本与中国社会阶层构成比较

单位：%

美国（1950年）①		日本（1975年）②		中国（1999年）	
专业技术人员	8.6	专业技术人员	8.3	专业技术人员	5.1
经理、行政官员和店主	8.8	公司企业高级职员 高级公务员 个人企业主	5.4 0.2 0.2	经理人员 国家与社会管理者 私营企业主 个体工商户	1.5 2.1 0.6 4.2
公务员	12.3	事务人员	14.9	办事人员	4.8
商业服务人员	17.4	商业服务人员	19.1	商业服务业员工	12.0
工人	41.2	工人	34.5	产业工人	22.6
农场主和农业工人	11.8	农林渔业从业人员	13.4	农业劳动者	44.0
		失业者	2.3	城乡无业失业半失业者	3.1
		军队、警官和保安人员	1.3		
合计	100		100		100

①参见丹尼斯·吉尔伯特、约瑟夫·A. 卡尔《美国阶级结构》，北京：中国社会科学出版社，1992年，第86页。

②参见何建章主编《当代社会阶级结构和社会分层问题》，北京：中国社会科学出版社，1990年，第166～167页。

我们之所以说中国已经具备了现代化社会阶层结构的所有基本构成，这种基本的现代社会阶层格局不会再有大的变化，这是因为中国已经初步具备了现代社会的产业结构和职业结构。从表16可以看出，在从1965年到1999年的35年间，在中国的产业结构中，第一产业的比重明显下降，第二产业和第三产业的比重有了显著提高，而且已经占了主导地位，这种变化是符合发达国家的发展和变化趋势的。中国产业结构日趋现代化，这在很大程度上决定了职业结构和职业阶层结构不会有大的变化。

表 16　中国、日本、美国、英国产业结构比较表

单位：%

国别	1965 年			1980 年			1999 年*		
	一产	二产	三产	一产	二产	三产	一产	二产	三产
中国	38	35	27	30	49	21	17	50	33
日本	10	44	46	4	42	54	2	38	60
美国	3	38	59	3	34	64	2	26	72
英国	4	53	51	2	43	54	2	32	66

资料来源：世界银行《1992 年世界发展报告》和《1997 年世界发展报告》，中国财政经济出版社。

* 日、美、英三国数据是 1995 年的。

现在，中国社会主义市场经济体制的基本框架已基本形成，市场对资源配置的作用越来越大。从 20 世纪 80 年代起，中国开始对计划经济体制进行全方位的改革，改变了基本上单一的公有制格局，形成了以公有制为主体、多种所有制经济共同发展的基本经济制度，逐步取消了对大部分商品的计划价格，国有企业进行现代企业制度改造，外资不断进入，多种生产要素参与分配的格局已经形成，特别是劳动就业的市场化水平越来越高。正是由于市场经济体制的这种发展，中国的职业多样性也已得到很大发展，这就决定了中国以职业为基础的阶层结构具备了现代化阶层结构的基本构成。

但是，与发达国家相比，中国的第三产业还不是很发达，第一产业比重过大，特别是第一产业的从业人数过多，人均国民收入还比较低，市场经济正在发展和完善之中，传统的计划经济体制还有一些遗存物（如户籍制度、单位制），随着中国加入世界贸易组织，中国市场化程度还会有一个大的提升，城市化还处在起飞阶段，……所有这些也都决定了中国社会阶层结构还处于较低的现代化水平。

从西方国家的现代化进程来看，社会阶层结构与经济发展水平基本上是相匹配的，随着经济发展水平的不断提高，阶层结构的发达程度也会得到相应的提高。随着中国现代化建设和市场经济的不断发展，第三产业将会越来越发达，会使各个职业的比重出现比较大的变化，从而影响和改变各阶层的比例。对中国现代化发展来说，阶层比例的变化是必不可少的，其中社会中间层的规模会大大扩张，农民阶层和贫困层的规模会大大缩小，一些过渡性群体（比如农民工群体）会逐渐融合在其所属的阶层之中。如果中国社会阶层比例没有出现这样的变化，那就意味着中国现代化还没有实现。

（五）现代化的社会阶层位序已经确立

现代化的社会阶层结构雏形还体现在社会阶层位序的确立上。所谓社会阶层位序指各个阶层在社会地位等级中的排列次序。阶层位序取决于各个阶层拥有的文化资源、经济资源与组织资源数量，拥有三种资源数量越多的阶层，其阶层位序就越高，反之越低。在市场经济条件下，各阶层拥有的资源量不可能是绝对均等的，其差别将长期存在。在现代化社会，由于国家与社会管理者阶层、专业技术人员阶层、私营企业主和经理人员阶层，拥有的组织资源、文化资源和经济资源最多，所以一直处于最高或较高阶层的位序，农业劳动者阶层和产业工人阶层由于拥有的资源量有限或比较少，所以阶层位序就比较低。目前中国的社会阶层结构基本上呈现这样的位序，表现在他们之间的收入水平和受教育程度上（见表17）。国家与社会管理者、专业技术人员、私营企业主、经理人员等阶层不论在收入上还是受教育水平上都属于比较高或最高的，只是这些阶层之间的位序在各地有所不同。例如，在深圳市，私营企业主阶层在教育和收入方面都是最高的；在合肥市，他们的教育水平是最高，但收入水平并不是最高的。这是因为，虽然合肥市科技人员创办的民营科技企业较多，但这些企业都是新办不久的，所以他们的收入还不是很高。在汉川市和镇宁县，私营企业主不处于最高位序，处于社会阶层结构中最高位序的是国家与社会管理者和专业技术人员。

表17　1999～2000年深圳市等地各阶层的年均收入和受教育年限

单位：年，元

层别	深圳		合肥		汉川		镇宁	
	教育年限	年均收入	教育年限	年均收入	教育年限	年均收入	教育年限	年均收入
国家与社会管理者	11.60	49000	11.35	12158	9.83	8020	10.46	8294
经理人员	12.47	58937	11.82	13312	8.88	3921	—	—
私营企业主	12.07	74230	13.00	9875	8.73	5544	9.00	—
专业技术人员	13.60	50337	12.70	11620	11.67	5980	11.13	7344
办事人员	12.14	31771	11.13	9528	9.09	5002	9.05	5769
个体工商户	9.82	46620	8.71	5447	7.32	4760	4.29	3049
商业服务业员工	10.79	22426	9.19	7259	7.65	2892	8.31	3121

续表

层别	深圳		合肥		汉川		镇宁	
	教育年限	年均收入	教育年限	年均收入	教育年限	年均收入	教育年限	年均收入
产业工人	10.61	25022	9.07	9678	6.83	2686	6.31	3917
农业劳动者	—	—	—	—	4.97	4146	3.51	1646
城乡无业失业半失业者	10.21	13882	8.03	5455	7.19	797	5.22	2005

（六）现代社会流动机制已经出现，正在逐渐取代传统社会流动机制

在传统社会，个人的身份（如制度性身份和出生身份）以及随之而来的社会关系（如家族关系、亲缘关系）等“先赋性因素”是决定其阶层地位的主要因素。在改革前，中国实行的是身份分层，凡出生在农民家庭的人都是农民，凡出生在工人、干部家庭的人一般就是工人和干部。农民想转变为工人和干部，工人转变为干部，都是很困难的，中间存在着难以逾越的制度性篱笆。这样的社会流动机制，与现代化社会阶层结构所需要的社会流动机制有很大的差别，也是很不公平、很不合理的，因而严重地限制了人们通过努力奋斗获得向上流动的积极性和动力，从而也影响了国家的发展活力。

在现代化的社会阶层结构中，尽管各社会阶层的位序已经稳定，但作为某个阶层的个人仍然可以通过自己的努力，逐步改变自己的社会地位。在现阶段的中国，尽管先赋性因素还在继续影响一个人的社会地位，但是，“获致性因素”对社会流动的影响越来越大，逐渐成为主要因素，一个人凭借着自己的努力、聪明以及能力，就有机会向上流动，也就是说，社会流动机会是面向所有人的，是开放性的，不受个人的出生身份和家庭背景限制。

改革开放后，中国改变了以身份论阶层和划分阶层的做法和机制，社会流动的渠道越来越开放，也越来越多，尽管还存在许多制度性限制和障碍，但是只要通过努力奋斗，只要有能力，每个人都有改变其社会地位的机会和可能。农村孩子可以参加高考，上大学，然后就有可能进国家机关，成为国家与社会管理者，也可以去当专业技术人员，还有更多的农村人口外出务工经商，成为工人、个体户甚至私营企业主等，城市居民有更多的

机会来改变自己的阶层地位，获得向上流动的机会。据有关调查表明，“出身蓝领家庭的青年有大约一半继承父业停留在蓝领阶层，另一半上升流动进入白领行列”，在城镇，“有约30%的体力劳动者上升流动进入了非体力劳动者行列”。[①] 当然，机会和风险是并存的，随着中国向市场经济转变，就业竞争将越来越激烈，因而难免会有人因竞争失败而向下流动，不过这样的人终究只是少数，而且他们只要通过努力，还是有可能改变自己的地位的。不管怎么样，人们有了更多的选择机会，能力主义评判原则逐渐取代身份主义原则，成为社会流动的重要机制，这是符合现代化要求的，也是中国保持持续发展活力的需要。

我们的调查还表明，大多数社会成员对市场化的收入分配和社会分化机制比较认同，甚至已从内心深处表示接受。这种观念的变化，是中国经济社会实现现代化的重要动力源和保证。例如，我们在调查中发现，被调查者较多地倾向于不同意“贫富差距大还不如吃大锅饭”的说法（见表18）。在合肥市，倾向于同意这一说法的人仅占14.9%，相应地，倾向于不同意的占了85.1%。[②] 在汉川市，持这两种态度的被调查者所占比例分别为26.1%与73.9%。

表18　贫富差距大还不如吃“大锅饭”的调查

单位：%

层别	非常同意		有点同意		不太同意		很不同意	
	合肥	汉川	合肥	汉川	合肥	汉川	合肥	汉川
国家与社会管理者	2.5	8.3	12.3	8.3	19.7	25.0	65.4	58.3
经理人员	2.9	0.0	2.9	7.6	35.3	31.6	58.8	60.8
私营企业主	0.0	0.0	0.0	3.2	0.0	37.6	100.0	59.2
专业技术人员	3.3	1.5	4.1	15.5	35.0	28.5	57.6	54.5
办事人员	3.4	2.0	6.1	12.6	39.4	35.3	51.1	50.1
个体工商户	9.7	16.8	8.7	18.3	37.9	30.1	43.7	34.8
商业服务业员工	12.7	9.3	10.0	21.8	36.1	35.2	41.5	33.7
产业工人	7.9	8.0	10.8	15.4	33.9	27.7	47.5	49.0

① 李春玲：《中国城镇社会流动》，北京：社会科学文献出版社，1997年，第111、148页。

② 在这里，表18综合栏中表示“非常同意”和“有点同意”的被调查者所占比例之和构成“倾向于同意”的比例，相应地，另外两个比例之和构成“倾向于不同意”的比例。后文的计算同此。

续表

层别	非常同意		有点同意		不太同意		很不同意	
	合肥	汉川	合肥	汉川	合肥	汉川	合肥	汉川
农业劳动者	—	11.9	—	13.0	—	36.8	—	38.3
城乡无业失业半失业者	3.9	10.3	12.1	16.2	40.1	36.3	43.8	37.2
综合	5.7	10.3	9.2	15.8	37.3	31.2	47.8	42.7

当然，不同阶层的态度结构也有所不同，在合肥市，私营企业主阶层已经彻底否弃了“大锅饭”意识，基本否弃“大锅饭”意识的其他阶层还有经理人员阶层、专业技术人员和办事人员阶层，这几个阶层中倾向于同意上述说法的被调查者所占比例分别为5.8%、7.4%与9.5%，亦即有90%以上的被调查者都倾向于不同意。相对而言，国家与社会管理者、个体工商户、产业工人和商业服务业员工阶层还有一定的“大锅饭”意识，其中倾向于同意上述说法的人所占比例分别为14.8%、18.4%、18.7%与22.7%。在汉川市，私营企业主阶层也是基本否弃“大锅饭”意识的阶层，另外，经理人员阶层的“大锅饭”意识也很淡，在这两个阶层中，倾向于同意上述说法的人分别仅占3.2%和7.6%，而倾向于不同意的人分别占96.8%和92.4%。其他各阶层则都有一定的“大锅饭”意识，其中，国家与社会管理者、商业服务业员工和个体工商户阶层的“大锅饭”意识还比较浓厚，倾向于同意上述说法的被调查者所占比例分别高达32.0%、32.1%和35.1%。

从上述分析来看，个体工商户的情况有点特殊，在两个地方都是“大锅饭”意识相对较为浓厚的阶层。这可能反映了以下现实：第一，目前，他们中的许多人实际上是下岗职工，与以前的职业地位相比，现在有一些失落感；第二，在目前的宏观条件下（比如管制较严、融资环境差等），他们的经营活动比较艰难。但总的说来，大多数被调查者都是宁愿贫富差距大一些，也不愿意再吃“大锅饭”。而且，还可以说，在经济发展水平相对较高的地方，以及市场化程度较高的职业领域，被调查者的“大锅饭”意识相应较弱。

以上六个方面的分析表明，改革开放以来，一个具有活力、结构形态相对合理的现代化社会阶层结构在中国逐渐显露出来，可以说，现代化的社会阶层结构的雏形已经形成。这个雏形的一个重要标志是社会中间层不断壮大以及社会流动机制合理化，在这样的社会阶层结构中，人们的社会

流动机会比以前更多了。但是，应该看到，这样的社会阶层结构与现代化的要求还有一些距离，其中仍然存在许多不合理的因素。在中国，一个现代化的社会阶层结构的最终形成，还有一个相当长的过程，其间还有很多变数和可能性，这意味着一个现代化阶层结构的形成还需要国家精心地去培育和引导。

三　中国社会阶层结构与现代化建设进程还不相适应

从上文对现阶段中国社会阶层结构变迁的描述和分析可以看到，中国的现代社会阶层结构还仅仅是一个雏形，与现代社会阶层结构的理想形态及其运行机制相比较，还有很大的差距，其内部还存在诸多的不合理之处，明显具有过渡性、自发性和半封闭性等特点。相应地，这个结构雏形还有许多方面与整个社会主义现代化建设的进程还不相适应。

（一）现代化的国家需要合理的现代社会阶层结构

中国正处在社会主义现代化建设过程中，社会主义市场经济体制还在继续发展完善之中，社会阶层结构同样还处在不断变迁的过程中。那么，中国社会阶层结构将会朝着什么样的方向演变呢？我们需要一个什么样的社会阶层结构呢？这不仅是一些理论问题，更是一些亟待回答的现实问题。

1. 现代社会阶层结构形态是中间大、两头小的橄榄型结构

历史地看，在不同的产业结构下，社会有不同的结构形态。农业社会以农业为主导产业，因而占主导地位的阶层是农民，整个社会的结构形态则是一座金字塔。工业社会的初级阶段以工业为主导产业，农民阶层则在不断缩小，工人阶层成为最大的社会阶层，同时还出现了一些新兴阶层，比如企业家阶层、经理人员阶层等等，但这时社会的中间层以所谓的老中间层为主，其规模较小，所以社会结构的形态仍然是金字塔型，但金字塔底部的构成有所变化，规模开始缩小，整个结构形态出现向橄榄型转化的趋势。20世纪以来，发达国家先后进入后工业社会（有人称之为信息社会或知识经济社会），以服务业、信息业、知识经济为主导产业，工人阶层的规模开始缩小，而以国家、社会和企业的管理者以及专业技术人员、办事人员等白领为主的阶层，成为社会阶层结构的主要组成部分，社会结构的形态逐渐演变成橄榄型。

橄榄型社会阶层结构的形态特征，可以简单概括为两头小、中间大。

所谓两头小是指，拥有较多组织资源、经济资源和文化资源，处于最高和较高社会等级的阶层规模较小；拥有的各种资源最少甚至没有什么资源，处于较低和最低社会等级的阶层的规模也很小。所谓中间大则是指，就其所拥有的各种资源而言，社会的绝大部分成员处于社会的中间等级位置，属于社会中间层。

历史经验表明，如果一个社会的社会中间层规模小，并且占人口比例很小的上层占据了绝大部分的社会资源，占人口多数的下层则处于贫困状态，出现严重的两极分化，那么这个社会就不会稳定，就有可能发生社会动荡甚至战争和革命。相反，在社会中间层规模大的社会，社会资源的配置一般都比较合理，经济社会分配差距比较小，大多数社会成员能在经济发展过程中从事体面的职业，获得比较丰足的经济收入，生活比较安定。这样的社会中间层成为社会的主体，他们对社会的主导价值观有较强的认同，他们与国家稳定和发展的利益一致，他们同时也是经济发展中的主导型消费群体，他们还是社会变迁中缓冲社会矛盾的稳定力量。无疑，在这样的社会阶层结构形态中，社会各阶层之间的利益矛盾和冲突一般都不会很大，或者不会那么尖锐，大多数社会成员很少对社会感到不满。这样的社会是最稳定、最可持续发展的。

国际社会的实践经验表明，在建设一个现代化的国家的过程中，经济发展与经济结构现代化当然是最重要的，但是，仅有经济的现代化还不够，还必须在经济结构现代化的基础上，形成现代化的社会阶层结构，这同样是十分重要的。如果不形成现代化的社会阶层结构，那么，经济现代化是不巩固的、不稳定的，仍有倒退的危险。这样的例证已经不少。所以，从这个意义上来说，要建设现代化的国家，就要建成一个现代化的社会阶层结构，这一点十分重要，也更为本质。

2. 公平性、开放性和合理性是现代社会阶层结构的本质特征

从社会阶层结构演变的客观历史过程来看，现代社会分化和社会阶层结构形成的机制与前现代社会显著不同。

第一，现代社会的阶层分化以成就为取向，一个人的社会经济地位的取得，不是依靠其先天的或与生俱来的条件，而主要取决于个人的能力和努力，也就是说，决定一个人的社会地位的主要因素是后致性因素，而不是先赋性因素。当然，这么说既不意味着后致性因素在前现代社会的阶层分化过程中毫无作用，也不意味着先赋性因素已与现代社会没有关系。

第二，社会阶层的边界是开放的，而不是封闭的，既不一定是与生俱

来，也绝对不是不可改变的。在这里，任何限定某人或某些人参与竞争的制度性障碍都是不合理的，也是不合法的。在现代社会，实际上很少有这样的制度设置。每个人只要有能力，肯努力，便有机会改变自己的社会阶层地位。在传统社会，教育很不发达，并且为少数有钱、有权的人和文人所掌握，成为大多数人很难获得的稀缺资源；同时，就业的市场化水平也很低，大多数人都难以获得流动的机会。这就使社会各阶层之间的边界固定化了。在现代社会，由于教育的普及以及就业的市场化，每个人都可以受到一定的教育，参与就业竞争，因而都有机会改变自己的社会地位。

第三，现代社会的分工和专业化程度非常高，其结果是降低了传统社会所讲究的特殊品质（比如特殊的家庭身份、宗教、种族等）对个人的阶层地位形成的重要性，社会成员资格被标准化、普遍化。任何一个人，只要达到某种职位的最低标准要求，则不论其出身地位如何，都有机会在竞争中赢得这种职位。

第四，各精英群体，包括政治精英、经济精英和文化精英等，能够相互协商、合作、妥协和制衡。在现代社会，由于高度的专业化，在政治、经济和文化领域，总会有一些人拥有最多的资源，从而处于社会精英地位。他们之间既存在着利益的一致性，也存在着利益的差别。利益一致可能使他们走向结盟，利益差别则可能使他们走向对抗和冲突，这两种状态对任何一个国家和社会都是不利的，前者容易损害其他阶层的利益，后者则容易造成国家的动荡甚至分裂。而在现代化水平高的国家，既存在着各精英群体相互协商、谈判、妥协和合作的渠道和机制，又具有限制他们在协商过程中结成同盟的制衡机制。比如法律规定，企业家一旦参政，就必须离开企业界，脱离经济活动；参加这个政党的精英不能参加那个政党；等等。此外，各种各样的社会中间组织的存在，也是促使不同精英相互制衡的结构机制。

第五，贫困阶层享有满足基本生活需求和提升生存能力的制度性保障。在现代化社会，贫困现象仍然存在。贫困者陷入贫困的原因是多种多样的，或者是在竞争中遭到失败（如失业者、破产者等），或是缺乏劳动能力（如老年人、残疾人和年幼者等），或是遭受天灾人祸等等。这些都表明，贫困者中的大多数人致贫的原因，不是他们不“为”，而是他们无法有所“为”，或者所“为”的结果不理想。现代社会存在种种制度性的和民间性的机制，如各种社会保障制度、培训体系以及慈善机构等，一方面满足贫困者的基本生活需求，另一方面帮助提升那些还有一定条件但暂时陷于贫困的人的就业能力和竞争能力。

第六，社会价值观念和意识形态认可合理的阶层分化机制和层级体系。在现代化水平高的社会，后致性的地位获得机制和竞争得到了社会的普遍认同，对竞争的舆论、法律监控制度也相当健全，“能者上、不能者下”，已经成为普遍的社会价值观念和意识形态的一部分。相反，在许多发展中国家，社会处于急剧的变迁之中，尚未建立公平的竞争机制，影响社会阶层分化的因素相当多而且复杂，使得多数社会成员不同程度地不认可现有的社会阶层分化和地位等级体系，甚至也采取不合理的手段和方式去获取社会资源，从而恶化了社会流动和分化机制，造成社会风气败坏、社会失序、社会认同混乱等问题。所以，价值观念和意识形态对社会地位等级和合理分化机制的认可，已经成为现代社会阶层结构的一个重要标志。

通过以上分析可以看出，现代社会的阶层分化机制以及由此形成的阶层结构之所以能够深入人心，成为一种广为接受的社会理念和文化价值，关键在于，通过这些机制和体制而形成的社会阶层结构具有公平性、开放性和合理性等本质特征，符合人类文明发展的方向。

阶层结构的公平性主要表现在这样两个方面：一是不存在制度上区别对待的问题，不能把出身不同、种族不同或其他特殊品质作为竞争的先决条件，竞争的唯一条件是能力或业绩；二是对竞争有强有力的监督机制，违反公平原则的竞争会受到制止和惩罚。这样的公平性是通过建构统一的劳动力市场来实现的。

社会阶层结构的开放性是建立在公平性原则基础上的，只要在竞争中遵循公平原则，那么每个人都可能拥有向上流动的机会，社会阶层之间不会存在相互屏蔽问题，边界是开放的。这里的开放主要是制度上的开放，凡是符合某种社会标准资格，就属于某个社会阶层。在现代社会，职业是分层的主要标准，所以，达到某种职业资格，就应属于相应的职业阶层。

合理性与公平性、开放性也是紧密相关的，但合理性更多的是指国家在配置资源和机会上要有效地发挥转移支付功能，提高竞争起点条件的均等程度，防止社会阶层差距的过分扩大，使所有人享受社会发展和进步的成就。所以，这里的合理性主要体现为国家合理地分配公共资源，发展和普及教育，保障贫困者的基本生活，提升弱势群体的竞争能力，反对垄断，扩大社会就业机会，等等。

现代社会阶层结构正因为具有上述本质特征，所以能在很大程度上保证每一个社会位置都不会为某个人或某些人永远占据，保证人们通过自己

的努力获得向上流动的机会，能够充分激发人们的积极性和创造力，还能够增强人们对自己和他人的阶层等级地位的认同，进而有效地化解因资源稀缺和利益分化而产生的社会紧张与冲突。所有这些，既是社会的活力之源，也是社会可持续发展的保证。

由此可见，不同时期的社会有不同的社会阶层结构，现代化时期也就有相应的社会阶层结构，或者说，现代化国家需要现代化的社会阶层结构。

3. 一个国家的经济现代化需要其社会阶层结构的现代化

实现社会主义现代化是中国的既定目标。中国正在朝着这个目标努力。从经济上看，中国工业化已经进入中期阶段。早在1958年，工业总产值便开始超过农业总产值，到1999年工业增加值在国内生产总值的比重为49.7%，而农业增加值只占17.3%，与此同时，改革开放20多年以来，第三产业发展越来越快，其增加值占国内生产总值的比重从1978年的23.7%，到1999年的33%，超过农业增加值近1倍。其间，工业增加值的比重变化不大，从1978年的48.2%增加到1999年的49.7%。[①] 这些因素表明，中国不仅在进行工业化，而且还显露出后工业社会的一些特点，商业服务业特别是高科技的发展表现出强劲的势头。

经济上的工业化和现代化，势必会带动职业结构的变化。现代工业的发展需要大量工人和管理人员，商业服务业发展也需要大量的劳动力，高科技的发展更是促使对技术工人和专业技术人员的需求快速增长。从世界各国的发展经历来看，社会阶层结构与一个国家的产业结构变化具有很高的相关性（参见表19）。一个社会是否实现了现代化，不能仅仅看它的经济结构和经济发展水平，还要看它的社会结构和社会发展水平，两者相辅相成，不可或缺。一方面，社会阶层结构的现代化要以经济现代化、科技现代化为基础，只有在现代产业结构调整和科学技术发展的过程中，才会形成如下的趋势与格局：专业技术人员、管理人员、商业服务业人员以及技术工人等社会中间层不断扩大，农民人数则不断减少。另一方面，经济的现代化也需要社会阶层结构的现代化，如果没有社会的发展和社会阶层结构的相应变化，经济的发展终究会难以为继，甚至会因为社会的动荡而陷于停滞或滑坡。

---

① 数据源于国家统计局编《中国统计年鉴（2000）》，北京：中国统计出版社，2000年。——编者注

表19 日本、美国的产业结构与就业结构

单位：%

产业类别	产业结构（1990）		就业结构（1992）	
	日本	美国	日本	美国
第一产业	2.5	2.0	10	5
第二产业	41.2	28.1	30	25
第三产业	56.3	69.9	60	70

资料来源：托马斯·K. 麦格劳：《现代资本主义——三次工业革命中的成功者》，赵文书、尚锁章译，南京：江苏人民出版社，1999。

4. 现代社会阶层结构是一个现代化国家的本质特征

综观国际国内正反两方面的经验教训，可以说，现代社会阶层结构是一个国家的现代化中最为本质的层面。

首先，现代社会阶层结构是一个国家工业化、科技发展和政治民主化的社会支持力量。如果没有一个相当规模的企业家阶层、产业工人阶层、商业服务业员工阶层和办事人员阶层，工业化是不可能达到非常发达的水平的；如果没有一支有相当规模的专业技术人员队伍，就不可能有先进的科学技术，也不可能提高国家的工业化水平；同样，如果没有农业劳动者向非农领域的大量转移和流动，那么农业不可能走向产业化、现代化，农业劳动者自身也不可能很快地增加收入，改善生活。英国之所以率先走上工业化道路，与其前工业化（指工业化之前的经济发展状态）时期出现的一大批熟练手工业者、中间商人和商人兼雇主等具有现代社会阶层特征的群体有着非常密切的关系，他们不仅积累了工业化所需要的技术，而且还积累了用于工业化的资本。

其次，现代化的社会阶层结构是一个现代化国家的社会稳定基础。现代化的社会阶层结构，意味着社会成员在现代化过程中普遍受益，绝大多数人享受着体面的生活和社会经济地位，而不仅仅是少数人受益。例如，巴西、阿根廷、秘鲁、墨西哥等拉美国家以及伊朗、伊拉克等亚洲国家，曾于20世纪六七十年代取得世界上最快的经济发展速度，但是它们的社会阶层结构没有出现相应的现代化转变，结果城乡差别急剧扩大，规模最大的农民阶层利益受到损害，普遍处于贫困状态，而少数权势者阶层则大发横财，从而引发了许多社会问题，乃至社会动荡和暴动。

就是在一个国家内部，各地的社会经济发展水平的差距，也与各地方社会阶层结构的现代化程度密切相关。中国的城乡经济差距以及东部、中

部和西部地区的经济差别，不仅仅体现在收入差距和产业结构的不同上，而且也表现在社会阶层结构的差别上（参见图2、图3、图4与图5）。考虑到像经济收入、产业结构这样的统计指标往往包含着大量的水分，而阶层结构则是实实在在地存在着的，一个地区有多少专业技术人员、农业劳动者和产业工人等，是难以夸张掺水的，所以，在评判一个地方的现代化程度时，社会阶层结构可以说是最客观、最本质的指标。而且，更值得指出的是，我们要判断一个国家或地区的经济发展是否合理，在社会学的意义上是否可持续发展，关键就要看这个国家或地区的社会各阶层能否分享发展的好处，以及在多大程度上分享到这样的好处，而该国家或地区的阶层构成，则可能是最好的具体操作指标之一。

总之，在判断一个国家或一个地区的现代化水平时，不能只看到这个国家或地区的经济实力和经济发展速度，还要看这个国家或地区的经济发展能否带动其社会阶层结构朝着现代化方向变化，还要看这个国家或地区的社会阶层结构是什么样的形态，即能否将其归入现代社会阶层结构的范畴。所以，判断一个国家、地区是否实现了现代化，仅有3000美元的人均国民收入是远远不够的，这还只是表面性的现象，只有研究和揭示出一个国家或地区是否具有现代化的社会阶层结构形态，才足以更深刻、更本质地判断这个国家或地区的整体现代化水平。社会阶层结构的现代化是一个国家或地区的现代化的核心内容，是这个国家或地区的基本国情、区情，或者说，是这个国家或地区的本质特征。

（二）中国现有阶层结构不合理，存在引发社会危机的结构性因素

与上述合理的现代社会阶层结构的要求相对照，可以认为，现阶段我国的社会阶层结构形态并不是合理的。客观地说，可以把中国现阶段的社会阶层结构形态不合理的基本表现概括为两句话：该缩小的阶层还没有小下去，该扩大的阶层还没有大起来。社会中间层的规模过小，而像农业劳动者这样的构成社会中下层的阶层规模还过大。例如，在我们的调查中，深圳市、合肥市、汉川市和镇宁县的阶层结构都存在类似问题，问题的严重程度则与各地的社会经济发展水平密切相关。这些不适应如不及时加以调整和克服，将对今后的经济社会发展产生严重影响。尤其值得我们高度注意的是，从世界发展的普遍趋势来看，阶层结构比例失调往往是引发经济－社会危机的深层次因素，或者会使一个社会难以应对由其他原因引起的经济－社会危机，难以迅速从危机中恢复过来。

1. 农业劳动者阶层规模过大：该缩小的阶层没有小下去

在真正现代化的社会阶层结构中，农业劳动者实际上是一个规模很小的阶层，例如，1992 年，农业就业比重在英国为 2%，在德国和美国为 3%，在日本为 7%，在韩国也仅为 17%。[①] 相比之下，中国在这方面落后很多。从我们的调查来看，汉川市的农业劳动者占其全部社会劳动力的 54.9%，镇宁县的这一比例为 64.6%。就全国而言，据统计，1999 年，在全部劳动人口中，以农、林、牧、渔业为唯一或主要职业、以务农收入为唯一或主要收入来源的农民所占比例仍然高达 44% 左右。可见，中国的农业就业比重是这些国家的农业就业比重的几倍、十几倍甚至几十倍（见表 20）。总之，中国还有三四亿劳动力在从事小农经营活动。这种状况是与现代化的社会阶层结构的需要极不相称的，也是与中国社会主义现代化建设的需要极不适应的。

表 20　1999 年中国农业就业比重与 1992 年若干发达国家的比较

	英国	德国	美国	日本	韩国
镇宁	32.3：1	21.5：1	21.5：1	9.2：1	3.8：1
汉川	27.5：1	18.3：1	18.3：1	7.8：1	3.2：1
全国	22.1：1	14.7：1	14.7：1	6.3：1	2.6：1

首先，农业劳动者阶层规模过大与中国现有的工业化水平严重不相称。

由于种种原因，中国近几十年的工业化发展一直未能起到缩小农业劳动者阶层规模的作用，劳动力就业结构与产业结构极不相称。据 2000 年的《中国统计年鉴》，在 1999 年的国内生产总值（GDP）构成中，第一产业增加值仅占 17.3%，第二、三产业增加值合计占 82.7%。也就是说，44% 的农业劳动力，由于所拥有的各种资源太少，仅仅创造了 17.3% 的 GDP，而他们所能分享的 GDP 更少。这种状况，是与世界各国现代化发展的普遍趋势相背离的，也给中国社会主义现代化建设累积了沉重的结构性负担。

一是导致农业劳动者的收入得不到较快的增长。农业劳动人口规模庞大，而其所创造的 GDP 份额太小，是农业劳动者收入增长缓慢、收入水平长期低下、与其他阶层的收入水平的差距日益拉大的深层根源。例如，调查表明，1999 年，汉川市农业劳动者阶层的月人均收入仅为 181 元，相当

① 吉利斯等：《发展经济学》（第四版），黄卫平等译，北京：中国人民大学出版社，1998 年。

于平均水平的68.3%，同期，汉川市的国家与社会管理者、经理人员、私营企业主、专业技术人员、办事人员、个体工商户、商业服务业员工以及产业工人等阶层的月人均收入分别是汉川市农业劳动者的月人均收入的3.65倍、1.68倍、3.49倍、2.61倍、2.23倍、2.30倍、1.30倍和1.35倍。这样，大幅度地缩小农业劳动者阶层，乃是大幅度提高农业劳动者阶层的收入水平的治本之道，舍此而外，任何其他增加农业劳动者收入的措施，都只能起到杯水车薪的作用，甚至根本无法实施。例如，中央政府每次提出使农民增收减负的措施，几乎都会遇到力度更大的反弹；再以农村税费改革为例，尽管中央政府决心很大，也只落得中途搁浅的结局。

二是低收入制约了农业劳动者的消费需求，从而直接影响了国民经济的发展。迄今为止，绝大多数农业人口的消费水平仍然是很低的，其消费支出的大部分被用于食品支出，与城市居民相比，他们消费各种工业制品和服务产品的能力极为有限，以致在中国形成了明显二元化的消费结构。调查显示，1999年，汉川市农业劳动者家庭人均月消费仅85元，分别相当于当年汉川市、合肥市与深圳市各阶层家庭人均月消费的平均水平的73.9%、27.0%和6.6%（暂不考虑各地的物价差异）。这种状况与国民经济进一步发展的需要不相称。近年来，各级政府所采取的种种扩大内需的措施终究难以十分奏效，其根本原因之一，就是存在一个大规模、低收入的农业劳动者阶层，他们没有钱用于更多地消费工业品和服务产品。

三是农业劳动者阶层的收入水平长期低下，潜藏着引发社会—经济危机的可能性。正是由于广大农业劳动者阶层的收入水平过于低下，目前，中国已出现生产相对过剩而有效需求不足的局面，这不仅造成了对国外市场的高达30%以上的依存度，而且还潜藏着引发经济—社会危机的可能性。在这方面，国际的经验值得注意。例如，今天的拉美国家所面临的一个重大难题就是，虽然经济发展已经达到世界中等收入国家的水平，但社会结构却是高度畸形的，广大农村和农民处于破产的境地，整个社会因此很不稳定，匪盗猖獗，国民经济的进一步发展受到阻碍。又如，在巴列维国王统治时期，伊朗利用石油资源迅速成为一个中等收入国家，但当时的政府并未利用这个机会推动社会结构的现代转型，而是不顾社会大多数成员尤其是农牧民仍处于贫困状态的现实，致力于实现国防的现代化，大把花钱，购买先进武器，结果是引发了巨大社会动乱和宗教革命。此外，我们还应当警惕的是，在中国目前的这种社会阶层结构特征与欧美发达国家20世纪二三十年代的社会经济格局之间，也不难发现某种相似性，而欧美的这些国家恰恰就在那个年代爆发了空前规模的社会-经济危机。

其次，农业劳动者阶层的观念和文化素质不适应社会主义现代化发展的需要。

农业劳动者阶层不仅规模过大，而且还存在着不适应社会主义市场经济和现代化发展的观念与文化素质。中国的农民大部分还是小农生产者，更多地习惯于家庭生产的经营模式，缺乏现代农业生产技术和经验，文化教育水平较低。我们的调查表明，1999年，湖北汉川市与贵州镇宁县两地农业劳动者阶层的平均受教育水平是所有阶层中最低的，分别为5.38年与3.15年，各相当于其本地各阶层总平均水平的60.4%与76.6%。若与合肥市和深圳市各阶层的总平均水平相比，差距更大：汉川市农业劳动者的平均受教育年数分别相当于合肥市和深圳市城市各阶层总平均水平的50.3%和45.4%，镇宁县则分别相当于29.4%和26.6%。这种状况，无疑限制了农业劳动者阶层的市场竞争能力的提高和发展，这是农民外出找工作难的一个重要原因。而且，他们即便向非农产业转移了，往往也只能干一些收入低、工作条件差的体力活。可以说，农业的过剩劳动力基本上是低素质的过剩劳动力，这种低素质是农业剩余劳动力转移的严重软约束，也是中国实现城市化和现代化的一个瓶颈性问题。

2. 社会中间层规模过小：该扩大的阶层没有大起来

从世界发展的普遍趋势来看，在一个现代化的社会阶层结构中，必定有一个规模庞大的社会中间层，属于这个阶层的人口构成总人口的主体，这是社会稳定的坚实力量。日本曾有“一亿皆中流”的说法，美国的中间阶层约占总人口的60%。相比之下，中国社会阶层结构中的中间阶层不仅出现得较晚，而且规模过小：目前能够将其归入中间阶层的就业人口所占比例仅为15%左右。①

社会中间层过小的结构性后果，在许多方面与农业劳动者阶层规模过大的结构性后果相同，都意味着社会结构的不稳定。

首先，社会中间层规模过小的一个结构性后果是，不利于社会稳定。

中间阶层规模过小，直接意味着社会资源分配较为不平等，贫富差距巨大。因为这种结构形态意味着：大多数社会成员处于社会中下层和下层，

① 根据本课题组的统计分析，1999年，在整个社会阶层结构中属于中上阶层的国家与社会管理者、经理人员、私营企业主、专业技术人员、办事人员、个体工商户等所占比例分别为2.1%、1.5%、0.6%、5.1%、4.8%、4.2%，合计为18.3%（参见表14）。

他们所享受的社会资源的份额很小，小得与他们在总人口中所占比例严重不相称；少数人处于社会上层和中上层，他们享受的社会资源份额很大，大得同样与他们在总人口中所占比例严重不相称；其结果就是大多数社会成员未能享受到社会经济发展的成果和好处。我们的实地调查显示了这一点。例如，深圳市是社会中间层发育得较大的地方，调查时各阶层人均月收入的总平均水平为3532元，低于这一水平的阶层有办事人员、商业服务业员工和产业工人，这三个阶层在深圳整个阶层结构中合计占47.7%（见表3、图2）。但要注意的是，表3中的收入统计没有包括城乡无业失业半失业者阶层的收入情况，因此，就其余九个阶层而言，三个低收入阶层所占比重实为53.2%。[①] 汉川市的这一比例更高，在考虑到城乡无业失业半失业阶层时为67.2%，而在不考虑这一阶层时为73.4%（见表3、图4）。这种状况如果长期存在，必然会导致社会的普遍不满甚至动荡。总之，改革开放以来，中国的社会中间层虽然有所增长，但在规模上仍然过小，社会总人口中的绝大多数是处于社会下层的农业劳动者阶层和工人阶层，以致与阶层结构相关的城乡差别和收入差距不但没有缩小，反而有扩大趋势。长此下去，必然不利于中国的社会主义现代化建设。

其次，社会中间层规模过小，使国家缺乏抵抗风险和持续发展的结构性条件。

一个国家如果拥有了一个庞大的社会中间层，就可具备强大的抗风险能力和持续发展的实力，否则，便难以抵抗各种经济风险或危机，难以迅速从各种社会－经济危机中恢复过来，难以获得持久的发展潜力。一个典型的例子是，东南亚各国（地区）由于有着不同规模的社会中间层，在应对1997年爆发的亚洲金融风暴时就表现出很不相同的能力。在此次危机中，韩国是应对危机的能力最强、恢复得也最快的国家，而这与韩国在20世纪80年代初期就已经形成一个庞大的社会中间层不无关系。有资料显示，早在1980年，韩国的中间阶层占劳动人口的比例，就已经达到55%以上，此后这一比例还一直在提高。[②] 正因为有一个规模庞大的社会中间层，韩国社会形成了高度的凝聚力，在遭遇金融危机以后，全社会能够团结一致，很快从危机中恢复过来。相反，作为中下等收入国家的印度尼西亚，迄今尚

① 另外，图2与表3中的平均收入线不同，是因为图2中的收入结构图涵盖了所有社会成员，而表3则仅仅涉及作为本报告划分社会阶层之基础的劳动人口。

② 参见韩国社会学会编《韩国社会走向何处》，周四川译，北京：东方出版社，1993年，第64页。

未从此次危机中恢复过来，除了其他原因外，也与印度尼西亚社会缺少一个庞大社会中间层有关。例如，1998年，该国城市化水平为38.8%；另外，1996年该国农业就业人口占总就业人口的比例为44.0%，1998年甚至还上升为45.0%。[①] 这种城市化水平和就业结构，当然无法产生一个支撑社会稳定的社会中间层。

韩国与印度尼西亚的正反经验还表明，一个国家，即便在经济上达到了中等收入国家的水平，但如果其社会结构没有实现现代转型，没有形成一个规模庞大的社会中间层，便仍然不能算是一个稳定的、可持续发展的现代化国家。显然，中国目前的社会中间层规模同样过小，还跟不上国家的社会主义现代化建设的需要。

（三）社会阶层结构中的地位秩序尚未得到全社会的充分认可

尽管在中国目前的现代社会阶层结构雏形中，各阶层的位序关系已基本形成，但调查表明，迄今为止，这种位序关系尚未得到全社会的充分认可，因而缺少必要的群众基础。这种状况明显影响着社会心态的稳定，从而也影响着社会阶层结构的稳定。社会各阶层的现有位序关系缺乏社会的广泛认同的表现，主要有以下几个方面。

1. 资源配置与收入分配存在不合理之处，影响阶层位序等级的合法性

在现阶段的中国社会，资源配置机制多元化，其中既有合理合法的机制，如市场机制和国家再分配机制等，也有一些不合理不合法的机制。无论是怎样的配置机制，都将影响人们所享有的资源的份额，从而影响人们的阶层地位。然而，形形色色的不合理不合法的资源配置机制的存在，却严重地影响着人们对现有阶层位序关系的认可和认同。

在社会转型和经济转轨的过程中，一方面，随着市场经济的发展和相应的制度改革与创新，基于能力主义－业绩主义的资源配置原则在一定程度上得到了落实，但同时也出现了各种非法获取资源和机会的做法，譬如权钱交易、坑蒙拐骗、贪污腐败、卖官鬻爵、任人唯亲、拉帮结派等，这些现象严重损害了人们的社会地位获得的合法性和合理性，一些人通过这样那样的方式实现的向上流动，不但得不到社会的普遍认可，而且还广泛引起了社会的不满。一旦人们普遍对各种社会地位获得的合法性产生怀疑，整个社会对各阶层位序关系的认同就会受到不可挽回的损害。

① 参见朱之鑫主编《国际统计年鉴（2000）》，北京：中国统计出版社，2000年，第65、325页。

此外，某些制度性的垄断现象的存在，也影响着人们对现有各阶层的社会位序关系的认可。在这里，引起广泛争议并且得不到认可的垄断现象，主要是各种行业垄断和部门垄断，尤其是金融、电信、民航、铁路等部门的垄断。这种垄断之所以会引起广泛的社会争议和不满，就是因为它使社会分化机制不合理，在让一部分人获得不合理的高收入的同时，损害广大消费者的利益。

不合理的资源配置机制与制度性垄断的存在，严重影响了人们对各阶层在收入分配结构中的实际地位的评价。正如调查所表明的，这种状况的一个严重后果是：不少人认为，现在是该富起来的人没能富起来，而不该富起来的人却富起来了（见表21）。

表21　1999年汉川市城乡居民对收入分配的看法

调查问题	①最容易获得高收入的人（%）	②应该获得高收入的人（%）	①÷②
当官的人	69.2	13.6	5.10
有资产的人	33.8	16.5	2.05
有技术专长的人	28.7	56.1	0.51
有社会关系的人	28.4	9.9	2.87
有文化学历的人	26.1	57.9	0.45
胆大敢干的人	21.3	17.4	1.22
家庭背景硬的人	20.3	4.3	4.72
脑子聪明的人	19.9	27.2	0.73
吃苦耐劳的人	16.3	57.8	0.28

从理论上看，汉川市城乡居民的态度可能是难以完全令人赞同的。比如，在市场经济条件下，收入分配制度必然从单纯的按劳分配转变为按要素分配，劳动、技术、资产或资本、管理等，都有权参与整个社会的收入分配过程，并获得相应的回报。在多数被调查的汉川市城乡居民看来，有技术专长的人、有文化学历的人以及吃苦耐劳的人是应该获得高收入的人，这表明，他们是承认劳动与技术参与收入分配的权利的，并且认为社会应当给予他们较高的回报。但是，认为这三类人在现实生活中是“最容易获得高收入的人”的被调查者所占比例却低得多，例如，认为这三类人实际最容易获得高收入的被调查者所占比例，分别仅为认为他们应当获得高收入的被调查者所占比例的51%、45%与28%。这种不一致意味着，在许多

被调查者心目中，应该获得高收入的人在现实中很少能够获得高收入。

对于当官的人与有资产的人，认为他们应当获得高收入的被调查者所占比例惊人地低，分别仅占13.6%和16.5%；相反，认为他们实际上最容易获得高收入的被调查者所占比例则较高，认为当官的人实际最容易获得高收入的被调查者尤其多，其比例高达69.2%。这种不一致包含着较为复杂的社会心理。首先，这肯定意味着，一部分被调查者还难以接受管理和资本有权参与整个社会的收入分配的市场经济分配制度，果真如此，则是与市场经济对保持各种要素的活力的要求不相符的；其次，这可能也意味着，在相当多的被调查者看来，这两种要素所获得的经济回报过高，甚至有不合理不合法之处。

至于所谓家庭背景硬的人与有社会关系的人，认为他们应当获得高收入的被调查者分别不到5%与10%，亦即超过90%的被调查者并不认为他们应当获得高收入。无疑，这种态度是正确的，因为家庭背景和社会关系不是生产要素，而是非生产性的因素，让它们参与社会的收入分配过程，也不符合现代社会按能力和业绩评价个人的普遍原则。问题是，认为他们实际上最容易获得高收入的被调查者所占比例，相对而言，大大高于认为他们应当获得高收入的被调查者所占比例。这种差异，无疑反映了下述事实：现实资源配置和收入分配机制中存在非市场化的不合理因素。

本来，在市场经济条件下，国民收入初次分配必然是有差距的，并且在一定程度上是可以接受的。但是，如上所述，目前中国社会中存在的收入差距的成因，并非仅仅是市场主导的收入分配机制本身的不平等性，还有许多非市场化因素，这使得相当一部分社会成员难以接受收入分配差距现象。这种状况必然影响到中国社会阶层分化机制的正常运作，进而影响到合理的社会阶层结构的形成。

调查表明，相当一部分被调查者确实不认为社会存在收入分配差距是合适的（参见表12）。表12的数据显示，在深圳市和镇宁县，倾向于认可收入差距的被调查者略占优势；在合肥市，则是倾向于不认可的被调查者略占优势。相应地，尽管“让一部分人先富起来”是中国的一个取得重大成果的改革方针，是在广大人民心目中享有崇高威望的邓小平同志亲自提出来的，但是还有不少被调查者倾向于同意“让少数人先富起来对社会没好处”这一说法（见表22）。表22显示，尽管总体上倾向于不同意的被调查者居多，两地的这一类被调查者所占比例分别为59.7%和57.1%，但表示同意的被调查者所占比例也不可小视，分别达到40.3%和42.9%。更为严重的是，大多数被调查者都认为，目前中国的收入分配差距太大了（见表13）。例如，在深圳市、合肥市与镇宁县三地，认为目前收入差距太大的被调查者分别占74.9%、73.5%和81.8%。

表22　对“让少数人先富起来对社会没好处”说法的态度

单位：%

层别	非常同意		有点同意		不太同意		很不同意	
	合肥	汉川	合肥	汉川	合肥	汉川	合肥	汉川
国家与社会管理者	17.3	8.3	33.4	8.3	34.6	58.3	14.8	25.0
经理人员	6.1	10.6	42.4	22.4	27.3	29.4	24.2	37.7
私营企业主	0.0	31.2	0.0	17.0	25.0	34.4	75.0	17.2
专业技术人员	7.4	9.0	25.9	24.5	44.5	38.5	22.2	28.0
办事人员	16.9	18.3	16.9	17.0	47.8	37.0	18.3	27.7
个体工商户	16.5	21.9	20.4	29.2	44.7	26.5	18.4	22.4
商业服务业员工	8.8	4.9	29.3	27.7	42.4	42.5	19.5	24.9
产业工人	23.6	19.8	25.6	35.8	36.0	27.7	14.8	16.7
农业劳动者	—	19.6	—	23.5	—	32.5	—	24.4
城乡无业失业半失业者	17.4	17.8	24.7	19.3	37.9	39.2	20.0	23.8
综合	15.9	18.4	24.4	24.5	40.6	35.2	19.1	21.9

在做出各种判断时，被调查者的倾向与他们的阶层地位明显相关。例如，结构地位越高的阶层，越倾向于认为社会存在收入差距是合适的；反之，结构地位越低的阶层，越倾向于认为社会存在收入差距不合适。同样，地位较高的阶层较多地倾向于不同意“让少数人先富起来对社会没好处”的说法，而地位较低的阶层则较多地倾向于同意这一说法。一般而言，结构地位高的阶层更有可能获得较高收入，而结构地位较低的阶层获得较高收入的机会往往较少，因而两类阶层之间在利益上往往会存在冲突，当这种机会上的差异不同程度地被制度化或非市场化时，利益冲突更加难以避免。调查结果显示，阶层利益冲突正在成为各阶层都意识到的社会事实（见表23）。在表23中，仅有10.6%的被调查者认为各阶层之间没有冲突，其余绝大多数被调查者都意识到阶层利益冲突的存在，只是对冲突的范围有不同的判断。

表23 1999年合肥市被调查者对阶层或阶级利益冲突的判断

单位：%

层别	所有的阶层或阶级之间都有利益冲突	部分阶层或阶级之间有利益冲突	所有的阶层或阶级间都没有利益冲突
国家与社会管理者	34.7	52.0	13.3
经理人员	21.2	69.7	9.1
私营企业主	50.0	50.0	—
专业技术人员	43.2	51.6	5.3
办事人员	35.1	55.3	9.7
个体工商户	22.9	60.4	16.7
商业服务业员工	26.6	59.9	13.5
产业工人	34.1	53.3	12.7
城乡无业失业半失业者	25.5	65.0	9.5
综合	30.8	58.6	10.6

总之，上述分析表明，中国社会现阶段的资源配置机制和收入分配机制的合理性、合法性是存在较为严重的问题的。这种状况如果不随着经济社会的正向发展而逐渐得到改善，那就必定会到影响合理的现代社会阶层结构的形成。

2. 制度改革和创新滞后，一些阶层的地位没有得到充分的制度性确认

社会各界对一些阶层或群体的阶层地位给予否定性评价、甚至出现认识混乱的原因，不仅与各种不合理不合法的资源配置机制的存在有关，也与国家未能及时从制度上充分确认各种合理合法地获致的阶层地位的问题有关，其结果是使得一些阶层或群体的职能、角色和地位未能获得制度性的一致化。这同样不利于社会阶层结构的稳定与持续发展。

在这方面，受到严重不利影响的社会群体之一是农民工。改革开放以来，大量农村劳动力怀着对城市生活的美好憧憬，离开土地，进入城市务工经商，已经成为城市发展的重要力量，但现有制度无视他们对城市发展做出的巨大贡献，迄今为止还没有承认他们进城并在城市生活的合法性。十多年了，他们至今还过着候鸟式的生活，还是城镇的边缘群体，由此人为地形成了一个世界上绝无仅有的农民工群体。

农民工群体的出现和持续存在，主要是一种制度安排的结果。至于各社会群体，其实已经开始接纳他们。例如，对于“为了保住城里人的工作，应该限制农民进城”这一说法，合肥市的倾向于同意的被调查者不到一半

(46%)；汉川市的这类被调查者不到三分之一（仅占32.8%）。尤其值得指出的是，私营企业主阶层的反对态度最鲜明，因为他们最渴望有用工的自由（见表24）。可见，安排继续限制农民进城的有关制度并没有多少社会学上的根据。同样，继续从制度安排上拒绝承认农民工的产业工人地位，也没有多少社会学上的根据。据我们调查，在合肥市，倾向于同意“进城的农民应该享受与城市居民一样的待遇”的被调查者占55.1%；在汉川市，这一比例更是高达74.6%（见表25）。有趣的是，对照表24与表25，可以看到，在合肥市与汉川市，态度反差最大的阶层是国家与社会管理者。在合肥市，这个阶层中倾向于同意限制农民进城的被调查者仅占29.6%，但倾向于不同意“进城的农民应该享受与城市居民一样的待遇”的人占66.6%。在汉川市，相应的两个比例分别为58.3%和25.0%。大概，在汉川市，较多的国家与社会管理者认为，农民最好少进城，但万一进了城，也不妨一视同仁，因为作为一个中下发展水平的县级市，汉川市可能并没有多少特权可以保留给城市居民。相反，在合肥市，较多的国家与社会管理者似乎并不特别介意农民是否进城，但比较介意保护城市居民的特权，比如特殊的就业领域等。不管是哪一种情形，都不利于农民工群体的阶层地位的确定，因为这个阶层是相关制度安排和政策选择的重点。

表24　对“为了保住城里人的工作应该限制农民工进城打工”的调查

单位：%

层别	非常同意		有点同意		不太同意		很不同意	
	合肥	汉川	合肥	汉川	合肥	汉川	合肥	汉川
国家与社会管理者	17.3	25.0	12.3	33.3	34.6	25.0	35.8	16.7
经理人员	15.2	0.0	24.2	21.1	30.3	25.9	30.3	53.0
私营企业主	0.0	0.0	0.0	20.4	25.0	20.4	75.0	59.2
专业技术人员	13.2	7.5	18.5	16.5	45.7	31.0	22.6	45.0
办事人员	17.4	12.8	29.1	14.4	37.5	29.2	16.0	43.6
个体工商户	25.0	22.6	18.3	19.3	30.8	22.4	26.0	35.6
商业服务业员工	23.9	15.3	23.9	20.7	30.1	37.2	19.2	26.8
产业工人	29.2	15.1	21.8	6.0	29.8	31.0	19.1	47.9
农业劳动者	—	9.8	—	15.7	—	29.0	—	45.6
城乡无业失业半失业者	23.8	10.6	25.8	19.1	31.3	28.5	19.1	41.8
综合	22.2	14.0	23.8	18.8	33.2	29.4	20.9	37.7

表25　对“进城的农民应该享受与城市居民一样的待遇”的调查

单位：%

层别	非常同意		有点同意		不太同意		很不同意	
	合肥	汉川	合肥	汉川	合肥	汉川	合肥	汉川
国家与社会管理者	16.1	0.0	17.3	75.0	51.8	16.7	14.8	8.3
经理人员	38.2	61.3	20.6	17.6	32.4	14.1	8.8	7.0
私营企业主	25.0	40.0	25.0	23.7	50.0	0.0	0.0	36.3
专业技术人员	15.4	37.0	29.9	29.0	39.8	18.0	14.9	16.0
办事人员	23.0	34.9	33.6	26.8	32.5	24.5	10.9	13.8
个体工商户	42.0	35.9	25.0	42.0	25.0	15.4	8.0	6.7
商业服务业员工	27.9	31.1	27.0	46.6	34.0	15.1	11.1	7.2
产业工人	30.1	56.0	22.6	25.2	32.2	9.9	15.1	8.9
农业劳动者	—	49.7	—	33.1	—	12.9	—	4.3
城乡无业失业半失业者	25.6	41.4	32.3	35.5	31.3	14.7	10.9	8.5
综合	26.2	40.7	28.9	33.9	33.2	17.0	11.8	8.4

据统计，目前全国有农民工约8800万人。按照户籍制度的规定，他们的身份是农民，但他们实际上已经在工业、商业和服务业领域里工作。这样，他们的身份与他们工作的产业性质和/或地点不一致。尽管农民工的出现无论对农村还是对城市来说都是有好处的，但是，由于这样的不一致，社会为此付出的代价也是巨大的。

首先，虽然农民工个人进了城，但他们的家还在农村，由此造成的往返费用以及给家庭生活带来的诸多不便，是农民工和他们的家庭直接承担的并非必要的巨大代价，迄今为止，还没有人估算这种代价究竟有多大。其次，农民工进城以后，即便其家属随迁，但由于身份的限制，在居住、生活、子女就学等方面也付出了巨大代价，如果他们的子女因为身份的限制而失学、辍学，社会还将为此付出额外的代价，即低素质人口的复制。这恰恰是一个经常发生的问题。最后，由于上述情形，农民工本身就是一个不稳定的阶层。一个无法融入工作于斯、生活于斯的城市社会的人口群体，一个每天耳闻目睹身边的城市生活的便利和奢华而自己却只能以最艰苦的劳动挣取一份最简陋的生活的群体，一个因为自己的身份而在城市里到处受到歧视的群体，是绝不可能去热爱城市社会的，在遇到政治经济的新变故时，他们难免会成为城市社会的异己力量，许多社会问题就由此而产生了。许多城市的公安部门在谈到社会治安形势时，常常把犯罪人员的

外籍化作为治安状况恶化的重要因素，却很少对实际情况做进一步的分析。其实，正是这种不合时宜的城乡分割的户籍制度安排，才是产生这些不该产生的社会问题的重要原因。

除农民工群体外，还有一些阶层的地位尚未在法律和制度上获得与其角色一致的定位。比如，国家与社会管理者阶层担负着重大的政治责任，承担着组织、推动国家与地方经济社会发展的职能，掌握着配置政治、经济资源的极大权力。但是，随着经济的发展，他们的合法回报却低于他们的阶层地位，或者低于其他一些收入较高的阶层（见表26）。在汉川市，国家与社会管理者的人均月收入是最高的，但横向相比，他们的收入仅分别相当于合肥市与深圳市同行的58.98%和14.67%（参见表3）；在深圳市，国家与社会管理者的人均月收入低于与之相比的四个阶层。合肥市的情况则介于汉川市与深圳市之间。或者横比（即异地相同阶层比较），或者纵比（即本地不同阶层比较），国家与社会管理者都可能发现自己的收入不理想。而且，按照国家的有关工资制度来衡量，那么，国家与社会管理者的名义工资水平更低。有资料显示，根据1999年的规定，按最高标准计算，国家主席的职务工资、级别工资与基础工资之和为1210元（外加每年1元的工龄工资，下同），部长、省长为980元，司长、厅长、局长为823元，处长、县长为568元，科长为418元。[①] 如果加上各种补贴，这些管理者的工资条上的月收入总额还能增加一两倍。但他们中的大多数人（部长以上的除外）如果真的只有这些收入，即便再加上他们配偶的收入，也只能维持养家糊口的一般生活水平，要想过上比较体面的生活，是不可能的。

表26　1999年国家与社会管理者与其他阶层的人均月收入比

项目	汉川	合肥	深圳
经理人员比国家与社会管理者	0.46：1	1.00：1	1.70：1
私营企业主比国家与社会管理者	0.96：1	1.61：1	1.68：1
专业技术人员比国家与社会管理者	0.72：1	0.85：1	1.29：1
个体工商户比国家与社会管理者	0.63：1	0.69：1	1.34：1

当然，在任时，除了名义工资收入外，国家与社会管理者还有许多隐

① 参见《公务员工资水平一览表》，载《领导文萃》1999年第12期，第44页。

性收入，包括他们合法享受的各种与职位相当的特殊待遇，这些收入都没有被货币化，没有计入他们的工资，一旦计入，那么，他们的实际收入要比工资收入多得多。所以，即便在这个阶层本身中，倾向于同意“现在政府官员的待遇太低，应该提高他们的待遇”这一说法的被调查者所占比例也在半数以下，其他社会阶层倾向于同意这一说法的比例就更低了（参见表 27）。但是，他们一旦从权力位置上退下来，许多在任时能够合法享受的特殊待遇就会大打折扣。在外部约束机制不健全的情况下，这个阶层所掌握的资源配置权力，就成了一部分不能自律的成员用以打通权力与金钱的界限的工具，以权谋私、贪污腐败、卖官鬻爵等丑恶现象就难以遏止了。近年来频频出现的“58、59 岁现象”屡治不愈，盖亦源于此。另一方面，甚至更为重要的是，对这个阶层的行动边界，还没有给出明确规定。尽管国家正逐步从市场领域退出，但发展经济仍被当作政府官员的主要职能，经济发展成为政府官员的政绩所系和晋升之途。在对上负责而非对下负责的行政考绩制度下，把资源配置到能立竿见影地彰显任期内的“政绩”的做法，就变得非常普遍。大搞“形象工程”，超越本地经济水平和承受能力去修建高等级公路，以所谓“发展眼光”建设具有“超前水平”的楼堂馆所，强行上马与本地资源和市场条件不符的生产项目，等等，结果往往不是竹篮打水，就是劳民伤财，甚至兼而有之，而对教育发展、农业投入、民众疾苦等却不怎么在意。所有这些问题的后果都是严重的：它们将降低这个阶层的社会声望，败坏社会风气，瓦解社会凝聚力，最终侵蚀社会发展的活力。

表 27　对“现在政府官员的待遇太低应该提高他们的待遇”的调查

单位：%

层别	非常同意		有点同意		不太同意		很不同意	
	合肥	汉川	合肥	汉川	合肥	汉川	合肥	汉川
国家与社会管理者	21.0	16.7	27.1	33.3	32.1	33.3	19.7	16.7
经理人员	15.2	15.9	15.2	3.6	27.3	41.4	42.4	39.1
私营企业主	0.0	0.0	25.0	20.8	50.0	37.7	25.0	41.6
专业技术人员	7.6	15.7	19.4	26.4	40.9	35.5	32.1	22.4
办事人员	9.8	7.5	22.9	25.5	31.1	42.1	36.1	25.0
个体工商户	6.9	5.0	19.8	15.9	31.7	35.2	41.6	44.0
商业服务业员工	9.2	2.5	18.0	20.1	34.1	25.9	38.7	51.5

续表

层别	非常同意		有点同意		不太同意		很不同意	
	合肥	汉川	合肥	汉川	合肥	汉川	合肥	汉川
产业工人	1.7	13.1	13.6	15.0	35.2	34.4	49.6	37.4
农业劳动者	—	9.6	—	14.1	—	26.1	—	50.1
城乡无业失业半失业者	6.2	8.7	13.6	19.8	36.6	28.6	43.6	43.0
综合	7.5	8.9	17.2	18.6	34.6	30.7	40.7	41.8

又如，私营企业主阶层既是改革开放的产物，是在社会主义市场经济发育的过程中产生和成长起来的，又是社会主义市场经济进一步发展的有力推动者和主要组织者。正是在这个意义上，我们认为，这个阶层也是中国社会阶层结构中的主导阶层之一，是推动中国经济社会发展的主导性力量。但是，迄今为止，这个阶层在社会主义市场经济中的主导阶层地位仍未得到明确。首先，对于这个阶层作为社会主义市场经济的实践者和组织者的重要性，对于这个阶层在国民经济发展中做出的重大贡献，其他社会阶层的认识并不充分，甚至还有不少人仅仅看到该阶层的不规范行为，对他们的高收入和较高收入有种种看法。这意味着该阶层的主导性作用和社会地位还没有得到社会认同。例如，对于“现代社会主要是靠企业家来推动的”这一说法，在合肥市只有36.2%的被调查者倾向于同意；汉川市可能更需要企业家，但倾向于同意的人也刚过半数（见表28）。

表28　对“现代社会主要是靠企业家来推动的”说法的调查

单位：%

层别	非常同意		有点同意		不太同意		很不同意	
	合肥	汉川	合肥	汉川	合肥	汉川	合肥	汉川
国家与社会管理者	5.0	8.3	22.5	16.7	37.5	50.0	35.0	25.0
经理人员	5.9	35.4	8.8	23.2	50.0	34.1	35.3	7.3
私营企业主	0.0	20.4	0.0	17.2	25.0	17.2	75.0	45.2
专业技术人员	9.7	17.1	16.6	25.4	49.4	25.4	24.3	17.1
办事人员	8.8	21.2	21.8	28.7	50.6	34.8	18.8	15.3
个体工商户	23.4	22.5	23.4	32.4	39.4	28.8	13.8	16.3
商业服务业员工	19.6	9.6	27.3	31.0	33.0	28.7	20.1	30.7
产业工人	25.0	22.6	21.3	40.2	32.8	21.9	21.0	15.3
农业劳动者	—	23.6	—	31.6	—	27.2	—	17.6

续表

层别	非常同意		有点同意		不太同意		很不同意	
	合肥	汉川	合肥	汉川	合肥	汉川	合肥	汉川
城乡无业失业半失业者	11.3	22.3	24.0	31.2	45.0	25.0	19.6	21.5
综合	14.0	20.5	22.2	31.6	42.7	29.9	21.1	18.0

这个阶层的利益尚未得到政治上的充分认可，私营企业主阶层拥有更多的财富，他们迫切需要国家法律能进一步明确其合法的私有财产不受侵犯。

这个新生阶层参与政治的机会虽然有所增加，但其在政治上表达自身利益诉求的渠道还很有限，而对于这个阶层中的一部分成员运用的非法渠道，在法律和制度上也没有明确的限制。正是由于有许多这样那样的不明确之处，这个阶层既无足够的稳定感，在行为上也多有不规范之处，或者慎言谨行，信奉夹起尾巴做人的原则；或者广结人缘，甚至致力于与权力结成极为复杂的关系，俾可赖以获得政治庇护，并据以表达自身的政治需要，参与体制内外的资源分配，获取更多的经济利益；或者手里攥着几本护照，一有风吹草动，便抽资外逃。这种状况，无疑不利于这个阶层的健康发展，不利于充分发挥这个阶层的作用。

（四）现阶段中国社会阶层结构的发育存在区域不均衡性

与经济发展一样，中国社会阶层结构的发育也存在明显的区域不均衡现象。越是经济不发达的中西部地区，社会阶层结构越是简单，越是具有传统社会的特点，即农业劳动者阶层规模过大，中间阶层规模过小；越是经济发达的东部地区，社会阶层结构越是复杂，越是具有现代社会阶层结构的特点，即农业劳动者阶层规模越来越小，中间阶层规模越来越大。例如，根据我们的调查，湖北汉川市的经济发展水平高于贵州镇宁县，相应地，汉川市农业劳动者阶层所占比重为54.9%，镇宁县的相应比重为64.6%，前者比后者低约10个百分点。就整个等级结构而言，深圳市、合肥市、汉川市、镇宁县的中中层所占比重依次分别为46.1%、37.8%、10.3%与3.2%（见图2、图3、图4、图5）。

当然，社会阶层结构的发展与经济发展密切相关，前者要以后者为基础。但与此同时，阶层结构的不发达也反过来制约着经济的发展。在中西部地区，可以看到，私营企业主阶层的人数很少，较大规模的私营企业主几乎不存在。同样，在这些地区，专业技术人员短缺也是普遍存在的现象，有些地方甚至连达标的教师也难以找到。不仅如此，在这些地方，现有的少量专业技术人员也至今还在不断地向发达地区流动，从这些地区考出来上大学的学生毕业后也多半不愿意回到家乡。所以，这些地区的落后，不仅表现为经济上的不发达，而且也表现为社会阶层结构发育的滞后。如果这些地区在今后一段时期内不能较为明显地改善和培育其社会阶层结构，那么它们就不可能在经济上有一个大的发展。

应当看到，现代社会阶层结构发育的区域不均衡性已经日益显得与国家现代化建设的需要不适应。一方面，国家现代化建设不允许存在大片地区处于经济落后状况，所以急需促进这些地区的经济发展。西部大开发战略就是这样一种举措。但是，另一方面，由于落后，这些地区不仅留不住本地专业技术人才，也难以培育出一个足以改变当地经济不发达状况的个体工商户阶层和私营企业主阶层。在这种情况下，要开发这些地区，无疑需要国家采取措施，从外部吸引专业技术人员和私营企业家等去参与当地的经济发展。但这又使中西部的大开发更多地停留在国家行为层面，缺少当地社会各阶层的有力参与，而当地社会各阶层的参与，却是开发中西部地区的社会基础。可见，实现西部大开发战略是一个综合的系统工程，从经济层面设计若干个大项目，推动经济发展，这无疑是必要的，但仅仅这样做却是远远不够的，还必须考虑经济社会的协调和全面发展，要考虑培育和改善本地的社会阶层结构，形成能够促进本地区经济发展的社会基础，只有这样，才能收到事半功倍的效果。

（五）对中国社会阶层结构发育滞后的原因分析

现阶段中国社会阶层结构与中国社会主义现代化建设的需要不相适应，意味着中国社会阶层结构发育还相对滞后于现代化的发展过程的要求。导致中国社会阶层结构发育滞后的原因是多方面的，这里将从几个视角来考察这些原因，目的在于为相关的对策思考提供一些必要的线索。

1. 城市化过程严重滞后，不利于农业劳动者阶层缩小和社会中间层扩张

与发达国家的历史经验相比较，城市化严重滞后是中国现代化的社会阶层成长缓慢的一个客观原因。所谓城市化滞后，是指社会总人口的城乡分布结构（以及劳动人口的就业结构）与经济结构的变化尤其是产业结构的高度化不相称。因为，在现代意义上，城市化、工业化和农业剩余劳动力的转移，实际上是三位一体的过程。在中国，工业化已经取得相当进展，

产业结构水平比较高，而就业结构水平却比较低（见表29）。产业结构的高度化没有带来就业结构的高度化，其原因当然是多方面的，但其中最重要的原因之一是，20世纪最后20年里发展得红红火火的中国农村工业化，基本上是与城市化无关的，乡镇企业的空间分布模式是所谓的“村村点火，处处冒烟”。相应地，城市化模式则被替换为以发展小城镇为主攻方向的城镇化。然而，这两个模式都是违背世界发展的普遍趋势的。原来指望在发展小城镇的基础上，在农村发展第三产业，但结果却很不理想。因为第三产业的发展是要以一定规模的人口集聚为基础的，所以流产的命运对它来说不可避免。

表29　1999年的产业结构与就业结构

单位：%

	第一产业	第二产业	第三产业
GDP的产业构成	17.7	49.3	33.0
就业的产业分布	50.1	23.0	26.9

资料来源：国家统计局编《中国统计年鉴（2000）》，中国统计出版2000年，第54、115页。

当然，中国的城市化水平有了很大的提高。1980年，中国的城市化水平仅为19.39%，1990年上升为26.4%，到2000年再上升为36.09%，20年里共提高了近16.7个百分点。但这一水平仍然是有限的，与中国工业化已经到了中期阶段的水平不相适应，与世界平均水平的差距也很远：早在1996年，世界总计的城市人口比重便已经达到45.5%。[①] 不仅如此，中国各地区的城市化水平还参差不齐，从全国统计来看，各地区城市化水平的差异与地区经济发展水平的差异高度相关：东部各省市（包括辽宁、北京、天津、上海、江苏、浙江、福建、山东和广东）的人口城镇化水平为49.42%，中西部地区仅为29.45%。

城市化的严重滞后，对于孕育现代社会阶层结构当然是极为不利的：农业劳动者阶层规模过大，就是城市化滞后的一个直接后果。同样，社会中间层规模过小的结构性问题，也与城市化滞后密切相关：国际经验表明，城市化水平低，不利于教育、科技等事业的发展，因而不利于新社会中间层的发育成长。

其实，更深入的分析表明，城市化严重滞后本身并不是导致上述阶层

① 见刘洪主编《国际统计年鉴·1998》，北京：中国统计出版社，1998年，第72页。

结构问题的直接原因，更不是其终极原因。直接的、终极的原因实际上应当到国家的社会制度和社会政策滞后或缺位中去寻找，即便城市化滞后本身，其实也是国家的相关制度——政策创新滞后的结果。

2. 社会政策缺位，中国现代社会阶层结构的发育还只是一个自发演变的过程

中国的改革开放是在实行了近30年的计划经济体制后进行的，中国的社会主义现代化建设是在农民占绝大多数、城乡分割和第二、三产业很不发达的社会经济背景下起步和推进的。所以，中国的现代化建设不仅要实行经济体制的转轨，即实现从计划经济体制向市场经济体制转变，同时还要实现社会转型，即从传统农业社会向现代工业社会转变。另外，还应当注意到，发达国家的社会结构现代化是一个自然的长期的过程，其中至少包括两个阶段。一个阶段是第一次产业革命时期，其结果是近代工业的崛起和农业在经济结构中的地位的萎缩，形成以工人阶级与资本家阶级为主的社会阶级结构。另一个阶段是第二次产业革命时期，在这一时期，科学技术对经济增长的贡献日益增大，同时，第三产业迅速兴起并逐步在整个经济结构中占据主导地位，其结果是在社会阶层结构中形成了一个规模庞大的中间阶层，从而使发达国家的社会阶层结构最终具备所谓的“橄榄”形态，实现高度现代化（或进入后现代）。相形之下，中国的现代化过程在很大程度上要把这两个阶段压缩为一个阶段。所有这些都意味着，中国社会主义现代化建设是一项高度复杂而艰难的事业，其中不可避免地存在种种失调、矛盾、摩擦甚至冲突，在经济发展与社会结构进步的关系方面则尤其如此。

所有这些，本来意味着中国的现代化过程不应当仅仅是一个自然而自发的过程，而应当包含着国家对相关过程的自觉调节和协调，应当是一个“无形的手”与“有形的手”有机结合的自然而自觉的过程。但是，综观中国的各种政策，可以看到，在促进现代社会阶层结构的发育成长方面，迄今尚未形成像宏观调控经济的经济政策那样的明确而自觉的社会政策。二十多年来，中国社会阶层结构的变化基本上是在国家调整经济政策和改革经济体制的影响下发生的，国家并没有自觉到要运用相应的社会政策去引导和协调这一过程。所以，中国社会阶层结构的演变具有明显的自发性。

迄今为止，国家主要关注的是经济的增长，是人均国民生产总值翻两番，再翻两番，达到3000美元的中等收入国家水平。并且，以为只要经济发展了，蛋糕做大了，人民富裕了，社会结构就会得到稳定，国家就能实

现长治久安。因此，若干年来，制定了这样那样的推动市场经济迅速而稳定地增长的经济政策，却没有制定相应的适于培育现代社会阶层结构的社会政策。在有些同志看来，经济政策甚至可以替代社会政策，可以自发产生社会政策所需要的结果。然而，这恰恰是国家政策考虑上的一个严重的误区。根据国际经验，如果说，与市场经济体制相适应的经济政策追求的是效率，那么为培育合理的现代社会阶层结构所需要的社会政策，就应当以公平为目标，通过各种再分配手段，一方面在合理的限度内缩小各阶层之间以及区域之间的收入差距，调节各阶层的利益关系，另一方面为贫困阶层的基本生存提供足够的保障，从而防止社会出现过于严重的两极分化，缓和各阶层之间的矛盾。

事实上，以往的经济政策致力于调整和改革经济体制，致力于搞活国民经济并使其保持较为持久的快速增长，在这个过程中，大多数社会成员也获得了较以前更多更公平的选择和竞争机会。但是，由于以往的各种不公平的积累，由于各种现实条件的制约，每一个社会成员参与市场竞争的能力和起点条件是大不相同的，从而每个社会成员在经济发展过程中所能够赢得的资源也是不一样的，收入和财富的分化和不平等现象会不可避免地出现。

不仅如此，调查还表明，在改革和利益分化的过程中，一些阶层由于拥有种种便利和优势条件而能够获得较多的好处，另一些阶层则难以获得多少好处，甚至其原有的利益也在改革过程中受到损害。20 世纪 80 年代中期以后的农业劳动者阶层和 90 年代中期以后的产业工人阶层，各有相当一部分成员的利益在不同程度上遭受损失。

目前，中国收入分配的现实是，阶层差距和区域差距都在扩大。例如，有资料显示，1998 年，占总户数 20% 的高收入户占有全部存款余额的 50%，他们的户均存款为 65 万元；20% 低收入户户均存款余额在万元以下；60% 中等收入户的户均存款余额 3 万元。在收入分配方面，改革初期，占总户数 20% 的最富有户的收入占全部收入的比例为 36% 左右，20% 最贫穷的人只占 8% 左右；到 20 世纪 80 年代末，前一比例提高为 42% 左右，后一比例降为 6% 左右；又过了 10 年，前一比例再提高到 51.4%，后一比例则下降到 4.06%。两者之比从改革初期的 4.50∶1 扩大为 90 年代末期的 12.66∶1。据清华大学教授李强计算，20 世纪 90 年代后期，中国的基尼系数已达到 0.4577（当时美国的基尼系数为 0.38～0.39）。[①] 由此可见，国家现有的政

① 《北京青年报》2000 年 7 月 27 日第 27 版。

策在缩小居民收入－财富分配差距方面的作用显得多么软弱。

另外，还有一个令人难以理解的现象，即越是有钱的人承担的社会负担和义务越轻，而越是没有钱的人所承担的社会负担和义务反倒越重。有资料显示，1996 年，占城乡居民个人储蓄总额的 40% 的富有阶层所纳税额占全国个人所得税总额的比例，还不到 10%。[①] 这种现象迄今并没什么改变。

所有一切都表明，在社会阶层分化的过程中，中国的社会政策还没有起到应有的调节作用。实际上，我们还没有形成与合理的现代社会阶层结构的发育和形成相适应的社会政策，没有形成能够合理地调节各阶层的利益关系的社会政策体系。

国家社会政策缺位的另一个重要表现是，社会保障制度不健全，贫困阶层的基本生存未得到充分保证。在这里，社会保障制度不健全这一问题本身有两个表现。一是经济条件本来较好的各个阶层和群体得到的保障也比较好，相反，那些经济条件本来就不好的阶层和群体却得不到足够的保障。例如，目前，中国已经建立起来的社会保障体系主要属于城市居民，农村居民基本上没有什么保障可言。在城市，有工作的人所享受的社会保障比没有工作的人所享受的好，工资水平高的人所享受的社会保障比工资低的人所享受的好，有城市户口的职工享受的社会保障比农民工所享受的好。可见，中国社会保障制度还没有起到保护弱势阶层和贫困阶层的作用。二是社会保障的力度远远不够，难以充分地确保贫困阶层的基本生活需要得到满足，不仅如此，即便是非常有限的这点儿社会保障，还不能做到让所有贫困人口都享受到。实际上，这两种表现是相互联系的。

3. 社会制度创新滞后，一些过时的制度安排阻碍着阶层之间的流动

除了上述社会政策缺位的问题外，不利于中国的现代社会阶层结构发育成长的另一个重要原因是，社会制度创新明显滞后，一些过时的制度安排迄今为止尚未得到根本的改革，还在继续阻碍阶层之间的相对自由的流动。

在计划经济和身份制度时代，至少有三种制度安排，直接阻碍着各阶级阶层之间的流动。一种是户籍制度和相关的就业制度，这种制度铸造了一个城乡分离的制度化的二元社会结构：当时占人口 80% 的农民很少有机会进入城市就业，因而也很少有机会通过职业转换实现地位转换和向上流

① 《北京青年报》2000 年 7 月 27 日第 27 版。

动。一种是干部人事制度，根据这种制度，无论是农民还是城市工人，都很少有机会获得干部身份，向干部阶层流动。比较而言，农民的这种机会更少，仅有的两个途径是参军提干和机会少而又少的上大学；工人则除了参军提干和上大学外，还可以通过“以工代干”的方式获得准干部身份。还有一种是高等教育制度（相关的还有知识分子政策）。在计划经济体制下，有大学学历的人自动获得干部身份。这本来是一种不错的文官形成制度，但当时的高等教育机构较少，能进入大学的人数极为有限。20 世纪 60 年代中期以后，高考制度被取消，高等教育从此陷入停顿，这条路也就被堵上了。

改革开放以来，在上述三种制度安排中，变化最大的是教育制度。高考制度被恢复以后，高等教育日益扩张，农民、工人及其子弟通过上大学来获得向上流动的机会大大增加。遗憾的是，20 世纪 90 年代中期以来的高等教育制度改革，又在逐渐地封闭相当一部分农民子弟上大学的机会。在干部人事制度方面则更加强调学历的意义，应当说，这是正确的制度安排。问题最大的是户籍制度。迄今为止，虽然户籍制度有所松动，但有关方面仍在以各种似是而非的理由拒绝彻底打破这种制度，因而它继续成为阻碍农民进城的制度性篱笆。可以说，目前的城乡制度安排具有半封闭半开放的性质。当然，随着短缺经济时代的结束，与城市户口相联系的许多福利已经没有意义，但这并不意味着户籍制度的篱笆作用也随之而完全消解。相反，这种作用在许多方面仍然表现得相当清晰：进城的农民即便在允许他们进入的领域找到了职业，也可能会被简单粗暴的城市管理者以维护社会秩序的名义赶出城门。显而易见，形成于计划经济时代的户籍制度以及由此造成的制度化二元社会结构，是与现代社会阶层结构的形成要求大幅度缩小农业劳动者阶层的趋向不相适应的。

中国特有的传统户籍制度和城乡分割的社会管理模式还在城市制造了二元化的劳动力市场，一部分职业和行业被规定为城市劳动力就业的禁脔，进城的农民工不得染指，否则，相关用人单位将受到惩处。这就使得统一而开放的劳动力市场迄今为止还难以形成。尽管政府在 1992 年就宣布，中国经济体制改革的方向是建立社会主义市场经济体制，而且在许多方面取得了显著进展，但统一的劳动力市场却是千呼万唤出不来。没有统一而开放的劳动力市场，劳动力的流动就不可能顺畅，而劳动力的流动却是社会流动的主要内容，因而也是现代社会阶层结构形成的基础条件。

另外，公共资源的配置不公正，导致机会结构不公正，这也是阻碍现

代社会阶层结构发育成长的一种制度性缺陷。目前，最严重地影响中国现代社会阶层结构发育成长的公共资源配置不公问题，是教育资源配置的不公或不当。分城乡来看，城市的公立教育机构获得的资源远远多于农村的公立教育机构。实际上，农村的教育是农民自己办的教育，而城市的教育才是国家办的教育。分教育层级来看，高等教育所获得的公共资源远远多于基础教育，为了创办所谓一流的高等学府，几亿、几十亿甚至上百亿元的财政拨款被投给几所办学条件已经相当不错的大学，而农村中小学校危险教室改造的经费，则要通过农民集资或希望工程这样的民间资源动员方式去解决，并且美其名曰“人民教育人民办”。在这种制度下，城市的教师尤其是大学教师可以获得每月数千元甚至上万元的薪水，而乡村教师每月几百元的工资还经常被拖欠，并且一拖就是几个月甚至一年。与此同时，大学收费制度并轨的所谓改革，不仅为各公立大学利用国家慷慨提供的公共资源谋求学校自身的福利创造了得天独厚的条件，同时也提高了莘莘学子跨入公立大学深造的门槛。这样一种教育资源配置制度在全世界都是罕见的，其结果就是使广大农民和贫困阶层陷入结构性、制度性的机会不公状态，在参与市场竞争方面缺少足够的能力，因而也就缺少适当的向上流动机会。

4. 关于整体社会发展的基本思路还不清晰，不利于社会制度与社会政策创新

在这里，所谓整体社会发展的基本思路，就是要从国家长治久安的战略高度，完整地认识现代化的中国社会阶层结构应当如何构建的问题，并给予逻辑严谨的系统阐述。但恰恰是在这个方面，我们的整体思路还不够清晰。在很大程度上，这是造成上述社会政策缺位、社会制度创新滞后等问题的深层次原因所在。

按照传统的政治意识形态，对于1949年以前存在的剥削阶级，如农村中的地主、富农与城市中的资本家阶级（包括官僚资产阶级、买办和民族资产阶级），或通过对剥夺者的剥夺加以消灭，或通过公私合营等手段予以改造，从而使他们作为阶级被消灭。于是，在1949～1978年的中国社会，主要只存在两个阶级和一个阶层，即工人阶级、农民阶级与知识分子阶层，其中，工人阶级是领导阶级，而工农联盟则是社会主义国家的政治基础，是执政的中国共产党的社会基础、群众基础和阶级基础。

如上所述，1978年以来的改革开放的一个重大结果，是私营企业主阶层的新生。调查表明，这个新生阶层的社会来源，主要是干部、职工、农

民、个体户、专业户、手艺人和专业技术人员等，基本上与原来的地主、富农和资本家阶级无关。尽管如此，私营企业主阶层的出现，仍然意味着中国社会生产关系的深刻变化。对于这一变化，人们的认识是极为复杂的，一些人从财富积累的角度，把私营企业主阶层称为“新富阶层”；一些人按照传统意识形态的原则，把这个阶层称为“新生资产阶级”；还有一些人则进一步看到这个新生阶层与政治权力之间的复杂关系，并且出于社会公正的考虑，对这两种社会力量结盟的可能性感到忧心忡忡。由此可见，对于新生的私营企业主阶层的社会属性及其在社会阶层结构中的地位与作用，整个社会还没有形成一种能够得到广泛认可的认识。

随着城镇国有－集体企业改革的深入，工人阶层迅速分化，其中一部分有知识、有技术、有能力的人，积极参与社会大流动，或在原企业中成为管理者，或进入私营企业、三资企业成为新型的工人甚至企业白领，或通过经商办厂而成为私营企业主。更多的工人则因为各种原因，不能适应社会生产力发展的需要，其在改革开放以前所享有的领导阶级地位受到严重挑战——在一部分人眼里，工人阶层的这种地位实际上已经被消解。如果说，传统的产业工人在20世纪80年代中后期从改革中得到了收益，那么，1992年以后，他们当中有很大一部分人就成了利益受损者，时刻处于向下流动的不安之中。面对这种新的变化，不仅相当一部分工人感到不理解和不安，一些自信代表着工人利益的知识分子和干部也感到不能理解，难以接受。与此同时，广大以农业劳动为唯一或主要职业、以农业收入为唯一或主要收入来源的农业劳动者，从20世纪80年代中期以来，就已逐渐成为利益受损的阶层，而1997年以后更是每况愈下，收入增长缓慢，负担沉重，向上流动的机会日渐减少，教育制度“改革”所造成的教育机会不平等则更是雪上加霜。

总之，发生在大多数工人和农民身上的这些变化，与新生私营企业主阶层的崛起，经理人员、专业技术人员以及国家与社会管理者阶层的状况改善，形成鲜明对比。这已不仅仅是社会问题，而且是传统政治意识形态无法给出令人信服的解释的问题。

于是，基于各种阶层意识的思想言论蜂拥而起，批评者其言凿凿，辩护者其论皇皇。尽管如此，产业工人、农业劳动者以及其他各阶层在现代化的社会阶层结构中的位置、地位，各自利益的表达和保障，以及相互利益的调节和协调，所有这些问题，迄今为止尚未从意识形态角度得到清晰、具体且符合公正原则和现代化社会阶层结构需要的说明。归根到底，问题

的实质在于，我们还没有真正弄清楚，在实现社会主义现代化的过程中，社会发展的基本格局究竟应当是怎样的，究竟应该形成一个怎样的社会阶层结构，以及如何培育这样一种阶层结构。这样一种基本思路的欠缺，不仅难以真正澄清社会上广为流行的各种思想认识混乱，也导致了一些制度创新的方向不明甚至错误，导致了社会政策的摇摆不定和严重滞后。

四　创新社会制度、社会政策体系，培育合理的社会阶层结构

在现时代，对于任何一个国家和地区来说，合理的现代社会阶层结构的形成，都已不再是一个完全封闭地自我演化的过程，而必定要在自身已有结构的基础上，在保持某些有价值的特色的同时，更多地遵循具有普遍性的世界发展趋势。就社会阶层结构而言，具有普遍性的世界发展趋势是，通过工业化、城市化，通过教育和科学技术事业的不断发展，最终形成一种较为合理的阶层结构，这种阶层结构是稳定的、开放的、有活力的，其中的各个阶层既有各自的阶层利益，因而相互难免会有利益矛盾，但同时又有许多可以通过广泛妥协和合作来实现的共同利益，在这种阶层结构条件下，完全有可能在经济社会发展的过程中实现各阶层共赢的结果。

但是，从国际经验来看，无论是合理的现代社会阶层结构的形成与阶层利益矛盾的协调，还是各阶层的广泛妥协与合作机制的形成与维持，都需要有超越各阶层利益的国家利用各种合理的社会政策、制度和机制进行必要的调节，从而使这一过程具有历史的自觉性。可以说，在经济发展尤其是产业的多样化和结构高度化的基础上，国家这只“有形的手”运用恰当的社会制度和社会政策来引导社会阶层结构朝着合理的方向演变，已显得日益重要。

（一）现阶段社会制度、社会政策体系创新的核心任务

1. 合理的现代社会阶层结构的形成需要“有形的手”支撑

在不同的国家和地区，由于历史条件的不同，合理的现代社会阶层结构的形成过程和途径也难免有差异。就发达国家而言，合理的社会阶层结构的形成经历了一二百年甚至更长的过程。随着第二次工业革命的推进，出现了许多新的社会阶层，如各种专业技术人员、中介服务业从业人员（如律师、会计师等）、企业白领、职业经理人、各种自由职业者等，他们

被称“新中间层”。直至新中间层广泛出现以后，发达国家的现代社会阶层结构才最终形成。

英国、法国、德国和美国大体都经历了这样一个过程。在某种程度上，这些国家的现代社会阶层结构的形成是一个比较自然的过程，但这并不是说，国家在这个过程中真的毫无作为。相反，为培育这样的社会阶层结构，发达国家一般都随着其经济社会的发展变化而采取各种必要的甚至是非常全面的措施。例如，在第二次工业革命开始后不久，发达国家的政府便陆续建立和制定了许多具有长远意义的社会制度和政策，在其经济增长的基础上致力于调节各阶层的利益关系，推动其社会全面发展。在20世纪30年代，罗斯福“新政”、凯恩斯主义和贝弗里奇报告的出台，重塑了发达国家的社会制度与社会政策的导向，构造了一个较为完整的社会制度、社会政策体系。例如，无论是英国政府建立福利国家制度，还是罗斯福“新政”几乎面面俱到地介入国家的经济社会生活，其最终效果都是为塑造一个较为合理的现代社会阶层结构提供了社会制度－政策保障。

中等收入国家和发展中国家现在则面临着全球化的压力，不得不用一百年甚至几十年的时间来完成发达国家用几百年时间完成的历史过程。在这种情况下，如果没有国家的介入，而企图等待现代社会阶层结构自然形成，其问题可能会相当严重：有可能形成高度畸形的社会阶层结构。在这种阶层结构下，社会的收入分配高度不平等，极少数社会上层占有绝大多数的国民收入或社会财富，而大多数社会成员则处于绝对贫困境地。例如，有资料显示，在20世纪七八十年代，在一部分中等收入国家（如南亚国家和拉美国家），由于普遍存在缪尔达尔所谓的“软国家”问题，20%最富家庭占国民收入的份额，是20%最穷家庭所占份额的7.5倍，最高者达33.3倍。但在发达国家，这个差距最小仅为4.3倍，最大为8.8倍。[①]

中国也面临同样的情况。如上所述，迄今为止，中国社会现代阶层结构的发育主要还是一个自发过程。自发演化过程的好处是阶层结构的形成显得自然，避免了不合理的人为干扰所可能形成的结构问题（就像计划经济时代那样）。但是，如上所述，没有国家这只“有形的手”介入，单凭市场经济这只“无形的手”，也难以催生出合理的现代社会阶层结构，尤其不可能使阶层间的收入和财富分配差距自动保持在社会各阶层所能够接受的

① 参见何建章主编《当代社会阶级结构和社会分层问题》，北京：中国社会科学出版社，1990年，第320～321页。

限度内。

美国经济学家库兹涅茨在考察了发达国家的收入分配历史后，提出了所谓倒U型假说。该假说认为，随着经济的增长，收入分配的趋势是，其差距先扩大，在达到某个顶点后，便开始缩小。这一假说的问题是，把发达国家的“有形的手”为缩小收入差距而做出的努力给“抽象”掉了，好像收入差距缩小本身也是一个自发的过程。其实，市场这只“无形的手”在收入-财富分配上所起作用的本质是将差距扩大，而国家的“有形的手”所起作用的本质则是，以社会公平为目的，运用适度的社会政策，缩小社会的收入-财富分配差距，从而尽快形成一个支撑社会稳定的社会中间层。这就是说，为了尽快培育一个合理的现代社会阶层结构，应当把市场这只“无形的手”的作用与国家这只“有形的手”的作用有机结合起来，使这种结构发育成长的过程成为一个自然而又自觉的、充满活力的历史过程。

大量调查表明，中国现在的收入差距已经很大，而且还有日益拉大之势，全社会基尼系数已经超过社会学上的收入差距警戒线。这意味着，现在已经到了发挥国家这只“有形的手”的作用，围绕着培育一个合理的现代社会阶层结构这一核心，全面创新有关的社会制度和社会政策的关键时刻。

2. 培育合理的现代社会阶层结构，是现阶段社会制度和政策创新的核心

在经济增长的基础上形成一个合理的现代社会阶层结构，是国家实现现代化的一个更具本质意义的目标。大量的国际经验表明，如果一个国家的社会阶层结构没有实现这种现代转型，那么，它即使在经济上达到了中等收入以上的水平，也不是一个真正现代化的国家。传统社会结构与现代经济不是不可以并存的，但只要看看20世纪后半叶的中东、拉美和东南亚局势，我们便不难发现，在这种并存状态下出现社会经济危机的风险有多大。

考虑到中国的现代社会阶层结构在目前还仅仅是一个雏形，还不足以像成熟的合理的现代社会阶层结构那样，发挥其支撑一个社会稳定、有活力、可持续发展的本质功能。我们认为，在现阶段，国家的社会制度安排和政策体系选择的目标的核心内容，就是要培育一个成熟的合理的现代社会阶层结构。

在改革开放以来的二十多年里，国家也建立了一些新的社会制度，出台了一些新的社会政策，有些社会政策还取得了重大的成就和成功。例如，

20世纪70年代中期以后逐步严格执行的计划生育政策，至少使中国少增加2亿人口。这充分说明一项重要的社会政策的巨大政治作用和经济意义。再如，私营企业主这个新生阶层的出现，既是中国市场化的经济改革的结果，也是国家的意识形态和社会政策不断调整和突破的结果：为了推动这一阶层的生长和发展，国家两次修改了《宪法》。这两个例子充分证明，在推动社会发展方面，正确的社会制度和社会政策能发挥怎样的作用。可以说，这样的社会制度和社会政策比单纯的经济制度和经济政策更为重要，作用更大。其实，推动一个合理的现代社会阶层结构形成，本质上只能是在经济增长的基础上追求社会发展和社会公平的社会制度和社会政策的功能，而不可能是以效率为目标的经济体制和经济政策的功能。

然而，实事求是地说，与国家花大力气进行的经济制度、经济政策创新相比，社会制度、社会政策创新明显滞后，由此导致了许多不应有的损失。究其原因，就在于没有认识到合理的现代阶层结构本身的重要性和必要性，没有认识到这样一种阶层结构需要“有形的手”运用恰当的社会制度安排和政策去催生，因而不能在宏观上为其制度安排和政策选择确立一个长远的社会发展目标，以致曾经出台过的一些社会政策大多具有“救火”的性质，零零散散，不成体系，有的甚至相互矛盾。

亡羊补牢，未为迟也。现在还来得及扭转以往的社会制度安排与社会政策选择的偏向，把培育合理的现代社会阶层结构作为今后的社会制度安排和政策选择的核心，并围绕这一核心建构一个较为完整的社会制度与社会政策体系。况且，经过改革开放以来二十多年的发展，中国社会主义市场经济的基本制度已经形成，经济政策的大方向已经明朗，国家本身已具备对经济进行宏观调控的能力，其方法也已趋于成熟，这正是回过头来重视和推动社会制度、社会政策创新的有利条件。

需要强调指出的是，如果说，建设社会主义市场经济是社会主义初级阶段的经济制度安排和政策选择的中心任务，那么，培育社会主义的现代社会阶层结构就是社会主义初级阶段的社会制度安排和政策选择的中心任务，而且，这两者是相辅相成的，对于中国的社会主义现代化事业来说，二者不可或缺。

3. 认真回答若干重大现实问题，扫除过时意识形态的障碍

经过二十余年的改革开放和经济社会发展，中国社会结构确已发生深刻变迁。一方面，改革前的各阶级阶层在改革中不断分化；另一方面，出现了一些新生的社会阶层。在这个过程中，各社会阶层的利益关系发生了

许多变化，表现在各社会阶层在整个社会结构中的地位和作用出现了新的调整。总的来说，这是一种社会进步。作为社会的指导思想，国家的政治意识形态理应及时而正确地反映现实生活中发生的这些变化，理应不断自我创新和自我突破。

应当指出，现阶段研究中国社会阶层结构的目的，与革命时代不同：已经不是为了斗争的需要去分清敌我，而是为了实现社会主义现代化建设的共同目标来协调社会各阶层的利益关系。在我们的研究中，作为阶层而存在的各社会集团，都是社会主义的劳动者，都是社会主义现代化事业的建设者。因此，这里不存在传统意义上的敌我关系。当然，这样说并不意味着各社会阶层之间不存在任何矛盾甚至冲突。相反，由于利益的分化和重组，各阶层所分享的改革和发展的成果有多有少，有先有后，甚至有损有益。有鉴于此，在确定了我们要培育一个合理的现代社会阶层结构的目标后，一方面，应当深刻阐明各阶层在这种社会阶层结构中的不同地位和作用，并予以系统的表述；另一方面，也应搞清楚各阶层利益在改革发展过程中的损益状况，并把保证所有各阶层共同分享改革发展的成果，作为继续深化改革开放、促进经济社会发展的出发点。

这里，需要认真回答以下四个重大现实问题。

第一，关于整个社会阶层结构中谁是主导阶层的问题。在现有的十大阶层中，国家与社会管理者阶层、经理人员阶层、私营企业主阶层和专业技术人员阶层，是现代社会阶层结构中的主导阶层，在推动社会主义社会经济发展的过程中起着主导力量的作用，其中的精英分子尤其如此，所以，应当在政治上赋予他们较高的地位，让他们担当起与他们的主导阶层地位相适应的角色和使命。

不过，主导阶层的主导作用并不意味着可以任意妄为，相反，他们的行为（或权力）应当是有边界的，如果超出这种边界，利用手中掌握的各种资源胡作非为，他们就要在人民群众的心目中丧失其主导阶层的地位，并蜕变为破坏性的无序力量。目前，在少数国家与社会管理者中存在着较为严重的权力市场化现象；在一部分私营企业主中，也存在唯利是图、残酷压榨雇工等不良行为。对于这些现象和行为的弊害，我们必须通过党纪和国法来加以防止和惩治。

第二，关于社会中间层在社会稳定和发展中的作用问题。中国社会未来的稳定和发展，改革开放的进一步深化，都要以建立一个较大规模的、坚实的社会中间层为前提，这是现代社会发展的普遍规律。当代的国际经验表明，当一个社会的中间层规模足够大时，进一步的改革和发展就有了稳定的政治环境。

当然，社会中间层在倾向于稳定的同时，也渴望发展，渴望进一步提升自己的社会地位，如果社会经济条件合适的话，他们当中的一部分人还会在这种追求自我提升的过程中，向上流动到社会精英层，从这种意义上说，社会中间层是产生社会主导阶层的母体。

第三，关于在新的历史条件下如何理解产业工人的主人翁地位的问题。毫无疑问，现代产业工人阶层仍然是中国共产党执政的阶级基础和群众基础。在未来几十年的经济发展过程中，中国有可能成为世界制造业的中心，产业工人的地位和作用仍然是非常重要的，他们的阶层利益应当得到保护和提升。可以预见，未来的产业工人阶层的主体，将是掌握现代科技的技术工人，他们的劳动将主要是操作科技含量很高的机器和精密仪器，而不是以往那样的重体力劳动。这样一来，他们中的相当一部分人将有可能进入社会中间层。

为了保证产业工人自身的技能和素质能够与未来的产业发展相适应，国家应当采取有效的措施，帮助他们不断实现自我提升，同时还要保证他们有参与国家政治生活和表达自身阶层利益的合法管道。值得指出的是，在计划经济、“大锅饭”的体制下形成的不良后果，至今还在影响着产业工人自身的技能和素质的提高。据统计部门披露，现在高等级的技术工人紧缺。许多企业家也感叹“现在找一个好的钳工，比找研究生还难”。[①] 与计划经济时代不同了，中国今天实行市场经济体制了，产业工人的主人翁地位不应当是与生俱来的，而应当是通过自己的勤奋和努力争取来的。也只有具备了这些主客观条件，产业工人在社会主义社会中的主人翁地位才能得到保证。目前，关于产业工人阶层的社会主义主人翁地位的问题，社会上有各种各样的思想认识，包括产业工人阶层的自我认识。这些认识都有一个共同的盲点，这就是在思考方法上仍然停留于计划经济时代，而没有考虑到社会结构条件已经发生了深刻的变迁，没有考虑到社会主义市场经济体制对产业工人阶层提出的新要求。

第四，关于在新的历史条件下如何理解“工农联盟”的问题。应当看到，在工业化和城市化的进程中，广大农业劳动者阶层中的大部分人将向上流动到其他社会阶层（主要是产业工人阶层与商业服务业员工阶层）。留

① 《齐鲁晚报》2001年10月14日。

下的农业劳动者，则由于所从事的产业（农业）仍然是国民经济的基础，在整个社会结构中也仍将占有举足轻重的地位。而且，随着农用地流转制度的建立和耕地的相对集中，最后剩下的农业劳动者将逐步成为真正独立的现代农业的经营者，而不再是传统的小农，从而亦将有可能成为社会中间层的组成部分——与非农领域中的中小业主以及其他自营业者一起形成所谓的“老中间层”。

现有的农业劳动者阶层是一个正在分化的阶层，这个阶层的地位和作用，将视这种分化的结果而定，而不能简单地根据过去的“工农联盟”这样的观念去理解。社会主义现代化建设进程中的“工农联盟”的基础，应是农业劳动者阶层自身的进一步分化，是这一阶层人数的逐步减少，是越来越多的农业劳动者转化为第二、三产业劳动者和其他社会主义事业建设者。可以预言，庞大的农业劳动者阶层还将是其他社会阶层进一步成长壮大的母体。所以，对“工农联盟”这个概念，应当根据新时代的社会阶层结构特征加以扩展或发展。对于建设社会主义现代化的伟大事业来说，现在和将来所需要的，已不仅仅是传统意义上的“工农联盟”，而是社会各阶层的广泛合作和“联盟”。

（二）构建社会制度、社会政策新体系的五个基本原则

现阶段的社会制度、社会政策创新的核心任务是要建构一个合理的现代社会阶层结构。可以认为，从合理的现代社会阶层结构的基本特征和要求出发，社会制度、社会政策的创新要遵循稳定、合作、共享、协调和保护弱者的原则。

1. 稳定是现阶段社会制度、社会政策创新的出发点

中国需要稳定，这不仅是经济发展的要求，也是社会发展的要求。况且，合理的现代社会阶层结构的本质特征，就在于它能够支撑一个稳定、有活力、可持续发展的社会。当然，这种稳定不应当是强加的，而应当通过以下方式来实现：肯定和强化各种合理合法的社会阶层形成机制（如收入分配机制、地位获得机制等），消除各种不合理、不合法的机制，从而确保由此形成的每一个阶层所享有的地位与利益能得到本阶层的认同，并且也能得到其他阶层的认可或基本认可，确保绝大多数社会成员都能有相对公平的机会在不同的阶层之间流动。这才是真正现代意义上的社会稳定机制。

2. 合作而非对抗，是现阶段社会制度、社会政策创新的基调

在社会主义中国的合理现代社会阶层结构中，社会各阶层之间的关系不是对抗性的关系，更不是敌我关系，而必须是一种通过协商而广泛合作和“联盟”的关系。这不仅是因为，在现代化过程中振兴中华民族，建设一个繁荣富强的社会主义祖国，是中国社会各阶层的共同理想，而且也是因为，在利益多元化的现代社会，社会各阶层各有自身的阶层利益，从短期来看，这样的阶层利益关系是有矛盾的，但从长期来看，各阶层只有通过相互妥协、协商和合作，走共赢的道路，才能使自己的阶层利益实现最大化。

有鉴于此，国家为培育合理现代社会阶层结构而进行的社会制度、社会政策创新，也应当贯彻这一精神，为社会各阶层之间的广泛妥协、协商和合作提供必要的社会制度环境和社会政策支持。

3. 共享而非偏惠，是现阶段社会制度、社会政策创新成功的基础

改革和发展的目标，是要建成一个繁荣富裕的社会主义现代化社会，这应当是全国人民都将乐于为之奋斗的共同目标。要使这一目标得到成功的实现，国家的有关社会制度安排和社会政策选择就必须保证，改革和发展的成果能够为社会各阶层所共享。

共享包含着消极与积极两层含义。其消极的含义是，有关的制度安排和政策选择要能够保证，在改革和发展的过程中，不会有哪个阶层成为纯粹的利益受损阶层。当然，改革是一个调整利益格局的过程，在这个过程中，某些阶层的利益可能在某个时段遭受某一方面的损失，但合理的制度安排和政策选择应当保证，从社会整体利益的角度来看，这种利益损失是必要的。同时，某一方面的利益受损的阶层，能够从其他方面得到符合社会整体利益目标的合理补偿。其积极的含义则是，在改革和发展过程中，社会各阶层的福利都能够得到绝对的增加。当然，这里要再次强调的是，由于所拥有的各种资源条件的不同，由于在社会阶层结构中的地位和作用不同，不同的阶层享受改革和发展成果的时间会有先有后，所分享的份额也会有大有小，因为共享并不意味着均分。

4. 协调各阶层利益，是现阶段社会制度、社会政策创新的首要目的

客观上，各阶层之间不可避免地会存在利益矛盾和利益冲突。国家的制度安排和政策选择的首要目的就是，为了保证形成一个合理的现代社会阶层结构，保证这一结构稳定、持续和充满活力，要从政治、经济、社会、文化诸多方面去协调这些矛盾的阶层利益。如果国家在协调社会阶层的利

益矛盾方面软弱无力（就像南亚的“软国家”那样），或者完全偏向某些阶层的利益而漠视其他阶层的利益，那么，社会各阶层合作的可能性就会消失，冲突和对抗的可能则会变成现实。在这方面，南亚和拉美的一些国家是我们的前车之鉴。

当然，这里所说的协调，并不意味着采取比如剥夺的手段去削平差距，而应当是指一些制度化的安排和合理的适度的政策选择，例如公共资源的公正公平配置，这样的制度安排和政策选择使社会各阶层，尤其是那些按其自身条件没有优势可言的阶层，都能够获得一定的竞争能力和较为公正的竞争机会。因此，所谓的协调，不是出于良心或良知的号召，而是切实可行而又必须实行的制度安排与政策选择。

5. 努力保护弱者，是现阶段社会制度、社会政策创新的重要责任

任何社会都难免会有一些弱者，如各类贫困人口，他们通常都是由于遇到一些主观和客观条件的限制，遇到一些难以克服的困难和问题，而在竞争中成为失败者的。保护他们，为其基本生存提供必要保障，这既是国家的制度安排与政策选择的道德责任，也是维持社会稳定的必要条件之一，还是解除其他各社会阶层的后顾之忧，使他们能够放手地广泛参与各种正当竞争的制度和政策保证。要知道，对于绝大多数社会成员来说，在竞争中失败的可能性总是存在着的。因此，构建合理有效的社会保障体系，真正做到未雨绸缪，也是社会制度、社会政策创新的重要使命。

（三）建构社会制度、社会政策新体系的四个主要环节

与培育合理现代社会阶层结构的需要相适应，新的社会制度、社会政策体系应当包括以下四个主要环节。

1. 建立培育现代社会阶层结构的社会制度，制定相应的调节性社会政策

从长远看，合理的社会阶层结构的形成，需要建立带有战略性的、能够长期坚持的社会制度，同时还要根据时代的进展和变化制定调节性的社会政策。这样的社会制度与政策组合的根本目的，就是构建一种开放的社会阶层结构，并在保证国家长治久安的前提下，使这种结构在面临不同时期的具体问题时能得到及时的调适。

保证国家长治久安的社会制度的基本内容应当包括：改革任何阻碍社会流动的制度和政策藩篱；建立开放的社会结构和公正公平的社会流动机制；保证社会上的各种地位、角色和发展机会能够向所有社会成员开放；保证社会各阶层之间的边界不固定化、有形化和身份化；保证改革与发展

的成果为社会各阶层共同享有（当然不是平均享有），而不是为某个或某几个占有优势地位的阶层所独占。

从近期来看，应当加紧制定相应的社会政策。为了建立保证国家长治久安的社会制度，近期和中期可操作的社会政策至少应当包括三个方面的内容。

第一，要有步骤地改革户籍制度，并最终彻底打破城乡分割的二元社会结构，加快城市化的进程，建立统一的劳动力市场，为社会各阶层的进一步分化，尤其是农业劳动者阶层的进一步分化和向社会其他阶层流动，创造自由而开放的政策条件，从而使该大起来的阶层能够变大，该缩小的阶层能够缩小，促进社会中间层成长壮大。

第二，继续加快国有企业改革，进一步打破各种无效和低效的行业和部门垄断，最终建立自然而合理的社会分化机制。

第三，警惕和预防其他形式的垄断出现，要密切注意私营企业的发展态势，一方面，在促进私营企业发展成熟的同时，要避免它们在某个地区、某个领域形成不利于市场竞争的垄断局面；另一方面，还要采取充分有效的措施，大力发展中小企业，推进职工参股等制度建设，促使社会中间层不仅能够获得较高的工薪收入，还能够拥有一部分财产收入，从而既达到扩大社会中间层的目的，又促使他们的政治取向更加趋于稳定。

2. 建立有效提升全体社会成员的竞争能力和适应能力的社会机制

如上所述，由于个人的原因（如家庭背景），或者由于社会的原因（如产业结构的调整和夕阳产业资源耗竭），不同社会成员的适应能力和竞争能力是不同的，因而在自发的社会阶层结构变动或社会流动过程中，他们往往面临事实上的机会不平等。从长远看，以创造相对平等的机会结构为己任的社会制度和社会政策，理应在建立有效地提升全体社会成员的适应能力和竞争能力方面发挥作用。我们的调查表明，社会各阶层尤其关注产业工人与农业劳动者阶层的升迁机会（见表30）。在合肥市与汉川市，倾向于同意“应该给普通工人和农民创造更多升迁的机会”这一说法的被调查者所占比例，分别高达85.5%和88.8%。然而，值得注意的是，在属于国家与社会管理者阶层的被调查者中，倾向于不同意这一说法的人所占比例最高，在合肥市为34.6%，在汉川市为25.0%。在中国，对于建立有效提升全体社会成员的竞争能力和适应能力的机制来说，作为制度安排和政策选择的主体阶层，国家与社会管理者的态度至关重要。

表 30　对“应该给普通工人和农民创造更多升迁的机会”的调查

单位：%

层别	非常同意		有点同意		不太同意		很不同意	
	合肥	汉川	合肥	汉川	合肥	汉川	合肥	汉川
国家与社会管理者	38.3	8.3	27.1	66.7	32.1	16.7	2.5	8.3
经理人员	33.3	44.7	36.4	48.2	27.3	3.5	3.0	3.5
私营企业主	25.0	45.2	50.0	37.6	25.0	17.2	0.0	0.0
专业技术人员	38.3	45.7	41.3	45.2	19.6	9.1	0.9	0.0
办事人员	45.9	42.6	39.2	42.1	12.7	9.2	2.2	6.1
个体工商户	50.0	43.7	27.2	39.6	10.7	10.6	3.9	6.1
商业服务业员工	63.5	43.4	24.0	52.1	10.7	4.5	1.8	0.0
产业工人	57.7	50.2	33.4	40.9	6.6	8.5	2.3	0.4
农业劳动者	—	47.0	—	42.0	—	8.6	—	2.5
城乡无业失业半失业者	54.9	51.4	33.9	41.9	10.0	4.6	1.3	2.2
综合	51.8	47.2	33.7	41.6	12.6	8.6	1.9	2.7

从近期看，社会政策创新的可操作方向是，从公正和公平的考虑出发，合理地配置公共资源。其中最为有效的操作平台，是建立公正配置公共教育资源的制度，制定提高普通社会成员（尤其是弱势群体）的竞争能力和技能的教育与培训政策。国际经验充分证明，在市场经济社会，国民教育是促进经济增长、矫正各种过于不公平的起点条件、保证社会的机会结构相对公平的最重要的制度设置。例如，在亚洲新兴工业国家（地区）的整个经济上升时期，国家和私人的教育费用超过国民总产值的10%。其中，劳动力的高素质成为韩国、新加坡、中国香港等国家和地区经济长期景气的重要因素之一。在这些国家和地区，劳动投资增长额占国民生产总值因资源投资而发生的增长额的大部分，而总要素生产率的增长则基本上取决于知识的增长和专业培训水平的提高。最重要的是，这些国家和地区的以财政预算为基础教育拨款的规模和比例，是其他国家未曾有过的。教育的高水平不仅提高“人力资本”的价值，而且有助于大部分居民合理地分享经济发展的成果。①

另外，中国的区域发展差异巨大。东部地区由于起步时所具有的资源

① 参见Л. И. 阿巴尔金主编《俄罗斯发展前景预测——2015年最佳方案》，周绍珩等译，北京：社会科学文献出版社，2001年，第359~360页。

优势和政策优势，在社会经济发展方面已经远远超过中西部地区。而且，这种差距还有继续扩大之势。问题的严重性在于，这种日益扩大的差距，将在不同地区的人们之间造成更为严重的机会不平等。要缩小这种区域不平等，最有效的措施无过于国家加大区域之间的转移支付的力度。对此，研究者们已经从其他的角度做了充分的论述，我们则要从在全社会相对均衡地形成合理现代社会阶层结构的角度，再一次强调这种转移支付的重要性和迫切性。现在已经到了向中西部地区实现转移支付的时候了，而目前的财政体制实际上还是向发达地区倾斜的。应当看到，如果一个国家的大多数地区离合理现代社会阶层结构的形成还很遥远，那么，即使个别地区率先形成这种阶层结构，国家也难以实现社会稳定。

3. 建立有效协调各阶层利益的机制

在市场经济条件下，各阶层的利益分化是不可避免的。因此，对于追求社会公平的社会制度与政策来说，重要的是要形成一种有效协调各阶层利益的恒常机制，并创造使这种机制正常发挥作用的制度－政策条件。首先，从发展和保持社会活力的考虑出发，相关的社会制度、社会政策应当充分保护各阶层的合法利益；其次，社会制度、社会政策应当致力于形成在社会上广泛具有合法性的合理分配机制，限制和消除各种非法收入获得的渠道，要坚决进行反腐败、反走私、反假冒伪劣和反偷税漏税的斗争；再次，要建立合理的再分配制度，制定相关政策，缩小各阶层之间的差距，保证社会各阶层都能参与对经济发展成果的分享。目前，中国的税收制度和政策存在若干不合理、不公正的地方。这种社会不公现象无疑是加大社会各阶层之间的利益矛盾和冲突的重要原因所在。因此，清理现有各种税收制度以及相关政策的失误，建立和制定各种在保持效率和活力的前提下，有效而适度地调节收入差距的再分配制度和政策（如切实开征财产税和遗产税等），从而协调各阶层的利益关系，减少利益冲突，乃是中国社会制度和社会政策创新的当务之急。

从调查来看，大多数被调查者都倾向于同意“应该从有钱人那里征收更多的税来帮助穷人”（见表31）。在合肥市，倾向于同意这一说法的被调查者占81.1%，而且各阶层中表示“非常同意”这一说法的人所占比例达到60%左右，但私营企业主阶层除外，这个阶层中倾向于同意的人仅占25%。在汉川市，倾向于同意的比例也高达77.7%，即便是私营企业主阶层，倾向于同意的人所占比例也接近60%。这是社会的强烈呼声，也是为建立合理的阶层利益协调机制而进行社会制度－政策创新的社会基础。当

然，协调绝不是剥夺，“帮助穷人”也主要不是救济，重点仍然是要充分发挥公共资源的作用，提升大多数在阶层结构处于劣势的社会成员（包括穷人在内）的技能水平等，从而使他们能够在社会的帮助下，主要通过自己的努力来改善自己的福利状况。

表31　对“应该从有钱人那里征收更多的税来帮助穷人”的调查

单位：%

层别	非常同意		有点同意		不太同意		很不同意	
	合肥	汉川	合肥	汉川	合肥	汉川	合肥	汉川
国家与社会管理者	64.2	58.3	16.1	25.0	14.8	0.0	4.9	16.7
经理人员	61.8	60.0	11.8	14.1	23.5	25.9	2.9	0.0
私营企业主	25.0	28.0	0.0	31.0	25.0	23.6	50.0	17.2
专业技术人员	56.2	45.2	25.7	24.9	13.6	13.7	4.4	16.3
办事人员	57.6	45.3	21.6	35.7	14.2	14.2	6.6	4.7
个体工商户	61.9	47.1	18.1	32.9	17.1	4.7	2.9	9.6
商业服务业员工	59.3	57.2	17.4	30.8	18.8	7.7	4.5	4.4
产业工人	67.9	44.4	17.0	33.2	12.8	17.4	2.3	5.0
农业劳动者	—	59.8	—	24.6	—	10.5	—	5.1
城乡无业失业半失业者	58.6	44.6	25.7	24.1	10.5	17.9	5.1	13.4
综合	59.7	49.5	21.4	28.2	14.2	14.4	4.7	7.8

4. 建立健全基本社会保障体系

建立健全社会保障体系，是近年来的一个人们耳熟能详的话题。从形成合理的社会阶层结构的需要出发，建立健全社会保障体系是与每一个社会成员利益攸关的事，更是保证社会贫困层获得基本生存的关键所在。因而，加快建立健全社会保障制度，无论从长远来看，还是从近期看，是围绕培育合理的社会阶层结构这一核心来建构新的社会制度－社会政策体系所不可缺少的重要环节。

（四）制定支持不同社会阶层发展的具体社会政策

在现代社会阶层结构中，不同的社会阶层占有不同的社会地位，在政治、经济和社会生活中承担不同的角色，起着不同的作用。因此，真正完整的、合理的社会制度和社会政策体系，还应当考虑到这种特殊性，为社会各阶层的健康发展提供特定的政策支持和必要的制度约束。

1. 进一步明确国家与社会管理者阶层的地位、作用、利益与限度，培育一支高效、自律的公务员队伍

国家与社会管理者阶层是一个最重要的社会主导阶层，在社会、经济、政治等各方面的作用都是举足轻重的，因为他们掌握着最为重要的资源，即政治权力。因此，相关的制度安排与政策选择的重点，是切实保证这个阶层的合法经济利益，使他们在政治、经济、文化和社会声望等方面的地位获得某种程度的一致性。

在这里，实际上也包含有积极和消极两重意思。从积极面而言，相关的制度安排和政策选择，应当保证他们获得相对较高的收入和财富（应当注意，把这个阶层所获得的各种隐性收入显性化，使这个阶层在供给制、计划经济体制时期遗留下来的经济待遇逐步转到按社会主义市场经济体制来安排，把他们享有的各种特殊福利待遇逐步市场化、货币化，也是制度安排创新的一个方向），使他们的付出与收获形成合理的比例，从而使他们在此基础上获得相对的满意感。这样做的目的，是为了形成一支高效而自律的官员队伍，或者说，是为了形成一个与其在整个社会阶层结构中的地位相称的管理者阶层。从消极面而言，这个阶层拥有最多的政治权力资源，如果缺少自律，那么，在这个阶层中，难免会有部分成员滥用这种权力。因此，在制度安排上建立有力而且有效的他律机制，是确保这个阶层的绝大多数成员合法行使权力的前提条件之一。

在建立一支有效的自律的官员队伍方面，韩国和新加坡的经验值得借鉴。在发展的过程中，这两个国家都建立了相当专业、在行并且较少营私舞弊的官员队伍。这两个国家的文化传统往往赋予社会公职以崇高的地位，并要求官员们勤勤恳恳为公家效劳，从而为政府机关的高效率提供了某种文化支持。当然，在现时代，一个国家的公职人员不仅应该勤勤恳恳，而且还应具备高度的专业知识和管理技能。韩国和新加坡的代表性做法是，吸收科研机关的专家就任国家公职，并利用考试和测试制度来决定官员的职务晋升。比如，韩国总统朴正熙在20世纪60年代初着手实施改革纲领时，改组了国家公职制度，用通过竞争和按才能及业绩提拔国家公职人员的制度代替把高职位当作奖励的传统做法。他还把国家机关公职人员逐步改造成不受政治形势波动左右的专家治国精英。这种做法使得国家机关工作人员有可能在韩国政治家和各压力集团最少干预的情况下制订并实施本国的经济战略。韩国和新加坡提高其政府管理机关的权威性和独立性的另一重要手段是高薪、优越的退休条件和给政府公职人员提供的丰厚物质待

遇。据1992年的资料，新加坡国家官员的工资（包括奖金和其他奖励）超过私有部门同级领导人的工资。在韩国，国家官员的工资为私有部门同级工资的80%～100%。①

我们的调查表明，从整体上看，多数被调查者也非常看重国家公职人员的专业技术知识与管理技能。例如，多数被调查者倾向于同意“学历应该是提拔干部的首要条件”，持这种态度的被调查者所占的具体比例，在合肥市是57.5%，在汉川市为72.3%（见表32）。当然，学历并不完全等于能力，因而不应当成为提拔干部的唯一条件，但它至少是衡量专业知识水平的一个可操作的指标。中国推行领导干部专业化、知识化已经有年，尚须继续坚持，并且要切实注意解决走形式的问题。至于国家与社会管理者的实际收入水平，如上所述，在中国其实已经不算很低，大多数被调查者也倾向于这样认为。因而，在一个时期内进一步大幅度提高他们的待遇，将面临社会支撑条件不足的制约。况且，高薪养廉的有效性，也受到了多方面的驳议。但是，他们的名义工资不高，也是一个事实。这种状况肯定不利于促进这个阶层养成自律的精神。现在解决问题的关键有以下几点：首先，可以考虑把他们的诸多合乎制度规定的或合理的隐性收入货币化、显性化，这样做既可使他们对自己的真实收入真正做到心中有数，也可让其他阶层对他们中的大多数人的实际合理收入少些猜疑；其次，要在借鉴国外的成功经验的基础上，探索出一种合理的分配制度，使得国家与社会管理者的合法收入跟他们的付出基本相称，也与整个社会的承受能力和认可空间基本相称；同时，还要建立有效的监督制度，务使这种合理合法的分配制度不为任何不合理、不合法的分配形式所破坏，从而既能充分激发这个阶层的能力和积极性，又能保证他们的行为得到其他各阶层的认可和接受。

表32 对“学历应该是提拔干部的首要条件”的调查

单位：%

层别	非常同意		有点同意		不太同意		很不同意	
	合肥	汉川	合肥	汉川	合肥	汉川	合肥	汉川
国家与社会管理者	12.3	8.3	22.2	58.3	51.8	8.3	13.6	25.0
经理人员	17.6	30.6	23.5	55.3	47.1	10.6	11.8	3.5

① 参见Л.И.阿巴尔金主编《俄罗斯发展前景预测——2015年最佳方案》，周绍珩等译，北京：社会科学文献出版社，2001年，第359页。

续表

层别	非常同意		有点同意		不太同意		很不同意	
	合肥	汉川	合肥	汉川	合肥	汉川	合肥	汉川
私营企业主	0.0	31.2	25.0	48.4	50.0	20.4	25.0	0.0
专业技术人员	17.7	24.6	17.7	31.5	44.2	22.1	20.5	21.7
办事人员	24.6	31.9	23.0	41.3	35.7	21.5	16.8	5.3
个体工商户	50.0	41.4	24.5	34.5	17.0	16.4	8.5	7.7
商业服务业员工	29.7	23.2	32.0	46.9	27.0	29.9	11.3	0.0
产业工人	43.9	46.8	28.2	31.1	19.9	16.6	8.0	5.5
农业劳动者	—	38.7	—	38.1	—	13.7	—	9.5
城乡无业失业半失业者	33.1	35.5	27.6	31.8	28.4	19.2	10.9	13.5
综合	31.7	35.0	25.8	37.3	30.1	19.1	12.4	8.6

2. 充分肯定私营企业主阶层的作用，引导这个阶层健康发展

在建设社会主义市场经济的过程中，在实现中华民族的伟大复兴的事业里，新兴的私营企业主阶层也是一个重要的主导阶层。相应地，我们不仅应当在政治上一视同仁地对待私营企业主阶层，赋予它与其他阶层平等的政治地位，还应当采取有效的措施，促进和引导这个阶层健康发展。目前，大致说来，引导私营企业主阶层健康发展的社会制度安排和社会政策选择的重点有四个。

重点之一：充分承认这个阶层在发展社会主义市场经济中所起的重要的、不可或缺的实践者、组织者和主要推动者的作用，在此基础上致力于扩大这一阶层的规模。

重点之二：在政治上和法律上切实承认他们的合法利益，要把他们当中代表先进生产力的先进分子吸收到执政党中来，从而扩大执政党执政的政治和社会基础。对于江泽民同志的“七一讲话”，私营企业主们是感到振奋的，欢迎的。“七一讲话”的有关精神，是对他们的一种政治上的鼓励，进一步激发了他们创业和创新的积极性。除此以外，国家在法律制度安排上还要做出一些调整，如在《宪法》中进一步承认私营企业主阶层的政治经济利益，等等。

重点之三：锤炼和提高他们的素质，促使他们从私营企业主向现代企业家转化，从而使他们不仅能够应对中国加入世界贸易组织后面临的机会和挑战，还能够正确对待自身的阶层地位，注意在企业中建立与员工对话和协商的机制，进而在企业内部形成双赢的机制。要使他们充分认识到不善待雇工的行为对整个阶层的长远利益的危害，并不断予以克服。

重点之四：适度扩大他们参与政治、表达利益的合法机会和正常管道，防止他们利用非法手段和途径，参与政治和公共资源的配置，谋求非法利益，对社会公共利益以及其他各阶层的利益造成侵害。总之，要使这个阶层能够稳定下来，能够进一步发展，从而充分发挥他们作为社会主义市场经济的实践者、组织者和主要推动者的作用。

应该说，上述措施已经具备了实施的社会基础。例如，我们的调查表明，绝大多数的被调查者都倾向于同意，让私营企业主享受与国有企业家同等的社会政治地位。具体地说，合肥市的被调查者中持这种态度的人占80.0%，汉川市的相应比例为81.6%，尤其私营企业主，更是百分之百地倾向于同意这种说法（见表33）。

表33　对“应让私营企业家享受与国有企业家同等的社会政治地位”的调查

单位：%

层别	非常同意		有点同意		不太同意		很不同意	
	合肥	汉川	合肥	汉川	合肥	汉川	合肥	汉川
国家与社会管理者	46.9	41.7	35.8	50.0	12.3	8.3	4.9	0.0
经理人员	50.0	62.2	32.4	34.1	14.7	3.6	2.9	0.0
私营企业主	50.0	51.6	50.0	48.4	0.0	0.0	0.0	0.0
专业技术人员	48.5	42.1	35.3	45.2	14.5	11.2	1.7	1.5
办事人员	45.0	43.6	34.0	39.5	13.8	13.0	7.2	3.9
个体工商户	54.9	41.9	33.3	41.4	9.8	9.7	2.0	7.0
商业服务业员工	47.0	39.3	33.2	34.7	11.9	16.9	7.9	9.1
产业工人	46.3	40.9	30.2	32.9	17.8	15.5	5.7	10.7
农业劳动者	—	38.8	—	39.8	—	11.8	—	9.6
城乡无业失业半失业者	41.8	38.1	35.7	37.7	17.5	17.1	5.0	7.1
综合	45.8	41.2	34.2	40.4	15.1	11.7	5.0	6.8

3. 大力发展教育和科技，培育新社会中间层

在现代社会，专业技术人员阶层、办事人员阶层、自由职业者、技术工人群体等，是形成所谓新社会中间层的主要社会来源。在很大程度上，新社会中间层是现代社会的重要活力之源，而这个新中间层的形成，则主要得益于现代教育的高度普及与科学技术的高度发展。我们对调查数据所

做的相关分析表明，在被调查者的受教育年限与他们的阶层地位的高低之间，存在着较强的相关性。例如，在深圳市、合肥市、汉川市和镇宁县，在显著性水平 sig. = 0.000 的条件下，这两个变量之间的 Gamma 等级相关系数依次分别为 0.667、0.600、0.644 与 0.778。表 6 的数据也显示，教育能够较为显著地提高人们的收入水平。

目前，随着改革的推进和“脑体倒挂”问题的解决，这些阶层中的大多数人的经济收入有了较大提高，其利益已在某种程度上得到保证。现在的问题或制度安排与政策选择的重点，主要有以下三个。

重点之一：加快教育体制改革，动员社会各方面的力量，发展各级各类教育，特别是要发展高级职业教育和高等教育，提高国民教育水平，扩大新社会中间层得以发展壮大的社会基础。

重点之二：改革农村教育支撑体系和地方财政制度，由国家财政（县级以上）来支撑农村教育，从体制上解决农村教育由农村办的状况，解决农村中小学教师的工资长期、普遍被拖欠的问题，提高他们的收入水平，改进他们的工作和生活条件，使他们安心本职工作，把农村的基础教育办好。

重点之三：加快科研管理体制改革，创造有利于科学创造和技术创新的制度-政策环境，充分发挥专业技术人员和其他有现代知识和技能的群体的创造力。

4. 创造就业机会，保障产业工人阶层的权益

中国农村还存在大量剩余劳动力，中国产业工人阶层还将不断壮大，但与此同时，城市又出现了大量下岗失业人员。可见，就业机会不足，是目前中国社会面临的一个重大社会问题，也是稳定和提升相当一部分社会成员（现有的产业工人和潜在的产业工人）的阶层地位的瓶颈之一。相关社会制度安排和政策选择的重点有两个。

重点之一：大力创造就业机会。这是近期和今后相当长的时期内国家和社会所要面对和解决的战略性任务。人多、劳动力多、需要的就业岗位多，这是中国的基本国情。具有讽刺意味的是，相当一部分国家与社会管理者不是致力于创造新的就业机会，而是在不恰当地减少已有的就业机会。例如，国有企业的改革不是着重于管理和产权制度的改革，而是提倡所谓的“减员增效”，把大量工人当作负担抛向社会。在公共交通方面，则不合时宜地发展所谓“无人售票”这样的运营方式。这样做也许能够奏效于一时，但从长远来看，从社会发展的角度来看，这样做却是得不偿失的：企

业既没有找到真正增效的机制，社会又增加了失业人员。又如，有些城市的管理者们为了所谓的城市形象，几乎是随意地驱赶各种小商小贩，撤销实际上位于城市小巷的农贸市场，不仅给城市居民的生活造成了不便，也沉重打击了自营业者群体。从根本上来说，这种管理方式与中国经济社会发展的阶段是不相符的。总之，政府应当把增加就业机会当作制定经济和社会政策的出发点，而不应当出台眼光短浅的就业政策，在管理措施上更不应当追赶时髦，盲目地追求所谓的与国际接轨。

重点之二：采取得力而有效的措施，切实保障产业工人阶层的合法权益。目前，中国产业工人阶层在这方面碰到的问题相当突出。例如，在一部分私营企业尤其是港台和韩国业主投资的企业里，工人的工作环境相当恶劣，劳动强度超出工人体能所能承受的限度，工作时间被任意延长，而工薪则十年不涨一分。研究表明，这种现象长期普遍存在的原因是多方面的，而其中的一个重要原因，则是相关的地方政府失职，或者不如说，为了发展地方经济，这些地方的政府在处理劳资关系问题时偏向于外方业主。随着市场经济的发展，如何保护产业工人阶层的合法权益的问题，将变得越来越严峻，因而是相关制度安排和政策选择的重中之重。

5. *稳定地权，减轻农民负担，加快农业剩余劳动力的转移*

有关农业劳动者阶层的制度安排与政策选择的最终目的，是大规模地减少农业劳动者，从而富裕农民。针对这一目的，相关社会制度、社会政策创新的重点有三个。

重点之一：采取有效措施，增加农民的收入，减轻农民的负担。不过，对于这个问题，还需要做出具体的分析。从整个社会来看，农民承担的各种税费负担确实极不合理、不公正，并且广泛存在着对农民重复征税的现象，存在着让农民承担本该由国家财政负责的公共支出负担的现象。就此而言，国家应当根据农业的产业特性，整体地考虑减轻所有农民的负担的问题。在农民阶层内部，研究表明，同样存在着负担畸重畸轻的现象，收入较少的农民承担了较多的税费负担。因为，目前的农村税费制度安排的特点是，按照一定地区范围内的农户人均纯收入水平确定该地区农民的税费负担率，再根据这个负担率确定人均实际负担的税费额，不管具体的负担者是穷还是富，每人都交一样多的税费。这种表面上的平等掩盖了实际上的不公正。关于增加农民收入减轻农民负担的笼统提法长期收效不大的原因之一，就是缺乏针对性。因为农民已经分化了，在 8 亿多农村人口中，有的已经富裕起来，有的则在生产、生活方面还有很多困难。因此，在农村，必须通过调查研究，正确认清农民已经分化的现实，在此基础上制定明确的政策，解决好增谁的收、减谁的负的问题。一旦解决好这个问题，应当能够使国家的各种增收减负政策产生更好的效果。在目前，真正应当减负增收的是低收入的纯农户，或以农业为主、很少兼业的低收入农户。

重点之二：彻底稳定地权。可以考虑从法律上使农地使用权永佃化，真正做到"生不增，死不减"，再在此基础上使农地永佃权的流转（包括抵押、买卖）完全合法化。这样做的目的有三：一是可以解决人口增加的农户对更多土地的要求，而无须每年搞"小土改"。尽管中央要求稳定土地承包权30年不变，但由于农户人口异动之故，农村各地实际并未严格执行这一政策，仍然每年或每隔几年进行小的调整。二是可以真正防止对农民土地的无偿或低偿剥夺。目前，由于土地的产权性质复杂，乡镇政府和村集体组织很容易以各种借口侵夺农民的土地使用权，损害农民的利益。土地使用权被永佃化以后，这种侵夺与损害就失去了所谓的合法性。三是可以为那些愿意转移到其他产业的农民提供转移的本钱：他们可以通过永佃权的抵押甚至买卖获得启动资金。

重点之三：改革户籍制度，打破城乡分割的二元社会结构，加快城市化步伐，取消各种分割劳动力市场的就业政策，尽快建立全国统一的劳动力市场。在大量消化农业剩余劳动力、缩小农业劳动者阶层的规模的同时，使农民工群体真正完全融入产业工人阶层，融入城镇社会。关于这一点，本报告已在多处做了分析，此处无须赘言。

要进一步深入研究当代中国社会阶层结构问题*

当代中国社会阶层问题研讨会今天正式开幕了。这个研讨会是由福建省委党校、中国社会学会、社会科学文献出版社共同举办召开的。我代表主办单位对来自全国各地的专家学者、各地的领导和同志们表示欢迎；我还代表社会科学文献出版社对来自福建省委党校的领导和同志们表示感谢，他们为我们准备了这次富有意义的研讨会的场所和平台；也要感谢各新闻单位的同志们。

这次会议参加的人员比我们预想的要多，足见大家对社会阶层问题研究的热心。

大家知道，改革开放以来，我国的经济发展取得了令人瞩目的伟大成就，经济体制、经济结构调整了，经济增长接近翻了三番（福建省已超过三番）。与此同时，随着经济结构的变化，中国的社会结构特别是阶层结构也发生了相应的变化，有些阶层扩大了，有些阶层缩小了，也产生了一些新的阶层，如私营企业主阶层，阶层内部和阶层关系也发生了新的变化。总之，不能再用“两个阶级一个阶层”的理论来认识目前的社会阶层结构了。

怎样来认识目前的阶层结构变化，对社会阶层变化做出正确的分析和估量，是更好地制定新的与经济发展相适应的社会政策的需要，也是认识当前经济社会形势的需要。因为认识新的阶层结构的状况，同认识经济结构状况一样，是认识基本国情的重要内容。

---

* 本文源自作者手稿。该文稿系陆学艺于2001年12月6日在福建省委党校举办的“当代中国社会阶层研究理论研讨会”开幕式上的发言稿。原稿无题，现标题为本书编者根据发言内容所拟定。——编者注

20世纪80年代中后期以来，学术界、社会学界就陆续有人进行社会阶层问题的研究，有一批学术论文面世；20世纪90年代中期以后，不仅是社会学家，而且文学家、新闻工作者、政治学家、经济学家也都关心这件大事，有专门的著作问世。境外学者特别是港台学者也都关注这个重大课题的研究，这期间有大量的学术论文发展和著作出版，其中有几部著作是关于社会阶层结构总体性分析的论著。

但是从总体看来，学术界特别是我们社会学界对于社会结构变迁的研究，对于社会阶层变化的研究，是与现实的客观发展要求不相适应的。还不能像经济学界对于经济发展的研究那样，能够比较及时、比较全面地从各个方面来阐明经济发展的状况、发展方面的问题，提出经济发展的理论和政策性的建议，从而受到上至高层下至社会的普遍关注。这一方面是因为有关方面的重视、关注的程度还不够，另一方面也是因为我们社会学界重建不久，学术研究队伍本身发展得还没有像经济学界那样壮大，对社会阶层研究这一重大课题投入的力量也不够大。可以说，我们在这一方面的研究是很不够的。

1998年，来中国社会科学院任职不久的李铁映同志，就给社会学研究所提出了要研究社会结构变迁的任务。从此，关注社会结构这一重大课题的研究进入了一个新的阶段，由原来的单个的个人分散的研究，转变为有组织、有领导的集体合作研究。社会学所成立了课题组，课题研究被列为中国社科院的重大项目，得到院科研基金的重点资助。此项研究从此就在全国范围内展开了。

3年来，课题组在全国进行了广泛的社会调查，得到了各地各部门的大力支持；课题组在研究过程中，也得到社会学同行的全力支持。从课题调查研究方法设计到课题内容的确定，都凝结了集体的智慧。

这次会议上呈献给大家研讨的《当代中国社会建设研究报告》，可以说是集体创作的一项成果。这次会议一方面是对社会阶层分析的研讨会，另一方面也是课题组阶段性成果的发表，是课题组向大家汇报，请大家评判。

我们自知这一成果还不成熟，还有待于继续深化研究，现在只是抛砖引玉。我们也希望通过这次会议，通过对这一阶段性成果的研讨，使社会阶层这一重大课题的研究能进一步深入，有更多更好的成果涌现出来，能受到社会更广泛的关注，在社会主义现代化事业的建设进程中发挥应有的作用。

我们希望在这次研讨会上，大家不仅对于这一成果进行评审，也就会

后如何深化这一重大课题的研究发表意见；不仅就学术研究如何进行，而且就这项研究的实际应用如何进展发表高见。

最后，让我再次感谢福建省委党校为我们提供了这样的一个好的研讨机会，也感谢他们在这项研究工作一开始时就给予的极大的支持。福清的调查就是党校的同志们完成的。

谢谢大家！

关于社会阶层研究的几个问题*

一　本项研究的背景和调研过程（必要性、紧迫性和重要性）

改革开放以后，我国的经济体制改革了，经济结构调整了，经济发展大大加快了，总的来说是加快了我国从传统社会、农业农村社会向工业化、城市化社会转型，进行了计划经济体制向社会主义市场经济的转轨。

社会结构、社会阶层结构也相应有了改变：(1) 一些阶层缩小了（如农民阶层)，一些阶层壮大了（如工人、知识分子阶层)，一些阶层新生了（如个体工商户、私营企业主阶层)。(2) 阶层之间的关系发生了变化，如私营企业主从“不准”，到被认为是社会主义经济的有益补充、拾遗补阙，到 1992 年被认为是社会主义市场经济的重要组成部分，再到 2001 年被认为是社会主义建设者；专业技术人员原本被认为是资产阶级的，1978 年邓小平提出是工人阶级的一部分。队伍扩大了，政治经济地位提高了，脑体倒挂改变了，知识经济也被提出来了。(3) 阶层内部也发生了变化，如农民内部分化为 8 个阶层；工人内部分化为传统产业工人、新型产业工人、农民工和白领工人，等等。同一个阶层内部收入差距拉大，同一个职业、同一个职务差别就很大。

面对这种大的社会结构变迁，是正视这种变迁，还是停留在原来的认识上，仍采取原来的社会政策呢？原来的社会理想是“两个阶级、一个阶层”理论指导下建立的工人阶级领导的、工农联盟为基础的社会主义国家，

* 本文源于作者手稿。该文稿系陆学艺于 2001 年 12 月 22 日在“当代中国社会阶层研究”课题组会议上的发言稿。——编者注

农民也要向全民所有制工人过渡，理想是建立一个工人一统天下的国家和社会。

但是，现实的社会阶层结构分化了。对这种现象反映最早、研究最早的是社会学家。20 世纪 80 年代初就有关于社会阶层的理论和方法的引入，有关于社会群体问题的研究（如李强、孙立平）。1986 年，我们社会学研究所提出的开展阶级、阶层问题的研究被列入第七个五年计划的社科重点课题。国外也很关注，已有一批论著问世。到 20 世纪 90 年代，一些总体研究的专著也问世了，比如梁晓声、杨继绳、何清莲、朱光磊、李强等人的成果。也有研究某一阶层的，如研究私营企业主、中产阶层、农民阶层的等。但要进行这方面的研究，某一个人、某一单位很难全面开展，所以只能就某一个阶层、某一个地区进行研究。官方并没有这方面的研究，他们只专注于经济问题的研究。

1998 年，李铁映院长要社会学研究所做“社会结构变迁研究”，这是一个好的机会和条件。1999 年 1 月立项，之后作调查准备，7 月赴汉川、海城调研。2000 年到福清、镇宁、合肥、中石化集团调研。2001 年到深圳、武汉、无锡调研。6 月开始全国 6000 份问卷的调查。2001 年 8 ~ 10 月，进行统计分析、撰写研究报告。12 月 5 日出版了《当代中国社会阶层研究报告》。

二　关于社会分层研究的意义和目的

随着经济的发展，社会分化了，这已是客观事实。如何如实地分析、认识这种社会结构变迁的事实？这是基本国情的重要内容。长时间以来，传统的“两个阶级，一个阶层”的理论认识，显然已经不能正确把握客观事实了。

长时间以来，我们对经济发展的事实，从理论到方法到统计都抓得很细，但对于社会结构、社会分化、社会发展方面的问题却很少有人注意。所以，重经济、轻社会不仅表现在事实方面，而且反映在调查研究的认识层面。我们还没有这样的专门机构、这样的专门人才和经费来研究社会阶层结构方面的问题。

正确地分析阶级、阶层之间的利益关系，历来是我们党制定方针、路线、政策的依据。在革命时期是这样（如《毛泽东选集》的第一篇文章就是《中国社会各阶级分析》），在建设时期也是这样。但从苏联开始，长久停留在“两个阶级，一个阶层”的模式，凝固化了。而且，事实上也是作为一个目标模式把社会往这方面引。事实显然不是如此。早在20世纪50年代，南共联盟的德热拉斯就写了《新阶级》的著作，来分析社会主义国家工业化过程中的阶级、阶层分化的情况，但那时是作为异端邪说被批判了。

所以，在苏联和我们1978年之前，在社会主义工业化时期，虽然社会结构已经变化了，阶层结构也变化了，但我们却没有重视这方面的研究。这方面的理论、这方面的调查研究和分析资料几乎是没有的。

20世纪80年代中期以后，中国社会学家就开始了这方面的研究。我们从1999年开始了这方面的全国性的调查和研究。我们在研究中体会到：社会结构、社会阶层变化状况是最基本的、最本质的国情，是经济以外的另一个重要方面；我们仅仅认识一个国家、一个地区的经济状况和发展水平，对于国情的认识还是不够的。比如，同样是GDP到3000美元，石油国家中的高收入国家是富了，但他们的农村就很差，社会结构没有变，只是少数特权阶层控制了大量的石油美元财富，所以还不能说是现代化的国家。

认清本国、本地区的社会结构状况，有利于正确认识我们目前处于什么阶段、应该采取何种经济社会政策。有利于我们制定正确的政策，可以具体到某一个阶层应采取何种政策。例如，老讲增加农民收入、减轻农民负担。中国农民有8.7亿人，实际上农民已经分化了，有些农民已经富裕起来了。通过分析，农民分为专业大户、第一兼业农户、第二兼业农户和小自耕农。我们应该制定政策减轻小自耕农的负担，增加他们的收入，而要加强对专业大户和两类兼业农户的税收征收。对于私营企业，对于个体工商户，也是这样。就是说，没有区别，就没有重点，也就没有政策。

总体来说，研究社会分层，目的是认清我国的基本国情，目的是处理好我们执政党同各社会阶层的关系，协调好各阶层之间的关系，协调好阶层内部各群体之间的关系，使得社会各阶层各得其所，以调动一切积极因素。

阶层分析的目的与阶级分析不同，阶级分析是为了革命任务，所以要制定“依靠谁，团结谁，打倒谁”的阶级路线。现在我们是执政党，我们现阶段研究阶层分化的目的，是要协调全国各社会阶层的关系，强调社会各阶层利益共同的一面，合作、妥协、可调和的一面；为了共同的目标，达到共赢，实现社会主义现代化的伟大事业。

三　划分的标准

阶级划分的标准，是对生产资料占有的状况。列宁有一个经典的定义，看到的是不是有剥削及其量的多少，是不是一个集团占有另一个集团的利益，政治上是不是一个阶级对另一个阶级有压迫。

今天，阶层划分的标准有以下几种。

（1）有人主张，还以占有生产资料的多少来划分。

（2）有人主张，用对改革开放以来本身在政治、经济利益方面的得失和多少来划分（如李强）。

（3）有人主张，以财产和收入多少来划分。如新富阶层、穷困阶层，等等。

（4）还有以职业地位为基础，再辅以对组织资源、经济资源、文化资源占有的状况来划分。一般说，这是国际通例，也符合工业化国家的状况。所以我们采用这种划分标准。

邓小平的社会发展理论对现阶段中国社会结构的深刻变化产生了巨大影响*

1997 年，全国哲学社会科学规划办公室为了贯彻落实党的“十五大”精神，在“九五”规划中增设了一批国家中期、长期社科规划项目，旨在突出重点，加强对建设中国特色社会主义理论和实践的重大问题、基础理论和学科建设的研究。“邓小平关于社会发展的理论与中国社会结构的现状、变迁及发展趋势研究”是其中的重大课题之一，委托中国社会科学院和中国人民大学共同承担，两家单位分别抽调若干研究人员组成课题组。中国人民大学的郑杭生教授是本课题的负责人，他主持城市社会结构变迁的调查和研究。我本人也是课题组负责人，分担的主要研究任务是，分析中国农村社会结构变迁的过程，深入研究邓小平同志关于中国社会发展的理论。

邓小平关于社会发展的理论的主要内容，就是坚持改革开放的精神，始终把我国经济社会的发展作为主题，把三个“有利于”作为衡量一切工作的基本标准，提出了“科学技术是第一生产力”“发展是硬道理”等论断，要求在共同富裕的社会主义目标下允许一部分人和一部分地区先富起来。尤其在 1992 年的“南方谈话”中，邓小平同志打破了“姓资姓社”的争论，提出社会主义也可以并且必须发展市场经济。这些理论和论断，一方面推动着中国的改革开放不断深入，推动着经济持续发展，同时也推动着城乡社会不断变化发展，其中尤为重要的是城乡社会阶级阶层结构的显著变迁。

---

* 本文源自《邓小平理论与当代中国社会阶层结构变迁》（陆学艺、龚维斌、陈光金著，北京：经济管理出版社，2002 年 2 月），第 1 ~ 3 页。原稿写于 2002 年 1 月 10 日，系陆学艺为该书撰写的前言，现标题为本书编者根据前言内容所拟定。——编者注

正是在邓小平理论的指导和影响下，1978 年以来，中国农村经济社会获得了长足且巨大的发展。家庭联产承包责任制在全国农村的普遍推行，使得广大农民成为日益相对独立的生产经营主体，实际上率先跨进了市场经济的门槛，他们的生产积极性和创造性也由此得到空前的激发，农村经济在整个 20 世纪 80 年代实现了持续的较快增长，农村经济结构也从传统的单一农业模式转变为农工商并举。在农村经济发展和经济结构变化的基础上，农村社会也发生了深刻的变化。这种变化的最突出表现是农民的深刻分化，在传统的农民阶级中，出现并形成了农业劳动者、农民工、雇工、农民知识分子、个体劳动者和个体工商户、私营企业主、乡镇企业管理者和农村管理者八个大的阶层。进入 20 世纪 90 年代以后，农业和农村经济继续发展，农村社会结构进一步变化。在经济社会发展的过程中，农村的上述 8 个社会阶层在规模、利益和收入等方面发生了不同程度的增减变化。根据农村经济发展与社会变迁的这样一种轨迹，结合邓小平理论的有关论述，在对各地农村进行深入调查和研究的基础上，我和课题组成员首先完成了学术研究报告《中国农民的过去、现在与未来》。

在研究的过程中，我深深感到，邓小平理论不仅对当代中国农村社会结构的变迁产生了巨大影响，而且对整个国家的社会结构在现阶段的变化和发展也产生了巨大影响。甚至可以说，如果没有邓小平的社会发展理论，现阶段中国社会结构的显著变化就会是不可能的，至少其变化和发展不可能像现在这样巨大深刻。因此，课题组扩展了研究的视野，全面考察了当代中国社会的结构变迁与邓小平理论的深层关系。由此，形成了第二项研究成果，即这部题为《邓小平理论与当代中国社会阶层结构变迁》的研究著作。我们认为，邓小平同志的改革开放理论是中国社会阶层结构变迁的前提，他的经济建设理论推动了中国社会阶层结构变迁过程的展开，他关于大力发展科学技术的理论从一个重要方面促成了中国社会阶层结构变迁机制的转换，他的政治法律理论对中国社会阶层结构变迁的方向具有重要的调节作用，而他关于社会主义本质的理论阐述，则无疑为中国社会阶层结构的变迁提供了社会主义的评价标准。这些基本的认识构成了本书的基本理论观点和论述框架。当然，我们的这些认识尚未完全揭示邓小平理论与当代中国社会阶层结构变迁的全部内在联系，因此，特别期待读者批评和指正。

在我们的研究和写作过程中，全国哲学社会科学规划办公室多次召开会议，研究包括本课题在内的这些重大科研项目，几位领导都很重视，给予了具体的指导。本课题的城市社会结构变迁研究部分，由以郑杭生教授为首的中国人民大学社会学系多位同仁主持进行。我们两个课题组研究同一重大问题，有分有合，在研究过程中，多次在一起讨论共同关心的问题，郑杭生教授、刘精明副教授等给了我们很多的帮助。安徽省合肥市委、湖北省汉川市委、福建省福清市委、北京燕山石化公司等单位的领导和同志们为我们的调查研究提供了大力支持。经济管理出版社的领导以及编辑为本书的出版付出了辛劳。在本项研究行将结项、本书即将问世之际，谨向他们表示衷心的感谢。

当代中国社会阶层状况的分析和研究*

1978年党的十一届三中全会以后，实行改革开放，中国发生了近代以来的最深刻的社会大变化。23年来，中国的经济高速、持续地增长，经济体制从计划经济体制转变为社会主义市场经济体制，经济结构从传统的农业为主的结构转变为第二、三产业占84%的经济结构；12.7亿人口的生活从贫困匮乏转变为大部分人温饱有余、一部分人已经富裕起来的小康生活。这些变化已经为国人所体知，也为世人所认知，国内外的经济学家们也已做了大量的总结。其实，经济方面的这些变化，还只是显性的表露在外的变化。随着经济发展和经济结构的变化，中国发生了社会结构大变迁，社会结构变迁的核心内容是社会阶层结构的变迁。不同的社会发展阶段，有不同的社会阶层结构；社会阶层结构的变化是最深层次的、最本质的变迁，意义更加重大，也一般不易为人们所感知。

2001年12月，中国社会科学院社会学研究所“当代中国社会结构变迁”课题组发表了《当代中国社会阶层研究报告》（下称《研究报告》），初步揭示了改革开放以来中国社会阶层变化的状况。《研究报告》问世以后，立即受到了社会各界的关注，引起了比较广泛热烈的讨论，超出了课题组成员们的预料。这说明，当前中国社会阶层结构的变迁，不仅是社会学界需要深入探讨的学术问题，而且是社会各界普遍关注的需要弄清楚的重大的理论和现实问题。《研究报告》本身只是提出了这个重大问题，只是根据课题组近年来的调查研究，对当前中国社会阶层变化状况作了初步的阐述，对一些重大的理论问题作了初步的探讨；不少深层次的问题还需要继续深入调查研究，在马克思主义指导下进行分析研究，做进一步的论述，也希望同行学者和社会各界一起来探讨这个重大的现实问题，对当代中国

---

* 本文源于作者手稿，手稿写于2002年1月28日。——编者注

社会阶层结构的变化状况及发展趋势有一个完整正确的判断，取得社会的共识，以期在社会主义现代化建设过程中发挥应有的作用。

一 研究当代社会阶层结构的重大意义和目的

对于阶级阶层问题的分析和研究，历来是中国共产党在进行革命和建设过程中，作为制定方针、路线、政策的重要依据。《毛泽东选集》第一篇文章就是《中国社会各阶级分析》。在这篇纲领性的文献中，毛泽东同志通过对当时中国阶级阶层形势的分析，指出了我国在民主革命时期要“依靠谁，团结谁，打倒谁”这一革命的首要问题，为我党进行革命斗争、夺取政权并取得胜利奠定了阶级路线和政治路线的理论基础。中华人民共和国成立以后，经过土地改革，经过社会主义改造，经过国家工业化建设，中国的阶级阶层结构发生了大变化，逐步形成为工人阶级、农民阶级和知识分子阶层的社会结构。

改革开放以来，经济体制进行了一系列改革，我国的经济持续快速发展，经济结构发生了根本性的改变，我国已经从计划经济体制转变为社会主义市场经济体制，正在从传统的农业、乡村社会向工业化、城市化、现代化国家转化。随着经济方面的巨大变化，中国的阶级阶层结构也发生了深刻的变化：有些阶层分化了，有些阶层新生了，有些阶层的社会地位提高了，有些阶层的社会地位下降了，整个社会阶层结构向着现代社会阶层结构演化，呈现向着与社会主义市场经济体制相适应的多元化方向发展的趋势。社会分化和流动的机制也变了，社会流动普遍加快，各个社会阶层之间的经济、政治关系发生了并且还在发生各种各样的变化。社会结构变迁包括很多方面，诸如人口结构、就业结构、城乡结构、地区结构等，但社会结构变迁的核心内容是社会阶层结构的变迁。不同的社会发展阶段，有不同的社会阶级阶层结构。从一定意义上讲，社会阶级阶层结构变迁是更深层次、更本质的变化，意义更加重大，而且一般不易为人们所感知。

我们应当运用马克思主义的立场、观点和方法，开展深入社会的调查研究，正确认识目前社会阶级阶层结构的新变化：中国目前的社会阶层结构是由哪些阶层组成的？每个社会阶层的地位、特征和现状如何？正确认识社会各阶层相互之间的经济、政治的利益关系，正确认识每个社会阶层在社会主义现代化建设中的地位、作用和将来的发展趋势，摸准摸清社会结构的这些基本状况，有利于拓宽加深我们对于社会主义初级阶段理论的

认识，有利于加深我们对于中国当代基本国情的认识。实践证明，摸准摸清经济体制、经济结构、经济发展变化方面的状况是十分重要的，这是基本国情；与此同时，还必须摸准摸清社会体制、社会结构、社会阶层变化方面的状况，这同样是十分重要的。只有把这两方面的状况的认识结合起来，才能对基本国情有一个比较完整的认识。一个时期以来，我们对于后一方面的状况，注意得不够，调查研究得不够，应该说这是一种欠缺。

江泽民同志在庆祝中国共产党成立80周年大会的重要讲话中指出："改革开放以来，我国的社会阶层构成发生了新的变化，出现了民营科技企业的创业人员和技术人员、受聘于外资企业的管理技术人员、个体户、私营企业主、中介组织的从业人员、自由职业人员等社会阶层。而且，许多人在不同所有制、不同行业、不同地域之间流动频繁，人们的职业、身份经常变动。这种变化还会继续下去。"① 江泽民同志的"七一"重要讲话为我们开展社会阶层结构研究破了题，提出了一个重要的任务。我们应该按照江泽民同志的指示精神，有组织、有计划、有步骤地开展现阶段社会阶层结构问题的调查和研究，并且要开展学术讨论，以便集思广益，实事求是地认识新时期我国社会阶层构成发生的新变化，充分认识这些新变化对于我们执政党提出的在体制、政策和管理方面的新要求，并据以形成新的社会阶层结构理论，制定新的经济、社会政策，用以正确处理和协调好党和政府同社会各阶层的关系，正确处理好社会各阶层之间的关系，正确处理好社会各阶层内部的关系。这是我们党在新的历史时期面临的一个非常重要的理论问题，也是一个需要及时解决好的实践问题。

应当指出，现阶段我们研究社会阶层结构的目的与革命时期已经有所不同。革命时期为了夺取政权，需要分清敌我友。我们现在已经是执政党，新时期的任务是建设社会主义现代化事业，所以，我们分析研究社会阶层的目的，是要正确认识社会各阶层的特征和发展趋向，正确处理和安排好执政党同社会各阶层的关系，使之在改革开放和整个社会主义现代化事业建设过程中各得其所，各展其长，实现共赢的目标，以调动各方面的积极因素，团结一切可以团结的力量，把"三个代表"的要求真正落到实处，把全国各个社会阶层的群众团结起来，共同协力为了国家的繁荣、民主、富强而奋斗，促进整个社会的安定团结，维护社会稳定，更好地推进改革

① 《新世纪党的建设的伟大纲领——学习江泽民同志七一讲话对"三个代表"重要思想科学内涵的论述》，北京：新华出版社，2001年7月，第25页。

开放，推进社会主义现代化事业健康有序地发展，保证我们社会主义国家的长治久安。

二 研究社会阶层的方法和区分标准

改革开放以来，中国的社会阶级阶层结构发生了深刻变化。这是社会的共识。但是应当如何去认识这些变化，如何给予理论解释，存在各种不同的主张，有很大的争论：有人认为，必须坚持马克思主义阶级分析的方法；有人认为，马克思主义阶级分析包含了阶层分析，阶层是指阶级内部更细的层次，阶层分析和阶级分析并不是相矛盾的；有人认为，阶级分析方法适用过去强调阶级斗争为纲、进行疾风暴雨式的阶级斗争时期，把人弄怕了，现在是建设时期，应主要从人们的收入水平、权力地位、受教育的程度和社会声望等方面来进行阶层分析；还有其他的一些议论。

我们认为，研究的手段、方法总是为研究目的、目标服务的。当前中国的社会结构已经变化得比较复杂，而且还在继续演变，呈现明显的多元化发展的趋向。运用原来工人阶级、农民阶级和知识分子阶层的理论框架，已经不能说明当今社会的现实；简单地照用马克思和毛泽东当年的阶级分析理论和方法，无疑也已经不够了。在我国，从20世纪50年代到70年代，阶级斗争年年讲，月月讲，天天讲，动不动就搞阶级斗争，以至于把阶级斗争庸俗化，确实把相当多的人讲怕了、斗怕了。所以我们必须运用马克思主义、毛泽东思想的基本原理，解放思想，实事求是，应该与时俱进，对已经发生的深刻变化进行实证的、科学的分析，从中得出关于现阶段中国社会结构的科学认识。

我们在研究中观察到，在当前有关阶级阶层问题的讨论中，有一种说法，即认为采用“阶级”一词，就意味着坚持马克思主义理论，采用“阶层”一词则似乎是非马克思主义理论。实际上，在大多数英文文献的相关论述中，并不存在“阶级”和“阶层”两个概念的明显区别，大多数学者都用同一个词汇——class，它既可以被译为“阶级”，也可以被译成“阶层”。真正的区别并不在于用哪个词汇，而在于采用哪种思路来分析class这种社会现象。国际国内的学术界在研究阶级阶层问题时，历来存在两种不同的分析思路：“冲突论”和“功能论”。“冲突论”强调各个class之间的利益冲突，强调对社会现实的批判；“功能论”强调社会分化现象有其合理性，强调协调各个class之间的利益关系和社会调和、社会整合。多数学者

认为，在社会中，class不论是被理解为阶级还是理解为阶层，都有两重性，既存在相互利益的矛盾性，也存在相互利益的一致性和协调性；根据所研究问题的不同、出发点不同、关注点不同和目标的不同，可以采用不同的分析思路。

马克思、列宁、毛泽东当年在分析研究阶级问题时，主要目的是为了推翻原有的资本主义制度和半封建半殖民主义社会，因此，他们的分析着重强调阶级关系的冲突和对抗性，揭露旧社会制度所造成的剥削和压迫，动员广大劳动人民起来进行革命斗争。在现阶段，中国共产党是执政党；我们研究社会阶层结构问题的目的，是为了团结和动员更多更广泛的社会力量，实现建设我们伟大祖国社会主义现代化事业的共同目标。所以，我们研究当代社会阶层结构问题的分析思路，应该着重研究各社会阶层在社会主义现代化建设中根本利益的一致性，分析研究各社会阶层的变化、地位、特点，研究各社会阶层的经济、社会、政治状态，正确处理、协调好社会各阶层同党和政府的关系，安排和协调好社会各阶层之间以及各社会阶层内部的关系，使之在改革开放和建设社会主义现代化过程中各得其所，各自得到发展，实现共赢的目标。

根据前述的认识和分析思路，考虑到我国现在已经处于工业化中期阶段，社会阶层分化越来越趋向于表现为职业分化。一个人的社会职业可以大致体现他的社会地位、受教育程度和水平等方面的状况，这是工业化社会的技术进步和科层组织发展所导致的结果；又考虑到中国特有的历史、文化传统方面的国情，我们认为，在现阶段可以以职业分类为基础，以组织资源、经济资源、文化资源的占有状况为标准，作为划分社会阶层的原则。

根据我们课题组3年来在全国各地城乡社会深入调查的资料，按照上述社会分层的原则，我们把中国当代的社会阶层结构区分为以下十个阶层，即国家与社会管理者阶层、经理人员阶层、私营企业主阶层、专业技术人员阶层、办事人员阶层、个体工商户阶层、商业服务员工阶层、产业工人阶层、农业劳动者阶层和城乡无业失业半失业者阶层。

探寻中国社会阶层的变迁*

2002年1月，由“当代中国社会结构变迁研究”课题组研究3年之久的《当代中国社会阶层研究报告》（下简称《阶层》）出版。该书将现阶段中国社会阶层分为国家与社会领导阶层、经理人员阶层、私营企业主阶层、专业技术人员阶层、办事人员阶层、个体工商户阶层、商业服务业员工阶层、产业工人阶层、农业劳动者阶层、城乡无业失业和半失业人员阶层。该书指出，现阶段中国各阶层已经从对抗走向合作，中产阶层正在形成，社会结构趋向多元，各阶层正在走向合作共享，合铸一个共赢的社会，一个橄榄型的社会分层正在中国形成。为此，记者对该课题组负责人、中国社会科学院社会学研究所所长、著名社会学家陆学艺先生进行了长达3个小时的独家采访。

如何划分阶层

记者：社会分层是社会结构中的重要现象。您主编的《当代中国社会阶层研究报告》一书将现阶段中国分为10个阶层，并因此在全国引发阶层大讨论，您能说说您的社会分层标准吗？

陆学艺：传统的社会分层理论可分为两大基本派别。一个是马克思主义学派，另一个是韦伯学派。马克思主要是根据对生产资料占有来划分社会阶层；韦伯则采用多指标体系来划分，他确定了3个指标：财富、声望和权力。在我国社会分层理论中，传统的社会分层理论采用的是马克思主义学派。我们历来是按阶级分析来做的，主要是以生产资料的占有量来分析，

* 本文原载《南风窗》2002年第3期（2月8日），该文系记者专防陆学艺的访谈稿。——编者注

生产资料占有多、占有少，占有大、占有小。这种模式认为我国存在“两阶级一阶层”（工人阶级、农民阶级、知识分子阶层），可以说，这主要是新中国成立以后的社会结构图，但这种观点已无法概括改革开放以来的阶级阶层结构。如果以占有来说，很不好分。比如我国农民，他们现在只是承包权，什么也不占有。我们有些干部，他们虽然对生产资料不占有，但他们的权力比占有还大，有的甚至没有风险可讲。

改革开放20多年来，中国社会发生了深刻变化，原来的阶层正在发生分化，新的阶层正在形成和壮大。经过3年的研究，我们提出了以职业为基础，以组织资源、经济资源和文化资源的占有状况为标准来划分社会阶层的理论框架，将中国划分为10个阶层，应该说是更具体，更适合中国国情。

光有3000美元是不够的

记者：现代化的社会阶层结构是一个现代化国家的社会稳定基础。只有橄榄型的社会结构才是最稳定的。您在书中提到，稳定的结构应该是绝大多数人享受体面生活，而不仅是少数人受益。其中提到了阿根廷的国家破产。如何从社会分层理论分析此类事件？

陆学艺：一个社会本质的变迁，是社会结构的变迁，而不是经济的变迁。我原来想写篇文章，《3000美元是不够的》，光有3000美元的人均GDP并不能代表这个国家已经现代化了。我们判断一个国家或一个地区的经济发展是否合理，关键还是要看这个国家或地区的各个阶层是否能够分享到好处，而不仅是少数人受益。例如沙特、伊朗这些石油国家，它们的人均GDP肯定超过3000美元，甚至超过两万美元，但它们现在并不是一个现代国家，因为它们的社会结构没有变。伊朗在20世纪70年代十分富庶，但巴列维把这些钱投到了军火与王公贵族的奢侈品上了，农村的农牧社会实质没变，所以到霍梅尼时危机发生了。巴西、阿根廷等国家，都曾经创造过经济奇迹，但他们的社会结构没有出现相应的现代化转变，结果城乡差别急剧增大，底层民众利益受损，从而引发社会问题。

现在阿根廷垮了，但这个国家的人均GDP最高时超过了8000美元。相反，当年的法西斯国家则不同，比如德国，二战结束时几乎被美苏军队踏平了，生产线毁于一旦。但由于有良好的社会结构，有许多熟练工人、知识分子，他们那时已经形成了一定规模的中产阶级，所以很快便复兴了。

20世纪90年代的金融危机，我们可以比对韩国和印尼。危机发生时，韩国人很齐心，许多人把家里的金子、外汇都拿了出来，支持国家。中产阶层和国家利益最相通了。韩国现在经济发展得还好，而印尼还在折腾，今年①的外汇赤字已经超过了200亿美元了！

我国现在正在向橄榄型社会结构转型，这次调查显示，深圳等城市已经形成了这种结构。

社会分层说税收

记者：1935年，胡适在《大公报》上发表了《新年的梦想》（《胡适文集》第11卷，第532页），其中提到了国联卫生专家给胡适的一个警告，"先生，中国有一个最大的危险，有一件最不公道的罪恶，是全世界文明国家所决不能允许的。整个中国政府的负担，无论是中央或地方政府，全部负担在那绝大多数的贫苦农民的肩背上；而有资产的阶级差不多全没有纳税的负担。越有钱，越可以不纳税；越没钱，纳税越重。这是全世界没有的绝大不公平。这样的国家是时时刻刻可以崩溃的"。胡适后来在文中说，"我的第一个新年愿望是梦想在这个新年里可以看见中国赋税制度的转变"。回顾这段文字，它是否有现实意义？

陆学艺：没有社会分层，我们的政策就会迷失方向。我们谈了多少年了，增加农民收入，减轻农民负担，但"8.7亿"这么大的农民基数在这，如何加，如何减？问题很棘手。事实上，农民现在已经分化了，许多户口本上是农民，但生产生活已不是农民了。在笼统的农民概念下，政策无从下手。我们的下一步就是将农民和工人分出群体。现在最困难的是收入以农业为主的农民，这是真正困难的农民，真正要减轻他们的负担，增加他们的收入。这样基数就小了，也好操作了。同样，城里有交不起暖气费的下岗工人，也有开着摩托，拿着大哥大，戴着金项链去领救济金的下岗工人，在北京还有花几十块钱打的去领二三百元救济金的人，人家说这叫"份儿"，让人笑话啊。这也就是我说的困境，现在该小的没小下去，该大的没大起来。

说到农民，没有哪个国家是不补贴农民的，只有我国才会让农民补贴我们，是负补贴。说减轻农民负担，喊了这么多年，为什么越改越重？关键在于"城乡分治，一国两策"。现在我们搞市场化，但二元体制并没有变。

---

① 此处指2001年。——编者注

此外，地方保护与地域歧视现象也很严重，譬如说教育，农村教育条件之差可想而知，但全国统一高考，在北京，三四百分就能上大学，而农村 500 分都不一定能上得了。我是北大毕业的，我看到报纸上说教授们拿 5 万～10 万。北大如果是自己赚的钱，发 100 万我们也不反对。北大的钱从哪里来？还不是教育部、财政部的钱。另外，义务教育是国家义务教育法定的，怎么能叫农民来办？农民是交了税的，国家的几万亿财政都花到哪儿去了？为什么乡村教师三四百块钱都发不出来。我对北大人说，你们丢人哪！别在报纸上说你们的高工资啦！

如何保卫土地

记者：随着城市化的加快，中国尤其是城郊地带，出现了大量的土地纠纷问题。您在《阶层》一书中，提出一个口号，“彻底稳定地权”，要给农民永佃权，这是否意味着只有农民才能真正保卫自己的土地？

陆学艺：乡村土地名义上是集体所有，但是下面滥权现象很严重。许多土地被父母官任意支配，我可以说，在有些地方，我们把不可再生的最宝贵的资源，委托给了一些最不可靠的人，政策也没有延续性。所以我在《中国土地报》上说，要把保护耕地的权利交给农民，只有这样才能保护好耕地。现在农民既无权又无利的现象必须改观，地方官在土地上的支配权利必须缩小。我在韩国搞调查，乡村干部在土地上是没权的。国家、地方干部、农民三者关系必须调整好，否则就会损害农民利益。

所以我们提出永佃权，彻底稳定地权，从法律上使农地使用权永佃化，真正做到“生不增，死不减”，再在此基础上实现农地永佃权的流转，合法买卖。这样既可以防止农民土地被无偿或低偿剥夺，又可间接调节农村人口政策，还可以为农民转型，步入他途提供本钱。

记者：学者曹锦清在《黄河边的中国》一书中呼吁中国农业要联合起来走合作化的道路。我在走访农民时也听到一些声音，希望以乡镇为单位，专人跑供销，搞“订单农业”。这是不是意味着中国农村的小农经济到了非改不可的地步了？

陆学艺：不要笼统地讲合作化了，老百姓一听合作化就害怕，历史上的许多合作都没有什么好下场。民间的供销合作组织是有必要的，但必须和从前官办的供销合作社不一样，干部一插手，就完，现在有些干部贪得厉害，他们不是民主，而是主民。所以咱们的供销社、信用社都没有搞成功。

农民工是个大题材

记者：现在有不少杂志说漂在北京，没有北京户口的人像二等公民。从这个角度上说，现在漂在北京或其他城市的农民工属于“双重二等公民”。事实上，在现在乡村，许多年轻人都被拉到了城市，您怎么看待农民工在转型期中国所起的作用？

陆学艺：中国的现代化，到处都是农民工的汗水。他们干世界上最重的活、最脏的活，拿世界上最低的工资，住世界上最简易的房子。有一次一个外国记者把我难住了。他问，报纸上登了北京民工有330万人，那么我问你两个问题：一个是“这么多人有多少是政府机关给他们介绍工作的？”另一个是“这330万人我在马路上很少看见，他们住在什么地方？”

他们实实在在地生存在我们身边，但我们最容易忽略的也是他们。

社会学家研究公平

记者：您在报告结尾时提到一个很阳光向上的观点，即构建社会制度、社会政策新体系的五个基本原则，“从合理的现代社会阶层结构的基本特征和要求出发，社会制度、社会政策的创新要遵循稳定、合作、共享、协调和保护弱者的原则”。您认为这些原则的灵魂字眼是什么？您新年的希望是什么？

陆学艺：公平。经济学家是讲效率的，但社会学家讲的是公平。我们讲“一部分人先富起来”，20年了，现在该讲公平了。现在屡现杀人、爆炸、抢银行新闻，这是个信号。西方国家100年积累的贫富差距，我们在20年便形成了。咱们讲的“效率优先，兼顾公平”是不行的。比如说“减员增效”，企业可以讲，市长不可以讲。

而且我们现在失业人口那么多，减完的员到哪里去？减员只是给社会增加负担，减员并没有增效。

我的愿望是，中国现在需要社会稳定，大家从现在的基础上往前进，20年后实现现代化转型。

俄罗斯社会结构变迁的探索和解释*

《俄罗斯社会结构变化和社会分层》一书是俄罗斯科学院社会学研究所副所长戈连科娃教授主编，由该所维秋克、切尔内什、罗戈曼、曼苏罗夫、哈古罗夫、克雷施塔诺夫斯卡娅、巴拉巴诺夫、科克利亚吉娜等社会学家集体合作、分章撰写的一部专著。作者在 20 世纪 90 年代初期开始酝酿，1992～1996 年间做了大量的社会调查（多数是各种问卷调查），并对各种文献资料做了深入的分析研究，于 1997 年成书出版，中文版是根据 1998 年重新校订和补充的第 2 版译出的。

社会结构、社会分层与社会流动历来是社会学研究的核心议题。但是在苏联时期，此项研究却遭到重重阻碍。在苏维埃政权的斯大林时代，社会学曾被宣布为“资产阶级科学”而遭到禁止。20 世纪 50 年代中期，社会学这门学科恢复了，不过，由于官方认定苏联的社会结构是“两个阶级”（工人阶级和农民阶级）、“一个阶层”（知识分子阶层）的公式是不能讨论的，社会学工作者只能在党的《关于阶级的接近》、社会主义社会《社会单质性的形成》等决议的框架里进行研究。一直到 20 世纪 80 年代戈尔巴乔夫时期提出公开化以后，关于社会分层的研究才启动。特别是在 20 世纪 90 年代初以后，在市场经济改革大潮下，社会结构变迁和社会分层与流动这个社会学的核心议题才正式被列入重大课题，进行了有规模的调查和研究。俄罗斯推行市场经济改革以后，经济体制发生了根本性的变化，“所有制形式的多元化必然导致社会结构的变化”，新的社会阶层产生了：企业家和经理、合伙人、农场主、自由职业者、私营企业的雇佣工人、失业者等，形

---

* 本文源自《俄罗斯社会结构变化和社会分层》（第 2 版）（戈连科娃主编，北京：中国财政经济出版社，2004 年 6 月，中文第 1 版），第 1～6 页。该文成稿时间：2003 年 6 月 6 日，系陆学艺为该书中文版所写的前言，现标题为本书编者根据前言内容所拟定。——编者注

成了新的社会结构，而这个“俄罗斯社会的社会结构发展是自发的、无组织的、不确定的”。社会出现了新的矛盾，阶级矛盾和冲突问题伴随着社会和财产的不平等而凸显。经济社会的尖锐矛盾，呼唤着社会科学，要求社会科学能对此做出新的理论解释。

俄罗斯科学院社会学研究所以戈连科娃教授为首的社会学家有鉴于俄罗斯社会出现的这些新情况、新问题，出于对国家和历史的责任感，在客观物质条件十分困难的情况下，冲破旧有的思想樊笼，采用新的社会调查和社会研究方法，进行广泛深入的社会调查和研究，探索能够解释俄罗斯社会结构变迁的理论问题，以期“得出处于形成之中的市民社会的比较全面的社会和社会分层模型”，从而为社会的稳定、健康、有序的发展做出贡献。

综观全书，戈连科娃在序言中提出的上述目标是实现了的。本书的前三章从总体上论述了俄罗斯市民社会形成的漫长而曲折的过程，经济和政治社会体制改革的大起大落，以及在这样的历史背景下的俄罗斯社会结构变迁、社会分层和社会流动的特点与趋势。第四章专门分析了俄罗斯社会财产分化的趋势，指出经济体制变革的强烈震荡，导致“两极群体的收入差距呈急剧扩大趋势”，使俄罗斯社会阶层结构的形态“呈现低矮锥体型——大大压扁了的三角形，底边非常大，大部分为劳动者阶层占据，而顶尖则是权势人物”。第五章到第十章分别论述了知识分子、企业家、农场主、俄罗斯精英、工人等各个社会阶层。作者用亲自调查得来的事实和数据，描述了各个社会阶层产生、发展的过程，分析了他们的现状和今后的发展趋势。因为资料丰富，数据扎实，事实清楚，叙述有条有理，读者能看到俄罗斯各个社会阶层的来龙去脉。其中有些资料和事实是比较新的。过去，我们这些俄罗斯境外的人以为，俄罗斯的私有化始于叶利钦时期，事实不然。据本书第八章“旧官僚向俄罗斯精英的转变”披露，早在戈尔巴乔夫执政以后，在政治方面大批更换高级领导干部，使权力中心逐渐地从苏共中央转移至人民代表苏维埃。在经济上，1987年就取消了党委中的经济部和工业部，削弱了苏共中央对经济的控制。同时，建立可供选择的经济结构。第一个步骤就是在共青团中央下设立青年科技创造中心协会，并赋予将“非现金”转为“现金”及充当可提取佣金的中介等许多特权。作者评论说：“这个组织的建立，不仅是苏联市场经济的开端，同时也是通货膨胀的开端。”另外，戈尔巴乔夫时期，还赋予了一些人经济特权，如可以经商、建立合资企业、给予优惠贷款、开展进出口贸易。侵害不动产，

“把最好的国家财产按优惠价卖给高官参与组建的公司。换句话说，高官把自己掌管的不动产卖给了自己。当然是按象征性价格出售的”。这实质是“利用国家职权的国家私有化”，国家官员利用自己的权力把曾经为他们支配的那部分国家财富据为己有的过程。这个过程从 1987 年开始，直到正式私有化开始时才基本结束。作者最后总结说：“经济改革过程是在高级官员的直接控制下进行的”。中国有句古话“冰冻三尺，非一日之寒”，从中我们可以看到，俄罗斯私有化、俄罗斯精英阶层的形成和发展早在苏联解体前就开始了。

就学术价值来说，《俄罗斯社会结构变化和社会分层》（第 2 版）一书是俄罗斯社会学研究所的社会学家们通过深入的社会调查，用社会学的理论和语言，在俄罗斯经济体制发生剧烈变动的条件下，对社会结构变迁、社会阶层分化、社会流动、职业变化、贫富差距拉大、社会问题萌发、社会冲突激化、社会整合机制转换等做了全景式叙述，实质上也就是对苏联这样一个社会主义计划经济体制的国家怎样一步步演变为资本主义市场经济体制国家的这段历史做了记录。对俄罗斯境外的读者来说，过去对于苏联演变在经济方面的改革、经济结构的变化和经济发展中的跌宕起伏，通过各种著作和媒体已经有了一定的了解。但是，这些年来，在经济结构变动背后俄罗斯的社会结构发生了什么变化？原来的“两个阶级、一个阶层”的社会结构是怎样变的？新生了哪些社会阶层？现在的社会阶层结构组成是怎样的？哪些人富裕了，哪些人穷困了？哪些人的社会地位上升了，哪些人的社会地位下降了？这本书回答了这些问题。当然，这本书的学术意义还不止于此，它的学术意义还在于，它是第一本论述自有苏维埃政权以来，特别是 20 世纪 90 年代苏联解体以后，俄罗斯的社会结构变迁、社会阶层分化与社会流动的学术著作，这就为以后进行这方面的调查和研究，并以此作为制定社会政策的依据奠定了基础。

中、苏两国原来都是社会主义国家，都实行计划经济体制，官方都认定“两个阶级（工人阶级、农民阶级）、一个阶层（知识分子阶层）”是本国的社会结构。但是，自从 1978 年 12 月中国实行改革开放、1991 年苏联解体建立了俄罗斯联邦共和国以后，两国在经济社会方面的改革和发展道路就不同了。俄罗斯采用的是激进的办法，全面变革，休克疗法，经济体制急剧地向市场经济转变。中国走的是中国特色的社会主义道路，渐进式改革，坚持公有制为主体、多种所有制共同发展的基本经济制度，坚持按劳分配为主体的多种分配形式，坚持改革开放，使计划经济体制逐步向社会主义市场经济体制转变，保持社会稳定，保持经济持续、稳定地增长，使人民生活不断改善。就这些方面讲，两国改革所走的道路是不同的，但亦有相同的一面。例如经济体制，都是在向市场经济体制转变；都实行对外开放，逐渐融入全球化的大潮之中；国有大中型企业的改革，俄罗斯虽然实行了私有制，但这些企业经济管理内部体制的改革在向现代企业转变过程中，还有一系列问题要解决，这同我国国有大中型企业改革中遇到的问题是很相似的。在社会层面，随着市场经济的发展，经济结构的变化、"两个阶级、一个阶层"的社会结构发生变迁，分化出一些新的阶层，由少到多，由小到大，分化的规律和趋势是基本相似的。在分化过程中，有一些阶层占有的财产和收入多，有一些阶层占有的财产和收入少，出现了两极分化，导致城乡之间、地区之间、部门之间的差距急剧扩大。这种差距的扩大，蕴含着分配不公的原因，形成了新的不平等，由此引出新的社会冲突和社会矛盾。总体说来，社会管理、社会事业体制的改革和社会事业的发展都滞后于经济的发展与要求，出现了新的经济社会不协调发展问题。所有这些问题，有些先在中国发生，随后俄罗斯也出现了；有些则先在俄罗斯发生，中国也随后出现和发生。戈连科娃主编的这本书阐明的不少问题在两国是共同存在的。这也从一个侧面说明，中俄两国的社会学者正在研究一些共同的问题，这也表明两国社会学者开展转型过程中的社会结构变迁研究有合作交流的必要和可能。

1998年12月，我应俄罗斯科学院的邀请，到俄罗斯做学术访问，受到了俄罗斯科学院社会学研究所同行们的热情接待。双方就两国社会学的学术研究进行了讨论，认为我们两国同处在社会转型期，面临许多共同的社会问题，进行合作研究很有必要，对双方都是很有利的，并就今后两个社会学研究所之间的合作交流做了具体的探讨。美中不足的是语言方面的障碍，俄方的汉语人才和中方的俄语人才都很少，这是开展交流的一大困难。戈连科娃是我的老朋友，自始至终参加了会议，发表了很多好的意见。临行，双方互赠礼品和书刊。戈连科娃专门把由她主编、刚刚校订补充再版的《俄罗斯社会结构变化和社会分层》（第2版）一书送给我们。

我于1999年初回国。是时，社会学研究所正进行中国改革开放以来社会结构变迁课题的研究，正在汇集各国社会结构变迁研究的文献和资料，戈连科娃赠送的这本《俄罗斯社会结构变化和社会分层》（第2版）当时就被课题组选中，认为可以作为借鉴的参考书。我专门找到社会学研究所的王育民同志，请他组织翻译。他和宋竹音同志不辞辛劳，很快而且很好地

完成了这项工作。

2000 年 8 月，我应俄罗斯科学院的邀请，和李京文、吕政、刘溶沧、裴长洪等教授一起赴莫斯科参加第二届中俄经济学家学术研讨会，会议期间，我专门到戈连科娃教授的家中，具体商讨了本书的翻译、出版问题，她很高兴，积极支持把这本书介绍给中国读者。

2002 年 11 月，戈连科娃教授应中国社会科学院世界历史研究所的邀请来华参加学术会议。会议期间，我们又就这本书的中文版出版问题做了讨论，她还专门写了授权中国财政经济出版社出版本书的文件。

现在《俄罗斯社会结构变化和社会分层》（第 2 版）一书的中文版终于同读者见面了。首先，我们要感谢戈连科娃及其同事们的创造性工作，感谢戈连科娃的授权，感谢宋竹音、王育民两位译者的辛劳，感谢上海社科院社会学研究所的潘大渭和中国社会科学院外事局的孟秀云同志从中协调和联络，感谢中国财经出版社崔维德副总编和刘瑞思同志认真负责的工作。

关于社会主义社会阶级阶层结构是“两个阶级一个阶层”说法的剖析*

中国实行改革开放以来，经济体制改革，经济结构调整，经济持续快速增长，城乡结构、就业结构等发生了变化，整个社会的阶级阶层结构也发生了深刻的变化。正确认识当前社会结构方面的新变化，有利于加深我们对基本国情的认识，有利于制定正确的发展战略和经济社会政策。20世纪80年代后期、90年代以来，社会各界特别是社会科学界展开了对于当代我国社会阶级阶层结构问题的研究和讨论，近几年成了社会关注的一个热点。

在这场关于当代中国社会阶级阶层结构的讨论中，各种议论很多，真可说是众说纷纭，也提出了很多问题，都值得深入探讨。其中有一个问题是大家一致认同的，就是改革开放以来，随着经济结构的变化和经济发展，产生了一批新的社会阶层和社会群体，例如个体工商户、私营企业主、农民工、经理人员、中介组织的从业人员等。进一步探讨，意见就不同了。这些新的社会阶层、社会群体是从哪里产生的？是怎么产生的？一部分人的意见认为，这些新的阶层新的群体，都是在改革以后产生的；一部分人的意见则认为，有一些新的社会阶层在原来的社会阶级阶层结构中已经孕育存在了。再进一步探讨，改革开放以前的社会阶级阶层结构到底是什么样的？多数人的意见（包括我自己）认为，1956年以后到1978年前的社会

---

* 本文源自作者手稿。该手稿系陆学艺为“当代中国社会分层与‘三农’问题研讨会”（2003年8月30～31日，北京昌平）提交的论文稿，写作时间不会晚于会议时间。该文收录于会议主办方打印的会议论文集，后公开发表于《求实》2003年第11期（2003年11月15日）、《江苏社会科学》2004年第6期（2004年11月20日），后者将题目改为《对社会主义社会阶级阶层结构是“两个阶级一个阶层”论的剖析》。该稿收录会议文集和公开发表时均有部分删节，本文现依据作者原稿刊印。——编者注

阶级阶层结构是“两个阶级（工人阶级、农民阶级）一个阶层（知识分子阶层）”。还有一部分同志则认为：说社会主义社会阶级阶层结构是“两个阶级一个阶层”，是从苏联搬来的，这个说法本身就不符合实际。

为了弄清这个理论问题，最近我对苏联有关这方面问题的文献资料作了一番研究，弄清了一些问题，也改变了我原来的看法。

关于社会主义的社会结构是“两个阶级一个阶层”的说法最早是由斯大林提出来的。1936 年苏联修改 1924 年宪法。在 1936 年 11 月 25 日全苏维埃第八次非常代表大会上，斯大林做了《关于苏联宪法草案》报告。他首先阐述了 1924 ~ 1936 年苏联经济方面的成就，接着他说：“由于苏联经济方面发生了这些变化，我国社会的阶级结构也相应地发生了变化。……地主阶级已经因国内战争胜利结束而完全消灭了。……在工业方面已经没有资本家阶级了。在农业方面已经没有富农阶级了。在商品流转方面已经没有商人和投机者了。因而，所有的剥削阶级都消灭了。剩下了工人阶级。剩下了农民阶级。剩下了知识分子。”① 会前有人提议，把“工农国家”改为“工农和劳动知识分子的国家”。斯大林不同意，他说：“苏联社会是由两个阶级，即工人和农民组成的。……知识分子从来不是一个阶级，而且也不能是一个阶级——它过去是而且现在还是由社会各阶级出身的人组成的一个阶层。”②

社会主义社会的阶级阶层结构是“两个阶级一个阶层”的说法，从此就确定下来。后来就成了绝对不能触动的公式。一直到 1991 年苏联解体，前后 55 年，虽然苏联国内的经济结构、社会结构发生了极大的变化，但这个公式，就没有改变过，囿于苏联意识形态的僵化，也几乎没有公开研讨过。客观地说，社会主义国家的社会结构是两个阶级一个阶层的公式，表面上看起来，有一定的道理。全国实行了公有制，所有的剥削阶级都消灭了，也好像是只有工人阶级、农民阶级和知识分子阶层了。但仔细分析，这个公式是经不起推敲的。第一，斯大林在当时的概括就是不周全的。因为在 1936 年，虽然苏联政府用强制的手段消灭了“资产阶级”、农村“富农”，驱逐了商业流通领域里的“商人和投机者”，但是在经济领域里实际上个体工商户、个体劳动者等社会阶级、阶层并没有完全消灭，一直到

① 斯大林：《关于苏联宪法草案》，载《斯大林文选》（1934 ~ 1952），北京：人民出版社，1962 年 8 月，第 85 页。

② 《斯大林文选》（1934 ~ 1952），北京：人民出版社，1962 年 8 月，第 102 页。

1938年，苏联官方公布的材料上说还有个体农民和个体家庭劳动者441.4万人（占总人口的2.6%）、资本家和富农6万人（占总人口的0.04%）。[①] 另外在中亚几个以少数民族为主体的加盟共和国里，社会阶级阶层状况更加复杂，并不是斯大林讲的只剩下工人阶级、农民阶级和知识分子了。

第二，斯大林的这个公式过于简单、笼统，没有反映苏联社会阶级阶层结构的本质。就以工人阶级来说，由制造业、建筑业和商业服务业等的劳动者组成，但也包括党政各级领导干部（这应该是国家公务员），又包括专业技术人员（这些应该说是事业单位的干部和知识分子，在苏联这部分人统计为职员），还包括企业的厂长和经理。工人阶级成了一个筐，什么都往里装。几十年的社会主义经济建设和社会发展的实践表明，这众多的工人阶级成员虽然都是在生产资料公有制（全民所有制和集体所有制）的社会里，但这些不同的成员，对生产资料在使用过程中的地位是不同的，有些人对公有的生产资料有支配权、处分权，大部分人只有使用权、劳动权。在社会劳动组织中的地位是不同的，有些是管理者，是干部，大部分是被管理者，是工人。名义上都实行按劳分配，但厂长、经理和高层管理人员的所得同普通工人的所得差别很大，而且在名义工资之外，前者还有住宅、轿车、医疗等各种优待，后者只有一般的住房和医疗等的社会保障，所以不同的成员，所得很不相同，而且相差是很悬殊的。把这么多不同职业、不同社会地位、不同的收入所得，不同的生活方式，不同的利益要求，不同的价值取向的群体成员，笼统地都称为工人阶级，实在是过于简单化了，于实践是有害的。

第三，斯大林的这个公式在提出时，就认为在将来实现了共产主义，所有的阶级都消灭了，工人和农民都变成统一的共产主义劳动者。斯大林认为，到1936年，苏联原来的无产阶级已经演变为工人阶级了。原来分散的小农已经演变为集体农民了，原来为富人阶级服务的知识分子已经演变成为人民服务的知识分子了。这说明什么？斯大林指出：“第一，这些变化说明，工人阶级和农民中间以及这两个阶级和知识分子中间的界线正在消除，而从前的阶级特殊性也在消灭。这就是说，这些社会集团间的距离正在日益缩小。第二，这些变化说明，这些社会集团间的经济矛盾在缩小，在消失。最后，这些变化说明，这些集团间的政治矛盾也在缩小，也在消

① 见《苏联大百科全书》苏联专册第50页。

失。”[①] 当有人提议用“社会主义农业劳动者”来代替“农”字（指苏联是“工农国家”中的“农”字）时，斯大林不同意。他说：“提出这个修改意见的人，大概不是指现在的社会，而是指将来的社会，指将来已经没有阶级，而工人和农民都要变成统一的共产主义社会的劳动者的社会。”[②] 所以，在斯大林看来，不仅当时的苏联社会只有工人、农民和知识分子，而且这两个阶级之间以及和知识分子之间的差别和界线正在消失，经济矛盾和政治矛盾正在日益缩小、消失，正在逐渐趋同，都将成为统一的共产主义社会的劳动者。将来整个社会结构组成不是多元的，而是单一的。在苏联理论界，就有《关于阶级的接近》和《社会单质性的形成》等论著出版，专门论述这个问题。但这同社会发展的趋势相违背，实践表明，经济社会结构的组成不是越来越单一，而是越来越多元。

第四，斯大林在提出苏联社会结构是“两个阶级一个阶层”公式时，他本人对当时国内外阶级斗争形势的估计就是相互矛盾的。他在《关于苏联宪法草案》中明确指出：“所有的剥削阶级都消灭了。”国内阶级斗争消灭了。[③] 制定新宪法的目的，也就是把 1924 年以来，经济建设和阶级斗争的成果用法律的形式肯定下来，这也就适应在长期的严重的阶级斗争以后，人心思定的普遍要求，希望通过宪法的制定，在全国出现举国上下团结一致没有冲突的升平局面。这是斯大林对当时阶级形势分析的一个方面；另一方面，在斯大林内心，他还清楚地注意到，国际国内的矛盾、阶级斗争也实实在在地存在着。国际上，日本军国主义已经侵占了中国的东北，侵华战争一触即发；1936 年的欧洲，德国的希特勒同意大利的墨索里尼结成罗马 - 柏林轴心，随后又结成了柏林 - 东京轴心，穷兵黩武，侵吞邻国，第二次世界大战已现端倪。在国内，所谓被消灭的资本家和富农，人还在，企图复辟的心未死，几百万小商品生产者对公有化的政策普遍不满，数以千万计的个体小农刚刚被组织到集体农庄里，也并不安定。斯大林原来设想，剥削阶级统统消灭之后，全国就会团结一致，没有冲突，天下太平的

① 《斯大林文选》（1934～1952），北京：人民出版社，1962 年 8 月，第 87 页。

② 《斯大林文选》（1934～1952），北京：人民出版社，1962 年 8 月，第 103～104 页。

③ 斯大林在苏共十八大报告中说：“在国内实行武力镇压的职能已经消失了，消亡了，因为剥削制度已被消灭，剥削者已不存在，再没有什么人需要镇压了。代替镇压职能的，是国家保护社会主义财产免受盗贼和人民财富盗窃者损害的职能。武装保护国家以防外来侵犯的职能则完全被保存着”，参见《斯大林文选》，（1934～1952），北京：人民出版社，1962 年 8 月，第 255 页。

局面就会出现，实际并不是这样。特别是在党内，在上层领导集团内，一些元老派对他主张的政治经济路线仍然意见相左，分歧很大，国内外的阶级斗争确实严重地存在着。

1936年12月苏联通过了新宪法。不到两个月，1937年初联共中央就继续进行大清洗运动。1937年1月23～30日苏联法庭判处皮达可夫、拉狄夫等13人死刑；3月5日联共中央全会决定开除布哈林和李可夫出党（翌年3月布哈林和李可夫分别被处死）；6月12日苏联军事法庭判处图哈切夫斯基等7名高级军官死刑。随后清洗运动又推向地方和基层。阶级斗争激烈地展开了，造成的后果极其严重，据后来公布的资料，在这次大清洗中被处决的干部和党员达10万人，被镇压迫害的达数百万人。[①] 有学者估计1939年在劳改营服役的就有500万人。[②]

第五，斯大林提出的“两个阶级一个阶层”这个公式，认为社会主义社会的阶级阶层结构是没有矛盾、没有冲突和斗争的社会结构。斯大林指出：“工人和农民，这两个阶级的利益不仅不彼此敌对，相反地，是相互友爱的。”[③] 斯大林又说：“我们来说知识分子问题，来说工程技术工作者、文化工作者以及所有职员等的问题。在过去这一时期中，我国知识分子也发生了巨大的变化。这已经不是企图把自己看作超阶级的、而实际上大多数都是替地主资本家服务的顽固的知识分子了。我们苏联的知识分子，是同工人阶级和农民骨肉相连的完全新的知识分子。第一，知识分子的成分改变了。在我们苏联的知识分子中，贵族和资产阶级出身的人所占的百分数很小。苏联知识分子80%～90%都是工人阶级、农民和其他劳动者阶层出身的。而且，知识分子活动的性质也改变了。从前，他们一定为富人阶级服务，因为当时没有别的出路。现在，他们一定为人民服务，因为剥削阶级已经不存在了。正因为如此，他们现在是苏联社会中享有平等权利的成员，在这里，他们同工农并肩前进，建设无阶级的社会主义新社会。”[④] 在联共十八大的总结报告中，斯大林说：“与任何资本主义社会不同，现在的苏联社会的特点就在于，在苏联社会中再也没有对抗的敌对阶级了，剥削阶级已经消灭了，而构成苏联社会的工人、农民和知识分子是在友爱合作

---

① 陆南泉等主编《苏联兴亡史论》，北京：人民出版社，2002年，第415页。

② 迈斯纳主编《苏联的社会变革——俄国走向工业社会的通路》，上海《国际问题资料》编辑组译，北京：生活·读书·新知三联书店，1977年，第35页。

③《斯大林文选》（1934～1952），北京：人民出版社，1962年8月，第100页。

④《斯大林文选》（1934～1952），北京：人民出版社，1962年8月，第87页。

的基础上生活和工作的。资本主义社会正在被工人和资本家之间，农民和地主之间的不可调和的矛盾分裂着，这就使资本主义社会的内部状况动荡不定，而摆脱了剥削羁绊的苏联社会却没有这样的矛盾，没有阶级冲突，呈现一幅工人、农民和知识分子友爱合作的图景。”①

这种没有矛盾，没有冲突的社会阶级阶层结构只是斯大林的主观冀求，是不切实际的一种理想，社会发展的现实并非如此。其一，“对立统一规律是宇宙的根本规律。……矛盾着的对立面又统一，又斗争，由此推动事物的运动和变化。矛盾是普遍存在的”。② 社会没有矛盾，没有冲突，也就没有动力，社会怎么发展？马克思主义认为，生产力和生产关系之间的矛盾，经济基础和上层建筑之间的矛盾，是推动社会发展的动力。1939 年 9 月斯大林在《论辩证唯物主义和历史唯物主义》一书中认为：“在社会主义制度下，……人们在生产过程中的相互关系的特征，是不受剥削的工作者之间的同志合作和社会主义互助。这里生产关系同生产力状况完全适合，因为生产过程的社会性是由生产资料的公有制所巩固的。因此，在苏联的社会主义生产没有周期性的生产过剩的危机，没有同危机相联系的荒谬现象。”③斯大林在这里讲的社会主义条件下生产关系同生产力状况完全适合，没有矛盾的理论，同他认为社会主义社会阶级阶层结构没有矛盾，没有冲突是一致的，在哲学上就是一种否认矛盾，贬低矛盾的形而上学的认识，是与客观实践相背离的。由此引出了一系列的严重后果。后来，毛泽东对此作了批评。他说：“许多人不承认社会主义社会还有矛盾，因而使得他们在社会矛盾面前缩手缩脚，处于被动地位。”④

其二，既然苏联的社会阶级阶层结构是工人阶级、农民阶级和知识分子阶层，他们之间没有利益冲突，是在友爱合作的基础上生活和工作的，所有的剥削阶级都消灭了，阶级斗争也就不复存在了，所以斯大林宣布，无产阶级专政的任务“在国内实行武力镇压的职能已经消失了”，只是抵御国外的侵略和防止颠覆活动了。但为什么几乎在新宪法刚刚通过和公布，

---

① 斯大林：《在党的第十八次代表大会上关于联共（布）中央工作的总结报告》，载《斯大林文选》（1934～1952），北京：人民出版社，1962 年 8 月，第 237 页。

② 毛泽东：《关于正确处理人民内部矛盾的问题》，载《毛泽东选集》第 5 卷，北京：人民出版社，1977 年 4 月，第 372 页。

③ 斯大林：《论辩证唯物主义和历史唯物主义》，载《斯大林文选》（1934～1952），北京：人民出版社，1962 年 8 月，第 202 页。

④ 《毛泽东选集》第 5 卷，北京：人民出版社，1977 年 4 月，第 372 页。

就接着开展大清洗运动这样严重的阶级斗争呢？这在理论上是不能自圆其说的。所以，斯大林在1937年又用了另一种说法："我们的进展愈大，胜利愈多，被击溃了的剥削阶级残余也会愈加凶恶，他们愈要采用更尖锐的斗争形式，他们愈要危害苏维埃国家。"他还断言，在"所有的或几乎所有的组织中，都在某种程度上碰到了外国代理人"，"如果阶级斗争的一端在苏联境内有所行动，那么它的另一端却延伸到包围我们的资产阶级国家的境内去了。"[①] 在这里，斯大林当然是为联共中央进行的大清洗运动这样的阶级斗争制造理论根据，以自圆其说，但却从另一个侧面反映了，苏联社会中，除了工人阶级、农民阶级和知识分子外，确实还存在剥削阶级的残余和外国代理人等敌对阶级。

其三，斯大林说："苏联新宪法草案所依据的是，社会上已经不存在彼此对抗的阶级；社会是由工人和农民这两个互相友爱的阶级组成的；执政的正是这两个劳动阶级"，[②] 知识分子"他们一定为人民服务……他们同工农并肩前进"。苏联社会的工人、农民和知识分子是在友爱合作的基础上生活和工作的，没有矛盾没有冲突。但是纵观苏联74年历史，除了建国初期的外国武装干涉和第二次世界大战，是苏联人民同国外敌对阶级斗争外，多数时间主要还是国内的阶级斗争，严重的阶级斗争几乎就没有间断过。当然不是工人、农民、知识分子之间的斗争，那么是谁和谁斗呢？逻辑的结论只能是：一是苏联工人、农民和知识分子以外的敌对阶级和敌对阶级斗；二是苏联的工人、农民和知识分子同敌对阶级斗。一个国家的社会阶级阶层结构应该是周全的，上述两种状况都说明，苏联在工人阶级、农民阶级和知识分子阶层以外，另外还有一个或几个阶级、阶层。

其四，苏维埃社会主义共和国联盟在1991年解体了，飘扬了74年的红旗落地了。具有90多年的历史、拥有1900万党员的苏联共产党也解散了。苏联瓦解之后，选择了资本主义的发展模式。这当然不是苏维埃共和国联盟里面的工人阶级、农民阶级和知识分子阶层的意愿和所为（十多年的实践证明，这两个阶级一个阶层都是这场剧变的受损害者），而是戈尔巴乔夫、叶利钦等人及其同伙们处心积虑、长期活动的结果。戈尔巴乔夫、叶利钦们是谁？他们原来都是苏共中央的领导，他们当然不是苏联工人阶级、

① 斯大林：《论党的工作缺点和消灭托洛斯基两面派及其他两面派的办法》，载《斯大林文选》（1934～1952），北京：人民出版社，1962年8月，第129、112页。

② 《斯大林文选》（1934～1952），北京：人民出版社，1962年8月，第91～92页。

农民阶级和知识分子阶层的代表，他们是一个新的资产阶级。那么，这个新的资产阶级是怎么来的？因为在苏联“两个阶级一个阶层”的社会阶级、阶层结构里是没有这个资产阶级的。我们可以说，戈尔巴乔夫、叶利钦等人是从苏联工人阶级的先锋队——共产党中蜕变出来的，成了新的资产阶级的代表。但不能说，一个大到可以推翻这么一个庞大的社会主义国家的资产阶级是从工人阶级、农民阶级和知识分子阶层中蜕变出来的。所以，结论只有一个，那就是这个新的资产阶级早在苏联的社会阶级阶层结构中长期孕育，发生、发展、形成了，只是好心的人们长期被苏联社会阶级阶层结构是“两个阶级一个阶层”这样一些似是而非的言论蒙蔽了，而真相没有被识别和揭示出来。

应该说，对于马克思主义者、社会主义者来说，苏联的解体是一个沉痛的教训。阶级、阶级斗争历来是马克思主义一个重要的基本问题。马克思主义者，共产党人历来重视阶级分析，重视阶级估量，重视阶级斗争形势的分析，并以此作为制定党的行动方针、路线和政策的依据。遗憾的是苏联共产党在领导无产阶级革命取得胜利，成了社会主义国家的执政党之后，却在阶级分析、阶级估量、阶级斗争形势分析这个基本问题上丧失了智慧，对在社会主义国家里是否还存在社会矛盾，生产力和生产关系之间还有没有矛盾，在实现了生产资料公有制以后，国内社会的阶级阶层结构是由哪些社会群体组成的，是否还存在阶级、阶级斗争，在新形势下，阶级斗争的形式是什么样的，对于这些基本问题，苏联共产党并没有解决好。20 世纪 30 年代，斯大林作了一些回答，实践表明，正如本文前述的那样，这些回答并不符合实际，没有正确解决好，导致了一系列严重的后果。但是，自斯大林执政以后，苏联党内民主生活又不正常，把这些不切实际、不全面、不正确的理论和说法，长期捧为经典，在实践中硬性贯彻套用，这当然对实践是非常有害的，最终酿成大祸。斯大林关于苏联社会阶级结构是工人阶级、农民阶级和知识分子阶层这个说法，自从 1936 年他提出以后，经过他一再重申，后来成了公式，在政界和理论界是不能讨论的，从此一直沿用下来。一直到 20 世纪 80 年代中期，才开始有些议论。但是到 1991 年苏联瓦解也没有说清楚，苏联社会主义国家的社会阶级阶层结构到底是什么样的。

1997 年俄罗斯科学院社会学研究所戈连科娃教授主编出版了《俄罗斯社会结构变化和社会分层》一书，把 20 世纪 90 年代中后期俄罗斯社会结构作了个剖析，认为当今的俄罗斯社会是由俄罗斯精英、企业家、农场主、知识分子、工人、农民等社会集团组成的，而且用大量的调查数据和资料，并联系以往的文献资料分别对这些社会集团的孕育、产生、发展和形成，作了比较深刻的描述和分析。这本书是第一本比较完整地论述俄罗斯社会阶级阶层结构的集体著作，内容丰富，立论很多，但有一点是说得很明白的：上述掀翻苏维埃社会主义共和国联盟的资产阶级并不是在剧变中、剧变后产生的，而是在剧变前就存在了。这本书用事实说明了斯大林在1936年提出的苏联阶级结构是工人阶级、农民阶级和知识分子阶层的说法，是不符合实际的。

以上是我们根据苏联和20世纪90年代俄罗斯的一些文献资料，对社会主义社会的阶级阶层结构是“两个阶级一个阶层”说法作的剖析，目的是为了弄清问题，澄清思想。正如本文开头讲的，目前学术界正在展开对于当代中国社会阶级阶层结构问题的研讨，有各种不同意见，议论很多。其中之一是关于1956~1978年时中国社会阶级阶层结构是什么样的，多数同志认为是：“两个阶级一个阶层”，我自己也曾这样认为。

作了上述剖析之后，我认为，这个认识是不对的。关于社会主义社会阶级阶层结构是“两个阶级、一个阶层”的说法，是斯大林在1936年那种政治环境中作的概括，既不符合实际，甚至也不是他自己对于社会主义社会的真实全面的认识（两个月后，联共就展开了大清洗运动这样严重的阶级斗争），但为了政治需要，一直讲了下来。我们在学习苏联的大背景下，把这个说法也引了进来，而且产生了较为广泛的影响。

为了能对改革开放以来中国社会阶级阶层结构有一个正确的认识，除了应该对现阶段的社会结构状况进行全面深入的调查和研究，开展学术讨论以外，还应该开展对1978年以前中国的社会阶级阶层结构再研究和再认识的学术研讨，这一方面是为了正本清源，澄清一些原来的片面认识，另一方面也有利于正确认识现阶段中国社会阶级阶层结构，使我们对这个基本国情有更深入更全面的认识，这对我们制订正确的发展战略和经济社会政策是很有必要的。

走进十六大：陆学艺称扩大中等收入者比重有利于社会稳定*

“扩大中等收入者比重，将有利于中国社会稳定。”中国社会科学院社会学所原所长陆学艺教授说得非常肯定。

这位知名社会学者认为，中共十六大报告中提出的“以共同富裕为目标，扩大中等收入者比重，提高低收入者收入水平”颇有新意，其中首次正式提出的“扩大中等收入者比重”，最为突出。

陆学艺教授今天接受本社记者采访时分析说，中等收入者国外称“中产阶级”，它在政治上与执政党和政府保持一致，是经济主体和稳定的消费群体，它对文化教育投入稳定，又是先进文化的消费者和创造者。因此，中等收入者在一个国家所占比重越大，这个国家和社会就越稳定。

目前，中国中等收入者所占比重在15%到20%之间。陆学艺表示，中国第一次将“扩大中等收入者比重”写入执政党全国代表大会的报告之中，对中国今后继续并进一步保持社会稳定、经济发展、文化提高，无疑具有巨大的促进和推动作用。

陆学艺同时指出，中共十六大报告中还提到“一切合法的劳动收入和合法的非劳动收入，都应该得到保护”，其关键词为“合法”，而保护一切合法的非劳动收入也是首次明确提出，其将创造三个“有利于”，即：有利于调动社会各方面的积极性，有利于发挥各种生产要素的作用，有利于中国经济持续健康发展。

他继续解读说，合法的非劳动收入包括个人资本投资效益分红、财产

* 本文源自《中国新闻》2002年11月11日，第6~7页。该文系中国新闻社记者就中共十六大报告解读采访陆学艺的访谈稿，部分内容被《观察与思考》2002年第12期转摘，进而为中国人民大学复印报刊资料《中国共产党》2003年第3期转载。——编者注

存款利息、产权房屋出租收益等，中共十六大报告中明确提出并承诺保护“合法的非劳动收入”，这也是中共在新形势下与时俱进的一种具体表现。

“保护合法的非劳动收入”与中国现阶段以公有制为主体、多种所有制经济共同发展的基本经济制度相适应，也与中国目前确立的劳动、资本、技术和管理等生产要素按贡献参与分配的原则，以按劳分配为主体、多种分配方式并存的分配制度相适应。

“这是按劳分配原则在中国特色社会主义新阶段取得的新发展和新突破。”陆学艺称，保护一切合法的劳动收入和合法的非劳动收入，还将推动中国中等收入者比重进一步扩大，加快全面建设小康社会、推进社会主义现代化。

扩大中等阶层是全面小康的重要特征*

中国社会科学院社会学所研究员日前指出，我国人均 GDP 已达到 1000 美元，但离人均 GDP 3000 美元的现代化门槛还有很大的差距，因而小康是低水平的；总体上的小康还处于满足温饱水平的需要，人们的住、行、文化等多方面的需求还没有实现，特别是各地区、各城乡、各阶层的差别还很大，各地的经济发展水平还很不平衡，因而全面小康就更显得迫切和必要。达到全面小康社会的一些社会学指标主要表现在城市化程度，社会结构的构成，教育、科技的水平以及社会生活质量等几个方面。

通过对中国社会结构的深入调查和分析，扩大中等收入阶层将是未来全面小康社会的重要特征，也是社会政治、经济的稳定力量。社会中间阶层不是某个阶层的代称，而是几个具有相近或相似特征特别是收入处于中等或接近中等以上水平的阶层的合称。我国社会中间阶层规模过小，目前能够纳入中间阶层的就业人口所占比例仅为 18% 左右。这直接意味着社会资源分配较为不平等。对中国社会阶层结构发育滞后的深层原因，主要是自发性状态、制度安排和社会政策滞后和缺位。因此，与市场体制相适应的经济政策追求的是效率，而培育合理的现代社会阶层结构所需要的社会政策，就应当以公平为目标。这需要国家不仅关注经济增长，也要注意制定相应的适于培育现代社会阶层结构的社会政策。因为经济政策不能替代社会政策，也不能自发产生社会政策所需要的结果。培育合理的现代社会阶层结构，应该成为今后社会制度安排和政策选择的核心，借此建构一个较为完整的社会制度与社会政策体系。

---

* 本文源自《领导决策信息》（周刊）2002 年第 46 期（2002 年 11 月 13 日），第 27 页。该文发表于该刊“新理论 新观点 新问题”栏目，系该刊记者撰写的专家观点摘编。——编者注

20年后4成中国人跻身中等收入者*

"职业分层"，"白领"都属中等收入分层

《成都商报》：党的十六大报告强调共同富裕是我们的目标，并指出要"扩大中等收入者比重，提高低收入者收入水平"。是不是收入达到一定标准就算中等收入？中等收入阶层应怎样划分？

陆学艺：党的十六大报告提出的全面建设小康社会，强调要"使经济更加发展，民主更加健全，科教更加进步，文化更加繁荣，社会更加和谐，人民生活更加殷实"。① 除了第1条强调经济的发展和第2条讲政治民主外，其余4条都是社会发展的内容，强调整个社会的全面发展和整体进步。十六大报告提出的"扩大中等收入者比重"，明确了形成科学合理的社会阶层结构的思路。

中等收入者在政治利益上能与政府保持一致，是社会的经济主体和稳定的消费群体，又是先进文化的消费者和创造者。因此，中等收入者在一个国家所占比重越大，这个国家和社会就越稳定。在目前的中国社会，一般而言，大学毕业、有稳定的职业和收入的人都属于中等收入阶层，这个阶层的恩格尔系数不会超过40%。

---

* 本文原载《成都商报》2002年12月10日第A3版"权威解读十六大报告关键词"栏目，关键词十二：扩大中等收入者比重。该文系《成都商报》赴京记者组专访陆学艺的访谈稿，文中陆学艺的主要观点陆学艺还在其他报刊的采访中多次表达过，本文的表达最为系统。——编者注

① 江泽民：《全面建设小康社会　开创中国特色社会主义事业新局面——在中国共产党第十六次全国代表大会上的报告》，载《中国共产党第十六次全国代表大会文件汇编》，北京：人民出版社，2002年11月，第18页。

按照国际通行标准，中等收入阶层的划分标准应该是“职业分层”而不是“收入分层”。中等收入阶层包括两部分人：一部分是指中小企业主、农村的大专业户、较大规模农业经营者，他们是有产经营者，国外称他们是老中等收入阶层；另一部分是新中等收入阶层，主要是指所谓的“白领”阶层，如教授、公务员、律师、医生、记者等。这些人的经济收入虽然参差不齐，但是由于他们从事了这些职业，就应当划入中等收入阶层。

党的十六大报告中提出的 6 个阶层，除了其中的少数大私营企业主属于高收入阶层外，其余的都属于中等收入阶层。

全面小康，中等收入者比重将达 40%

《成都商报》：全面建设小康社会和扩大中等收入者比重有何关系？中国社会现有多少中等收入者？中等收入者比重达到多少才算合理？

陆学艺：江泽民同志在报告中说，目前全国“人民生活总体上达到小康水平”。所谓“总体上”，就是指现在的小康还是“低水平的、不全面的、很不平衡的”。

所谓“低水平”是指我们刚刚踏入小康，目前人均 GDP 只达到 1000 美元，要达到全面小康社会，经济上需要翻两番，达到 3000 美元；所谓“不全面”是指仅仅温饱有余，但住、行还不行，教育、医疗卫生、环境都还有较大差距：所谓“不平衡”是指东西部之间、城乡之间有差距，部门之间有差距，发展很不平衡。

从目前的国内外形势看，经济上每年保持 7.2% 增长速度，那么 20 年后就可以翻两番。可以说，扩大中等收入阶层将是未来全面小康社会的重要保证。至于说多大比重合适？根据调查，我们现在的中等收入阶层大致是 18% 左右，形象地说，这种社会阶层结构是个底大头尖的“洋葱头型”。按现有发展速度，今后 20 年每年提高 1 个百分点，全面实现小康时就可以达到 38% ~40%，这时我们的社会就转变为“橄榄型”了，也就基本达到小康社会的现代社会结构了。这个比例基本上与 20 世纪七八十年代的日本、欧洲等发达国家差不多，他们是 40% ~50%。

“橄榄型”城市，深圳勉强有点像

《成都商报》：国内现在有没有基本形成“橄榄型”结构的城市？

陆学艺：据我们调查，深圳现在的中等收入阶层大约有30%，它应该算有点儿“橄榄型”的样子。不过，这是把深圳500万外来民工刨除在外，仅仅计算了具有深圳市户口的城市居民的情况。而在计算GDP的时候，却计算了流动人口创造的价值。如果把那些流动人口也计算在内，深圳也还是个“洋葱头型”。北京、成都也是这样。

中等收入阶层，现代社会稳定的基础

《成都商报》：中等收入阶层的扩大对社会协调发展有何意义？

陆学艺：党的十六大提出“扩大中等收入者比重”，这对中国社会的稳定与和谐意义非凡。

第一，在政治上，中等收入阶层一般都认同政府的政策，他们是改革开放的受益者，他们希望社会稳定改革和发展。有人说中等收入阶层是现代社会稳定的基础，这是有道理的。放眼世界各国，“中间大两头小”的社会结构是最稳定的。东南亚金融危机，印尼、韩国、菲律宾、泰国等国的经济、社会受到剧烈冲击，但只有韩国恢复最快。为什么呢？就是韩国的社会结构好，有一个庞大的中等收入阶层。还记得当时韩国人自发捐献金银首饰和美元吧？他们的利益、前途和命运都和政府紧紧相连，救政府，就是救国家，也就是救自己！

第二，在经济上，中等收入阶层既是经济建设的重要力量，也是稳定的消费群体。他们的经济收入是稳定的，因此生活状态也是相对稳定的，不像那些暴富的人，突然有了大把的钱，或者突然又变成穷光蛋，生活和心态都急剧变化。现在人们经常说“谁谁谁是白领”，拉动消费、扩大内需，那些暴富者是靠不住的，主要还是要靠这些“白领”们的购买力。

第三，在文化上，这个阶层都有一定的文化资本，特别是随着新的中等收入阶层的加入，如教授、医生、律师等，这个阶层拥有的文化资本越来越多。

资源承载：市场杠杆发挥作用

《成都商报》：我们做个假设：成都市区现在有300多万城市人口，全面实现小康后，即使人口不增加，按照40%的比例也有120万中等收入人口，这些人要买房买车，而城市资源有限，能承载得起吗？

陆学艺：中等收入者现在还买不起别墅，即使买得起，也不可能户户

买别墅。美国可以，但我们不行。因为中国人太多而土地等资源有限。怎么办？修高层建筑。现在韩国和我们的香港特区不都是这样吗？如果大家都来买，市场杠杆就发挥作用了。房价一涨，你就得掂量掂量了，不是说想买就买。至于交通，可以发展轨道和地下交通嘛，所以不存在城市资源能不能承载的问题。

加快城镇化，农业人口合理比重最多 25%

《成都商报》：一个社会不是“橄榄型”，会产生什么问题？

陆学艺：经济发展以后，要主动调整社会政策；没有合理的社会政策，就不会有合理的社会结构。社会政策和经济政策一样，光靠市场这只“看不见的手”是不够的，还要靠宏观调控那只“看得见的手”。

从各国的经验来看，没有合理的社会结构，经济结构也是不稳固的，进步了还会退回去。例如，巴西、阿根廷人均 GDP 都达到过七八千美元，但是一个金融危机就把国家搞下去了。因为只发展城市，农村不行；少数富人很有钱，穷人则是大多数，中等收入阶层不占大多数，没有形成稳定合理的社会结构 。一旦国家面临困难，那些少数富人是不能指望的。所以，一个好的、现代化的社会结构是需要经得起风浪的。

现在的中国社会可以这么概括：该变小的（阶层）没有小下去，该大的（阶层）还没有大起来。目前，中国农业劳动者阶层规模过大，农民在全部就业劳动力中的比例仍然高达 50%。合理的结构应该是农业劳动力占 10% ~15%；工业占 15% ~20% 足够了，最多 25%；其余都去搞第三产业。考虑到中国农业人口比重大，到全面小康社会时，我国农业人口比重也不能超过 25%。江泽民同志在十六大报告中说，我们要加快城镇化进程。

《成都商报》：减少农业人口和推进城镇化涉及户籍制度改革。

陆学艺：当然啦！农民必须出来 ，在农村无法增加收入。这么些年来，不知多少农民进城里去，找着饭碗留下来，找不到饭碗就回家。户籍放开也好，不放也好，他们都要去。

目前，全国流动人口达到 9200 万人，绝大多数都是农民工。我们的户籍制度早该改革啦！现在城市里有这么多外来工，你还是坚持原来的户口制度，不让农转非，这能行吗？所以我们必须通过政府这只“有形的手”对社会进行有效调控，确认他们是中国特色社会主义的建设者，确认他们城市居民的合法地位，恢复他们的国民待遇，从而增加中等收入者的数量。

对我国现阶段个体、私营经济发展的再认识*

一　个体、私营经济对社会主义经济建设发挥着巨大作用

经过十多年的发展，个体、私营经济在我国经济社会生活中发挥着日益显著的作用。1991 年，个体企业和私营企业的从业人数达 2441.9 万人，相当于全国全民所有制和城镇集体所有制职工人数的 17.1%，占全国社会劳动者总数的 4.2%；其工业产值为 1610 亿元，占全国工业总产值的 5.7%；社会商品零售额为 1844.4 亿元，占全国商品零售总额的 19.6%；纳税 179 亿元，比 1990 年增长 22.9%，占全国各项税收总额的 6%。① 在有些县、市已

* 本文源于文集《“三农”论——当代中国农业、农村、农民研究》（陆学艺著，北京：社会科学文献出版社，2002 年 11 月）第 435 ~ 443 页，作者：陆学艺、张厚义。该文源自中国社会科学院《要报（经济）》第 58 期（1992 年 8 月 20 日），其主要内容以《又一支“异军”正在突起》为题公开发表于《中国经济体制改革》1992 年第 9 期（1992 年 9 月 27 日），该期刊物还同时以名词解释《“异军”并非异己力量》的形式刊发了陆学艺对“异军突起”一词所作的考证，现将该名词解释附于本文正文之后。《新华文摘》1992 年第 12 期摘发了该文部分内容，题为《个体私营经济健康发展的几个问题》。该文还以《又一支“异军”正在突起——评个体私营经济的发展》为题刊发于《私营经济研究》1992 年第 4 期（1992 年 12 月 15 日），《中国统一战线》1992 年第 10 期、《中国工商》1992 年第 10 期摘发了该文，后者题为《“异军突起”的个体、私营经济》。该文还以本题收录于《陆学艺文集》（陆学艺著，上海：上海辞书出版社，2005 年 5 月）、《中国社会结构与社会建设》（陆学艺著，北京：中国社会科学出版社，2013 年 8 月）。——编者注

① 国家统计局编《中国统计年鉴 · 1992》，北京：中国统计出版社，1992 年 8 月，第 97、403、605 ~ 606、218 页（其中个体企业和私营企业的从业人数参见：黄孟复主编《中国民营经济史 · 大事记》，北京：社会科学文献出版社，2009 年 6 月，第 204 页；《中国私营经济年鉴（2000 ~ 2001 年）》，北京：中华工商联合出版社，2003 年 2 月，第 72 页）。——编者注

占50%以上，成为当地财政收入的主要来源。个体、私营经济恢复和发展，对于促进生产、搞活流通、扩大市场、繁荣经济、增加就业、满足人民群众物质文化生活的需要等方面，起到了积极的作用。这也是改革开放的一项重大成果。我国要尽快地把经济建设搞上去，面临着几个必须而又亟须解决的难题，如剩余劳动力到哪里去，建设资金从哪里来，第三产业如何发展等。要解决这些难题，必须充分调动一切积极因素，发展公有制为主体的多种经济成分。

（一）个体、私营经济是吸纳、安排剩余劳动力的一条渠道

目前，我国有大量的剩余劳动力需要安排就业。据测算，农村已经积蓄、隐藏了两亿多个剩余劳动力，其中近一亿个被乡镇企业吸纳，还有一亿多个要寻找出路。到20世纪末，农村劳动力将达到五亿多个，即使按现有的生产水平计算，农业上只需要两亿个，从现在起，在不到八年的时间内，农村要安排两亿多个剩余劳动力就业！

城镇的就业形势也很严峻。每年新增劳动力、工厂企业与党政机关“优化”精简的职工和离退休人员等，叠加之和也有数千万之众。他们也要寻找新的就业岗位。而国家每提供一个就业岗位平均需要增加的固定资产，重工业部门为1万元，轻工业部门为0.6万元。国家要把城镇就业人员的就业问题都包下来，根据现有的国力来看，显然不可能。而个体、私营经济只需要一个政策，在过去的十多年中就安排了城镇劳动者710万人就业。

（二）个体、私营经济是聚集民间资金兴办经济实体的一种形式

我国现有的民间资金高达13000亿元，[①] 一些人数不多的高收入者占有其中较大的份额。这些高收入者有的是个体户或私营企业主。他们经过几年的积累，有些已成为百万元富翁、千万元富翁，许多人具备了扩大经营规模或投资兴办经济实体的财力。但是，由于没有形成良性的投资机制和良好的经济社会环境，他们拥有的这些资金不敢或不愿更多地投入生产领域。权衡利弊、得失，我们认为，与其花那么大的力气引进外资、创办“三资”企业，不如同时换换脑子，花些力气制定恰当的政策，开发一部分内资，创办更多的私营企业。通过正确的政策，组合生产要素，将起到事半功倍的作用。实践证明，到1991年底，全国的个体户、私营企业注册资

① 原文此处有“是”字，应为排印错误。现根据《陆学艺文集》收录文删除。——编者注

金为611.37亿元[①]，只相当于现有民间资金总额的1/20，但它的经济社会效益却非常可观：不仅吸纳、安排了2442万个劳动者就业，创造了1610亿元的工业产值，还稳定了社会秩序，更新了就业观念，造就了一批会经营、懂管理、有技术的商品经济人才，推动了社会主义市场经济的发展。

（三）个体、私营经济是第三产业的一支重要力量

1990年，个体商业、饮食业、服务业经营网点达到1005.4万个，占全社会经营网点的84.8%，从业人数占总人数的52.1%，而在新增社会服务网点中则占到93%，社会商品零售额占其总额的19.6%。[②] 加快发展第三产业，主要应依靠社会力量，国家、集体、个人一起上，放开手脚，让城乡集体经济组织和私营企业、个体户兴办那些投资少、见效快、劳动密集、直接为生产、生活服务的行业。

（四）个体、私营经济是建设集镇、培育市场的重要支柱

1980年全国有城乡集市40809个，1991年发展到74675个，增长82.99%；平均每个集市年成交额，1980年为57.6万元，1991年为351.1万元，[③] 按当年价，增长了5倍。在这些集市上，最忙碌、最活跃也最引人注目的买者与卖者，大多数是个体户和私营企业经营者。个体、私营经济为了在竞争中求得生存与发展，一般都会按照价值规律，在专业化分工的基础上，促进规模经营，搞好产、供、销协作与联合，由专业户、专业村，推动专业市场、集镇的形成发展，最后通过专业市场的辐射、共振作用形成专业经济区。个体、私营经济是建设集镇、活跃市场的重要力量。各地的实践证明，哪里的个体私营经济政策执行得好，哪里的集镇、市场就繁荣。同样，集镇、市场建设，也促进个体、私营经济的发展。

（五）个体、私营经济也是贫困地区发展经济的一项重要措施

我国至今还有5%左右的人口生活在贫困线以下，温饱问题仍未得到解

---

① 参见黄孟复主编《中国民营经济史·大事记》，北京：社会科学文献出版社，2009年6月，第204页。——编者注

② 国家统计局编《中国统计年鉴·1991》，北京：中国统计出版社，1991年8月，第570页，第591~592页。

③ 国家统计局编《中国统计年鉴·1983》《中国统计年鉴·1992》，北京：中国统计出版社，1983年10月，第386页；1992年8月，第619页。

决。在这类贫困地区，更应该放宽政策，放开手脚，从发展生产力的实际出发，发展个体、私营经济，使当地稀缺的人才、资金与自然资源结合起来，形成一个个新的经济生长点，扩大生产、流通的门路，推动经济发展。

二 发展个体、私营经济需要解决的思想认识问题

要使个体、私营经济有很大的而且是健康的发展，应在深入调查研究的基础上，廓清认识，在理论、政策上有所突破；同时，理顺关系，逐步建立适应市场经济的、非公有制的管理体制，为个体、私营经济创造良好的经济社会环境。

（一）个体、私营经济是社会主义社会经济的组成部分，而不仅仅是“补充”

社会主义社会经济是由公有制经济与非公有制经济两大部分组成的。作为非公有制经济的个体、私营经济，与作为公有经济的国营、集体经济一样，都是社会主义社会经济的组成部分。我们首先要从地位上明确，它们是社会主义社会经济的重要组成部分，而不能把它们仅仅看作是公有制经济可有可无的、可多可少的“补充”。社会主义的本质特征之一是公有制为主体，多种经济成分并存。但全民所有制经济不一定在各个部门都占绝对优势。我们理解的公有制为主体，是基础工业部门以国营经济为主、国营经济中以大中型企业为主、中大型企业又集中在关系国计民生的主要行业。也就是国营经济的资产存量及其所提供的国民生产总值和国民收入，在关系国计民生主要行业的社会总量中占有明显的优势，并且保持较高的增长势头。就一般而言，在社会主义经济中，公有制经济居于主体地位，个体、私营等非公有制经济居于从属地位。但在特殊情况下，在不同地区、不同部门、不同产业，则有很大的不同。就某一个地区而言，只要有利于社会生产力的发展和人民生活的提高，宜“公”则“公”，宜“私”则“私”。不必拘泥于“公有制为主体”，更不必指“私”为“公”，有意无意地模糊企业产权界限，为日后的财产纠纷埋下隐患。应该看到，个体私营经济在某些地区、某些产业、某些行业，在特定的条件下，发挥着公有制不可替代的作用。正确的表述应是：个体、私营经济是社会主义经济的组成部分，对公有制经济发挥着必要和有益的补充作用与不可代替的作用。

（二）个体、私营经济的发展，是社会主义的长期方针，而不是权宜之计

在社会主义条件下发展个体、私营经济，不是权宜之计，而是一项战略措施。在整个社会主义社会都要调动一切积极因素，利用一切经济形式，吸纳、安排一切剩余劳动力，组合生产力的多种因素，大力发展市场经济，提高综合国力，而个体、私营经济是发展市场经济的有效形式。所以，在整个社会主义社会，个体、私营经济不仅要长期存在，而且要大力发展。对私营经济也不需要再进行社会主义改造，因为社会主义制度在我国早已建立，并且得到发展。社会主义国家可以通过法律、法规，对私营经济进行监督管理，引导它们健康发展，与公有制等其他经济成分一道，共同繁荣社会主义市场经济，发展社会生产力，在最终建成有中国特色社会主义过程中逐步完成自身使命。

第一，根据有关法规规定，私营企业的税后利润用于生产发展基金的部分不得低于50%，而且免征个人收入调节税，其目的是鼓励私营企业扩大生产经营规模。因为企业规模越大，吸纳、安排劳力越多，给国家交纳的税金越多，创造的社会财富越多。至于私有财产，只要它在社会再生产过程中不断地运行，法律意义上的所有权就显得无关紧要。私有生产资料与公有生产资料一样，都在为社会主义国家创造财富，共同构成社会主义的物质基础。

第二，为了限制过高消费，避免挥霍浪费，对私营企业的税后利润用于个人生活消费的部分实行累进税率，征收40%的个人收入调节税，即：个人消费部分越多，课税越重。即使出现了亿万富翁，我们也可以通过税收杠杆调节，如制定财产转移（继承、转让）税等，对私营企业经营者的私有财产进行多次再分配。限制过高消费，鼓励发展生产，使私营企业不断扩大经营规模，是兴利抑弊的有效措施。

第三，私营经济与公有制等其他经济形式有机结合、共生共荣，这是实践给我们提供的启示。目前，私营经济与其他经济形式在多方面的联合、渗透，以至融合的现象相当普遍。首先，同居于主导地位的经济形式联合，而且私营企业规模越大，困难越多，这种联合的愿望越强烈。因此，同公有制经济的联合是私营经济发展内在矛盾的必然结果，带有规律性。因为联合、渗透或融合，都将成为私营经济发展的有利条件。

私营经济与其他经济形式融为一体后，资产普遍股份化。随着生产社

会化，必然出现资本社会化，私营企业和公有制企业的资本都将成为马克思所说的“社会资本”。在这种经济格局中，谁能操纵社会资本，谁就居于主导地位。从微观上说，全民所有制经济的资本最集中，最容易在企业中占据可控制企业的股票份额；从宏观上说，全民所有制经济将主要占据基础工业部门，而其他经济形式将主要占据加工工业部门和第三产业的有关部门。因此全民所有制经济将始终操纵国民经济命脉和整个社会资本。

近年来，在国民经济结构中，国营经济与个体、私营经济所占比重变化较大，全民所有制工业在全部工业总产值中的比重，1980 年为 76%，1985 年为 64.9%，1990 年只占 54.6%，[①] 10 年间下降了 21.4 个百分点。造成这种状况的主要原因，不是个体私营经济冲击了国营经济，而是国营经济缺乏活力。扭转这种状况的关键在于转换国营企业的经营机制，提高效益，发挥大经济的优势，而不是用限制个体私营经济的发展，来保护国营经济。因此从长远着眼，多种经济形式融为一体后，功能互补，从绝对量来看，各种经济形式都可以在市场竞争中无限地增长，从而总体上促进社会产品极大的丰富和人民生活水平极大的提高。

（三）私营企业主阶层是发展社会生产力的帮手，而不是敌手

作为私营经济人格化的私营企业主，现有几十万人，已经成为我国社会结构中的一个重要阶层。这个阶层的态度与状况如何，将直接关系到私营经济能否健康地发展。因此，在制定、执行私营经济的政策与舆论宣传上，一定要注意保持连续性、稳定性和一贯性。

第一，不要把私营企业主与 20 世纪 50 年代的民族资本家进行简单地类比与等同。主要是：(1) 他们所处的社会制度和经济结构不同。前者是依附于、受制于社会主义公有制经济，是社会主义经济结构的组成部分；后者是处在新民主主义向社会主义过渡时期，社会主义公有制的地位尚未确立，“谁战胜谁”的问题还未最终解决；(2) 他们的人员构成与资金积累途径不同。前者是社会主义劳动者运用自己劳动积累的资金，逐步扩大经营规模而形成；后者是从旧社会过来、通过占有剩余价值而形成的；(3) 主雇关系不同。现阶段私营企业内部的雇工也有一份生产资料，只是数量不多。所以，他们是“有也不多”农业的剩余劳动者，而不是一无所有的雇佣劳

① 国家统计局编《中国统计年鉴·1981》《中国统计年鉴·1992》，北京：中国统计出版社，1982 年 8 月，第 208 页；1992 年 8 月，第 403 页。

动者。他们受雇的主要目的，是为了多挣一点收入，学点技术，见见世面。主雇之间被迫的因素较少，自愿的成分较多；（4）他们的前途与命运不同。现阶段的私营企业是社会主义的建设力量，而不是异己力量。应鼓励他们合法经营，依法纳税，扩大经营规模，提高素质，由私营企业主转变为私营企业家，再转为现代企业家；后者则是通过利用限制，逐步把他们改造为自食其力的劳动者。所以，现阶段的私营企业主与 20 世纪 50 年代民族资本家具有质的差别，不能一样看待。

第二，认真理解执行对个体、私营经济“团结、帮助、教育、引导”的方针，终止、废除“利用、限制、改造”的政策。在社会主义市场上，私营企业主同国营、集体企业的厂长、经理们一样，都是商品生产者与经营者。因此，对他们在政治上应该一视同仁。我们党在现阶段的政治路线是以经济建设为中心，发展社会生产力，逐步实现现代化。要保证这条政治路线的贯彻执行，必须调动各方面积极因素，团结一切建设力量。现阶段的私营企业主是社会主义的建设力量。他们的经济实力达到一定程度时，理应要求获得相应的社会地位、政治地位。满足他们的合理要求，将会更好地兴利抑弊。因此对合法经营、依法纳税者，应视其经营规模与社会贡献的大小，给予应有的荣誉称号和社会地位，如企业家、模范、人大代表、政协委员等。对其中比较突出的代表人士，如生产经营规模较大，对社会贡献较大，模范地执行私营经济的政策法规，将[①]企业利润的绝大部分用于发展生产，受到企业内外工人、民众赞誉，符合党员标准而又要求入党的，应该通过组织程序吸收加入党组织，同时还要鼓励、支持他们继续经营好原有的私营企业。受到多数选民拥戴的可以被选为基层干部。另外，还要允许党员、基层干部雇工经营、创办私营企业。他们的企业利润（剥削所得），绝大部分投入再生产，变成社会资本，而生活消费部分则可视为经营者的工资奖金与承包金收入。我们在调查中发现，凡是这样做的地方，私营企业主的恐慌心理较少，人心波动不大，经济能够正常发展。不这样做的地方，折腾的时间长，闹得人心惶惶，私营企业迅速“挂、停、靠、转”，经济发展一波三折。

第三，要加强管理。管理机构要转变职能，建立一套适应非公有制的、市场经济的管理体制，变“多头”管理为协调管理，有关部门各司其职，各尽其责。原则上减轻不合理负担，统一制定各种费用的项目、金额。管

① 原文为“对”，现根据《要报》文改为“将”。——编者注

理重点是无照户、假集体和高收入户。采用经济的、行政和法律的手段，通过提供服务来加强管理。沿海一些地区的政府，对个体私营经济的管理成效显著，其中一条经验是："你投资，我欢迎；你赚钱，我收税；你违法，我查处；你倒闭，我不管"。同时，提供产前、产中和产后的服务。

随着社会主义市场经济体制的确立和国民经济的持续、稳定、协调发展，国营企业转换经营机制之后，公有制经济的"主力军"战斗力将会更强，同时，个体、私营经济这支"异军"也会得到相应的发展。到20世纪末，在现有基础上，如能再翻两番，个体户和私营企业分别达到5600万户与40万户，从业人员近亿人，工业产值6000亿元，税收近千亿元，那么对于缓解我国经济发展中的难题，增强综合国力，提高人民生活水平，将发挥更大的积极作用。

附录：

名词解释："异军"并非异己力量

"异军突起"，最早出自《史记》。《项羽本纪》中有一段是这样说的："项梁乃以八千人渡江而西。闻陈婴已下东阳，使使欲与连和俱西。陈婴者，故东阳令史，居县中，秦信谨，称为长者。…… 县中从者得二万人。少年欲立婴使为王，异军苍头特起。"《史记索隐》：殊异其军为苍头，谓著青帽。如淳云："特起犹言新起也"。从这则典故看，所谓异军，是因为这支新起的军队都是戴了青色的帽子，但同项梁、项羽的军队一样，都是反秦的起义军。这则故事还说："婴乃不敢为王，谓青军吏曰：项氏世世将家，有名于楚。今欲举大事，将非其人不可。我倚名族，亡秦必矣。于是众从其言，以兵属项梁。"（《史记·项羽本纪》，《史记》，中华书局1982年版，第298页）陈婴的苍头军成了项梁起义军的一部分。后陈婴为楚上柱国，封五县，与怀王都盱台。

私营企业发展的新阶段呼吁出台社会政策*

在过去的十多年中，党与政府为私营经济的健康发展制定了一系列政策、法规和条例，并且确立了它的法律地位。进入 20 世纪 90 年代特别是 1992 年以后，私营经济的理论研究、政策研究以及人们的认识，又向前推进了一大步，私营经济的发展进入了一个新阶段，出现了一些新特点。

一　私营经济发展速度加快

《私营企业暂行条例》公布后，工商行政管理部门于 1988 年底对私营企业开始了登记工作。从目前登记情况看，1991 年以前，私营企业的户数与从业人数每年的增长速度都在 10% 以下。1992 年以后，私营企业的发展速度加快，1993 年同 1992 年比较，私营企业的户数与从业人数分别增长 70.4% 和 60.7% 。1994 年的发展速度更快，上述两项指标分别比上年增长 81.5% 和 73.9% 。[①] 私营企业户数超过 1 万户的有 15 个省、市。其中，广东（6.7 万户）、浙江（4.6 万户）、山东（3.4 万户）、辽宁（2.8 万户）和江苏（2.8 万户），5 省私营企业的户数占全国总户数的 47% 。

二　私营企业实力增强，资本有机构成提高，出现了一批“百万富翁”

从统计资料看，私营企业的注册资金总额比户数、从业人数增长更快。

---

* 本文源自《“三农”论——当代中国农业、农村、农民研究》（陆学艺著，北京：社会科学文献出版社，2002 年 11 月），第 454～458 页。原稿写于 1995 年 7 月 23 日。——编者注

① 参见《中国私营经济年鉴（2002 年～2004 年 6 月）》，北京：中国致公出版社，2005 年 1 月，第 75 页。——编者注

1993年同1992年比较，私营企业注册资金总额增长207.6%，1994年又比1993年增长112.9%。[①] 增加资金投入，减少雇工人数，提高有机构成，是私营企业扩大经营规模的主要途径。从1989年到1994年，全国私营企业平均每户的注册资金由9.3万元提高到33.5万元，而雇工人数则由18.1人减少到15.0人。[②] 随着资金投入的增加，注册资金在100万元以上的私营企业（百万富翁）也在逐年增加。从登记情况看，1992年全国为1801户，1993年为8784户，1994年为19538户（占同期全国私营企业总户数的4.5%）。[③] 一些地区还出现了企业资产规模（固定资产加流动资金）达亿元、几亿元、十多亿元的大户。

三　私营企业主的社会影响扩大

我们在调查中发现，私营企业主在经济活动中几乎都与所在社区的地方政策有着各种各样的联系。他们或是地方财政收入的重要来源，或是当地社会公益事业的重要资助者。这在有些地区的县、乡一级显得格外突出。可见，他们的社会影响，首先表现为在经济社会结构中所占的份额，其次表现在参政议政上。规模较大的私营企业主，在政治安排上多有一个位置。据有关资料，近些年来，私营企业主被选为县以上人大代表的有5400多人，被推荐为县以上政协委员的有8500多人，共青团与妇联委员各有1000多人，还有许多代表人士进入全国、省、地、县工商联的领导班子。[④] 他们通过多种渠道参政议政，为发展经济社会事业提出了许多建设性的意见，发挥了一定的作用。据全国首次私营企业抽样调查的分析资料，在私营企业主中，中共党员占13.1%，共青团员占7.3%，其他民主党派占6.5%。[⑤] 从总体上看，私营企业主的社会影响不仅在经济领域，而且在政治领域的

① 参见《中国私营经济年鉴（2002年~2004年6月）》，北京：中国致公出版社，2005年1月，第75页。——编者注

② 参见木志荣《中国私营经济发展研究》，厦门：厦门大学出版社，2004年11月，第62页。——编者注

③ 参见木志荣《中国私营经济发展研究》，厦门：厦门大学出版社，2004年11月，第63页。——编者注

④ 张厚义、刘文璞：《中国的私营经济与私营企业主》，北京：知识出版社，1995年，第420页。

⑤ 张厚义、刘文璞：《中国的私营经济与私营企业主》，北京：知识出版社，1995年，第408页。

影响也在逐渐扩大，当然，这种影响主要在本乡、本县，带有明显的社区性质。

四 私营经济还将以较快的速度发展

私营经济还将以较快的速度发展，这是由下列诸多因素综合作用的结果，一是随着经济发展和国民收入的增长，个人资金拥有量越来越多。据有关资料统计，目前我国的民间资金达3万多亿元，其中属于私人的金融资产达2万多亿元。资金只有在运动中才能增值。而资金总是投向相对安全、收益较高的地方。随着社会主义市场经济体制的建立，良性的投资机制、良好的投资环境正在形成。同时，国家政策也鼓励私人投资，“允许属于个人的资本等生产要素参与收益分配”。一些具备条件的投资者，将筹措民间资金，雇工经营，兴办私营企业。二是大量的富余劳动者与富余职工正在寻求新的生存空间与就业岗位。三是中西部地区把发展个体私营经济作为发展地方经济的一条思路，一些欠发达地区正是通过“个体起步，私营突破”的途径，开始摆脱困境。四是戴着“红帽子”（“假集体”企业）的私营企业主，将逐步恢复其本来面目。随着改革的深入，各种所有制类型的企业可以一视同仁地参与市场的平等竞争，这就需要产权关系明晰，依法自主经营、自负盈亏、果断决策。而那些戴着各种“帽子”的私营企业主，将会逐步摘掉那些不实之“帽子”，以其真面目直接走上激烈竞争的市场，等等。

然而，众所周知，私营经济建立在雇佣关系的基础上，作为私营经济人格化的私营企业主与雇佣工人之间实际上存在着剥削与被剥削的关系。社会主义的本质是解放生产力，发展生产力，消灭剥削，消除两极分化，最终实现共同富裕。私营经济的存在和发展，同社会主义的终极目标存在着矛盾。现阶段的私营经济与私营企业主群体已经成为当代中国经济社会结构的一个组成部分。而且，已经登记的私营企业主（私营企业投资者）人数（1994年底为88.9万人①），远远超过了20世纪50年代初期的资本家及资本家代理人的人数（当时实际上仅有16万人）。有关资料显示，1994年底，全国非公有制企业（包括个体户、私营企业、外商投资企业、民营

① 国家工商行政管理局办公室编《工商行政管理统计汇编》（内部资料），1995年5月，第53页。

科技企业、“假集体”企业）的从业人数已达1.7亿人，非公有制企业的综合经济实力约占国民经济总额的25%。不仅如此，在近期内，私营经济仍将以较快的速度发展。那么，我们应该怎样认识和对待当代中国社会结构中已经形成并且仍在发展的私营企业主群体呢？

私营企业经济和私营企业主作为改革开放以后的一种新的经济社会现象，在实践中日益发挥着重要的作用，并且受到各方面的关注。但是，有关私营经济和私营企业主的问题，在思想认识上至今还有各种不同的看法。对于私营企业在经济发展中的作用，在建立社会主义市场经济体制中的地位，大家都持肯定的看法，比较一致。对于私营企业主在社会结构和社会发展中的地位和作用，则有各种不同议论，有的还有种种疑虑。例如，现阶段私营企业主群体是社会主义社会的建设者，还是异己力量？在未来社会主义现代化的中国社会结构中，私营企业主群体能否作为一个社会阶层有一席之地？私营企业主群体同中国历史上的资产阶级和20世纪50年代的私营工商业者有什么本质区别？这些都是实践中已经提出的重大理论问题，需要有一个正确的回答。不弄清这些理论问题，我们在制定政策时，就会左右摇摆，例如，我们是把发展私营经济作为一种权宜之计，还是把发展私营经济作为发展社会主义市场经济的一项长远的基本政策？我们在法律上要不要制定保护合法的私有资产的制度？不弄清这些理论问题，在实践中，我们的各级领导干部在执行发展私营企业政策时，是放手大胆地鼓励发展，还是时放时收，摇摆不定？现在各地私营企业发展的程度差别很大，很不平衡，就是一个证明。不解决这些理论问题，就是私营企业主本人也心中无底、心有余悸，有些私营企业主积累了资金，也不敢增加投入扩大规模，有的甚至搞畸形消费，吃光用净，企业只维持简单再生产。所有这些，都对经济和社会的发展不利。

回顾起来，前些年，理论研究关注的重点，主要是研究私营企业的性质，私营企业在社会主义国民经济中的地位和作用，并由此制定了关于发展私营企业的经济政策，引导、推进了私营企业的发展，在改革开放以来国民经济大发展的过程中发挥了应有的作用。在现阶段，理论研究的重点应转到对于私营企业主这个新产生的社会群体的研究上，要研究这个已有近百万人、拥有约1400亿元资产、雇佣600多万名职工的私营企业主群体在今后社会主义现代化社会中的地位和实现现代化过程中对经济、政治、社会方面的作用，并在此基础上，制定出科学的社会政策。这是一个具有重大实践意义和理论意义的大问题，我们必须依据马克思主义的基本理论，坚持实事求是、具体问题具体分析的原则，通过周密细致的调查研究，了解私营企业主这个群体产生、发展、成长的全面情况，并放到我们国家建设社会主义现代化社会的历史大环境下加以分析和综合考察，从而得出合乎历史发展规律的理论认识。实践证明，只有理论问题解决了，大家认识一致了，政策才能稳定。目前，私营经济已发展到一个新的阶段，实践要求有关私营经济和私营企业主的新的经济和社会政策出台，以引导和促进这支队伍的健康发展。我们应为此多做调查研究工作，尽到自己的责任。

以社会互动和社会交换为视角全面系统研究私营企业雇佣关系*

改革开放以来，为适应现实的生产力发展要求，我国在坚持生产资料公有制为主体的前提下，允许其他所有制经济共同发展，私营企业因此而在中国大地上再生。截止到1995年6月底，全国登记的私营企业户数已达56.3万户，注册资金总额2460.2亿元，从业人员763.6万人，其中雇主107.5万人，雇工655.8万人。与之相伴生，雇佣关系也作为一种新型的社会关系重新出现了。但它与历史上曾经存在过的雇佣关系相比，已有很多不同。大而言之，它生存于根本性质上与过去完全不同的社会主义制度之下，结成雇佣关系的双方在政治地位方面已经不存在过去那种统治与被统治、压迫与被压迫的阶级对立，被雇佣者也不再是清贫到只剩下自身的劳动能力可出卖的无产者，这就决定了雇佣关系主要是建立在自愿而非强迫的基础上，雇佣双方的利益既有一致性的一面，也有对抗性的一面。总的说来，相互合作是主流。而且，这种雇佣关系，产生于改革开放后由计划经济体制向社会主义市场经济体制转轨和由传统社会向现代社会转型的历史时期，并作为一种新生的结构性要素而嵌入总体社会结构之中，因而虽有历史的印迹，但现代特点更浓厚。如雇佣双方之间交换关系的契约化、物质利益分配的制度化、合作过程管理的民主化等。因此，有对它进行深入研究和全面认识之必要。《当代中国私营企业的雇佣关系》一书，反映了作者在这方面所做的努力。

对于历史上的雇佣关系，我国学者曾做过不少研究，但多数是从经济

---

* 本文源自《当代中国私营企业的雇佣关系》（杨海波著，昆明：云南人民出版社，1996年12月），第1～4页。原稿写于1996年4月，系陆学艺为该书撰写的序言，现标题为本书编者根据序言内容所拟定。——编者注

学角度或无产阶级革命角度进行的，专门的社会学研究较少，留下不少遗憾。这主要与当时社会学研究的价值取向有关。私营企业雇佣关系在中国大陆重新出现，至今已有十几年了，应该说，学术界一直对它给予了关注。仅就社会学而言，对于诸如私营企业主阶层、雇工阶层、雇佣双方之间的冲突、雇佣关系的血缘化与地缘化等问题，都有人做过研究，也取得了一些有益的结果，丰富了人们的认识，但把它作为一个完整的问题进行全面系统研究的，此书还是第一部。概括起来，本书有如下几个特点。

第一，以社会互动和社会交换为视角来研究私营企业的雇佣关系，既反映了它的外在现象，又揭示了它的内在本质。过去，我们把雇佣关系的本质界定为剥削关系，从政治经济学的角度看，是对的。当代中国大陆私营企业的雇佣关系中，仍然包含剥削的成分。但从社会学的角度看，仅用剥削关系已不能完全反映它的本质了，原因主要有两点。一是雇主和雇工都是作为复杂的“社会人”而不仅仅是简单的“经济人”来结成雇佣关系的，他们从相互关系中所获得的利益，既包括经济的，也包括心理的，是一种综合利益。虽然从经济利益上看，雇主剥削了雇工，但从心理利益上看，雇工也从雇主一方获得了很多，因此在综合利益上，二者可说基本上是对等的。二是为了获得各自所需的利益，雇佣双方都将自己所拥有的为对方所需要的资源的使用权出让给了对方，在这些互换的资源当中，明显包含非经济的其他成分。因此，用社会交换来对私营企业的雇佣关系加以概括，是在更完整的意义上反映它的内在本质。既然雇佣关系在本质上是一种社会交换关系，雇佣双方之间的联系也就不只是经济联系，而是社会联系。用社会学的术语来讲，也就是社会互动，它是这种雇佣关系的基本现象。由于通过社会互动，可以为雇主和雇工带来各自所需的利益，所以合作便成为最经常的形式，而一旦有一方感到利益受损，就会孕育甚至引发冲突。

第二，以社会学为主，综合其他相关学科的有用成果，对雇佣关系的认识全面而又系统，在有些问题上还有新见解。雇佣关系毕竟是一种比较复杂的社会关系，即使对它进行社会学研究，也必须合理吸收其他学科的营养。从本书的主要观点看，作者既运用了交换论、结构论、互动论等经典的社会学理论来分析研究的对象，借此概括出它的交换本质、互动现象和结构分化，同时又采撷经济学、心理学、管理学、政治学等学科的有益成分，进一步拓宽了研究的视野。其中对合作的利益分割、人际交往、管理民主和权威服从的研究，对冲突发生原因的研究，以及对三种类型雇佣

关系的具体特点的研究，等等，都充分体现出综合运用多学科方法的特性。也正因如此，才使对雇佣关系的研究更全面，也较深入。其中有新见解之处主要包括：①对交换目的和冲突原因的分析，突破了单纯从经济利益出发的狭隘观点，指出包括心理归属、价值确认、自我实现等在内的精神利益的重要性；②认为从综合利益上看，雇佣双方是对等互益的，二者都从雇佣关系当中得到了满足，而不是绝对的一方受损，另一方受益；③区分了冲突发生的可能性与现实性，并指出前者向后者转化的内在机制；④认为雇佣关系已经有了初步的类别分化，并对概括出来的三种具体的雇佣关系的特点，做了比较充分的分析；⑤将“权钱交易”和“蓝领”雇工与“白领”雇工之间的冲突看作两种延伸性雇佣关系，并对它们做有理有据的深入分析，颇具启发性。

第三，在研究方法上，将实地调查与理论分析有机结合起来，使全书的内容既有真实感，又有一定的深度。作者花了大约两年的时间，先后到浙江、河北、吉林、辽宁等省份的40余家私营企业进行实地调查，并重点剖析了3家具有代表性的企业。在调查中，作者以个案访谈的方式，与雇主、雇工和对私营企业有一定监督管理权限的管理人员进行了深度访谈，并将访谈结果忠实地记录下来，根据研究的需要进行必要的整理，因此读完全书，给人以身临其境的感觉。此外，作者还以参与观察的方式，深入私营企业内部，与雇主和雇工一起活动，凭借研究者特有的直觉，知微见著。当然，作者并未被具体材料束缚，只停留在事实的表面上，而是经过缜密的分析，概括出具有一般意义的结论。深入实际调查研究是社会学研究的传统，也是它的生命所在，在一定意义上讲，社会学既是理论的科学，又是材料的科学。私营企业雇佣关系在中国大陆重新出现的时间并不算太久，人们对它的了解还不太多，因此对它进行社会学研究，首要的是描绘其全貌，使人们对它有一个完整的认识，这也就突出了经验研究的重要性。应该说，本书的研究满足了这一紧迫需求。

《当代中国私营企业的雇佣关系》一书，是作者在由我指导下的博士论文的基础上修改而成的。本书是对一定时段的雇佣关系的记述和分析，因此必然有时间上的局限性。再加上调查范围的限制，有些具体特点不可能全面反映出来，所以实事求是地讲，本书还只是一个阶段性的成果，但若能起到抛砖引玉的作用，功绩也就不算小了。

中国私营经济、私营企业主阶层产生、发展的实践和理论演变*

研究私营企业主问题时，遇到了很多理论和实际问题。1981年第一批私营企业主诞生（如广东的养鱼大户陈志雄和芜湖的“傻子瓜子”年广久等）时，就有各种不同意见和争论：一种认为私营企业是私有经济，私营企业主就是资本家，剥削剩余价值，属于资本主义性质，不能任其发展；另一种意见则认为现在是社会主义初级阶段，主要矛盾是生产力落后不能适应广大人民日益增长的物质文化需要，个体私营经济有利于生产力的发展，所以应该允许存在和发展。这类争论从未中断，一直到现在。

在社会主义社会搞市场经济，允许私营企业和私营企业主存在和发展，这是一个新的理论课题。这和传统的马克思主义理论是不同的，也和我国自20世纪50年代中期以来颁行的法律法规相左，同在公有制下生活了几十年的干部、群众已经形成的认识和观念相违背。所以，自改革开放以来，自个体、私营经济开始萌生，基层和领导、政界和学界、实际工作部门和政策研究部门，就有各种不同的争论。特别是关于私营经济和私营企业主问题，争论得相当激烈。好在，党的十一届三中全会以来，确立了解放思想，实事求是的思想路线，我们并没有停留在不同意见的争论上，而是尊重实践，尊重群众的创造。党和政府对私营经济、私营企业主问题，在政

* 本文原载《中国社会科学院研究生院学报》2003年第1期，发表时间：2003年1月15日。该文还收录于文集《香港、台湾和中国内地的社会阶级变迁》（刘兆佳等著，香港：香港中文大学香港亚太研究所，2004年7月）、《“三农”新论——当代中国的农业、农村、农民问题研究》（陆学艺著，北京：社会科学文献出版社，2005年5月）、《陆学艺文集》（陆学艺著，上海：上海辞书出版社，2005年5月）和《中国社会结构与社会建设》（陆学艺著，北京：中国社会科学出版社，2013年9月）。——编者注

策认识上是随着实践的发展而逐渐深化的，在法律法规上做了几次重要的修正，在政策上也是不断完善的，经历了从开始容许存在，发展到鼓励、支持和引导其健康发展，这才有了今天的大好局面。回顾总结改革开放以来，关于私营经济和私营企业主阶层的成长发展的实践和理论嬗变的过程，既有实践意义也有理论意义。

一　新时期关于私营经济、私营企业主阶层产生、发展的回顾

解放初期，我国有个体工商户和个体劳动者900多万人，私营工商户16万户。经过20世纪50年代对个体工商户、私营工商户的社会主义改造，到1966年个体工商户和个体劳动者只剩下156万人，经过“文化大革命”，到1978年，个体工商户也只剩下15万户。资产阶级作为一个阶级已经消灭了，不过他们人还在，但绝大多数已转变为国有企业或集体所有制企业的干部和职工了。

1978年，党的十一届三中全会以后，实行改革开放，农村首先恢复自留地，允许家庭副业生产，开放集市贸易，实行家庭联产承包责任制，于是，已经在神州大地几乎灭绝的个体私有经济又破土而出，迅速成长发展起来。先是在小城镇的农贸市场，一批半农半商的农民在集市做买卖，办饮食服务业，以后，县城和中小城市的市场也开放了，城镇的待业、失业者自谋出路，办小商业、服务业。20世纪70年代末、80年代初期，1000多万知识青年回城，政府、公有企事业单位一时容纳不了，他们只能自谋职业，到市场找出路，一大批个体商业、服务业和工业小企业就办起来了。有了城乡市场的存在，长途贩运、商业交换就必然兴旺起来了，出现了一批离土不离乡的商业、服务业专业户，有一些是从事长途运输的专业户。不久，就出现了雇工现象，私营企业主也就应运而生了。

1979年2月，国家召开工商行政管理局长会议，提出各地可以批准一些有正式户口的闲散劳动力从事修理、服务和手工业个体劳动，但不准雇工。会议文件经党中央、国务院批准转发各地。这是改革开放以来，第一个允许个体经济存在和发展的文件。

1980年，中央召开全国劳动就业工作会议，明确指出：“实行在国家统筹规划和指导下，劳动部门介绍就业、自觉组织起来就业和自谋职业相结

合的方针”。[①] 该次会议为个体经济的存在和发展开辟了道路。1981年6月，党的十一届六中全会通过了《关于建国以来党的若干历史问题的决议》，指出：“在1955年夏季以后，农业合作化以及对手工业和个体工商业的改造要求过急，工作过粗，改变过快，形式也过于简单划一，以致在长期间遗留了一些问题。”决议又同时指出：在现阶段“国营经济和集体经济是我国基本的经济形式，一定范围的劳动者个体经济是公有制经济的必要的补充”[②]。这是改革开放以来，以党的文件形式第一次明确肯定了个体私有经济在生产资料所有制结构中的地位。

但是，对于有雇工的私人企业，思想阻力仍然很大，有很大的争议。1979年广东高要县农民陈志雄承包鱼塘8亩，1980年扩大到105亩，雇长年工1人，雇临时工400多个工日，当年获纯利1万多元。对此《人民日报》从1981年5月29日~9月19日辟专栏讨论这个现象，社会争论很激烈。也就在这个过程中，1981年7月，国务院发出了《关于城镇非农业个体经济若干政策的规定》，文件明确强调了恢复和发展个体经济的重要意义，并且指出：“个体经营户，一般是一人经营或家庭经营，必要时，经过工商行政管理部门批准，可以请一至二个帮手；技术性较强或者有特殊技术的，可以带两三个最多不超过五个学徒。”[③] 这就为个体经济可以雇工经营做了政策规定，实际也就是为后来个体工商户（可以雇工7人）和私营企业（雇工在8人及以上者）做了界定。1982年9月，党的十二大召开，在政治报告中，专门讲到：“由于我国生产力发展水平总的说来还比较低，又很不平衡，在很长时期内需要多种经济形式的同时并存”，“在农村和城市，都要鼓励劳动者个体经济在国家规定的范围内和工商行政管理下适当发展，作为公有制经济的必要的、有益的补充”。[④] 同年12月，全国人大五届五次会议通过了修改的《中华人民共和国宪法》，第十一条规定：“在法律规定范围内的城乡劳动者个体经济，则是社会主义公有制经济的补充。国家保护个体经济的合法的权利和利益。国家通过行政管理，指导、帮助

① 参见中华人民共和国国务院新闻办公室网站，http://www.scio.gov.cn/zhzc/6/2/Document/1003720/1003720.htm。——编者注

② 中共中央文献研究室编《三中全会以来重要文献选编（下）》，北京：人民出版社，1982年8月，第800~801、840~841页。

③ 国家经济体制改革委员会办公室编《经济体制改革文件汇编》，北京：中国财政经济出版社，1984年12月，第629页。

④《全面开创社会主义现代化建设的新局面》（1982年9月1日），载《中国共产党第十二次全国代表大会文件汇编》，北京：人民出版社，1982年9月，第22页。

和监督个体经济。"①

个体经济有了法律地位，但对于雇工多于7人的私人企业，虽然在商品经济的大潮中，已经很常见了，这是个体工商业在市场发展的必然结果，本来是顺理成章的事，但在党内、在社会上争论仍然很激烈。1982年，经邓小平同志亲自提出，中央政治局讨论并通过了对私营企业采取"看一看"的方针。1983年初，中共中央发布的农村第二个一号文件：《当前农村经济政策的若干问题》指出："我们是社会主义国家，不允许剥削制度存在。但我们又是一个发展中的国家，尤其是在农村，生产力水平还比较低，商品生产不发达，允许资金、技术、劳力一定程度的流动和多种形式的结合，对发展社会主义经济是有利的"。"农村个体工商户和种养业的能手，请帮手、带徒弟，可参照《国务院关于城镇非农业个体经济若干政策性规定》执行。对超过上述规定雇请较多帮工的，不宜提倡，不要公开宣传，也不要急于取缔，而应因势利导，使之向不同形式的合作经济发展。"②

在个体私营经济开始成长和发展的关键时刻，党内外争论非常激烈。邓小平同志的远见卓识，英明决断起了极其重要的作用。在1983年1月12日，他同国家计委、经贸委、农业部门的领导同志谈话时指出："农村、城市都要允许一部分人先富裕起来，勤劳致富是正当的。一部分人先富裕起来，一部分地区先富裕起来，是大家都拥护的新办法，新办法比老办法好。农业搞承包大户我赞成，现在放得还不够。总之，各项工作都要有助于建设有中国特色的社会主义，都要以是否有助于人民的富裕幸福，是否有助于国家的兴旺发达，作为衡量做得对或不对的标准。"③ 小平同志历来是从人民的富裕幸福、社会主义国家的兴旺发达的大局来考察问题的。后来提出的三个是否有利于的判断标准，在这里就讲到了。1984年10月22日，邓小平同志在中顾委第三次全体会议上的讲话中指出："还有的事情用不着急于解决。前些时候那个雇工问题，相当震动呀，大家担心得不得了。我的意见是放两年再看。那个能影响到我们的大局吗？如果你一动，群众就

① 全国人大法工委编《中华人民共和国宪法》，北京：法律出版社，2000年11月第2版，第50页。

② 山东经济体制改革委员会编《农村经济体制改革文件选编》（内部文件），1991年11月，第138~139页；中共中央文献研究室编《十一届三中全会以来重要文献选读》下册，北京：人民出版社，1987年5月，第623页。

③《邓小平文选》第3卷，北京：人民出版社，1993年10月，第23页。

说政策变了，人心就不安了。你解决一个‘傻子瓜子’[1]，会牵动人心不安，没有益处。让‘傻子瓜子’经营一段，怕什么？伤害了社会主义吗？”[2]

正是在这个“看一看”的方针引导下，孕育了私营企业的发育和成长。据工商行政部门统计，1979年，个体户从业人员为31万人；1980年为56户；1981年，个体工商业户有96.1万户，从业人员121.9万人；1982年为150.4万户，184万人；1987年为419.5万户，537.8万人；1988年为920.1万户，1438.3万人。当时私营企业还统计在个体工商业户中，如以私营企业占工商业户的1%计，则1987年已经有4.2万户。多数分布在东南沿海的广东、浙江、福建等省，一是这里改革开放比较早，政策宽松，二是市场经济发展快，个体工商户发展为私营企业要有一个资本积累过程。在这一阶段，社会争论不是很激烈，各地进行了调查研究，陆续出台了一批登记管理私营企业的政策。工商行政部门，也开展了对私营企业的注册登记工作。1986年冬，中央农村工作会议上，对私营企业问题进行了讨论，于1987年初发布的中央5号文件《关于把农村改革引向深入》指出：“在一个较长的时期内，个体经济和少量私人企业的存在是不可避免的。”对私人企业应当采取“允许存在，加强管理，兴利除弊，逐步引导”的方针。[3]至此，在党的文件中，第一次确定了私营企业的地位。

1987年10月，中国共产党第十三次全国代表大会召开，在政治报告中，对私营经济的地位、性质和积极作用，做了明确的阐述，“实践证明，私营经济一定程度的发展，有利于促进生产，活跃市场，扩大就业，更好地满足人民多方面的生活需要，是国有制经济的必要的和有益的补充”，并且强调“必须尽快制订有关私营经济的政策和法律，保护他们的合法利益，加强对他们的引导、监督和管理。”报告还指出：“目前全民所有制以外的其他经济成分不是发展得太多了，而是还很不够。对于城乡合作经济和私营经济，都要鼓励他们发展……，在不同的经济领域，不同的地区，各种所有制经济所占的比重应当有所不同”。[4]应当说，十三大的报告，对个体、

① 这里指安徽省芜湖市的一家个体户，他雇工经营，制作和销售瓜子，称为“傻子瓜子”，得以致富。——《邓小平文选》第3卷注［43］，载《邓小平文选》第3卷，北京：人民出版社，1993年10月，第397页。

② 《邓小平文选》第3卷，北京：人民出版社，1993年10月，第91页。

③ 《把农村改革引向深入》（中共中央政治局1987年1月22日通过），中共中央文献研究室编《十二大以来重要文献选编（下）》，北京：人民出版社，1988年5月，第1237页。

④ 《中国共产党第十三次全国代表大会文件汇编》，北京：人民出版社，1987年11月，第38、37页。

私营经济的论述，是我们党在社会主义初级阶段对非公有制经济认识的一次重大飞跃。

1988年4月，第七届全国人民代表大会第一次会议，通过了《宪法修正案》，修改后的第11条："国家允许私营经济在法律规定的范围内存在和发展。私营经济是社会主义公有制经济的补充。国家保护私营经济的合法的权利和利益，对私营经济实行引导、监督和管理。①"私营经济的合法地位第一次写进了《宪法》。以后，国务院又发布了《中华人民共和国私营企业暂行条例》等一系列法令法规，使私营企业进入了合法发展的阶段。

人们的社会实践总是在创造新的生产力，创造新的经济形式，并不断改变人的认识。而认识的改变，形成新观念，新的理论，再付诸实践，又不断推进实践的前进。私营企业从20世纪80年代初期孕育、产生、发展、成长，到1988年已经发展成一支有相当规模的经济力量了。当年私营企业开始单独统计（过去是和个体工商户统计在一起的）已有22.5万户，从业人员360多万人。

但是，1989年春夏之交的政治风波以后，社会上一度沉寂的对私营企业非难的舆论又起，认为私营企业主是新的资产阶级，发展私营经济就是搞私有化，私营企业是社会主义公有制经济的异己力量，甚至有人说私营企业主是政治动乱的社会基础等等，对私营企业发展的冲击很大。加上这时国家宏观经济又进行调整、整顿，经济环境趋紧，所以有相当一批私营企业停业或转化了。到1989年底统计，有私营企业90851户，从业人员164万人。比1988年减少了一半还多。据我们调查，实际并没有减少这么多，这其中有相当一部分私营企业，又重新戴上红帽子变成集体企业，或找了挂靠单位，交管理费，买一顶红帽子。还有一批是通过"七不上八下"的办法，又退回到个体工商户。到1990年，逐渐稳定下来，当年有私营企业9.8万户，从业人员170多万人。1991年7月，中共中央统战部通过调查研究，在《关于工商联若干问题的请示》中，专门指出："对现在的私营企业不应和过去工商业者简单类比和等同，更不要像50年代那样对他们进行社会主义改造，而是要对他们采取团结、帮助、教育、引导的方针，要求他们爱国、敬业、守法"。这个文件经中共中央批准转发各地，起了很好的作用。

私营企业的大发展是在1992年以后。1992年初，小平同志的南方谈话

① 全国人大法工委编《中华人民共和国宪法》，北京：法律出版社，2000年11月第2版，第85页。

提出了社会主义也可以搞市场，停止了姓资姓社的争论，并提出了“三个有利于”的标准，极大地推进了人们的思想解放，推动了社会主义经济和各项事业的大发展。在这篇重要的谈话中，他还专门谈到改革的政策不能变的问题。他说：“农村改革初期，安徽出了‘傻子瓜子’问题。当时许多人不舒服，说他赚了一百万，主张动他。我说，不能动，一动人们就会说政策变了，得不偿失。”①

1992年9月，中国共产党第十四次全国代表大会明确规定了我国经济体制改革的目标是建立社会主义市场经济体制。报告指出“在所有制结构上，以公有制包括全民所有制和集体所有制经济为主体，个体经济、私营经济、外资经济为补充，多种经济成分长期共同发展”，并且还说：“不同经济成分还可以自愿实行多种形式的联合经营。”② 十四届三中全会通过的决定还指出：“国家要为各种所有制经济平等参与市场竞争创造条件，对各类企业一视同仁。”③ 小平同志的讲话，十四大的精神为私营经济的大发展确定了方向，也开辟了航路。各地的私营经济自此更加迅速发展起来。到1992年底，私营企业达到13.9万户，比上年增长28.8%，从业人数2319万人，增长26%，注册资金221.2亿元，增长79.8%。到1996年，全国私营企业已达81.9万户，从业人员1171.1万人，注册资金3752亿元。

1997年，中国共产党召开了第十五次全国代表大会，江泽民同志对社会主义经济制度问题进行了新的阐述：“公有制为主体、多种所有制经济共同发展，是我国社会主义初级阶段的一项基本经济制度。这一制度的确立，是由社会主义性质和初级阶段国情决定的：第一，我国是社会主义国家，必须坚持公有制作为社会主义经济制度的基础；第二，我国处在社会主义初级阶段，需要公有制为主的条件下发展多种所有制经济；第三，一切符合‘三个有利于’的所有制形式都可以而且应该用来为社会主义服务。”“非公有制经济是我国社会主义市场经济的重要组成部分。”④ 提出这一科学论断，也就确立了个体、私营经济在我国社会主义市场经济中的地位。1999

① 《邓小平文选》第3卷，北京：人民出版社，1993年10月，第371页。

② 中共中央文献研究室编《十四大以来重要文献选编（上）》，北京：人民出版社，1996年2月，第19页。

③ 中共中央文献研究室编《十四大以来重要文献选编（上）》，北京：人民出版社，1996年2月，第526~527页。

④ 江泽民：《高举邓小平理论伟大旗帜，把建设有中国特色社会主义事业全面推向二十一世纪》（1997年9月12日），载中共中央文献研究室编《十五大以来重要文献选编（上）》，北京：人民出版社，2000年6月，第20、22页。

年 3 月，第九届全国人民代表大会第二次会议，通过的《宪法修正案》，把《宪法》第十一条中关于个体经济、私营经济是“社会主义公有制经济的补充”，修正为“个体经济、私营经济等非公有制经济，是社会主义市场经济的重要组成部分。”①

尽管社会上对私营企业、私营企业主有种种议论，但私营经济在实践中还是在不断发展，在社会主义市场经济的发展中发挥了越来越重要的作用，从总体上说，表现相当的好，这是让许多人感到意外的。在不少人的心目中，总认为这些私营企业主的出身都是些“不三不四”的人，或者是“官倒”，或者是原来资本家的后代，其实不然。据中共中央统战部、全国工商联、中国私营经济研究会在 1997 年组织的对全国私营企业主的抽样调查显示，私营企业主开业前的职业构成为：专业技术人员 4.6%，企事业干部 23.5%，工人、服务人员 10.7%，农民 16.7%，个体户 38.2%，其他或无业 6.5%。② 这个调查说明，私营企业主本来就是社会主义社会的劳动者，是在党的改革开放政策环境下，在党的关于一部分人可以带头致富的号召下，通过各种形式的创业活动，把劳动、资本、技术、信息等生产资源结合起来，精心经营，办起了各式各类的企业，为社会创造了财富，为社会主义现代化事业做了贡献。当然，在这样一个巨大的洪流中，也有少数私营企业主违法经营，偷税漏税，行贿欺诈，钱权交易，但这是支流，不是主流。这是应该明辨的。

2000 年 5 月，江泽民同志在江苏、浙江、上海党建工作座谈会上的讲话中指出：“现在的私营企业主，是在我们党的改革政策和带头致富号召下发展起来的，许多人本来就是劳动者。”③ 在全国统战工作会议上，江泽民同志还明确说过：“通过诚实劳动和合法经营先富起来的个体劳动者和私营企业主，不仅是党和政府的政策允许的，也是光荣的。他们为建设有中国特色社会主义事业贡献了力量。”④ 2001 年 7 月 1 日，江泽民同志在《庆祝中国共产党成立八十周年大会上的讲话》中指出：“改革开放以来，我国的社会阶层构成发生了新的变化，出现了民营科技企业的创业人员和技术人

① 全国人大法工委编《中华人民共和国宪法》，北京：法律出版社，2000 年 11 月第 2 版，第 94～95 页。

② 中华全国工商业联合会、中国民（私）营经济研究会编《中国私营经济年鉴》，北京：华文出版社，2000 年，第 36 页。

③ 参见《江泽民文选》第 3 卷，北京：人民出版社，2006 年 8 月，第 21 页。——编者注

④ 参见《江泽民文选》第 3 卷，北京：人民出版社，2006 年 8 月，第 152 页。——编者注

员、受聘于外资企业的管理技术人员、个体户、私营企业主、中介组织的从业人员、自由职业人员等社会阶层。”又说：“这些新的社会阶层中的广大人员，通过诚实劳动和工作，通过合法经营，为发展社会主义社会的生产力和其他事业作出了贡献。他们与工人、农民、知识分子、干部和解放军指战员团结在一起，他们也是有中国特色社会主义事业的建设者。”“来自工人、农民、知识分子、军人、干部的党员是党的队伍最基本的组成部分和骨干力量，同时也应该把承认党的纲领和章程、自觉为党的路线和纲领而奋斗、经过长期考验、符合党员条件的社会其他方面的优秀分子吸收到党内来。①”

江泽民同志关于私营企业主中“许多人本来就是劳动者”，“他们也是有中国特色社会主义事业的建设者”，他们中的优秀分子可以入党的论述，是中国共产党在历史上第一次对社会主义初级阶段私营企业主阶层的社会地位做出的科学论断，理论和实践意义都非常重大，有利于统一全党对于私营企业主这个新产生的社会阶层本质属性的认识，有利于国家制定合理的经济社会政策，有利于充分调动私营企业主阶层为社会主义建设服务的积极性，必将会产生巨大的社会影响。

二　私营经济继续发展的实践对理论研究提出的课题

纵观改革开放以来20多年间，个体、私营经济从孕育、萌发到发展、成长，到近几年的迅速发展，经历了中国共产党的四次代表大会，每次政治报告，根据个体私营经济实践进展，都有一些新的论述。经历了四届全国人民代表大会的多次会议，1982年制定的《中华人民共和国宪法》和后来两个《宪法修正案》对个体、私营经济在社会主义建设中的作用、性质和地位，都做了符合实践发展的规定和修正，从而推动和促进了个体私营经济的健康发展，发挥了个体私营经济在社会主义现代化建设中的作用。回顾、总结这个重大的实践和认识过程，很有必要，也很有意义。因为直到现在，私营经济和私营企业主这个阶层还在迅速发展，实践中还在不断提出新的问题，而且在理论上也还有许多重要方面需要进一步研究，特别是社会上对于私营企业主这个阶层的认识仍还有不少争论。所以，继续深入开展对于私营经济和私营企业主阶层的调查研究，继续进行理论探讨就

① 《新世纪党的建设的伟大纲领——学习江泽民同志七一讲话对“三个代表”重要思想科学内涵的论述》，北京：新华出版社，2001年7月，第25页。

十分必要。以下是私营经济和私营企业主阶层发展的趋势。

（一）私营经济还在继续发展。从表1可以看到它的过去和现在，也可推知今后的大致发展趋势。

表1 1981～2001年中国私营经济、私营企业发展状况

年份	1981	1988	1989	1990	1991	1992	1993	1994
私营企业户数（万户）	1（户）	22.50	9.0851	9.8	10.8	13.9	23.8	43.2
投资者人数（万人）								
从业人数（万人）		360	164	170.2	183.9	231.9	372.6	648.4
注册资金（亿元）			84	95.2	123.2	221.2	680.5	1447.8
营业收入额（亿元）			97	122	147	205	309.2	758.5
个体私营经济年纳税额（亿元）	6.2	89	134.2	145.6	179	203	293	370
年份	1995	1996	1997	1998	1999	2000	2001	
私营企业户数（万户）	65.5	81.9	96.1	120.1	150.9	176.2	202.8548	
投资者人数（万人）						395.35	460.8348	
从业人数（万人）	956	1171.1	1349.3	1709.1	2021.6	2011.15	2253.0296	
注册资金（亿元）	2621.7	3752.4	5140.1	7198.1	10287.3	13307.69	18212.2354	
营业收入额（亿元）	1499.2	2276.7	3096.7	5323.7	7149.38	9884.06	11484.2	
个体私营经济年纳税额（亿元）	429.6	450	540	700.8	830	1177		

①资料来源：张厚义、明立志主编《中国私营企业发展报告》（1978～1998），北京：社会科学文献出版社，1999年1月；张厚义、明立志、梁传运主编《中国私营企业发展报告》（2002），北京：社会科学文献出版社，2003年7月；《民营经济内参》等。

②1999年以前的从业人数中包括投资者和雇工。

③纳税额为个体工商户和私营经济的总数。

（二）表1列的数字是私营企业在国家工商行政部门登记注册的数字，而近些年私营经济发展的实际数字比这个还要大。第一，全国乡镇企业中大部分集体企业已经转制。据1998年中国统计年鉴统计：1997年全国乡镇企业有2015万个，其中乡办34.2万个，村办95万个，共129.2万个。这些乡办、村办原是集体所有制的，但1995年以后，乡镇企业改制，80%以上都已转制，通过租赁、大户控股、拍卖等形式转变为私营企业或类似私营企业了，但现在统计，多数还是在集体企业里面。这大致有100万户，每户平均有3个投资者，则有300万人。这些转制的乡镇企业规模都比较大，经济实力强，1997年户均从业职工41人。第二，1995、1996年以后，对国有企业改革实行抓大放小，大量的国有小企业都已转制，通过租赁、拍卖等形式转变为私营企业或私人租赁经营的企业，这大致有50万个，每户的投资者以2人计，则有100万人。第三，2001年12月底，全国个体工商户有2435万户。因为现行的政策对个体工商户还是优于私营企业（如税制和税率等），所以有些个体工商户经济实力已经很大，但仍登记为个体工商户，而不愿登记为私营企业，以总量的0.5%计，也有约122万户，每户1人则有122万人。这三部分共为522万人，加上登记在册的460.8万，投资者共为982.8万人。所以近来有些文章称，现在中国的私营企业主阶层已有千万之众，拥有资本金2万亿元以上①，是有根据的。

（三）私营经济的实力已经很大。据工商行政部门的资料，2001年全国私营企业202.8万个，从业人员2714万（占全国城镇从业人员22940万的11.3%），注册资金18212亿元，实现营业收入11484亿元，社会消费品零售额6245亿元（占全国社会消费品零售总额37595亿元的16.6%），出口创汇折合人民币913.47亿元（占全国出口总额4.2%），当年安置国有企业职工58.61万人，其中有9.69万人作为投资人创办了私营企业。如果加上上述还未统计进的已经实际成为私营企业的数值，那么，其经济总量已很可观了。在有些省、市、地区和县里，私营经济的总量已经是半壁江山或三分天下有其二，已经是举足轻重了，而且发展的势头很好，可说是方兴未艾。

（四）随着私营企业经济的发展、壮大，社会影响也日益扩大，也就有了政治方面的要求，涌现了一批积极参与党和政府组织的活动，赞助、支持社会公益事业。私营企业主中有的原来就是共产党员、党的干部，积极参加党的活动。有的私营企业主，积极要求加入中国共产党。有的被选为地方行政干部，更多的被选为乡、县、市、省和国家的人民代表和政协委员，积极参政议政。1998年被选为第九届全国人民代表大会代表的私营企业主有48名，被推选为第九届全国政协委员的有46名。1994年，一部分

① 原文为“2亿以上”，疑排印错误，现根据《“三农”新论——当代中国农业、农村、农民问题研究》（北京：社会科学文献出版社，2005年5月）第254页改正。——编者注

私营企业主响应党中央关于先富帮后富的号召，自愿组织起来，实施“光彩事业”计划，有一大批私营企业主到老少边穷地区，投资助学助医，兴办公共福利事业，给社会做贡献，博得了国内外的称誉。2002 年的全国五一劳动奖状、奖章的评选，有 300 个先进集体荣获全国五一劳动奖状，997 名先进个人荣获全国五一劳动奖章，其中有 4 名是私营企业主。主持此项评选工作的中华全国总工会一位副主席说：“私营企业负责人也是劳动者和建设者，为国家和经济建设作出贡献的也可以当选。”最近，《经济观察报》等披露：江苏省和重庆市已有 4 名私营企业主当选为党的十六大代表。其中三位是《福布斯》公布的新一届中国内地 100 名富豪排行榜的，他们的资产都在 7 亿元以上。应该看到，当前私营企业主阶层正处在兴起和上升阶段，积极方面是很多的。但是，也应当指出，在私营企业主这个阶层中，也有一部分人唯利是图，投机钻营，行贿腐蚀党政干部，与干部搞权钱交易，盗窃国家资产，假冒伪劣，制假售假，虐待工人，办血汗工厂，为富不仁，欺压民众，挥霍浪费，生活糜烂，受到了社会的非议。

（五）在改革开放以后，在社会主义现代化经济建设过程中，孕育产生了一个私营企业主阶层，在现实的经济社会生活中发挥着越来越大的作用，党和国家已经作了多次研究和总结，也提出了比较明确结论，但至今在社会上仍有很大的争论，党内党外还有不少人有疑虑，连私营企业主阶层中的许多人心中也不安，总怕政策还要变，所以，有一些企业主腰里揣着外国护照，在国外银行存着钱，一有风吹草动，就准备走。[①] 社会上这些疑虑的存在，对社会主义现代化建设十分不利。有必要对私营经济、私营企业主阶层，继续进行研究，运用马克思主义、毛泽东思想的基本原理，作出新的理论概括。只有研究深入了，理论彻底了，才能说服人，才能有正确的政策，才能有利于实践的发展。

当今，对于如何正确对待私营经济、私营企业主阶层这样一个重大的实践和重大理论问题，虽然也有了一些调查研究，有了一批论文和著作问世，但真正全面、系统、有说服力的研究，通过全部历史来说明问题的论著还没有。所以我们要用马克思主义的科学研究方法，对私营经济、私营企业主阶层问题做进一步的调查和研究，写出深刻而全面的论著，必将对社会主义现代化实践产生重大影响，也是社会所需要的。

① 楷体字部分根据《“三农”新论——当代中国农业、农村、农民问题研究》（北京：社会科学文献出版社，2005 年 5 月）第 255 页增补。——编者注

当代中国社会流动

改革开放加速了大陆的社会结构转型，加快了社会流动*

大陆目前正处在由传统社会向现代社会转型的过程中，具体表现为由农业社会向工业社会转型，由乡村社会向城市社会转化，由封闭社会向开放社会转化，由单一同质化社会向多元化社会转化。目前大陆这个转型时期的一个重大特点是社会结构转型与体制转型重叠，即由计划经济体制向社会主义市场经济转型。

为了更好地研究这一转型和阐述这一转型时期的各种社会现象，目前大陆社会学界的同仁开展了好几项大型的社会调查。从 1986 年开始的“中国大陆社会阶级阶层研究”就是其中的一个大课题，是由我的前任何建章教授主持，有数十名社会学家和经济学家参与其中，戴建中教授是其中的主要成员。自拟定总体设计、调查计划、制定问卷，到开展调查，统计分析和综合研究，前后历时 6 年，戴建中教授自始至终都参与了。《大陆现代化过程中的社会流动》一文，是他长期参与这项课题的成果之一，有些数据还是首次发表。

1978 年肇始的改革开放，加速了社会结构转型，社会流动加快，这主要是因为经济发展了，产业结构发生了很大的变化，职业结构变了，引发社会流动，这同 20 世纪 50 年代初由政治革命引起的社会结构变化是不同的，前者更具有社会进步的意义。戴建中教授从实际调查中总结出的四点结论是正确的。这项研究客观地描述了大陆社会 20 世纪 40 年代末 50 年代初由政治革命、土地改革等引起的社会循环流动大幅上升，而 50 年代后期

---

* 本文源自作者手稿。此文稿系陆学艺先生于 1993 年 8 月 2 日在台湾举办的“中国现代化学术研讨会/社会现代化分组第三场报告”上，对戴建中的学术报告“大陆现代化过程中的社会流动”所作点评的发言稿。原稿无题，现标题为本书编者根据评论内容所拟定。——编者注

到70年代末期20年间社会流动被抑制，再到70年代末期80年代初的改革开放，使经济加速发展、社会流动两度加快的过程。这是符合大陆40年社会变迁的历史的。

值得指出的是，戴教授的这项研究运用了现在国际上通行的理论假设、设计问卷、抽样调查、统计分析、综合研究的方法，这在大陆社会学界是比较先进的，但缺点也由此产生。因为这套调查研究方法如何在大陆调查中应用，本身还需要一个完善的过程，另外，怎么适应大陆社会的实际状况，光靠问卷调查的方法是不够的，还必须辅以直接的参与调查等，如大陆常用的蹲点调查、观察参与调查等形式相结合。如收入问题，靠问卷不行。如第5页上的干部收入，实际生活中则并非如此，现在有“贫下中干”的说法。这项研究还只是初步的，（相信戴教授）还会有更多的成果（问世）。

职业结构与流动的研究是社会结构研究的一个不可缺少的组成部分*

改革开放16年来，中国社会生活的各个领域都发生了令人瞩目的变化。中国的社会科学工作者从各自的研究领域出发，都在试图对这些变化做出科学的反映与概括。对此，直接以社会变迁为主要研究对象的社会学工作者更是责无旁贷。本书试图通过对职业结构与职业流动的分析和研究，从一个侧面来讨论当前社会结构的变迁及其与社会现代化的关系。

社会结构研究是社会学研究中一个重要的组成部分，社会结构的变迁作为社会转型的基轴和主线，始终是社会变迁研究中的热点议题。近年来，我们组织和开展了不少有关社会结构变迁的研究，从不同的侧面对改革以来的社会结构变迁进行了描述和分析。不过，通过对职业流动及其社会背景进行比较系统的描述与分析，来呈现中国社会转型过程中社会结构变迁的过程与特征的研究目前尚不多见。对于职业结构与职业流动的研究至少在以下几个方面是十分有意义的。首先，社会生产活动是最基本的人类活动，而通常个人的职业恰恰最有效地反映了个人在社会生产活动中的地位与作用，因而在现代社会中，职业地位就构成了个人社会地位中最重要的部分，职业结构与职业流动的研究是社会结构研究不可缺少的组成部分。其次，职业是联结个人与社会的重要媒介，社会结构各方面的变迁，往往都会不同程度地在职业与职业结构上有所反映；同时，职业又是社会结构与经济结构的一个重要的联结点，经济发展对社会结构的影响将首先作用于职业结构。因此，职业就成为社会结构诸因素中一个十分敏感的因素，

---

* 本文源自《职业结构与流动》（陈婴婴著，北京：东方出版社，1995年3月），第1~3页。原稿写于1994年11月，系陆学艺为该书撰写的序言，现标题为本书编者根据序言内容所拟定。——编者注

往往能够比较及时、准确地反映社会变迁过程与结果。最后，在目前中国的社会转型过程中，职业结构的分化十分显著，尤其是农村职业结构的分化。在中国，农村的变化是基本的变化，因为到1993年底，中国人口中农民身份的人仍占72%，所以，研究职业结构的分化要重点研究农村职业结构的分化，恰是在这16年中，农村的职业结构发生了非常大的变化。我们应当及时地把握这种分化的过程，因为职业结构的分化对今后的社会分层结构、社会整合、社会发展等都将产生十分深远的影响。

本书着眼于改革以来中国社会结构的变迁，将产业化的过程分解为工业化和市场化两个部分，提出如下的理论假设："影响社会分层与流动的不仅是一个国家或地区的工业化水平，该国家或地区的市场化水平可能是更具影响力的因素"。在职业结构与职业流动的研究领域，这是一个新的理论假设，对于分析和把握中国这样的发展中国家及某些后发展国家中社会分层和社会流动与经济发展及社会体制间的关系来说，这一假设可能会带给我们一些新的启示。由这一假设出发，本书提出了双重二元结构的分析框架，即以传统与现代、市场与非市场两组变量来界定改革以来中国的社会经济结构特征，并在这一分析框架之下展开分析。作者对于我国改革以来的社会经济结构特征做出的这种概括，应当说是很有特色的。

本书是以比较规范的实证研究方法对职业结构与职业流动问题进行的定量研究。当然，定量研究的有效性与适用范围目前在国内外社会学界仍有争议。不过，多数研究者承认，定量研究是社会学中重要的研究方法之一。如何将定量研究与定性研究有机地结合起来，从而能全面、准确地反映当代中国的社会现实，这是我们今后在方法论上要讨论的重要课题之一。近年来，围绕目前社会发生的种种变化，尤其是社会结构的变迁，社会学界从不同的角度、使用不同的方法组织了大量的调查和研究，希望通过这些调查和研究更深刻地反映与概括中国现代化进程中社会变迁的过程、结果以及趋势。"百县市国情调查"则是这些调查当中一个规模较大、持续时间较长的项目。在这一调查中，我们同时采用了典型调查与样本调查的方法，试图通过这两种方法的结合，更为全面地反映这一百个县市的社会变迁过程。本文的作者是其中样本调查工作的主要承担者之一，参与了调查问卷的设计、调查的实施及数据处理等全部调查工作。因此，与过去的一些社会结构研究不同，在本书中，作者较多地采用了量化分析的方法，试图通过对调查数据的计算和分析，阐明观点，尽量做到言之有据。应当说，这是一次有益的尝试。

京城“浙江村”典型调查是一项关于农民工与其流入城市社会整合关系的研究*

改革开放以来，我国农村以及城乡关系都发生了巨大变化，可谓日新月异。总的来看，这些变化经历了这样一些阶段：家庭联产承包责任制使农业劳动者获得了经营自主权，从土地的束缚中解放出来，成为相对独立的劳动者，为今后的流动创造了前提条件；乡镇企业的崛起改变了农村产业结构，我国农村由此才真正开始大规模的工业化历程，随之而来的是农村社会分化加快，1 亿多农业劳动力就地转移；小城镇建设标志着我国农村走出了一条有中国特色的城市化道路，开始从本质上改变农村经济社会结构。与此同时，还有大批农村人口涌向大中城市务工经商。如果说第一阶段家庭联产承包责任制使农村生产力得以解放，提高了农业生产率，第二阶段乡镇企业的崛起改变了农村传统农业经济模式，我国农村开始从传统社会向现代社会转型，那么第三阶段则表明我国农民自发地开始探索农村城市化、城乡一体化的历程，加快了我国向现代化和发达社会转变的步伐。所以从这一点看，小城镇建设和城乡社会流动是我国改革开放以来在农村发生的具有质变意义的社会变迁，有人将农民进入城镇、城乡社会流动称为中国农民的“第三次解放”（第一次发生在 1949 年，第二次发生在 1978 年）。不过人们对它们特别是城乡社会流动曾有过不同的看法。前些年一般把进城打工的农民称为“盲流”，并认为“盲流”给城市社会带来诸如社会治安混乱、环境污染、交通拥挤等问题，所以有人力主用行政手段加以堵截。但行政堵截并没奏效，农村人口继续向城市涌来，而且越来越多，据

---

* 本文源自《社会流动和社会重构——京城“浙江村”研究》（王春光著，杭州：浙江人民出版社，1995 年 9 月），第 1 ~ 4 页。原稿写于 1995 年 4 月 22 日，系陆学艺为该书撰写的序言，现标题为本书编者根据序言内容所拟定。——编者注

有关方面统计，仅北京市目前暂住半年以上的人口已超过100万，其中大部分是农村来的务工经商者。这说明：一方面，农村实行改革后有大量的剩余劳力要出来；另一方面，城市的发展也需要大量的农村劳力来工作。所以这几年社会舆论变了，不再称进城打工的农民为“盲流”，而改称“民工”。但问题并没有就此解决，农民工进城后还经常有这样那样的矛盾发生。那么，究竟如何将农民工吸纳到城市中来，以加快我国城乡一体化进程呢？目前农民工与城市社会究竟处在什么样的整合关系中呢？城市目前面临的许多社会问题能否都归咎于农民工的到来呢？

过去学界偏重于研究农民工进城、城乡流动过程及其对经济的影响，而忽视对上述问题的调查研究，特别是忽视了对农民工在城市社会的日常社会活动及其与城市社会的整合关系的研究。王春光的博士论文《社会流动和社会重构——京城“浙江村”研究》正补了这方面的缺。该书具有以下几方面的特点。

第一，调查研究的对象颇具典型意义。北京的“浙江村”，顾名思义就是进京务工经商的浙江人聚居地，他们大多来自浙江农村，聚在一起，便于在生活、生意上彼此帮助、互递信息，减少城市社会和体制对他们的约束与限制，同时又依托北京这个市场辐射面大的全国中心城市，以求生存和致富。“浙江村”正是我国社会处在体制转轨和社会转型时期的产物，它与北京社会的整合关系既反映了我国社会目前的变化，又将影响我国城乡关系的变化趋势。目前北京不只有“浙江村”，而且还涌现出性质相似的“新疆村”、“河北村”、“安徽村”和“四川村”等，同时不只是北京有这样的“民工村”，而且几乎全国所有大中城市都存在这样的社会现象。对“浙江村”进行“解剖麻雀式”的调查研究，将有助于认识我国城乡关系在大中城市的具体体现，并从理论上加以概括、在政策上做些调整，以利于我国社会健康发展。

第二，本书拥有大量第一手可靠的实证材料。作者凭着其优势（农村出身，浙江温州人，与调查对象是老乡关系），进行了长达一年的实证调查，与调查对象交朋友、谈心，甚至同吃同住，体验生活，搜集到许多局外人较难调查到的材料，其中有一些非常生动，读来如身临其境。

第三，该书的研究比较规范，严格遵循这样的社会学研究逻辑：从问题的提出，假设的确立，调查研究方法的选择，材料的筛选、组合和分析，直至论证等，环环相扣，这一方面说明了本书的科学性，另一方面也表明作者具有较强的社会学研究能力和严谨的治学态度。

总之，作者遵循规范的社会学研究程序，将有典型意义的“浙江村”作为调查研究对象，搜集了大量第一手材料，并进行周密的分析和论证，在书中提出一些很有创新性的社会学观点：城乡流动不只是区域空间中的人口转移，更是城乡社会关系的重新组合和创新过程；进城农村人口之所以涌入城市并站住脚跟，除了城乡差别外，还因为他们满足城市的一些功能需要、促进城市经济社会的繁荣，与此同时也从城市赚到了比务农更多的钱，由此与城市社会实现了功能互赖性整合；与他们到来而伴生的许多城市问题，不能完全归咎于他们，关键是因为城乡管理体制在转轨过程中没有衔接好，旧体制使城市没有培育出具有弹性的吸纳外来人口的机制，同时城市居民在长期计划体制下养成的优越感，长期形成的所谓城里人、乡下人之间的隔阂，等等，削弱了城市制度性整合程度，并妨碍农村人口与城市居民的认同。简言之，农村人口与城市社会处于这样一种不合理的整合状态：以功能互赖性整合为主，制度性整合薄弱，认同性整合畸形。许多城市社会问题也由此而生：制度性整合薄弱体现为对进城的农村人口管理不力，认同性整合畸形体现为城市居民对农村人口的歧视以及农村人口对城市社会的不认同，因而进城的农村人口对自己的行为没有自律性约束，从而发生许多碰撞、摩擦、冲突等。要改变目前这种状况，作者认为需要深化城市体制改革，改革诸如城乡分割的制度，创建新的城乡体制性调节机制，取消计划体制时形成的身份制，以公民意识取代城乡意识，改变行业和区域性偏见，使我国社会在体制、认同和功能整合方面趋于协调一致，这样社会才能实现稳定发展，城乡关系才能理顺。

当然，本书仅仅是小范围的典型调查研究，这在一定程度上限制了其结论的推广范围。如果作者（或其他人）今后有时间对其他城市民工聚落比如“新疆村”、“四川村”等进行类似的实证社会学调查，并做横向比较，甚至与西方国家的唐人街进行比较，那将有可能取得更多、更深的社会学创新成果，我国社会学的发展也正是由这种立足于本土社会的广泛的实证调查推动并不断趋于成熟。

当代中国社会结构

从中国的国情出发，建设有中国特色的社会主义*

计委培训班的领导出了这个题目，要我来讲一讲。近几年关于国情的说法、书籍、文章很多，也可说出现了国情研究热，这是个好现象。所谓国情，就是指一个国家的基本情况，实际情况，实有情况。我们搞“四化”建设，办一切事情，都要从国情出发，也是从实际出发，这是十一届三中全会确定的基本方针、基本路线。1980 年 12 月 25 日，邓小平同志在一次会议上指出：摸准、摸清国情对于我国实现社会主义现代化具有极端的重要性。他说：“至于走什么样的路子，采取什么样的步骤来实现现代化，这要继续摆脱一切老的和新的框框的束缚，真正摸准、摸清我们的国情和经济活动中各种因素的相互关系，据以正确决定我们的长远规划的原则”。[①]这是实事求是的科学态度，一切从国情出发，这是我们进行社会主义现代化建设的正确方针。

那么，什么是中国的国情？现在有种种说法，都从不同的角度侧面来谈，各有各的说法，各有各的道理。如可以从自然资源的角度说，我国是地大物博，人口众多，平均资源贫乏的国家；从经济发展讲，我国的经济还较落后，人均国民生产总值很少，但发展速度很快，正在向工业化、现代化迈进；从社会文化方面讲，我国有悠久历史，古老文明，英才辈出，但目前同国际发达国家比较，我国又是科学技术、教育相对落后的国家；从社会制度讲，我国是共产党领导的、实行了公有制的社会主义制度，但经济文化相对落后、还不发达，尚处于社会主义初级阶段的国家；等等。

---

* 本文源自作者手稿。该文稿写于 1991 年 6 月 6 日，系陆学艺 1991 年 6 月 8 日在怀柔雁栖湖国家计划委员会培训中心的演讲稿。文中小标题为本书编者根据演讲内容添加。——编者注

① 邓小平：《贯彻调整方针，保证安定团结》，载《邓小平文选》（1975～1982），北京：人民出版社，1983 年 7 月，第 315 页。

怎样来认识我们目前的国情呢？我们这样大一个国家，11亿多人口，960万平方公里，30个省，2200多个县市，56个民族，5000多年的文明历史，要认识了解她确实不容易。现任美国总统布什，1972年中美建交，基辛格秘密访华就有他，以后又当过多年美国驻中国联络处主任，在美国有"中国通"的美称。但他说："谁说我了解中国，就说明他不了解中国。"意思是说中国太难了解了。前美国总统尼克松最近在他的一本著作《竞技场上：关于胜利、失败和奋起的回忆录》中引用柯尔森勋爵的话说："中国是一所学者们永远拿不到毕业文凭的大学。"南朝鲜的一家大的跨国公司乐喜金星商社社长千辰焕从1984年4月第一次访华开始，以后每个月都到中国一两次（在南朝鲜他也被称为"中国通"），到1991年6月6日结束第100次访问，回到南朝鲜后发表谈话说："中国幅员辽阔，各地相异，不要说去过100次，就算去过1000次，也不能说对中国都了解了。"也是慨叹中国太不好认识了。

当然，中国不是不可认识的，马克思主义告诉我们，认识事物要认识事物的本质。掌握了一个事物的本质特征，也就认识了这个事物。那么，什么是中国的本质特征呢？在这方面毛泽东同志为我们做出了认识中国国情的本质特征的榜样，他说："只有认清中国社会的性质，才能认清中国革命的对象、中国革命的任务、中国革命的动力、中国革命的性质、中国革命的前途和转变。所以，认清中国社会的性质，就是说，认清中国的国情，乃是认清一切革命问题的基本的根据。"[①] 毛泽东同志和老一辈无产阶级革命家为了求得革命的胜利，民族的解放，他们一面参加革命，一面在革命实践中调查研究，逐渐认清了中国的社会性质，中国是一个半殖民地、半封建的，政治经济不平衡的大国。明确了革命的对象是帝国主义、封建主义和官僚资本主义三座大山，革命的动力是无产阶级、农民阶级、小资产阶级、民族资产阶级，由此制定出了农村包围城市、武装夺取政权的战略和策略。根据对国情的认识，组织队伍，艰苦奋斗，终于战胜了三大敌人，获得了全国的解放，建立了伟大的中华人民共和国。

怎样认识当今中国的国情呢？按照毛泽东同志的意见，认清中国社会的性质，就是认清中国的国情。也就是说认清了一个社会的性质，也就认识了这个国家的本质特征，认清了这个国家的基本国情。

---

① 毛泽东：《中国革命和中国共产党》，载《毛泽东选集》第2卷，北京：人民出版社，1991年6月第2版，第633页。

当今的基本国情，就是我们党从十一届三中全会以来，总结了新中国成立30多年来社会主义革命和建设的经验和教训，在不断深化对国情研究的基础上，得出了我国目前还处于社会主义的初级阶段的认识，这是对我国基本国情的科学概括。这个结论表明：第一，我国社会的性质是社会主义，是共产党领导的、实行公有制和按劳分配为主的国家。党的十三届七中全会和最近的七届全国人大四次会议，归纳为十二条。我国是社会主义国家，这是举世公认的；第二，我国的社会主义还处于初级阶段。主要表现是：经济文化还不发达，社会发展程度还不高，商品还没有极大丰富，社会主义政治、经济制度还不完善，需要继续改革和完善。社会主义制度固有的优越性还没有得到充分的发挥。

正是从这个基本国情出发，我们党创建了三步走的长远发展战略：第一步，从1980到1990年，国民生产总值翻一番，解决温饱问题。这个目标已经提前实现了；第二步，到2000年，国民生产总值再翻一番，实现小康社会的目标；第三步，到21世纪30～40年代，我国国民生产总值再翻两番，达到中等发达国家水平，实现我国的社会主义现代化。

十多年来的实践表明，我们关于社会主义初级阶段国情的认识，以及我们由此创立的三步走的战略部署是符合实际的，得到了全国广大群众的拥护，激发了人民群众参加建设的热情，取得了巨大的成绩，我国社会发生了历史性的变化，而且还正在继续发生更深刻的变化。

社会主义初级阶段，这个关于基本国情的认识，这同1949年前认识那个时期的社会是半殖民地、半封建社会一样，还只是个大概念，据以制定国家总的发展战略可以，但要指导各项事业的发展则还要具体深化。关于对社会主义初级阶段国情的进一步认识，我这里主要讲两个方面的特征：一是我国目前还处于由传统社会向现代化社会转型的过程中；二是我国目前仍是个城乡相对分割的二元结构的社会，仍是个农民占绝大多数的农民国家。

一　基本国情的第一个特征：我们正在从传统社会向现代社会转型

1840年以前，我们国家是一个典型的自然经济占统治地位的传统社会。鸦片战争，帝国主义用坚船利炮打开了我们的大门，传统社会受到了巨大的冲击，工业文明、商品经济的导入，中国社会原有的各个阶级、阶层都对此作出了自己的反应，从而推动中国经济社会发生结构性的变迁。1949年中华人民共和国成立以后，特别是党的十一届三中全会以后，我国实行改革开放以后，极大地加速了变迁、社会转型的进程。1984年的中央一号文件曾经明确指出："农业生产责任制的普遍实行，带来了生产力的解放和商品生产的发展。由自给半自给经济向较大规模商品生产转化，是发展我国社会主义农村经济不可逾越的必然过程。……加速实现我国社会主义农业的现代化。"① 因为这是关于农村发展的文件，是就农村经济社会变化说的，如果从我国社会总体上来说，我国经济社会结构正在经历着以下几个方面的变化：

（1）从自给半自给的自然经济向有计划的商品经济转化。

（2）从农业社会向工业社会转化。

（3）从乡村社会向城市社会转化。

（4）封闭半封闭社会向开放社会转化。

（5）从同质社会向多样化的社会转化。

（6）从传统社会向现代化社会转化。

下面就具体讲一讲这些转型社会的特征。

（一）从自给半自给的自然经济向有计划的商品经济转化

旧中国是一个自给自足的小农经济的汪洋大海，农业人口约占90%，农民种粮为吃饭，织布为穿衣，养猪为过年。稍有剩余，也是以地租和国税形式交给地主、官吏，供他们在城市消费。一直到1949年全国解放，商品经济所占比重极小。20世纪50年代初期，实行土地改革，农民获得了土地，免除了每年约700亿斤粮食的地租，农业生产大发展，商品经济曾一度有过发展。但随后的统购统销和合作化，以及城市建立的工业商业等经济体制，基本上是学苏联模式，实行的是产品经济。城市经济从原材料到产品销售，不是通过市场机制运转，而主要是通过行政计划来运作。所以，实质上还是自然经济或变形的自然经济。商品经济发育程度很低。改革以后，特别是1984年党的十二届三中全会作出了经济体制改革的决定，在理论上明确社会主义经济是公有制条件下的有计划的商品经济，加速了我国商品经济的发展，加速了我国从自然经济向有计划的商品经济的转化。这

① 《中共中央关于一九八四年农村工作的通知》，载中共中央文献研究室编《十二大以来重要文献选编》（上），北京：人民出版社，1986年10月，第425页。

几年，有计划的商品经济发展很快，有计划的商品经济的观念深入人心，市场机制、经营观念、投入产出观念、效益观念、竞争观念，等等，已渗透到广大农村。这几年，在改革高度集中的计划经济体制的基础上，社会主义有计划的商品经济市场正在逐步建立起来，不仅完善发展了消费资料的商品市场，而且生产要素的市场，如生产资料市场，资金市场，技术市场，信息市场，劳务市场，以及房地产市场等，正在各地建立起来。上海、深圳等地还建立了证券交易市场。国家大大缩小了指令性计划，除少数关系国计民生的重要产品和劳务仍实行指令性计划外，其他都实行指导性计划和市场调节。社会商品零售额中，国家定价的比重由 1978 年的 97% 下降到 1990 年的 29.7%，市场调节由 3% 提高到 53.1%，17.2% 的商品实行国家指导价。1979 年，国家管理的计划产品品种有 120 种，到 1989 年减少到 60 种。国家统一分配的物资由 256 种减少到 26 种。到 1989 年，全国整个生产的投入物品中计划分配部分已不足 20%，而在广东深圳等地区，只有 5%。1978 年我国全国商业餐饮服务及零售网点只有 125.5 万个，从业人员 607.8 万人。1988 年发展到 1266.9 万个，从业人员 3030.9 万人。社会商品零售额 1978 年为 1558.6 亿元，1989 年增长到 8101.4 亿元。①

讲商品经济的发展，我国农村变化最大。农村首先实行家庭联产承包责任制，这个改革，实质上是农民的又一次解放。使农民从没有生产经营自主权的社员，转化成有独立生产经营自主权的商品生产者。这些年农业生产和非农产业的生产大幅度增长，而且商品率也大幅度提高。1978 年农副产品的商品率只有 45.2%，1990 年已提高到 58%。农民生活消费品中商品性部分 1980 年只有 50%，1988 年已提高到 67.6%，城乡集市 1978 年全国只有 33302 个，1990 年已发展到 72579 个。农村集市成交额 1978 年只有 125 亿元，1989 年增加到 1250 亿元。② 从这些数字看到，我国广大农民已不再是自给自足的农民，而主要是在为社会而生产，大部分是投身到具有普遍联系的有计划的商品经济市场体系中来了。当然，大规模的商品经济还只有 10 年，总的水平还不是很高。

（二）我国正由农业社会向工业社会转化

工业化是现代化必不可少的条件，也是必经之路。从世界经济发展的

---

① 国家统计局编《中国统计年鉴·1990》，北京：中国统计出版社，1990 年 8 月，第 602、622 页。

② 国家统计局编《中国统计摘要·1991》，北京：中国统计出版社，1991 年 5 月，第 94 页。

历程看，一个国家从传统社会向现代社会转型，必然要经历三个既有联系又互相区别的转换点：一是产值结构的转变，农业产值在国民经济总产值中要下降到50%以下；二是就业结构的转变，从事非农产业的劳动力要达到50%以上，要超过农业劳动力；三是城乡结构的转变，即城镇人口的比例要达到50%以上。我国从第一个五年计划开始，就着手进行大规模的工业化的建设，经过近40年的努力，我国已建成了独立的、门类比较齐全的工业体系。到1988年，我国主要工业品的产量同新中国成立前最高年产量相比，钢增长64倍，原煤增长16倍，发电量增长91倍，水泥增长92倍，纱增长10.5倍，布增长6.7倍。[①] 有些主要产品产量已跃居世界前列，如原煤产量为第一位，水泥占第一位，电视机占第二位。钢从26位上升到第4位，等等。就产值而言，我国在1956年，工业产值已占工农业总产值的50%以上。到1988年，工业总产值已占工农业总产值的75.7%。[②] 还值得指出的是，我国特有的乡镇企业，1987年产值达到4743.1亿元，占农村社会总产值的50.3%，首次超过农业总产值。1989年乡镇企业总产值8402亿元，占农村社会总产值的58%。1990年9581.1亿元，占农村社会总产值的59.1%。[③]

由于我们国家的特有情况，虽然工业产值已占75.7%，应该说已达到工业化社会的标准，但是就就业结构的情况看，却还是很不理想。据国家统计局推算，直到1989年，全国从事第一产业的劳动者仍占60.2%。[④] 而且，全国发展也很不平衡，在西部边远省区和我国中部的一些农业大省，工业基础很薄弱，农业劳动力仍占绝大多数，有的仍占总劳力的80%以上。工业化是社会实现现代化的龙头，我们国家正在从农业社会向工业社会转化，但任务还很艰巨，还要有一段艰难的路程。

（三）我国正在由乡村社会向城市社会转化

城市化是现代化的重要标志。随着工业的发展，社会分工越来越细，商品交换、交通运输、信息交流日益发展，大量的人口向城镇集中，城市化是经济社会发展的必然趋势。1949年我国城镇人口只有5765万人，占总

① 国家统计局编《中国统计年鉴·1989》，北京：中国统计出版社，1989年9月，第319页。

② 国家统计局编《中国统计年鉴·1989》，北京：中国统计出版社，1989年9月，第54页。

③ 国家统计局编《中国统计年鉴·1988》，北京：中国统计出版社，1988年8月，第294、216页；国家统计局编《中国统计摘要·1991》，北京：中国统计出版社，1991年5月，第65页。

④ 国家统计局编《中国统计年鉴·1990》，北京：中国统计出版社，1990年8月，第117页。

人口的10.6%。随着经济的发展，城市的增加、扩大，城镇人口逐步增加。1952年全国城镇人口达到12.5%，1957年达到15.4%。1958年以后3年，城市人口发展过猛，平均每年增加1041万人，到1960年，城镇人口达到13073万人，占总人口的19.7%，超过了经济特别是农业所能承受的限度，出现了经济困难，不得不调整整顿，动员2000多万职工回乡。到1963年，城镇人口减为11646万人，只占总人口的16.8%。20世纪60年代初国家制定政策，严格限制农转非，限制农民进城，控制城镇人口的发展。到1978年，虽然城镇非农业人口增长到17245万人，但只占总人口的17.9%。[①] 近20年间城市化发展缓慢。

十一届三中全会以后，随着改革开放，商品经济发展很快，加快了农村社会向城市社会的转化。1983年全国共有省级市3个，地级市145个，县级市141个，共有289个市，2968个镇。到1989年，全国已有省级城市3个，计划单列市（副省级）14个，地级市171个，县级市262个，共有450个市，比1983年增加161个，增长55.7%。11481个镇，比1983年增加近3倍。1990年增加13个县级市，镇达到12048个，居委会99814个，村委会1001272个。[②]

市镇人口也大量增加。但由于我国特有的城乡分隔的户籍制度，所以现在居住在市镇的人口的情况呈现异常复杂的现象。按照20世纪50～60年代的标准，居住在市镇的非农业人口增加并不多。1989年，全国111191万人[③]，其中非农业人口只有23360万人，占总人口的21%。但是现在居住在市镇工作、劳动、经营、生活的人远远不止此数。在各级城市里，有大量由国家机关、工矿企事业单位招聘的农民身份的合同工、临时工，有更大量的农民自发沉入城市里从事个体商业、服务业和各种劳务活动，这在每个大中城市里，是以万计、十万计的。在有些城市里（如广西的柳州等市和很多矿山城市），从事多种职业的农民总数已超过非农业居民的总数。

由于乡镇企业的发展，由于经济聚集效益的吸引，相当多的乡镇工业企业逐渐走向乡镇政府所在地聚集，县改市、乡改镇的发展势头还在继续，已有大量农业户口的乡镇企业的干部职工居住生活在集镇上，其总数是数

① 国家统计局编《中国统计年鉴·1989》，北京：中国统计出版社，1989年9月，第87页。

② 国家统计局编《中国统计年鉴·1984》，北京：中国统计出版社，1984年8月，第1、131页；国家统计局编《中国统计年鉴·1990》，北京：中国统计出版社，1990年8月，第3、329页；国家统计局编《中国统计年鉴·1991》，北京：中国统计出版社，1991年8月，第3、311页。

③ 国家统计局编《中国统计年鉴·1990》，北京：中国统计出版社，1990年8月，第89页。

以千万计的。

随着农村商品经济的发展，乡镇企业的发展，农民正在自己建设市镇和把居住地变为市镇。温州苍南县的龙港镇，原来只是一个荒凉的小码头，从1982年开始，农民自己集资，自己规划，自己建设，现在已建成一个拥有2.5万人，每年4亿多元产值，每年向国家缴纳1000多万元税款的相当现代化的集镇了。另外像江苏江阴的华西村、天津静海的大邱庄、河南新乡的刘庄村，等等，由于办了乡镇企业，产值超过亿元或近亿元，经济实力雄厚，他们依靠自己的力量，在本村不仅建设起了工业、商业企业，而且建设了交通、邮电、学校、商店和各种生活服务设施，过起城市文明的生活了。

总的说来，由于有计划商品经济的发展，农村工业化，农民非农化，乡村城市化的发展，都在以很快的速度发展着。虽然由于我国以前实行农业非农业户口区分的户籍制度，城乡分隔管理的粮食供应制度，医疗、教育、住宅、就业、社会保障、劳动保护等制度都是不同的，一时难以改变，但广大农民正在创造各种形式，冲破这些制度的限制，向现代化推进，定会走出一条中国式的城市化道路来。乡村社会向城市社会转化也是这种变迁的一个重要方面。

（四）从封闭半封闭社会向开放社会转化

中国历史上曾经是一个很开放的国家，在汉代、唐代都有同各国往来的历史。明代永乐年间，有派郑和七下西洋的盛事，但明中叶以后就不行了，到了清代只留广州一个口岸对外通商，闭关自守，关门自大起来。新中国成立以后，帝国主义对我实行封锁禁运，迫使我们只能着重同苏联东欧发展经济联系。后来中苏论战，关系破裂，最终走出了自力更生、基本自给自足的道路。当然从本质上讲，原来我们是一个自给自足的自然经济的国家，加上幅员辽阔、地大物博，可以维持低水平的自给自足。纵观历史，对外开放统统是国力强大时的盛世，炫耀实力，锦上添花；国力衰微，要维系统治，往往实行闭关锁国的政策。

党的十一届三中全会以后，邓小平为首的党中央作出改革开放的决策，这是有大无畏的勇气的。其时正值我国处于“文革”动乱后的经济困难时期，冲破“左”的思想束缚，是很了不起的壮举。经过十多年的发展，现在我国已经形成全方位的、多层次的、多渠道的对外开放格局。我们不仅向西方发达国家开放，而且也向苏联等社会主义国家、东南亚国家和发展

中国家开放。全国已形成了深圳、珠海、汕头、厦门和海南5个经济特区，沿海14个开放城市，以及长江三角洲、珠江三角洲、闽南等13个经济开发区，与内地共构成四个层次。另外，我们还通过各种渠道，扩大对外贸易，利用外资，引进先进的管理经验，对外劳务合作，等等。十年来已引进三资企业3万多家，协议投资额403亿美元，实际直接投资189亿美元。借用贷款458亿美元，用于建设国内民用机场、港口、铁路、公路、油田、电厂、化工厂等550个。这些年发展了国际旅游业，1989年境外来华旅游人数已达2450万人，比1978年的180.9万人增加12倍多。①

十年来对外贸易迅速发展。1979年以前，每年进出口总额只相当于国民生产总值的11%左右，1989年已扩大到26.1%。1980年进出口总额381亿美元，1990年增加到1154亿美元。1980年出口181亿美元，1990年为621亿美元，增加2.43倍，平均每年增长13.1%。②

我们在对外开放的同时，实行对内搞活，实际也是内部开放。社会学上讲社会流动增强了。社会流动状况如何，是区分开放社会还是封闭社会的重要特征。改革以前，农民在农村种田，工人在工厂做工，基本上是终身很少流动。一个工人、干部分配到某个工厂、某个单位，一辈子不动的。1978年以后不同了，由于劳动、就业制度等方面的改革开放，职业流动频繁了。不光是从这个单位到那个单位，而且从这个城市到那个城市。行业之间，单位之间，城市之间，开展了合理流动。俗话说："树挪死，人挪活。"一流动，人才就涌现了，许多人的聪明才智发挥出来了。

据四次人口调查抽样结果，人口迁移的主旋律是：从乡村到城市，从内地到沿海。1985～1990年，全国跨市县迁移的有3300万人，5年中，农村迁入市镇的1500万人，当中60%进入城市。内地向沿海城市迁移，5年中有300万人由内地迁入沿海工矿城区。广东净迁入91万人，北京净迁入54万人。5年内因务工经商而跨市县迁入824万人，因婚姻跨市县迁移的有480万人。

变化最大的是农民。农民原来只限制在生产小队里上工、干活。"日出而作，日入而息"，出门都要请假。改革以后，大量的农民向第二、第三产业转移，成为乡镇企业的农民工。大量的农民向大中城市，向小城镇流动。

① 国家统计局编《中国统计年鉴·1990》，北京：中国统计出版社，1990年8月，第658页；《中国统计年鉴·1983》，北京：中国统计出版社，1983年10月，第441页。

② 国家统计局编《中国统计摘要·1991》，北京：中国统计出版社，1991年5月，第5、97页。

到那里去当保姆，搞劳务，务工经商，填补城市劳力的空白。在东南沿海有技术、有文化的农民大量向东北、西北、西南地区的农村城镇转移。浙江的弹棉花、修鞋、做衣服的人走遍天下。四川、广西、湖南、湖北的贫困地区的农民到广东珠江三角洲的乡镇企业、发达地区去做工、务农。在哪里做工，挣钱，学技术，见世面，受训练。

社会流动是社会发展的必然结果，有利于劳力、智力资源合理配置，使信息技术交流加快，增加社会活力，推动经济社会发展。人也变得聪明起来。目前，全国流动人口约 5000 万人，北京流动人口 1988 年统计有 110 万人（其中常住半年以上的有 40～50 万人）。这是现代社会的表现之一。有人笼统地把农民进城、农民流动批评为“盲流”，这是不对的。这是自觉流动，这个流动是经济发展的表现，是社会进步的表现。不能采取堵的办法，而是要因势利导，因势管理，堵是堵不住的。

开放社会还有个标志是大众传播媒介的发展。改革开放以后，我国的书刊出版发行大量增加，电视广播发展很快。1978 年全国发行的图书约为 1.5 万种，37 亿册，1988 年增加到 6.6 万种，62 亿册。1978 年全国发行杂志 930 种，7.6 亿册；1988 年增加到 5865 种，25.5 亿册。1978 年全国发行报纸 186 种，127.8 亿份；1988 年增加到 829 种，207.2 亿份。广播电视发展得更快，1978 年全国只有广播电台 93 个，电视台 32 个；1989 年全国有广播电台 531 个，电视台 469 个，[①] 电视人口覆盖率已达到 75.4%。1978 年全国农村每百户拥有收音机 17.5 台，电视机还基本没有；1989 年每百户拥有收音机 48.5 台，电视机 37.5 台。现在，全国约有 2.6 亿台收音机，1.6 亿台电视机。[②] 过去农民世世代代过着鸡犬之声相闻，老死不相往来的生活。有很多农民一辈子未出过山，未进过县城，现在农民通过图书杂志、广播电视同整个世界联系起来。他们的知识结构、生产经营、社会期望、价值观念都发生了深刻的变化。

（五）从同质的、比较单一的社会向异质的、多样化的社会转化

马克思形容封建社会中的小农时曾作了一个比喻，自给自足的状态下的小农好像是一个麻袋中的土豆。每个农户之间是同质的，缺少有机的内

---

① 国家统计局编《中国统计摘要·1991》，北京：中国统计出版社，1991 年 5 月，第 108 页。

② 国家统计局编《中国统计年鉴·1990》，北京：中国统计出版社，1990 年 8 月，第 321、294 页。

在联系。我国改革以前，全国基本上只有全民所有制和集体所有制两种公有制形式，与此相对应，全国只有工人、农民两个阶级和知识分子一个阶层。改革开放以后，公有制本身发生了变化，产生了多种经济形势，出现了跨城乡、跨地区，跨行业的经济实体，出现了承包经营、租赁经营，以及实行股份制等多种形式。1978 年，我国在城镇就业的人员共计为 9514 万人，其中在全民所有制单位工作的 7451 万人，占 78.32%；在集体所有制单位就业的有 2048 万人，占 21.53%；个体劳动者只有 15 万人，只占 0.16%。1988 年全国在城镇就业的人员共 14267 万人，其中在全民所有制单位工作的 9984 万人，占 69.98%；在城镇集体所有制单位工作 3527 万人，占 24.72%；在三资企业等单位工作的 97 万人，占 0.68%；个体劳动者 659 万人，占 4.62%。①

从所有制就业结构说，1988 年，城市中在全民所有制和集体所有制单位就业的人员仍为 94.7%，在个体所有制、私营企业等非公有制单位就业的只有 5.3%。而农村的变化则更大了。农村在 1978 年以前，全国基本统一实行“三级所有，队为基础”的所有制和统一经营形式。全国近 8 亿农民都是人民公社社员，可以说是相当的同质化。农村率先实行改革，普遍实行了家庭联产承包责任制，农民获得了生产经营的自主权，可以自主生产、自主交换、自主分配和消费，而且获得了可以经营农业以外产业的自主权。特别是 20 世纪 80 年代初期以后，乡镇企业异军突起，个体工商户和私营企业在各地迅速发展，农村的产业结构变了，经济结构变了，社会结构必然跟着转变。同质的人民公社社员分化了，分化成为职业不同、经济利益要求不同和价值观念不同的社会阶层。据我们调查和分析，农民现在已分化成 8 个不同的阶层：

（1）农业劳动者阶层。他们仍然是以农业劳动、靠农业收入为主的，约占农业人口总数 55% ~57%；

（2）农民工阶层。他们已在乡镇企业里从事二、三产业劳动，但还兼种着口粮田和责任田，大部分还居住在农村里，这部分人约占 25% 左右；

（3）雇工阶层。他们同农民工差不多，但受雇于个体工商户或私营企业主，他们的经济收入不低，但劳动强度和政治上、心理上的压力较农民工为大。这个阶层全国约占 3% ~4%。

（4）农村知识分子。他们是农村的民办教员、赤脚医生和农民技术员

① 国家统计局编《中国统计年鉴·1989》，北京：中国统计出版社，1989 年 9 月，第 101 页。

等智力脑力劳动者，但还是农民身份，全国约占1.5%～2%。

（5）农村个体劳动者和个体工商户。这是指农村的“五匠”和自己经营工商企业的农民。这部分人比例较高，占5%左右。

（6）私营企业主。这是指在农村雇工8人以上的工商大户，他们已经有了相当的财产，有的已达数百万元、数千万元了。这部分人的人数占0.1%～0.2%，

（7）乡镇企业管理者。包括乡镇企业的厂长、经理和供销人员，他们约占农村劳力的3%。

（8）乡村管理者。这是指乡镇干部、村的主要干部和村的一般干部。这类人约占农村劳力的6%。

农村这种分化发展正在进行。随着商品经济的发展，产业结构的调整，城乡体制的改革，农民的分化还会继续，总的趋向是农村城市化，农业现代化，农民则演变为工人、职员等其他非农民，这是历史的必然，任何力量也阻拦不住的。

上述五个方面的转化，只是勾画出我国目前社会正在发展的几个主要的侧面，还可以举出一些转化的例证。例如，科技文化方面的普及和提高，思想道德观念的深刻变化，等等。总之，我国的经济结构正在变化，经济体制正在变化，相应的社会结构、社会体制也在发生变化，变化的方向是向着现代化的目标。概括地说，我国正在由传统社会向现代社会转化。十一届三中全会决定的改革开放政策，大大加快了这种转化进程。这就是目前我国社会主义初级阶段的重要特征，是我国基本国情的一个重要方面。

二　基本国情的第二个特点：我们还是一个农民为主体的农业大国

迄今为止，我国还是一个农民为主体的、农业为基础的农村经济大国。前面讲了很多新中国成立42年以来的巨大变化。但是，我们这个农村经济大国的基本国情还没有变。这一点往往被一些同志忽略了。但这确实决定我国政治、经济、社会发展的基本国情，基本因素。我们的政治经济政策什么时候自觉或不自觉地离开了这个基本国情，什么时候的政治、经济发展就会受到阻碍；反之，则经济社会能够协调发展，经济就繁荣兴旺，社会就安定向上。

前面讲过，1949年以后，我国的工作重心已经转到城市里面来了，是

城市领导农村。工业总产值已经早在1956年就超过农业总产值了。30年来，我们已经建立了独立的门类齐全的工业体系。1987年在农村社会总产值中，乡镇企业的总产值已经超过农业总产值了，[①] 可以说已经实现了两次工业化了，为什么还说是农业为基础的农村经济大国呢？

这是由我们特殊的国情决定的。

第一，一直到1989年，我国的农业人口仍占总人口的79%。111191万人口中，非农业人口只有21%，农民（农民身份的人口）占79%。除了北京、天津、上海三个直辖市非农业人口是超过农业人口的，辽宁、黑龙江、山西几个省非农业人口在30%左右，其余大部分省区农业人口都占80%以上，有的占90%以上。少数省农业人口接近95%。农民占全国人口的绝大多数这个事实，对我国经济、政治、社会诸方面的状况有决定性的影响。邓小平同志说过："对内经济搞活，我们首先从农村着手。中国有百分之八十的人口在农村。中国社会是不是安定，中国经济能不能发展，首先要看农村能不能发展，农民生活是不是好起来。翻两番，首先要看这百分之八十的人口能不能达到。"[②]

第二，1989年的13125亿元的国民收入中，农业只占32.07%。但这是由我国特有的价格体系计算的结果。我国的定价制度是农产品价格偏低，工业品价格偏高。实际上，农业这个产业部门所创造的国民收入远远不止这个数字。早在20世纪60年代，毛泽东同志就对此提出过疑问：为什么80%的农民只创造30%多的财富呢？当然，工业劳动生产率高，农业劳动生产率低，但差别并没有这样大。

而在经济生活中，我国40年来的实际经验是，农业还是具有决定性的因素。哪一年农业丰收了，那一年的下半年和下一年的经济发展状况就好，城乡人民的日子就好过，社会就安定；哪一年的农业出了问题，当年第四季度和下一年的日子就紧张，经济发展就会有问题。农业是国民经济的基础，这个基础的决定性的作用在我国特别明显。农业直到现在仍是举足轻重的。1989年下半年出现经济疲软、滑坡，国家花了很大的力气清理三角债，给大中型企业实行双保，给优惠启动贷款，增加基建投入，调整整顿，真可谓全力以赴，但经济就是启动不起来。老天爷帮忙，1990年天气性地

---

① 国家统计局编《中国统计年鉴·1989》，北京：中国统计出版社，1989年9月，第51、247页。

② 邓小平：《实现四个现代化的宏伟目标和根本政策》，载《建设有中国特色的社会主义》（增订本），北京：人民出版社，1987年3月，第66页。

特别好，夏粮丰收，早稻丰收，秋季又全面丰收。秋收一登场，农民的购买力一上市，买化肥、买电视、买生活用品，市场繁荣起来，疲软症一下子就治好了，经济就直线上来了。1990年相当多的工厂停工半停工，不少工厂没有资金，发不出工资，但社会还是安定的，靠什么？靠我们各级政府的工作，也靠当年的粮食、副食品、蔬菜价格稳中有降，菜篮子没有问题，社会就稳住了。

第三，40年来，我国的经济发展，几经波折，大起大落，究其原因，从根本上来说，是没有处理好工业和农业、城市和农村、国家和农民的关系。前面讲过了，我国农民占80%，农民的向背，决定着我国经济、政治、社会的状况。早在1950年，毛主席就讲："中国的主要人口是农民，革命靠了农民的援助才取得了胜利，国家工业化又要靠农民的援助才能成功"①，又说："农民的情况如何，对于我国经济的发展和政权的巩固，关系极大。"②在《论十大关系》中，毛泽东总结苏联和新中国成立后的经验，提出对农民不能挖得太苦，拿得太多，要处理好工业和农业的关系。你想工业发展得快一点，就要重视农业，对农业多投点资。③ 这是完全正确的。但是，说是这样说了，实际做起来，却不是这样。

在处理工业和农业的关系上，我们往往只考虑工业发展的需要，在"左"的思想指导下，盲目追求高速度，脱离国情，脱离农业这个基础。1988年、1989年以后，我们总结出了一条规律性的认识，就是农业和工业的发展速度有一个合理的比例。从现在我们的经济水平看，要保持在1∶2~2.5的比例为妥。就是农业增长1%，工业发展的速度可以是2%~2.5%，超过了就会出问题。1985~1988年这4年中，农业平均增长3.1%，而这4年工业却以14.9%的速度发展，农业工业发展的速度比是1∶4.8，1985年是1∶7.2，远远超过了1∶2~2.5的适当比例，所以重又出现了市场紧张、通货膨胀、物价猛涨、社会不稳等现象。

再深一层次研究，农业为什么会有较大的起落呢？这主要是我们在处理国家与农民关系的政策上不稳定。40年来，我们有三个农业发展的黄金时期，也是整个经济、政治、社会发展最好的黄金时期。这就是1949~

---

① 毛泽东：《做一个完全的革命派》，载《毛泽东选集》第5卷，北京：人民出版社，1977年4月，第26页。

② 毛泽东：《关于正确处理人民内部矛盾的问题》，载《毛泽东选集》第5卷，北京：人民出版社，1977年4月，第379页。

③ 参见《毛泽东选集》第5卷，北京：人民出版社，1977年4月，第269、274页。

1956年，土改后到合作化这一时期；1962～1965年国民经济调整时期；1979～1984年农村改革开放时期。这三个黄金时期的一个共同点是党的政策符合实际，符合生产力发展水平，符合农民的意愿，农民从中得到实惠，因此农民衷心拥护，农民的生产积极性高涨，所以赢得了农业生产的连续丰收。相反的情况也是有的，农业减产，农业停滞徘徊的阶段，则主要是我们在处理国家同农民关系上，也就是农村政策上有问题。三年困难时期，"文化大革命"时期，1985～1988年农业徘徊时期，都属于这种情况。撇开政治原因不说，在经济上就是向农民拿得过多，挖得过苦，限制了他们的生产经营自主权，打击了农民的积极性。1958年上半年，农民的生产积极性确实是很高的，农业形势也很好，但到秋后丰收在望了，头脑发热了，担心起粮食吃不完怎么办的问题了。大办人民公社，大炼钢铁，大办水利，大办工业，大办公共食堂，……政治上把农民动员起来了，实行军营化管理，生产战斗化，行动军事化，生活集体化，经济上实行"一平二调三收款"①，把几亿农民的劳动成果化没有了。平时记的工分，秋后实行供给制一笔勾销了，真心吃大锅饭，而且行动也失去了自由。青壮年上山修水库、炼钢铁，严重地挫伤了农民的积极性，下半年的庄稼都没有收，生产垮下来了。

1985年又出现了打击农民积极性的情况。1984年农业空前丰收，卖粮难、存粮难，粮食吃不了了，棉花用不了了。在这种未弄清真实情况的条件下盲目乐观，以为农业真的过关了，靠政策就行了，于是又向农民伸手了，取消各种支农的优惠，粮食棉花收购价降低，结果又打击了农民种粮种棉的积极性，出现了1985年的粮棉大减产。农民总结说："粮食少了就定政策，粮食有了就变政策，粮食多了就批政策。"

一条基本经验是我国的农民是世界上最好的，农民通情达理，爱国家爱共产党，但千万不要得罪他们，不能挖得过苦，拿得过多。要让他们休养生息，政策要让他们得到民主，得到实惠，这样，8亿农民就有积极性，8亿农民的潜力无穷。

第四，经济是基础，政治是经济的集中表现。新中国成立40多年来，主要的几次大的政治斗争，根源都可以追溯到农民问题、农业问题和农村问题上，归根到底都源于对农村政策的分歧上。1955年关于反右倾，反小脚女人，1957年反右派，很重要的内容，是对合作化和统购统销的态度。

---

① "一平二调三收款"指平均主义、无偿调拨生产队财物、银行收回农业贷款。——编者注

1959年的反右倾斗争，庐山会议上彭德怀的意见书，是对农村问题的估计。“文化大革命”的情况很复杂，但据后来的分析，最高层的分歧是在对1958年后的形势和原因的分析上。1970年毛泽东同斯诺的谈话中讲到，他下决心发动“文化大革命”，更换接班人是从1962年七千人会议和四清过程中开始的。[①] 也正是在1965年的四清文件中，提出要消除党内走资本主义道路的当权派。1978年党的十一届三中全会的召开，制定了两个关于农业的文件，提出了首先要进行农村改革，解决农业问题。1989年春夏之交的政治风波，是国际大气候和国内小气候造成的。但如往前追溯，一个重要根源是1985年以后在农业问题上的失误，没有处理好同农民的关系，向工业、向城市过分倾斜，盲目追求高速度，向农民拿得过多，重又损害种粮棉农民的利益，挫伤了农民的积极性。农业4年徘徊停滞，引起工农关系失调，供应紧张，通货发行过多，物价暴涨，超过了承受能力，痛苦指数超过12%的警戒线，引起城乡居民多数人的不满，加上国外国内反动势力的推波助澜，最终出现了1989年的政治动乱。

第五，就深层次的文化传统、伦理道德观念来说，农民的传统观念、风俗习惯，在农村还是占主导地位的。新中国成立以后，毛泽东早在1949年就提出：“严重的问题是教育农民。”[②] 我们进行了大量的工作，移风易俗，破旧立新，农村、农民的观念已经有了很大改变。但是我们也应看到，存在决定意识，农村一家一户，手工劳动的生产方式没有根本改变之前，要彻底改变农民的意识、文化传统是困难的。而且，即使生产方式改变了，旧有的思想观念、风俗习惯还会保存一个相当的时间。开放改革以来，农村经济发展了，产业结构调整了，农村涌现了许多新人新事、新风尚。但不可否认，农村许多旧有的风俗习惯、传统观念，也再度泛起。诸如宗族关系、续家谱、拜祖宗、修家庙、建祖坟，家长制，父传子继，传宗接代，重男轻女，买卖婚姻，婚丧嫁娶大操大办，以至于封建迷信，跳神弄鬼都出来了。特别是在交通不便、经济不发达的地区，这种传统文化还可以说是占主导地位。在有些地区，有些党的组织，也变成了家族党。有的支部书记就是由长子或女婿接班。

就是在城市里，中国农村的旧有文化传统也还是有很大的影响。因为

---

① 参见中共中央文献研究室编《毛泽东年谱》第6卷，北京：中央文献出版社，2013年12月，第357页。——编者注

② 毛泽东：《论人民民主专政》，载《毛泽东选集》第4卷，北京：人民出版社，1991年6月第2版，第1477页。

我们的城市居民，同农村有千丝万缕的联系。除了几个老的大城市已有几代工人外，中国大多数城市居民只是第二代，第三代农民的子女。我们这些人在农村长大，20 世纪 50 年代进城，身上还保存着许多农民文化传统。1949 年，我国只有 800 多万城市职工，绝大多数都是 20 世纪 50、60 年代进城当工人，当干部，现在第二代上班了。能以他们还保留着许多农民的思想，农民的观念，农民的习惯，同农村有各种联系，接受着农村的影响，有很重的泥土气。所以，这些都不能不影响他的思想，影响他的决策。同那些老的工业化国家相比，已经有了 7 代、8 代城市居民、工人血统的国家，情况是不同的。所以，表面上说，我们是城市领导农村，工业占主导地位，而实际上，农民的传统文化，还在起着重要的影响作用。

这一切都说明，我们的国家还是一个农民为多数、农业为基础、农村经济占重要地位的大国。这是我国基本国情的又一方面。我们在考虑问题、做工作、制定政策的时候，不能不考虑这个基本国情的特点。从实际出发，就要从这个基本国情出发，而不是老挂在口头上。

三　从基本国情的两个特征出发，建设有中国特色的社会主义

认识国情的目的，是为了更好地从实际出发，从现阶段我国的国情出发，制定正确的方针和政策，保证社会主义“四化”建设的事业顺利发展。

关于建设有中国特色的社会主义这个大题目，党中央已经有了一系列的决定。党的十三大已经决定了我们的基本路线，就是“一个中心，两个基本点”，各项工作要以经济建设为中心，要坚持四项基本原则，要坚持改革开放。党中央已经决定建设社会主义现代化要分三步走的战略，这些实践证明都是完全正确的。前不久召开的七届人大四次会议通过了《关于国民经济和社会发展十年规划和第八个五年计划纲要》。按照这些目标和步骤去做，建成有中国特色的社会主义现代化是有保证的。我在这里只讲两点：

（一）一切从我国仍是以农民为主体的农业大国的实际出发

我们是 11 亿人口 9 亿农民的国家，我们做什么事情，定什么计划，都要把这 9 亿农民占人口 79% 的这个基本国情考虑进去。千万不能忘记他们，不能忽略不计。一定要弄清楚，近 80% 的农民的实际情况，他们在干什么？生活得怎么样？他们在想什么？有什么愿望？有什么要求？40 年来，我们

这样一个实行计划经济为主的国家，几次大起大落，都因为对农村的、农业的、农民的情况判断失误有关。一个时期，我们把农民的革命性、积极性估计过高，好像他们比工人阶级还先进，可以很快进入共产主义，取消按劳分配，实行供给制，搞大跃进，结果闹出了个三年困难。一个时期，又提出农村形势过于严重，提出有1/3政权不在我们手里，于是搞“四清”，搞阶级斗争为纲，要把无产阶级专政落实到基层，甚至提出要用无产阶级专政的办法搞农业。其实，农民还是农民，还是列宁的判断：农民有两面性，他们是劳动者，在旧社会有受压迫受剥削的一面，所以他们有革命性，有受无产阶级、共产党领导的一面，这是工农联盟的基础；农民又是私有者，是最后一个小资产阶级，有自发的资本主义的倾向，所以后来斯大林总结，认为工农联盟是打算盘的联盟，不能忽视农民利益。一个时期，我们把农村形势估计得过于乐观，认为农民的潜力无穷，提出“人有多大胆，地有多大产”，“不怕做不到，就怕想不到”。1958年，农业特大丰收，认为粮食吃不了了，要实行什么1/3的地种庄稼，1/3的地种花种草，1/3的地休耕。现在回想起来真是幼稚可笑。可是在1985年我们又重犯了这个错误。1984年农业大丰收，粮食多了，棉花多了，又盲目乐观起来，作出向工业、向城市大倾斜的决策。有位领导提出中国要成为农业出口大国，有位商业部的领导当时说，棉花3年不种也用不了。事实上只是两年减产，到1986年冬天，棉花就出问题了。1987年又不得不重新进口棉花，1988年重又进口粮食。这种政策摇摆的状况，上海农民批评我们是扭秧歌，“少了少了多了多，多了多了少了少。”什么原因？就是我们对农村、农民、农业的实际情况常常是不了解的。对80%的人的情况不掌握，我们的计划，我们的政策，怎么能不出问题？

所以，我认为要重新认识农民，重新估价农民，重新教育农民，摆正农民在社会主义革命和建设中的地位，这是建设有中国特色的社会主义的一个极其重要的方面。说有中国特色，怎么组织引导教育9亿农民走社会主义现代化的道路，实现社会主义现代化，这是最主要的特色。那么，当前的农村形势如何呢？

首先，9亿农民是我国最主要的生产力，最大的劳动大军。1989年全国劳动力共计55329万人。农民身份的劳动者是40939万人，占74%。把4亿多劳动力动员起来，组织起来，他们有了积极性，真正发挥了聪明才智，那真能移山填海，创造无穷的财富。有些人用计算机研究国情，算来算去，中国资源贫乏，人均耕地少，水少，……。说中国只能养活7亿人，中国的

粮食紧张是长期的。计算到2000年要进口3500万吨粮食，他们就是没有算这4亿多劳动者的力量。这4亿多劳动者有8亿只手，有4亿个脑袋。经济学上有劳力替代资源，劳力替代机械，劳力替代资金等的说法。同样一亩地，搞石油农业，投入能源，投入机械、化肥，可以高产；我们投入大量的劳力，精耕细作，加上优良种子，同现代化的要素结合起来，可以更高产。农民的潜力是无穷的。20世纪80年代以后，农民不仅生产出了大量的农产品，现在又生产出了大量的工业产品。煤的大部分，水泥的大部分，服装的大部分，建筑材料的大部分都是农村生产的。

其次，农民又是最大的消费者群体，是最广阔的市场，这个市场是有待开发的。几个主要国家，眼睛都盯着中国农村这个世界最大的市场，但我们却往往忽视自己这个最大的市场。农民有多大的购买力？他们手中有多少现金？他们想买什么？他们想吃什么？他们想穿什么？他们想用什么？对不起我们很少有人去研究。

这十几年，9亿农民（2.4亿户），由于生产发展了，经济宽裕了，60%～70%的农户都盖了新房，草房被瓦房代替了，有的还造了楼房。但我们的建筑学家却很少为他们设计过适合他们居住的、符合近代生产水平的造房图纸。农民只好自己设计自己建造。我们有关部门说，有60%～70%新建的房子不符合安全标准，……有的地方已经建第五代房了，三两年就更新一代。有的农民建了拆，拆了建，已经三四次了。这要浪费多少劳力，多少建筑材料！

农民是个最大的买主，什么产品只要农民喜欢了，一定是供不应求。2.4亿户农民，一户买一个钟，就是2.4亿只！这可以办多少个钟表厂啊！但是我们的工厂，我们企业家有多少眼睛是盯着农村的？农民吃的，农民穿的，农民用的，农民住的，我们制定生产计划了吗？农民用的家具，农民用的生产工具，小农具，我们制定了生产计划了吗？中国的经济要持续、稳定、协调地发展，不能不考虑这个最大的生产力，这个最大的市场。

总的说来，农业的发展还是有保障的。我可以负责地告诉大家，只要不改变包产到户的政策，不改变乡镇企业的政策，不改变个体工商户和私营企业的政策，不改变让一部分地区和一部分人先富起来等一系列行之有效的政策，那么，农村的繁荣，农村的社会历史进步，农村社会的发展是可以预料的。这里我说一说今年[①]的农业形势。今年的粮食要降，但棉花和

---

① 本文中指1991年。——编者注

经济作物形势要好，乡镇企业产值会突破1万亿元，增长20%以上。农业会稳步发展，乡镇企业会迅速发展。改革与发展的步伐没有止步。粮食不会有问题，中国人养得了自己，会生活得很好。

那么工业呢？中国的问题说到底是个农民问题。不了解中国农民，就不了解中国。中国人80%是农民，他们稳定，中国社会就稳定。中国农村的经济是繁荣的，向前发展的。有这样大的市场，有这样大的需求，就会推动中国的工业的前进、商业的前进。

（二）在进行现代化建设过程中，一定要注意经济社会的协调发展

十三届三中全会提出经济要持续、稳定、协调地发展，这是总结了40年来社会主义建设的经验和教训的科学结论。而客观上不仅经济要持续、稳定、协调地发展，经济和社会也要有计划、按比例地稳定、协调地发展。

现在看来，经济发展是乐观的，到2000年经济翻两番的宏伟目标完全可以实现。1980～1990年十年之间，我国的国民生产总值增长了1.36倍，已经打下了一个良好的基础。今后十年，经济发展只要保持6%的增速就可以实现翻两番的目标，而且可以超过，可以达到1万亿美元。最近，美国兰德公司估计，中国现在的GDP是1.3万亿美元（同我们估计的差不多），比汇率计算多1～2倍。预测2020年中国经济实力将达到3.5万亿美元，成为世界第二经济大国。

问题在哪里呢？今后的问题可能出在社会发展、社会改革滞后，出在经济社会发展不能协调上。经济发展太快，社会发展跟不上，社会配套改革跟不上。转变太快，引发社会问题。不正之风，分配不公，通货膨胀，教育、科技滞后，城乡差别扩大，矛盾加剧……，引出一系列新的社会问题。

社会政策、社会发展、社会改革跟不上，必然牵制经济的发展。例如社会保障改革不跟上，企业法、破产法就实行不了。优化劳动就业结构不行，优化产业结构亦不行。住房改革不搞，每年300亿投资进了黑洞，还引起不满。分一次房，吵一次架，扒一层皮。石家庄棉纺厂分一次房换一次厂长。这些社会政策、改革跟不上，必然引发社会问题，如果我们不预防，就会引起不安定。局部的小范围的震动就会产生，犯罪、失业增多。国际上这样的教训已经很多了。这些问题在现代化发展中都遇到了，我们不要重蹈人家的覆辙。

但是这些问题还没有引起有关方面的重视。如现在的“八五规划”中，经济发展计划比较细，比较具体，社会发展就比较粗，比较笼统，有的问题还没有考虑到。特别是基层，地、县以下的一些领导，脑子里还是把经济指标作为唯一的任务，埋头抓经济。不了解、不重视社会发展的问题。硬的硬，软的软。我担心的是经济社会不能综合配套改革，经济社会不能协调发展，会影响我们的四化建设的进程。

所以要大声疾呼，一定要使经济社会协调发展，要搞政治改革、社会改革，要制定正确合适的社会政策（社会政策比经济政策更重要），要引导经济社会协调发展。

如果这方面问题也注意了，那么，只要安定团结，大家埋头苦干，艰苦奋斗 10 年、20 年、30 年，我们的社会主义现代化事业的宏伟目标就一定会实现的。

社会结构的变迁是当代中国社会转型的基轴和主线*

14 年来的改革开放，使中国社会产生了巨大而深刻的变化。自进入近代以来，中国社会从来没有像今天这样充满勃勃生机，中国社会的现代化进程，从来也没有像今天这样日新月异地大踏步向前发展。这些变化是世所公认的，全国人民对这些变化都有亲身的感受。

各门社会科学学科，都努力从自己的学科视角出发，对这些深刻变化作出反映和概括。以社会变迁为主要研究对象的社会学，自然也责无旁贷。10 多年来所出版的大量社会学著作可以说都或多或少地记录了这种社会变迁过程的不同层面。然而，恰恰是在这段时期内，我国的社会学尚处于恢复重建之初，学科力量还不雄厚，尚未形成确定的学科视角，也缺乏比较系统的学科规范和成熟的概念体系，因而同其他社会科学学科相比，我们这个学科对由经济体制改革引发的中国当代社会变迁的研究，无论从哪一方面来看，都还不尽如人意。

当前，中国进入了改革开放的新的历史阶段。党的十四大对中国改革开放的基本经验作出了全面、科学的总结，进一步强调了以邓小平同志关于建设有中国特色的社会主义理论为指导，确立社会主义市场经济体系的宏伟战略任务。这无疑对包括社会学在内的各门社会科学学科提出了更高的要求。这就意味着：中国的社会学必须更深刻地反映和概括改革开放、社会变迁的实际进程，用自己的研究成果为党和决策部门提供决策参考和理论支持。正是出于这种考虑，我们组织撰写了这部著作。

---

* 本文源自《转型中的中国社会》（陆学艺、景天魁主编，哈尔滨：黑龙江人民出版社，1994 年 3 月），第 1 ~ 3 页。原稿写于 1992 年 11 月 10 日，系陆学艺为该书撰写的前言，现标题为本书编者根据前言内容所拟定。——编者注

记得还是在1990年，我们研究所的部分科研人员，在组织撰写《中国社会发展报告》[①]之际，就已参照国内外社会学的有关论著，酝酿并初步提出了“转型社会”这个概念，希望这个概念能够成为我国社会学研究当代中国社会变迁的理论支点。这个概念得到了我国老一辈社会学家雷洁琼教授的首肯，她在为该书所作的序言中写道：“《中国社会发展报告》提出‘转型社会’这个概念，我认为很有意义，这涉及理论和实践的很多问题。”雷老的肯定和支持给予我们很大的鼓励。为此，我们在1991～1992年，数次组织小型学术讨论会，专门讨论了转型社会的界定、转型的过程和特征以及与社会转型有关的各种问题和调控政策等，逐步形成了本书的写作提纲。

在本书中，我们自始至终将社会结构的变迁当作探索和描述中国当代社会转型的基轴和主线。之所以这样做，是出于这样的考虑：14年来，在中国社会生活诸领域（诸如社会行为模式、家庭结构功能、文化价值取向等领域）内，的确都发生了令人瞩目的变化，这些无疑都应被纳入社会学研究的范畴。但是，社会结构的变迁属于深层次的变迁，上述种种其他领域的变迁，归根结底都受到社会结构变迁的制约，在某种意义上都可被看作是社会结构变迁的不同指征，并由此得到诠释和说明。因此，把握住社会结构的变迁，就可以设定社会学这门学科观察中国社会转型的基本视角，从而为其他各个不同分支的社会学研究提供一个用于理论整合的合理框架。

《中国社会发展报告》主要还是力求用比较翔实的数据资料，描述中国改革开放10多年来各个社会领域内发生变迁的基本状况。与之相比，本书更侧重于对社会结构变迁进行较为系统的理论探讨。在《中国社会发展报告》中尚只表现为“转型社会”概念胚胎的东西，在本书中已展开为一系列的陈述与命题，因此多少反映出我们认识的发展进程和深化。当然，必须指出的是：这项研究还只是尝试性、探索性的，对于如此丰富多彩、内涵深刻的社会转型过程，我们远未形成成熟的定论。这一方面是由于这个学科尚没有提供足够的概念工具，另一方面也是受到我们学识水平的限制。不过，我们总算迈出了这一步。至于做得如何，那就有待于广大读者给予批评指正了。

本书的执笔情况如下：第一章，景天魁；第二章，李培林；第三章，张旅平；第四章，折小叶；第五章，王颖；第六章，方明；第七章，陆建

---

① 陆学艺、李培林主编《中国社会发展报告》，沈阳：辽宁人民出版社，1991年11月。

华；第八章，单光鼐；第九章，姜晓星。沈原参与了全书的框架设计和组织工作，景天魁协助我对全书做了初审和统稿。

附录：致胡绳院长的信①

胡绳院长：

您好！

我到社会学研究所已经 4 年多了，主要做了两件事：一是理顺社会学所内外的关系，进行社会学研究所的队伍建设；二是抓社会学的学科建设。社会学自 1979 年重建以来，12 年来学科建设取得了一定的成绩。但是，我总觉得一门学科要健康成长和发展，本学科的理论、方法和历史的研究一定要有坚实的基础。社会学在这方面还相当薄弱。

近年来，我和本所的研究人员就社会学的理论建设问题进行了多次座谈和讨论，大家发表了很多好的看法和建议。最近，我和几位中青年同志集中大家的意见，写成了《转型中的中国社会》一文，这个题目是作为中国社会学基础理论建设的课题提出来的，这篇文章还只是一个纲，应该形成一本专著，以详细阐述转型社会的理论。转型社会理论不仅是中国社会学理论的主干，而且也是整合中国社会学众多分支学科的理论前提。

我们这个探索涉及社会学整个学科建设的方向问题，所以，特向您请教。现呈上此文，请您抽空审阅批示，以便修正。

打扰您了，谢谢！

此致：

敬礼！

陆学艺

1991 年 7 月 31 日

① 陆学艺在带领团队完成《中国社会发展报告》一书后，又组织大家在多次集体讨论的基础上，于 1991 年 6 ~ 7 月撰写了《转型中的中国社会》一文，并将此文呈送胡绳院长审阅批示。作者认为此文论述的转型社会理论涉及社会学学科建设的方向，事关重大。因此，以该文为纲，继续组织大家于 1992 年底完成了“详细阐述转型社会理论”的《转型中的中国社会》一书。现将陆学艺致胡绳院长的信附于此，便于读者更全面地了解《转型中的中国社会》一书的写作背景。——编者注

21 世纪中国的社会结构*

——关于中国的社会结构转型

1840 年以后的中国近现代史，实质上是中国人民为实现中国现代化而奋斗的历史。建成现代化社会，跻身于世界先进民族之林，这是中国几代人的理想。1978 年以来，我国实行以经济建设为中心的方针，实行改革开放，使这个理想正在逐步变为现实。80 年代初，我国制定了实现现代化分三步走的发展战略。第一步，实现国民生产总值比 1980 年翻一番，解决人民的温饱问题。这个目标在 1987 年就基本达到了；第二步，到本世纪末，使国民生产总值再增长一倍，人民生活达到小康水平；第三步，再奋斗30 ~ 50 年，使人均国民生产总值达到中等发达国家的水平，人民生活比较富裕，基本建成现代化社会。现在，我们正在为 2000 年实现小康社会而建设着。21 世纪的上半叶，将是我国全面建成有中国特色的社会主义现代化的历史时期。

1978 年以来的改革开放，给中国社会带来了巨大的进步和深刻的变化。中国目前正处在社会转型时期，正在由传统社会向现代化社会转化。由农业社会向工业社会转型，由乡村社会向城镇社会转化，由封闭半封闭社会向开放社会转化。由传统社会向现代化社会转化的社会结构转型并不是社会主义社会发展中的特有现象，而是所有经济发达的现代化国家都经历过

---

* 本文原载《社会学研究》1995 年第 2 期，发表时间：1995 年 3 月 20 日。该文原稿写于 1994 年 8 月 3 日，系陆学艺 1994 年 10 月在日本青山学院大学 120 周年纪念国际学术研讨会上的发言。《新华文摘》1995 年第 5 期转摘，人大复印报刊资料《社会学》1995 年第 4 期转载。该文还收录于文集《“三农”论——当代中国农业、农村、农民研究》（陆学艺著，北京：社会科学文献出版社，2002 年 11 月）、《陆学艺文集》（陆学艺著，上海：上海辞书出版社，2005 年 5 月）、《中国社会结构与社会建设》（陆学艺著，北京：中国社会科学出版社，2013 年 8 月）。该文英译文发表于 *Social Sciences in China* 1997 年第 2 期。——编者注

的现代化过程中的一个过渡性阶段。但是由于中国社会在历史背景、文化背景、经济背景、资源背景等方面的特殊性，中国社会结构转型表现出若干不同于一般社会转型的特点。具有中国特色的一个重要方面是目前我们在实现向现代化社会转型的时候，同时要实现由计划经济体制向社会主义市场经济体制转变，首先要进行一系列的体制性的改革。

社会结构转型和经济社会体制改革如此密切地联系在一起，这在其他国家的现代化进程中是很少见的。从传统社会向现代化社会转变，从计划经济体制向社会主义市场经济体制转轨，结构转型和体制改革同时进行，使得转型过程中出现的结构冲突，体制摩擦，多重利益矛盾，角色冲突，价值观念冲突交织在一起，使得情况更加复杂，增加了转化的难度，何况，这场变革又是在拥有 12 亿人口、发展很不平衡的大国中进行，所以进行这场变革的困难、复杂、艰巨程度是可以想见的。这也是我们在实现社会结构转型、体制改革的过程中要特别强调稳定机制、协调机制和创新机制的作用的原因所在。1978 年以来，我国实行的改革开放政策，有力地推动了这一伟大的历史性转变的进程。实践证明，改革开放既是社会主义制度的自我完善，又是建设有中国特色的社会主义，实现中国社会现代化的必由之路。

未来 16 年（1995～2010 年）是中国建设社会主义现代化国家最关键的时期。过去的 16 年（1979～1994 年），我们经过拨乱反正，把全国的工作重心转到以经济建设为中心的轨道上，确定了改革开放的方针，制定并推行了一系列新的政策，进行了卓有成效的大规模经济和社会事业的建设，为实现社会结构转型和经济体制转轨奠定了坚实的政治、经济、社会基础。到 2000 年我国的国民生产总值将比 1980 年翻两番，甚至还会超过，但人均国民生产总值还只有 800～1000 美元。到 2000 年，我国还只是建立社会主义市场经济的基本框架。所以，要到 2010 年，使国民生产总值在 2000 年的基础上再翻一番。那时，我们的综合国力就相当可观了，到 2010 年，社会主义市场经济体制将全面确立，并将逐步完善、成熟、定型，使我国的经济和社会事业的发展建立在更为有效的制度性基础上。不过在这 16 年，两种结构的冲突、两种机制的摩擦、多重利益的矛盾、新旧观念的冲突还将继续，国际和国内的一些难以预料的重大而突然发生的事件，都将对我国的改革和发展的现代化事业产生影响，坦荡和跌宕、机会和风险并存。所以说，未来 16 年是我国建成现代化国家最关键的时期。我们现在已经登上了经济社会全面发展的台阶，正跨在进入现代化国家行列的大门槛上。

有利的条件是：第一，前 16 年已经打下了比较良好的基础，邓小平建设有中国特色社会主义的理论已经深入人心。通过改革开放，建设社会主义现代化国家已经成为全国各族人民群众的共识，可以说，现在方向已经明确，道路已经打开，驶向现代化的中国巨轮正在前进。第二，国际环境于我有利，第二次世界大战后的美苏对峙冷战格局已经结束，世界新秩序的格局正在形成，世界的发展正处于新旧更替的交汇点上，在世纪之交，千纪之交的不寻常时刻，世界看好亚洲，很多有识之士认为："21 世纪将是亚洲太平洋的世纪。"中国正处在亚洲太平洋的重要位置上，天时、地利、人和，地缘政治、地缘经济的优势给予了中国大发展千载难逢的好机遇。第三，我国的经济发展的势头良好。由于经济体制的改革，社会主义市场经济的导向，我国全面工业化的建设正在展开。有关部门预测，1991～2010 年，将是我国经济增长的黄金时期。在这 20 年里，我国国内生产总值的年均增长率将为 8.25%。到 2010 年我国可望由低收入国家进入中等收入国家的行列，而我们又是一个人口大国，所以国民经济的整体规模将可能跃居世界的前列。国外的专家也有这样的预计，如果保持目前的发展势头，到 2010 年，中国将成为仅次于美国、欧盟、日本的第四大经济体。

不利的因素是：第一，就改革和发展的总体而言，前 16 年发展方面的成绩要比改革为大。虽然改革是发展的先导，改革带动发展。但是毕竟我们实行了近 30 年的计划经济体制，已经深入到经济、社会等各个领域，真可说是盘根错节，根深蒂固。开始我们对农业进行改革，比较顺利，得心应手，旗开得胜，增加了我们进行全面改革的信心，但进行城市改革、工业改革问题就复杂了。原来，预计城市改革有 3～5 年会见成效，10 年过去了，我们的大中型国有企业的改革还没有找到像包产到户那样公认为有效的改革方略。改革还有很多难解的问题要解决。第二，社会发展与经济发展相比较，无论是社会体制还是社会事业的发展都滞后于经济体制的改革和经济的发展。经济结构已经调整改变了，但社会结构却还没有相应的改变（例如城乡结构未相应改变等），国家已经明确要建立社会主义市场经济体制，而在社会主义市场经济体制下，社会事业的发展和体制改革还处在探索试验阶段。第三，我们原来就是一个发展很不平衡的国家。这些年来，城乡之间、地区之间、行业之间的差距不是缩小，而是进一步拉大了。例如城乡居民的收入差距，1978 年是 2.37∶1，1984 年缩小到 1.7∶1，1985 年以后反弹，1993年扩大到2.54∶1。[①] 东部、中部、西部之间的差距也拉大了。这对于像我们这个大多数历来有“不患寡而患不均”传统心理的国家来说，如果这些差距继续扩大而又得不到合理解决，则就潜伏着不安定的因素，我们现在执行的方针是：要在效率优先的条件下，适当照顾公平。但这两者如何结合得好，还有很多问题需要解决。

当然，综观我国未来发展前进的大趋势，这些不利因素与有利条件相比较，有利条件占主导方面。我们现在的发展和改革的势头很好，国际环境于我发展有利，又占有地缘政治和地缘经济的优势，特别是改革开放以来的16年取得了很大的成绩，已奠定了今后持续发展的政治和经济基础。政局是稳定的，亿万群众有改革和发展的积极性，蕴藏着巨大的潜力。所以，我们有理由相信，今后16年，我们将继续深化改革，扩大开放，克服和改变前进中的障碍和不利因素，实现经济的持续增长和社会结构的转型。

实现了1995~2010年经济发展和社会进步的目标，我们就度过了建成现代化社会的最关键的时期，跨过了进入现代化国家行列的门槛，今后的发展道路就更加宽广了，回旋的余地也就越大了，就会进入比较平稳的发展时期。随着经济的高速增长，随着经济结构的调整，社会结构、社会关系也会发生很大的变化。前面讲过，中国现在正处在由传统社会向现代化社会转型时期。1978年以后的改革开放，大大加快了转变的速度。就传统社会结构向现代化社会结构转型来说，有的方面已接近转化的临界点，有的方面则还要有一个较长的转变期。而我国是一个人口众多、地域辽阔，发展又很不平衡的国家，所以各个省、市、区实现向现代社会结构转型将不是同步的，而是有先有后，呈梯度发展的形式。到21世纪中叶，中国将实现由传统社会结构向现代社会结构的转型，全面建成有中国特色的社会主义现代化国家。以下是关于中国社会结构转型过程中若干重要方面变迁的分析和预测。

一　关于人口结构问题

1993年底，中国人口为11.85亿，当年人口的自然增长率为11.45‰，[②]

① 国家统计局编《中国统计年鉴·1994》，北京：中国统计出版社，1994年11月，第255页；国家统计局编《中国统计年鉴·1985》，北京：中国统计出版社，1985年10月，第551页。

② 国家统计局编《中国统计年鉴·1994》，北京：中国统计出版社，1994年11月，第59页。

总和生育率为 2.16。专家们根据 1990 年全国人口普查资料按中位预测 2000 年中国的总人口将达到 12.87 亿，预计到 2033 年，中国人口将达到峰值，那时的总人口是 15.19 亿，以后中国的人口将逐步缓慢下降。

1990 年全国有 15 岁以上的文盲半文盲 1.82 亿人，占总人口的 16.1%，①比 1982 年第二次人口普查时约 22.8% 下降 6.7 个百分点，平均每年下降 0.84 个百分点，② 这说明这 8 年中，我国的扫盲工作取得了较大的进展。据普查，1990 年我国具有大学本科以上的文化程度的人口有 614 万，大学专科的 962 万人，比 1982 年大专以上文化程度的 604 万人增加了 972 万人，增长 160.9%。1990 年具有高中和中专文化程度的人共 8989 万人，比 1982 年的 6653 万人增加了 2336 万人，增长 35%。③ 总的说来，这十多年来，全国人口的文化素质有了很大提高，是历史上发展最好的。但纵向比，我国目前人口的文化构成还是比较低的。上述我国具有大学文化程度人口占全国总人口 1.4%，而在 1987 年时，欧美等发达国家有大学文化程度的人口占总人口的比重均在 10% 以上，苏联和日本也在 5% 以上。

1990 年，我国 65 岁及以上的人口为 6418 万，占总人口的 5.6%④。据预测 2000 年将为 8800 万人，占总人口的 6.8%。2004 年超过 7%，开始进入老年型人口的国家。到 2030 年，65 岁及以上的老人将达到 2.19 亿，占总人口的 14.5%，相当于 1992 年法国老年人口占总人口的比重。从各国的资料看，65 岁及以上人口的比重由 5% 上升到 7%，一般要 40 ~ 100 年的时间，所以人口老龄化过程同经济过程是同步的。我国从 1982 年老年人口占 4.9% 到 2004 年占 7%，只有 22 年，这是我国实行计划生育政策等发生了作用的结果。我国人口老龄化的进程快，和经济发展的进程不同步，这也会增加今后解决养老问题的难度。

中国是个人口大国，在控制人口、计划生育问题上一度有过周折。从 70 年代初开始，我国实行计划生育，于 1972 年召开了第一次全国计划生育会议，根据我国的国情制定并推行了一系列控制人口数量、提高人口素质、

① 国务院人口普查办公室、国家统计局人口统计司编《中国 1990 年人口普查资料》（第 1 册），北京：中国统计出版社，1993 年 4 月，第 38、2 页。

② 国家统计局人口统计司编《中国人口统计年鉴·1990》，北京：中国统计出版社，1990 年 8 月，第 5 页。

③ 国务院人口普查办公室、国家统计局人口统计司编《中国 1990 年人口普查资料》（第 1 册），北京：中国统计出版社，1993 年 4 月，第 29 ~ 31 页。

④ 国务院人口普查办公室、国家统计局人口统计司编《中国 1990 年人口普查资料》（第 2 册），北京：中国统计出版社，1993 年 4 月，第 4 ~ 5 页。

调节人口结构的政策，从中央到地方，各级政府从上到下，把计划生育作为基本国策来执行。20多年过去了，中国计划生育工作取得了巨大成功，大多数群众认同了，人口出生率和自然增长率明显下降，降到了世界平均水平以下。1972年，中国的人口占世界总人口的23.2%，1981年中国人口占世界总人口的22.2%，1991年只占21.49%。据联合国人口组织推算，1994年中国人口占世界总人口的21.27%，到2025年中国人口在世界总人口的比重将降为18.5%。应该说，中国的计划生育工作是卓有成效的，为人类作出了贡献。国际计划生育联合会秘书长哈夫丹·马勒说："中国是个大国，（计划生育）工作难度很大，但政府的计划生育政策却十分奏效。"今年9月，在开罗举行的国际人口与发展会议前夕，联合国秘书长加利说："中国对人口以及人口和发展的关系等问题作出了十分重要的贡献。"

我国开始实行一对夫妇只生一个孩子政策的时候，国内、国外反应强烈，有些外国人出于不同的目的，对此说了不少不好听的话。独生子女政策是根据我国人口众多等特殊国情而作出的决定，也是实行"少生、优育、优教"方针的一个组成部分。即使实行这样严厉的政策，我国现在每年还要纯增1400万~1500万人。这对于我们这样一个人均耕地、人均资源相对短缺又要进行大规模现代化建设的国家来说，实在是必要的。对此，逐渐取得了人们的认同。现在有不少国内的人士和国外的朋友，还有一个担忧，由于实行独生子女政策，家庭孩子少了，出现了"四、二、一"格局，中国人又有特别爱孩子的传统，一家人围着孩子转，孩子从小娇生惯养，饭来张口，衣来伸手，孩子任性、孤独、缺乏生活自理能力，把孩子养成了"小太阳"、"小贵族"、"小霸王"。10年、20年之后，这一代人踏上社会，怎么得了，不要成为垮掉的一代吗？这种担心是有一定的道理的，我们要看到这种危险性，全社会都要来关注这个问题，努力避免这种前景。但也要看到另一面。第一，由于20世纪80年代初，政府考虑到农民生产生活的实际情况，放宽了农民家庭的生育政策，如允许独女户可以再生一个孩子等，所以，实际上独生子女家庭并不普遍。如1989年出生的全部人口中，一孩占49.4%，二孩占31.3%，三孩及以上占19.3%。[①] 当然城市独生子女家庭要多得多。第二，对于独生子女也要看到有利的一面，因为是独生子女，家庭就有比较充裕的人力、物力、财力来进行优育、优教（这在我

① 国务院人口普查办公室、国家统计局人口统计司编《中国1990年人口普查资料》（第3册），北京：中国统计出版社，1993年4月，第536~541页。

国目前还处于低收入水平的阶段尤其重要），独生子女可以得到较好的生活条件，有利于长身体，可以得到较好的受教育学习的条件，有利于智力发展。另外，这些孩子长大懂事以后，因为意识到祖父母、外祖父母、父母的希望都寄托在自己身上，日后的供养也都在自己身上，会激发其责任感、使命感，激励自己奋发、上进。从历史上看，相比较而言，一些长子（女）、独生子（女）都比较有出息、有作为、有成就，这同自小有这种责任感是有关系的。所以我们有理由相信，未来的一代几代独生子女，会继承发展我们已经开创了的现代化事业，会比我们干得更好。对此，我是充满信心的。

二　关于就业结构问题

1990 年，中国劳动年龄（男 16～59 岁，女 16～54 岁）人口为 6.81 亿人，[①] 按中位预测，到 2000 年劳动年龄人口为 7.74 亿人，2010 年为 8.65 亿人，2020 年为 8.93 亿人。达到高峰以后将逐渐缓慢减少，2030 年为 8.4 亿人。1991～2000 年平均每年新增劳动年龄人口 930 万人。2001～2010 年平均每年新增劳动人口 910 万，在未来数十年的较长时期里，劳动力供给异常丰富，但就业压力也非常之大，将长期处于供大于求的局面。今后 20 年里，我国人口结构仍处于壮年期。我们要抓紧这个时间，多发展劳动密集型产业，充分发挥这支庞大的劳动大军的作用，促进经济的高速增长，提供必要的积累，为以后老年型社会到来做好必要的物质准备。

1993 年，中国国内生产总值为 31380 亿元，其中第一产业占 21.2%，第二产业占 51.8%，第三产业占 27%。[②] 据有关方面预测，今后 20 年我国经济仍将以较高的速度发展，产业结构也将有变化。到 2000 年，第一产业占 17.7%，第二产业占 52.3%，第三产业占 30%。到 2010 年，第一产业占 17.2%，第二产业占 52.8%，第三产业占 32%。

1993 年，全国劳动就业人员为 60590 万人，其中从事第一产业的 34792 万人，占 57.4%；从事第二产业的 13550 万人，占 22.4%；从事第三产业的 12248 万人，占 20.2%。在 60590 万从业人员中，如按城乡划分，在城镇

① 国家统计局编《中国统计年鉴·1991》，北京：中国统计出版社，1991 年 8 月，第 91 页。

② 国家统计局编《中国统计年鉴·1994》，北京：中国统计出版社，1994 年 11 月，第 32、26 页。

就业的为16156万人，占26.7%；在农村就业的为44434万人，占73.3%。在城镇就业人员中，在国有单位的职工为11094万人，占68.7%；在集体所有单位的职工为3603万人，占22.3%；在个体和私营单位的有1116万人，占6.9%；在其他单位的343万人，占2.1%。[①]

从前述数字中，可以看出我国目前的产业结构和就业结构是不一致的。1993年国内生产总值中，第一产业产值占21.2%，就业结构中，第一产业的从业人数却占57.4%；第二产业产值占51.8%，而就业结构中，第二产业的从业人员只占22.4%。这显然是不合理的。这是因为目前我国实行的是城乡分隔管理的体制。有城镇户口的人员，就业比较充分（1993年，全国城镇失业人员为420万人，失业率为2.6%）[②]，而农村人口不能随意向城镇迁移。每年新增的劳动力1000多万人，其中绝大部分是农村户口，就在农村就业，他们每家都有耕地，习惯上把他们看作是自然就业。所以农村的劳动力就越积越多。改革开放十多年来，我国工业化、城市化有了很大发展，但1978年农村从业人员为30638万人，1993年为44434万人，增加了13796万人，平均每年新增劳动力919万人。[③] 这与第一产业在国内生产总值中的比重逐年下降的状况是很不相称的。

今后相当长的一个时期里，我国劳动就业的形势是相当严峻的，任务非常繁重。既要在保持劳动效率，并使劳动力素质不断提高的前提下达到充分就业，又要改革、调整目前城乡之间、产业之间就业不合理的状况，使之与经济社会发展的要求相协调。

就劳动力供给看，按前述预测，从现在到2010年，每年平均新增劳动力920万人，这是一个方面。另一方面，1993年农村就业的劳动力44434万人中，从事农业劳动的有34792万人。我国只有14.34亿亩耕地，劳均4.12亩，显然没有充分就业，据有关方面测算，现在农村有1.5亿剩余劳动力。如果到2010年，能使农村剩余劳动力的50%转到非农业就业，每年需要转移出450万人。这就是说未来近20年的时间里，每年要在二、三产业安排约1370万人就业和再就业，这是非常艰巨的任务，更不用说还要解决现在的公有制企事业单位里因为改革而被辞退下来的人需要再就业的问题了。

① 国家统计局编《中国统计摘要·1994》，北京：中国统计出版社，1994年5月，第20~21页。
② 国家统计局编《中国统计年鉴·1994》，北京：中国统计出版社，1994年11月，第106页。
③ 国家统计局编《中国统计摘要·1994》，北京：中国统计出版社，1994年5月，第20页。

如果能做到，今后每年新增的劳动力都在非农业部门就业，又能使一部分现在农村的剩余劳动力转到二、三产业，那么到2010年，我们的就业结构就有较大的改观了。那时的就业结构，第一产业占34%，第二产业占36%，第三产业占30%，与当时的产业结构基本接近。只要今后20年经济增长率保持8%～9%的速度，坚持进行劳动就业制度改革，大力进行小城镇和城市化建设，大力发展第三产业，那么这个目标是可以实现的。

由于市场经济的发展，计划体制的推动，由于比较利益推动，高收入的刺激，从20世纪80年代中期，我国的劳动力开始流动，而且规模越来越大。其特征是，农村的劳动力向城镇流动，中西部的劳动力向东部沿海流动，不发达欠发达地区的劳动力向发达地区流动。市场化程度比较低的产业的劳动力向市场化较高的产业流动，国有制企事业的劳动力向非国有制企业流动。其中规模最大、最引人关注的是农村剩余劳动力向城镇二、三产业流动。这就是出现了被称为“民工潮”的现象。

农村实行家庭联产承包责任制后，农民生产积极性调动起来，14亿多亩耕地就不够种了，农民要发展生产，要致富，就向城镇二、三产业寻找出路。1984年，政府采取两项大的政策，一是鼓励发展乡镇企业，二是允许农民自理口粮到城镇务工经商。这些年乡镇企业大发展，到1993年，乡镇企业容纳的劳动力已达1.12亿，比1984年增加6070万人。[①] 其中大部分是“离土不离乡”的，虽然已经主要从事二、三产业，但还居住在本乡、本村。另外还有一支农村剩余劳动力大军到城市，到异地乡镇务工经商，实现跨省、跨区、跨县的流动。而城市改革的深入，城市各项事业的发展，需要劳动力，如建筑业、运输业、环卫业等第三产业蓬勃发展，城市的劳动力已不敷需要，或城市劳动力不愿干的重活、累活、危险的活，都需要由农村来的劳动力补充。到20世纪80年代末，这些流入城镇的劳动力已约有3000万人，1989年、1990年有所下降，1991年开始回升，1992年猛增，这才引起了社会的注意。被称为“民工潮”。这几年大致每年增加1000万人，有关部门估算到1994年春，这支被称为民工的大军大约有6000万人。

民工潮的实质是农村剩余劳动力向城镇转移，农业剩余劳动力向二、三产业转移。这种转移是社会转型过程必然有的，所有现代化国家都经历过的。我国目前正处于经济高速增长的社会转型时期，因为原来的计划体制、户籍管理制度、劳动就业制度等还没有相应地改革，所以出现了这种

---

① 国家统计局编《中国统计年鉴·1994》，北京：中国统计出版社，1994年11月，第85页。

特有的民工潮现象，这是一种农业剩余劳动力转移的特殊形式。好处是民工潮使城乡结构、产业结构、就业结构发生了变化，趋向合理，使需要劳动力的地方和产业得到劳动力供给。如大中城市和经济发达的城镇，珠江三角洲地区接纳了约650万民工，长江三角洲地区接纳了约500万民工，哪里接纳得最多，哪里的经济就发展最快，最繁荣，最有生气和活力。输出农业剩余劳动力的地区也得到了资金、技术、信息等的回报，如四川省外出民工有600多万人（河南400多万人，安徽300多万人），每年通过邮局等渠道汇回四川省的款项超过60亿元，比本省投入支持农业发展的资金还多，剩余劳动力的输出对当地的发展也是有利的。不利的一面是，因为这种剩余劳动力的大规模转移基本上是自发的，所以给交通、治安、民政、计划生育、城镇管理等方面造成了很大的压力，出现了不少问题。现在有关方面已注意到这个问题，社会舆论也变了，开始时把民工称为“盲流”，采取限制、排斥、驱赶的态度，现在好了，有认识了，总的是认为利大于弊。公安部门已着手改革小城镇户籍管理制度，劳动部门也把农业劳动力的转移纳入自己的工作安排，有关部门在研究、制定缓解和消除“民工潮”所引起的负面影响的政策和措施，使农业剩余劳动力向二、三产业向城镇的转移能进入比较有序顺畅的轨道，以促进就业结构和城乡结构变得更加合理。

三　关于城乡结构的调整问题

中国的改革开放是从农村开始的，而且很快取得了成效，使农村社会发生了巨大而深刻的变化，为城市改革提供了经验和物质基础。但是，中国要继续改革和发展，要实现现代化的重点和难点也在农村。农村至今有8.5亿人仍是农民身份，占总人口的72%。① 他们中的大部分人要转为工人和职员，这将是一个漫长而艰难的过程，要克服重重障碍。

20世纪50年代，中国开始实行计划经济体制，逐渐形成了城乡分割的二元社会结构，城市办工业，农村搞农业，市民居住在城里，农民住在乡村，实行非农业户口和农业户口分隔管理，严格限制农业户口转为非农业户口。在1978年以前还限制农民从事非农业劳动，曾提出过“人心向农，劳力归田”的口号。到1978年，农业在国民生产总值中只占28.4%，但当

① 国家统计局编《中国统计年鉴·1994》，北京：中国统计出版社，1994年11月，第59页。

年农村人口占总人口的 82.1%。城市化率只有 17.9%。[①]

1978 年改革开放后，工业化发展很快，特别是农村办了以乡村工业为主体的乡镇企业，到 1992 年工业总产值在国民生产总值中已占 48%，农业产值只占 23.8%。但由于户籍制度等的限制，直到 1992 年 11.71 亿总人口中，农村人口占 72.4%。城市化率只有 27.6%。[②]

一般来说，一个国家在现代化过程中，城市化率往往是超过工业化率的。美国在 1870 年工业化率为 16%，城市化率为 26%；到 1940 年工业化率为 30.3%，城市化率为 56%。发展中国家在人均 GNP 超过 300 美元之后，城市化发展都很快，往往都是超过工业化率的。

中国目前在现代化过程中面临的一个重要问题是城市化严重滞后于工业化。1992 年中国工业化率为 48%，而城市化率只有 27.6%，差 20.4 个百分点。低于目前世界城市化率（40%）12 个百分点。[③] 这种落后状况不利于现代化的发展，不利于大规模经济效益的发挥，特别不利于第三产业的发展，不利于科学教育等社会事业的发展，不利于农业规模经营的形成，也不利于农业的发展，并由此引发了诸多社会问题。民工潮就是众多的农村剩余劳动力自发进城务工经商，而受到诸如户籍管理制度等的阻碍而引起的问题之一。1993 年冬中央决定：要“充分利用和改造现有小城镇，建设新的小城镇。逐步改革小城镇的户籍管理制度，允许农民进入小城镇务工经商，发展农村第三产业，促进农村剩余劳动力的转移”[④]。这个政策实施之后，将有大量的农民进入小城镇落户，加快城镇化的步伐。

1993 年中国有 570 个市，其中中央直辖的省级市 3 个，地级市 196 个，县级市 371 个。有 15223 个镇，其中县政府所在镇 1795 个。[⑤] 另外还有乡政府所在地的集 32956 个。当年市镇人口 33351 万人[⑥]，10075 万户。今后，

---

① 国家统计局编《中国统计年鉴·1994》，北京：中国统计出版社，1994 年 11 月，第 26、59 页。

② 国家统计局编《中国统计年鉴·1994》，北京：中国统计出版社，1994 年 11 月，第 32、59 页。

③ 参见刘洪主编《国际统计年鉴：1998》北京：中国统计出版社，1998 年 12 月，第 72 页。——编者注

④ 《〈中共中央关于建立社会主义市场经济体制若干问题的决定〉学习问答》，北京：中共党史出版社，1993 年 11 月，第 17 页。

⑤ 国家统计局编《中国统计年鉴·1994》，北京：中国统计出版社，1994 年 11 月，第 3、327 页。

⑥ 国家统计局编《中国统计年鉴·1994》，北京：中国统计出版社，1994 年 11 月，第 3、59 页。

市和镇还会继续增加，城镇的规模和容量还会继续扩大。预计到2000年，市镇人口将超过5亿人，约1.6亿户，城镇化率将达到40%。到2010年，中国的市镇人口将达到6.9亿人，城镇化率将接近50%。

现在，关于中国实现城市化的发展战略有三种主张：一种主张以发展大城市为主；一种主张以发展中小城市为主；一种主张以发展小城镇为主。这三派主张各有所据，言之成理。实际工作部门的同志多数主张以发展小城镇为主。现在实际也在实施这个方针。我原来也是主张以发展小城镇为主的，农村发展的道路，第一步实行家庭联产承包制，第二步发展乡镇企业，第三步建设小城镇，这比较顺当，顺理成章。20世纪80年代初期，提出“离土不离乡，进厂不进城”发展小城镇，对于冲破当时的城乡壁垒，支持乡镇企业发展有积极意义。但是，这只是一个过渡阶段。乡镇企业发展起来了，真有相当多的农民在小城镇落户了，那还只是一个准二元社会结构，有人称为三元社会结构，20%多住在城里，30%~40%在小城镇，30%~40%在农村。这只能是一种设想，因为这是没有迁移的转移，只能是城市化的一个阶梯性的阶段。乡镇企业本身将来也要发展成现代企业，是要和城市的二、三产业的现代化企业逐渐融合、统一的。中国未来的城乡结构，一定要改变二元社会结构使大多数居民聚集到城市里来，实现区域现代化。所谓区域现代化是指在一个由自然、地理、资源、环境、经济社会、历史传统文化所形成的较大的地区内，以某个特大城市或大城市为中心，以若干个中小城市为中介，与地区内众多的小城镇和乡村形成网络，辐射带动本地区内整个经济和社会各项事业协调发展，实现区域的工业化城市化。国际上这类区域现代化的实例已经很多。中国现在的京、津、唐（山）地区，上海、南京、杭州地区，广州、深圳、珠海地区，沈阳、鞍山、大连地区，青岛、烟台、潍坊地区，福州、泉州、厦门地区等都在逐渐成为我国较早实现区域现代化的地区。

四　关于区域结构问题

中国是一个国土辽阔、人口众多，自然资源分布很不均匀，各地区经济社会发展很不平衡的大国。一部分现代工业和大量以手工为主的农业同时存在，一部分经济发达，同广大不发达地区和贫困地区同时存在，少量具有国际先进水平的科学技术同数以亿计的文盲同时存在。这种区域间发展极不平衡的状况是由客观自然资源条件和长期的历史原因等多种因素造成的。中国的人口和自然资源分布很不均匀，各地区的差异很大。在 960 万平方公里的版图上，如果在黑龙江省的瑷珲县和云南省的瑞丽县（今瑞丽市）两点之间画一条直线，两部分面积各占一半。但 90% 的人口集中在东南地区，能源、矿产等资源则比较少，而这条线的西北部分，居住的人口只有 10%，大部分矿产资源如煤炭、天然气、石油、金属、稀土等都集中在这里，但地面多沙漠、高山、峡谷、草地，而且干旱、寒冷、缺水，生存条件很差。这种自然资源与人口分布脱节的状况，给生产的合理布局和经济社会协调发展增加了很大的困难。中华民族的政治经济中心本来在北方中原地区。公元 6 世纪，南北朝以后，经济重心南移，从此长江流域经济逐步取代黄淮经济区而成为中国经济的中心。由于国防等方面的原因，政治、军事中心还继续在北方，形成经济中心和政治中心分离的格局。1840 年以后外国资本主义入侵，是从东南沿海的通商口岸开始的。这些地区也正是农业生产基础好，人口众多，比较富裕，而且也曾是唐宋时期对外贸易最发达的沿海地区，所以很快发展起来，形成了以上海、杭州、宁波、厦门、温州、广州等城市为中心的商品经济比较发达的地区，建立了一部分近代工商企业。

1949 年中华人民共和国成立以后，20 世纪 50 年代开始进行大规模的工业化建设，出于当时的国际环境和国防的考虑，从 20 世纪 50 年代开始的第一、第二个五年计划和以后的三线建设期间，把大部分项目都建在内地和东北地区。并且还把沿海的一些工厂和科研、教学机构迁到内地，在我国的中西部地区建起一批工业基地和城市，如包头、石家庄、郑州、洛阳、襄樊、十堰、咸阳、宝鸡、绵阳、西昌等。我国的生产力布局和区域结构有了一定的调整，但也带来了一定的问题，如没有充分发挥原来沿海城市和工业基地的作用，经济效益不够好等。

1978 年改革开放以后，我国经济发展战略转向经济效益，把经济建设的重点移向沿海，首先在深圳、珠海、汕头、厦门建立了经济特区，不久又开放大连、天津、青岛、连云港、上海、宁波、福州、广州、北海等 14 个沿海城市，依靠这些地区原有资金、技术、人才、基础设施等的优势，加上引进外资，引进先进技术和新的管理方式，这些地区很快发展起来。为了更好地发挥地区优势，加强对经济建设的宏观指导，按照地区经济技术发展水平、地理位置和资源分布情况，有关部门把我国划分为东、中、西三大经济带，把东部辽宁、北京、天津、河北、山东、上海、浙江、福建、广东、广西、海南等沿海 12 个省区市定为发达地区，把中部的黑龙江、吉林、山西、河南、湖北、湖南、江西、安徽、陕西 9 个省定为欠发达地区，把西部四川、云南、贵州、甘肃、西藏、青海、宁夏、新疆等9个省区定为不发达地区。当然，这种划分只是相对意义上的，很大程度上也考虑了地理位置和行政区划的因素。事实上，我们的一个省就很大，如四川省有1亿多人口，56万平方公里，本省内就可划分出经济发达、欠发达、不发达三类地区。所以东、中、西三大区的划分只是大致反映当前各省区经济发展的水平。

十多年来，沿海地区得改革开放风气之先，率先放宽政策，率先发展市场经济，经济发展得最快，中部地区次之，使原有的地区之间的差距拉大了，1982～1992年，广东省的工农业总产值从415亿增到4216.5亿元，同时，贵州省的工农业总产值从101.9亿元增到479亿元；1978～1992年，广东农民年人均纯收入由182.3元增加到1307.65元，而同期贵州农民年人均纯收入则由108元增到506.13元。[①] 以相同的口径相比，1982年广东省的工农业总产值是贵州省工农业总产值的4.07倍，而到1992年则扩大到8.8倍；1978年广东省农民年人均纯收入是贵州省农民年人均纯收入的1.69倍，到1992年则扩大到2.58倍。这是两省平均数的比较。如果具体到县市、到乡镇、到家庭个人之间的比较，那么，差距还要大。

东部沿海地区经过十多年的大规模建设，经济实力增强了，基础设施大大改善了，投资环境日趋完善，自我发展能力增强，不仅吸引了很多境外的资金和技术，而且我国中部、西部的人才、劳动力、资金也大量向东部集聚。所以今后较长的一段时间里，我国的区域格局仍将是不平衡发展的格局，东部地区同中部、西部地区的差距不仅不会缩小，相对差距还会进一步扩大。

在工业化过程中，由于市场力量的推动，这种区域间的不平衡发展是必然的。这种经济发展的不平衡状况，在全国范围形成了递推式区域增长的形势，在产业结构逐步调整，在市场容量不断扩大方面形成一浪又一浪的长期持续增长的格局，这在一定时期对于经济发展是有利的。但是这种不平衡状况，特别是各地区居民收入的差距要控制在一定的合理范围里。否则，将引起各种社会矛盾，于稳定发展不利，特别是我国西北、西南是少数民族同胞聚居的地区，更要注意这些地区的发展。要选择适当的时机，利用宏观调控的力量，加快中西部地区的发展。20世纪90年代以来，国家

---

① 国家统计局编《中国统计年鉴·1983》，北京：中国统计出版社，1993年8月，第21页；国家统计局编《中国统计年鉴·1993》，北京：中国统计出版社，1993年8月，第61、313页。

采取各种优惠政策等方式加快中西部地区乡镇企业发展，已经取得了一定的成效，现在东部沿海的一些乡镇企业家也在向中西部发展，这是很好的。经过多年的地质勘探工作，现在已经探明在新疆有非常丰富的石油、天然气和煤炭及其他矿藏资源，内蒙古也有特别丰富的煤炭、天然气等资源，国家现在正着手重点加强这些地区的交通通信和基础设施的建设，为今后大规模开发西北地区做好准备。我们的目标是要建设社会主义现代化国家，要实现共同富裕。所以，到 20 世纪末 21 世纪初，国家综合实力增强以后，就要把经济发展战略的重点西移，使中部、西部也发展起来，使区域结构逐渐趋于平衡。这一方面要提高中西部的经济社会水平，同时也是经济发展新的生长点，使整个国民经济持续高速增长。

总的说来，目前的中国正处于由传统社会向现代化社会转变的社会结构转型时期，21 世纪上半叶中国将实现这种转型而建成社会主义现代化国家。本文所论述的只是实现社会结构转型的几个主要方面，实际的转型过程要丰富得多、深刻得多，而且还会有许多曲折、反复的环节，要克服重重困难和障碍。但是，在中国人民面前，实现社会结构转型的方向已经明确了，道路已经开通了，中国要建成社会主义现代化国家的目标是一定能够实现的。

调整社会结构　促进社会进步*

自改革开放以来，我国的经济发展很快，提前五年实现了国民生产总值翻两番的目标，综合国力有了很大的提高，经济结构已经发生了很大的变化，我国现在已进入了工业化的中期阶段。我国的城乡社会都在经历着一场历史性的变迁。从社会学的视角看，我国目前正处在社会结构转型的时期，正在由农业社会向工业社会转化，由农村社会向城镇社会转化，由封闭半封闭社会向开放社会转化，由单一同质的社会向多样化社会转化，也就是说正由传统社会向现代化社会转化。与此同时，我国还正在由计划经济体制向社会主义市场经济体制转变。

由传统社会向现代化社会转型，这并不是社会主义社会发展中特有的现象，凡是经济发达的现代化国家都经历过社会结构转型阶段。比较特殊的是，我国在实现社会转型的同时，要实现由计划经济体制向社会主义市场经济体制转变，首先要进行一系列的体制性改革和转变。社会结构转型和体制性改革同时进行，这就使得在转变过程中出现结构冲突，体制摩擦、多重利益矛盾、角色转换、价值观念冲突交织在一起，使得多种矛盾错综复杂，增加了转型的难度。何况，这场变革又是在拥有12亿人口、发展又很不平衡的大国中进行，所以实现这场变革的困难、复杂、艰巨的程度是可以想见的。这也可以说明我国当前一方面经济持续、快速、健康发展，成绩斐然，形势喜人，另一方面又出现了东西差距拉大、南北矛盾重重、问题成堆、意见纷纭、莫衷一是、使人迷惑的现象。

总体而言，当前经济社会生活中的一个重要问题是要正确处理好经济发展和社会发展的关系。从各个经济发达国家的历史看，经济发展是社会

---

* 本文原载《长白论丛》（长春）1996年第6期，第35～37、84页，发表日期：1996年11月20日。人大复印报刊资料《社会学》1997年第1期转载了该文。——编者注

发展的基础和前提，必须坚持经济发展优先的原则，只有经济发展了，才能奠定社会发展的物质基础；同时经济发展和社会发展是互为条件、相辅相成的，经济发展不可能长期脱离社会发展单独推进，社会发展了才会促进经济发展，如果社会发展长期滞后，就会阻碍经济健康发展。而且社会发展是经济发展的目的，经济发展归根结底是为了满足人民日益增长的物质和文化需求，提高人的生活质量，改善人的生存环境，促进人的全面发展，所以经济和社会必须协调发展。

随着经济的发展，十多年来我国的社会发展各个方面也都有了显著的进步。我国已把计划生育和环境保护列为基本国策，明确提出要加速科技进步，优先发展教育，实现科教兴国的战略。八届全国人大四次会议通过的《中华人民共和国国民经济和社会发展“九五”计划和2010年远景目标纲要》中提出，要“实现可持续发展战略，推进社会事业全面发展”，要“注意搞好经济发展政策与社会发展政策的协调”，“保持社会稳定，推动社会进步，积极促进社会公正、安全、文明、健康发展”。① 这是十分正确和完全必要的。

改革开放十多年来，社会发展与经济发展相比较，无论是社会体制改革还是社会事业发展都滞后于经济体制改革和经济发展。我们的改革首先是从农村开始的，进行得比较顺利，取得了巨大的成功，可说是旗开得胜，增加了我们进行全面改革的信心，也准备了物质条件。以后进行城市改革、工业改革，问题就比较复杂，进展就不是那么顺了。再从另一个侧面看，我们的经济体制改革在前，政治体制、社会体制改革又相对滞后。按照社会主义市场经济体制的要求，我国的科技教育事业、文化体育事业、医疗保健制度、社会保障制度、城乡居民的住房制度等等，都要作相应的改革。这几年，我国在这些方面也都进行了改革，有些也已取得了一定的进展，但多数还是探索性的，并未摆脱原来计划经济体制下多年形成的格局和框架，还没有改变原来吃大锅饭的状况。因此，一方面，这些社会事业不能适应经济发展的要求，不能满足人民群众日益增长的需要，没有取得应有的社会效益和经济效益；另一方面，传统的体制不改革也束缚了这些社会事业本身的发展。我国现在的科技事业、教育事业等与我国目前经济发展已达到的水平不相称，不能适应经济发展的要求。我国的社会保障制度，

① 《中华人民共和国第八届全国人民代表大会第四次会议文件汇编》，北京：人民出版社，1996年4月，第97页。

从1983年开始实行退休基金统筹试点改革，已进行了12年，虽然有了很大成绩，但至今并没有改变分散的以行政企事业单位为主的社会保障体制，远不能适应经济社会发展的要求。特别是统一的适应社会主义市场经济体制要求的社会保障制度建立不起来，国有大中企业的改革就深化不下去，有些企业该精简的职工精简不了，有些早已资不抵债、该破产的企业破产不了，实际已经影响经济改革和经济发展了。又如城乡住房制度，早在1980年4月邓小平同志就提出，“要考虑城市建筑住宅、分配房屋的一系列政策”，[①] 提出了住房制度改革的方针。此后有关部门也进行了城镇住房制度的改革，10多年过去了，虽然取得了很大的成绩，但大多数城市和单位还是在继续进行无偿的福利分房，实行低房租高补贴的政策。国家现在每年投入上千亿元资金，建房修房，包袱越背越重，但仍不能满足广大职工及其家属改善住房条件的需要。1994年全国仍有400万无房和人均住房面积在4平方米以下的困难户。1994年，全国城镇居民平均居住面积是人均7.8平方米，而同年全国农民人均居住面积是20.22平方米。1994年城市居民实际人均年收入3502元，而农民年人均纯收入只有1221元；城市居民人均年消费支出2851元，其中住房支出79元，占2.8%，同年农民人均年消费支出1017元，其中住房支出142元，占14%。[②] 可见，并不是城市居民无力改善住房条件（城市居民的收入比农民高1.87倍），而是现行的城镇住房制度限制了城镇居民改善住房的要求，束缚了城镇住房建设产业的发展。

总的来说，我国现在的社会事业体制和社会发展已经滞后于经济发展，由此产生了种种社会矛盾和问题，也制约了经济更加健康、协调地发展。加快社会事业体制改革的步伐，建立与社会主义市场经济体制相适应的运行机制，鼓励和吸引社会各界参与，多渠道地筹措资金，加快科技、教育、文化等社会事业的发展，已经得到社会的共识，也确是推进经济社会全面发展的重要环节。

讲社会发展、社会进步，科技、教育、文化、体育、医疗、环保等社会事业的发展当然是社会发展的重要内容，是社会进步的体现。但是从社会学视角来看，讲社会发展、社会进步，主要是讲社会结构的变迁、社会

① 《必须把建筑业放在重要位置 城镇居民个人可以买房盖房——邓小平同志关于建筑业和住宅问题的谈话》，《人民日报》1984年5月15日第1版。

② 国家统计局编《中国统计年鉴·1995》，北京：中国统计出版社，1995年8月，第266、267、273、279、282、283、290页。

结构的进步。我们在20世纪五六十年代时，讲到经济增长、经济发展，常常是讲工农业产值增长多少，钢产量多少，粮食增长多少。20世纪70年代以后讲经济发展就注意研究经济的产业结构，第一产业占多少，第二产业占多少，第三产业占多少。从一、二、三产业的比例关系，就可以判断一个国家或地区的经济发展水平。我国在1978年以前没有一、二、三产业构成的统计。1955年在工农业总产值中，农业占51.8%。可以说，那时的经济结构是传统农业社会的结构。1956年在工农业总产值中，工业占51.3%，第一次超过了农业。1978年产业结构是第一产业28.1%，第二产业48.2%，第三产业23.7%，是"二、一、三"的构成，这是工业化初期阶段。1994年第一产业21.0%，第二产业47.2%，第三产业31.8%，是"二、三、一"的构成，[①] 这已是工业化中期阶段的特征。现代化国家的产业构成应该是"三、二、一"。从经济结构的指标就可以判断经济社会发展的水平。

随着经济发展和经济结构的调整，社会结构也必然会发生变化，但因为存在着体制性、制度性和政策性等的影响，社会结构并不会随着经济发展、经济结构的变化而自动地调整和变化。而如果社会结构不能随着经济结构的变化而变化，长期得不到调整，经济结构和社会结构就会产生矛盾，就会阻碍社会进步，也会制约经济的健康发展。前面说过，我国现在正处在由传统社会向现代社会转型时期，实行改革开放大大加快了转变的速度，就传统社会结构向现代化社会结构转型来说，有的已接近转化的临界点，有的则还要有一个较长的转变期。

社会结构是指社会诸要素及其相互关系按照一定的秩序所形成的相对稳定的关系。在现阶段，社会结构包括人口结构、家庭结构、就业结构、阶级阶层结构、城乡结构、区域结构、组织结构、制度结构等，这些结构随着经济的发展，都在发生相应的变化，有的与经济结构的变化相适应了，有的则还很不适应，于是产生了种种矛盾。我们应该加快社会体制改革的步伐，采取相应的政策措施，调整社会结构，使之适应经济结构变化的要求，促进经济社会的全面进步。下面就我国目前亟待调整的几个方面作一个说明。

关于人口结构的变化。据1995年全国1%人口抽样调查，1995年10月1日我国人口总数为120778万人，比1990年增加7410万人，年平均增长

---

① 国家统计局编《中国统计年鉴·1983》，北京：中国统计出版社，1983年10月，第20页；国家统计局编《中国统计年鉴·1995》，北京：中国统计出版社，1995年8月，第32页。

1.21%，“八五”与“七五”期间相比，年平均增长率下降0.34个百分点，表明这五年我国计划生育工作取得了显著成绩。在人口结构中，1995年全国有15岁以上的文盲和半文盲14505万人，占总人口的12.01%，比1990年减少3700万人，文盲半文盲占总人口的比例下降3.87个百分点，同期每10万人中受过大专教育的有2065人，比1990年上升643人，受过高中教育的有8282人，比1990年上升243人，[①] 说明这五年我国教育事业取得了很大成绩，全国人口的素质有了很大提高，在历史上是发展最好的。但如果横向比，我国目前人口的文化构成还是比较低的，远不能适应经济发展的要求。1994年我国具有大学文化程度的人只占全国总人口的1.7%，而1987年欧美发达国家有大学文化程度的人占总人口的10%以上，苏联和日本也都在5%以上。我国的高等教育是严重地落后了。

关于就业结构的调整。1994年，我国从业人员有61470万人，其中从事第一产业的有33386万人，占54.3%，从事第二产业的有13961万人，占22.7%，从事第三产业的有14123万人，占23%。[②] 一般说来，劳动力就业结构同国民经济的产业结构应该是大致相当的，但目前在我国却不是这样。1994年，在国内生产总值中第一产业占21%，第二产业占47.2%，第三产业占31.8%。也就是说，在第一产业中，占从业人员54.3%的劳动力，只创造21%的产值，这显然是不合理的。这说明我国现阶段农民占有的生产资料少，农业劳动生产率低，还有一个原因是，我国目前还存在着工农业产品剪刀差，农业创造的价值，有相当一部分是转到第二、三产业实现了。1994年在61470万从业人员中，按城乡划分，在城镇就业的只有16816万人，占27.4%，而在农村就业的有44654万人，占72.6%。[③] 各国通常的情况，从事农业劳动的在农村就业，从事第二、三产业的大部分或绝大部分在城镇就业。但我国不同，在农业从业人员3亿多人之外，还有1亿多从事第二、三产业的劳动力也在农村。这是因为目前我国实行的是城乡分割的管理体制，农村人口不能随意向城镇迁移，所以每年新增的劳动力绝大部分是农村户口，就在农村就业，因为每个农户都承包耕地，习惯上把他们看作自然就业，农业上容不了，在乡镇企业劳动，但还住在农村，所以农

① 《国家统计局关于1995年全国1%人口抽样调查主要数据的公报》（1996年2月15日），参见国家统计局网站，http://www.stats.gov.cn/tjsj/tjgb/rkpcgb/qgrkpcgb/200204/t20020404_30325.html。

② 国家统计局编《中国统计年鉴·1995》，北京：中国统计出版社，1995年8月，第83页。

③ 国家统计局编《中国统计年鉴·1995》，北京：中国统计出版社，1995年8月，第84~85页。

村的劳动力越来越多。1978 年我国农村劳动力 30638 万人，1994 年 44654 万人，16 年间增加 14016 万人，平均每年新增 876 万人。[①] 这同我国正处在工业化城市化阶段，第一产业在国内生产总值中的比重逐年下降的状况是很不相称的。

城乡结构的调整，在计划经济体制下，我国从 20 世纪 50 年代初期开始逐渐形成了城乡分割的二元社会结构。有的人说，现在的中国有两个社会，一个是城里人社会，一个是农民社会。两个社会，实际实行着两种不同的社会政策。首先是户籍不同，我们把公民分为农业户口和非农业户口两类，非农业户口是城市居民身份，绝大部分居住在城镇。农民是农业户口、农民身份，除了考取国家办的大中专学校可以改变为城市居民身份外，一般很不容易农转非，不转户口就不能正式迁入城市定居，不能正式在城市就业。农民在农村，教育、医疗、住房、养老等都同城镇居民不一样。这套二元社会的制度和政策是 30 多年计划经济体制形成的，是为计划经济服务的，应该说，在历史上也曾产生过一定的积极作用。改革开放以来，实行社会主义市场经济体制，要求有统一的市场，商品要流通，劳动力、资金等生产要素要求顺畅地流动，要求城乡一体，于是产生了种种不协调和矛盾。

从各国发展的历史看，在现代化过程中，随着工业化的发展，大量的农民进城，转化为工人，转化为职员，城市化也必定是发展的。我国因为有户籍制度等的限制，这些年虽然经济建设取得了很大的成绩，工业化发展很快，1995 年国民经济生产总值中，第二、三产业产值已接近 80%，农业只有 21%，但城市化率只有 28.62%，71.38% 的人还是农民，还居住在农村。[②] 1994 年，全世界平均城市化率已经达到 42%，一些经济发达国家城市化率都在 70% 以上，我们的城市化进程已经严重滞后于经济的发展。这种落后的状况，不利于现代化的发展，不利于大规模经济效益的发挥，特别不利于第三产业的发展，不利于科学教育事业的发展，不利于改善人民的生活，不利于提高人的素质，不利于农业的规模经营的形成，所以也不利于农业的发展，并由此引发诸如“民工潮”等社会问题。

所以调整城乡社会结构，加快户籍等制度的改革，加快城市化的进程，这是目前经济发展所提出来的要求。有关方面测算，我们要在未来 15 年左

① 国家统计局编《中国统计年鉴·1995》，北京：中国统计出版社，1995 年 8 月，第 85 页。
② 国家统计局编《中国统计年鉴·1995》，北京：中国统计出版社，1995 年 8 月，第 59 页。

右的时间里，新建、扩建1000座中小城市，才能适应这个需要。我们现在的城镇人口是34301万人，到2010年，全国总人口将接近14亿人。如果2010年的城镇化率为50%（大致达到世界平均城市化率的水平），那么将有6.9亿~7亿的城镇人口，要比现在的城镇人口规模扩大一倍。这是一个巨大的社会变迁，要做好多方面的工作，做很多物质上、组织上的准备，但这是必需的，我们应该预测到这个潮流，应该适应这个趋势，因势利导，调整社会结构，推进社会的全面进步，因为事实上亿万农民已经涌到城市门口了，有几千万农民实际已经挤进来了，我们能不做好准备吗？

中国及世界社会结构的变化趋势*

社会结构的问题是不容忽视的。社会结构的变化不仅是社会进步的一个重要标志，也是影响经济发展和个人行为变化的基本因素。20 世纪世界及中国的变化，离开对社会结构变化的把握就很难理解，或者说只能是管中窥豹。21 世纪世界及中国变化的预测，离开对社会结构变化的预测就不可能获得什么，或者说只能是残缺不全的预测。所以，我们描绘社会结构变迁的轨迹，不仅对于我们理性地适应新的生活，使自己不至于变成一个保守的人，而且对于我们理解社会生活中发生的种种变化都有十分重要的意义。

描述社会结构的框架，每个学者角度不同，各有侧重。本书采用了一个多层次的框架，从人口结构、家庭结构、组织结构、群体结构、城乡结构和区域结构等多个方面对世界及中国社会结构的现状、走势作了比较翔实的描述。

1. 人口结构

对一个社会进行类别化的最基本部分就是对人口按年龄、性别、受教育程度等进行区分。人们参与社会首先受其年龄、性别、教育水平的影响。因为人们总是带着一定的人口属性进入社会，参与社会的活动并为社会所标识，人口结构因此构成了社会结构的最基础部分。

从总量上看，世界人口的规模日益膨胀，特别是从 20 世纪下半叶起，人口增长的速度越来越快。1930 年到 1960 年全球总人口用了 30 年的时间从 20 亿增加到 30 亿。从 20 世纪 60 年代起，全球人口由 30 亿增加到 40 亿只用了 14 年时间。从 40 亿增加到 50 亿只用了 13 年。预计到 1998 年全球

---

* 本文源自《社会结构的变迁》（陆学艺等著，北京：中国社会科学出版社，1997 年 12 月），第 1 ~9 页。该文系陆学艺为该书撰写的绪论。——编者注

人口将达到60亿。中国的人口数量在增长率出现下降的前提下也是逐年增长的。1949年全国人口为5.4167亿，1995年增加到12.0778亿。尽管中国的人口总量在增加，但和世界总人口走势不同的是，中国人口的增长速度在放慢。1949～1979年平均每年增加人口1445.8万。1979～1989年平均每年增加人口1516.2万。1989～1995年平均每年增加人口下降到1345万。[①]这个成绩得之不易，是广泛推行计划生育的结果。尽管如此，中国的人口问题依然是个大问题。中国人口的总规模在世界上仍位居榜首，依然是世界上头号人口大国，人口压力极大，对经济和社会建设造成了诸多不利影响。

世界的人口结构，包括性别结构、年龄结构、素质结构等。从性别结构看，发达国家要低于发展中国家。发达国家每百名女性人口对应的男性人口为94～97人，发展中国家为102～105人，中国人口的性别比1995年为100∶104.19。[②]这可能反映了一种规律：一个社会越发达，性别比就会越趋于合理。性别比和经济发展水平的这种关系显然并不直接。经济发展水平高的国家之所以男女性别比趋于自然，更根本的、直接的原因是这些国家更加重视男女平等，妇女的地位相比之下有了显著提高。经济发展水平不高的国家性别比偏高，更直接的原因是这些国家妇女的地位有待进一步提高。至于妇女地位低的原因是复杂的，既有文化上、历史上的原因，也有功利主义方面的原因。如中国人口性别比偏高（相对发达国家而言），重要的原因可能在于中国人传统中男性传宗接代的观念。

从年龄结构看，全球人口有老龄化趋势。1965～1990年，0～14岁少儿人口占总人口的比例由37.9%下降到33.5%。65岁以上人口占总人口的比例，发达国家由8.9%提高到11.5%，发展中国家由3.5%提高到4.2%。全球人口的年龄结构总体特征是，发展中国家处于年轻型，而发达国家已进入老年型。中国的人口正处于由成年型向老年型过渡时期。1990年中国0～14岁少年儿童占总人口的比重为27.7%，低于世界平均水平。65岁以上人口占总人口的比重为5.6%，比1982年增加了0.7个百分点，但仍低于世界平均水平。预计到2000年中国将进入老年型人口社会。[③]

全球人口的总体素质一直在提高，但发展中国家明显要低于发达国家。

① 参见陆学艺等《社会结构的变迁》，北京：中国社会科学出版社，1997年12月，第2～3页。

② 参见陆学艺等《社会结构的变迁》，北京：中国社会科学出版社，1997年12月，第11页。

③ 参见陆学艺等《社会结构的变迁》，北京：中国社会科学出版社，1997年12月，第13页。

而且人才从发展中国家流向发达国家。发展中国家的技术和管理人才外流几乎成为一种世界性趋势，使发展中国家失掉了宝贵的人力资本。中国的人口素质的提高近代以来一直追随着世界发展的步伐，从中华人民共和国成立至今，人口平均受教育的年限大幅度提高，人口中受过大中专教育的比例日益增加。1952 年平均每万人口的大学生数为 3.3 人，1994 年上升到 23.4 人。[①] 尽管如此，我国人口素质依然偏低，且大大低于发达国家水平。1981 年美国大学生的比例为 32.2%，意大利为 4.1%。1990 年日本为 21.2%，[②] 中国只有 2.4%。

2. 家庭结构

家庭是社会的细胞。家庭结构的变化是社会结构变化的一个层面，包括家庭规模、家庭关系的变化等。

全球家庭结构变化的最重要特点是家庭的规模越来越小。中国的户均规模 1947 年为 5.35 人。1982 年下降到 4.43 人。[③] 1995 年 10 月 1 日人口普查的结果表明，我国家庭规模已经下降到了 3.70 人。我国已经结束了以大家庭为主的时代，进入以核心家庭为主的时代。西方国家半个世纪以前就跨进了这个时代。这些国家的家庭人口规模比我国要小。如英国 1982 年家庭人口规模为 2.63 人，美国 1978 年的家庭人口规模为 2.8 人。和我国不同的是，这些国家单身和单亲家庭的数量大量增加。20 世纪 70 年代初西方国家单身户的比例为 13.4% ~25.3%。20 世纪 90 年代又进一步上升，西班牙为 48.45%，英国为 23%。目前美国的单亲家庭已超过 1000 万户，其中 90% 是母子家庭。单身和单亲家庭数量的增加反映了西方各国家庭观念的变化和家庭结构日益趋于松散。传统意义上的家庭解体，在资本主义发达国家已引起了诸多严重的社会问题。我国家庭结构的这种变化将来会怎样，学术界有不同的看法。有人认为中国应避免走西方家庭解体的老路，也有人认为，到下个世纪我们就会在某个时期遭遇这种困境。

家庭规模缩小的同时，家庭内部的夫妻关系、父母子女关系越来越趋于平等。妇女出门参加工作，科学技术的进步使妇女越来越可能胜任更多的工作，提高了妇女在家庭中的地位。在父母和子女的关系上也发生了新变化，随着受教育机会的增加，子女的独立性越来越强，父母的绝对权威

① 国家统计局编《中国统计年鉴·1995》，北京：中国统计出版社，1995 年 8 月，第 596 页。
② 国家统计局编《中国统计年鉴·1995》，北京：中国统计出版社，1995 年 8 月，第 804 页。
③ 参见陆学艺等《社会结构的变迁》，北京：中国社会科学出版社，1997 年 12 月，第 31 页。

逐渐消失，家庭中父母和子女伙伴式的关系得到强化。家庭关系的这种变化给家庭和社会带来了一系列的问题，如增加了离婚的可能性，家庭对子女的教育功能弱化等。这个变化使很多家庭陷入困境，在西方国家引起了人们的普遍关注。中国的家庭关系在冲破“夫为妻纲，父为子纲”樊篱的同时，也遭遇到了一些新的问题。家庭结构越来越松散，在某种程度上冲击了社会秩序的基础。

3. 组织结构

人在从事经济或社会活动的时候，往往要加入一定的组织。这里所说的组织是为一定目的而创建的，不同于家庭。因此，在社会结构中，组织结构不可或缺。组织结构不仅指组织和组织间的关系，也同时指组织内部的关系。

从西方国家的组织历史看，组织结构已经经历了一次大的变化，就是政治组织、经济组织和社会组织日益发生分离，在功能上各行其是。组织内的角色日益发生分离，传统组织向法理型组织转变，金字塔型组织得以普遍建立，盛极一时。进入20世纪50年代后，组织结构的变化出现了新的趋势，如网络组织大量出现。所谓网络组织，它不同于金字塔式的组织。在这个组织中，人和人之间的关系是平等的，可以平等地分享信息、资源。信息传递不仅可以沿着上下垂直的渠道，而且可以走横向、斜向的通道。信息流动的效率提高了。在这类组织中，人们不仅可以实现功利性的目的，而且可以得到情感的满足，获得归属感。典型的日本企业比较接近这种结构。日本企业和政府的关系也近于网络结构。这类组织是后现代化组织。

我国目前的组织结构变化正处于由传统型的组织向现代组织结构转变的过程中。政治组织、经济组织的分离还很不够，经济组织和社会组织的分离也是如此。组织内部人情伦理过重，法理性严重不足。初看起来，这样的组织结构类似于网络组织结构，实际上却大相径庭。我国目前政治、经济、社会组织缺乏必要的分离，实质上是政治、经济和社会的一体化。组织内部人情伦理过重，实际上是以情代法，把组织的运作建立在各种各样的关系基础上。所以，我国组织结构变革调整的任务主要还是要实现政治、经济和社会组织的分离，实现传统型组织结构向法理型组织结构转化，这也是走向现代化的过程。

4. 社会分层

按照西方学者的说法，西方现代社会分层和早期的最重要的区别就是在资产阶级和无产阶级之间出现了一个中间层，西方的学者把它称为中产

阶级。无论西方学者的目的何在，在西方社会，早期完全一无所有的无产阶级正在发生一些变化。这些变化主要是由两个过程产生的：一个过程是西方国家把大量国有企业转为私有，部分工人获得了这些企业的一些股票成为股东。还有的工人拥有一些私有企业的股票，加上西方国家推行住房自有化计划，使过去一无所有的工人多多少少有了一些财产。另一个过程是西方社会已经由产业社会进入信息社会，信息已经成为重要的资源，财产不再是西方社会决定个人成功与否的惟一资源。当然，中产阶级的出现并没有消灭无产阶级和资产阶级的对立，但对资本主义社会的稳定起了作用。

中国的社会分层并不是处于一个创造广大的中间层的时期。它基本上还处于一个分化时期，即把人口分成不同阶层的时期。从农村看，农民已经分化成了农业劳动者阶层、农民工阶层、雇工阶层、农民知识分子阶层、个体劳动者和个体户阶层、私营企业主阶层、乡镇企业管理者阶层、农村管理者阶层。我国的工人阶级也发生了一些变化。这个阶级除包括了国家干部、知识分子、国有和集体企业工人外，还出现了私有企业工人。这部分工人有的在中国人办的企业中劳动，有的在外国人办的企业中打工。和国有、集体企业中的工人不同的是，他们不是企业的主人翁，而是处于被雇佣地位。

尽管我国的社会分层处于分化期，但不是走向两极分化，而是走向一种新的更合理的社会结构。我们目前面临的任务不是去建构一个社会中间层，而是要对体现平均主义原则的社会分层结构进行改造。

5. 就业结构

发达国家的就业结构已经经历了两次大的变化：第一次变化就是越来越多的人口从农业转移到工业，转移到第二产业。第二产业中就业的人口逐渐占了主导地位，农业中的就业人口下降到50%以下。最早完成这个转换的是工业革命的发源地英国，接着是法国、德国、意大利等国，后来是美国。第二次大的转换是第三产业中就业人口越来越多，其比重超过50%。这次转换发生于第二次世界大战结束之后，美国是较早完成这个转换的国家。1950 年美国第三产业就业人口的比重就已达到 51%，英国当时是 45.4%；到 1960 年美国上升到 56.8%，英国上升到 48.7%。①

我国正处于工业化时期，正在完成西方国家已经完成的第一个转换。

① 参见陆学艺等《社会结构的变迁》，北京：中国社会科学出版社，1997 年 12 月，第 135～136 页。

1995年我国农业就业人口减少到52.2%，接近50%。同期我国工业就业人口为23%，第三产业就业人口为24.8%。把人口从农业中转移出来的任务还十分艰巨。预计到2000年我国农业就业人口比重将下降到45%，第二、三产业就业人口的比重将上升到25%和30%。到2010年第一、二、三产业就业人口的比重将分别为30%、28%和42%。[①] 预计2015～2020年中国就可以完成第二个转换。

6. 城乡结构

农村人口向城市迁移，是世界性的趋势，谁也不可阻挡。就整个发达国家而言，1950年城市人口占35%左右，1960年上升到60%，1992年又进一步增加到73%。城市人口的相对规模开始步入稳定期。发展中国家则相反，正处于激烈的城市化时期。发展中国家城市人口的比重1920年为5.8%，1975年为20.3%，1992年上升到36%。[②] 预计到21世纪第一个10年，发达国家的城市人口比重将稳定在80%左右。发展中国家到2020年估计有一半左右的人口住在城市里。

西方学者把发展中国家城市人口迅速增加看成是城市人口“爆炸”。大量人口移居城市确实给发展中国家带来了很多问题，如贫民窟大量出现，失业人数猛增，犯罪现象严重，城市交通拥挤等。如何解决这些问题，是令很多发展中国家头痛的事情。我国的城市化在某种程度上要力求避免这些问题，要尽力用中国的方式完成这个任务。

我国的城市化水平目前还不高。据国家统计局公布的数字，1978年城镇人口占总人口的比重为17.92%，1993年为28.14%。[③] 有人估计我国目前的城镇人口已超过30%。无论对现状的估计如何，将来一个时期我国面临着一个大规模城市化的任务。据预测，到2015年我国将有一半左右的人居住到城镇中。对此，我们要有足够的准备，要处理好城市化过程中可能出现的各种问题。

7. 区域结构

经济的全球化趋势越来越明显，一个国家和另一个国家间的相互依赖明显地加强了。研究一国的社会结构，必要研究国和国之间的关系，否则就不能科学地理解该国的社会结构。只有把一个国家置于全球化这个大背

① 参见陆学艺等《社会结构的变迁》，北京：中国社会科学出版社，1997年12月，第169页。

② 参见陆学艺等《社会结构的变迁》，北京：中国社会科学出版社，1997年12月，第182页。

③ 参见陆学艺等《社会结构的变迁》，北京：中国社会科学出版社，1997年12月，第193页。

景下，我们才可以全面地把握、科学地解释其社会结构的变化。

目前世界范围的区域结构出现了两个重要的特征：一是为了应付日益激烈的国际竞争，国与国之间的合作、区域内的合作明显加强了，形成了为数不少的区域共同体。这给我国带来的影响是，加入国际市场的困难变大了。在进入国际市场的策略上，要尽可能地先进入某个区域共同体，然后扩大在国际市场上的作用。二是世界经济重心明显地东移，亚洲国家成为世界经济的新增长点，中国也荣列其中，成为世界上发展最快的国家之一。这既是机遇，又是挑战。

区域结构的上述特点给我国社会结构造成的影响是巨大的。第一是我国对外交往便利的国内地区，可以充分利用地缘优势，吸收国外的资本、技术和管理经验，尽快地发展起来，和其他地区的差距在缩小。第二是我国面临越来越大的国际社会的压力，面临着越来越大的和国际社会接轨的压力，一些西方先进的和他们摒弃了的东西同时进入中国社会，对我们的社会造成越来越大的影响。

上面我们从各个层面简要地叙述了世界及中国社会结构的变迁趋势。如果要作一个概括的话，就是两句话：一句话是社会结构越来越趋向平等目标的达成，另一句话是中国正处于现代化时期，它和发达国家的距离越来越小。

社会主义初级阶段的社会结构*

中国自1978年以来所进行的一系列改革，都是建立在对我们国家目前尚处于社会主义初级阶段这样一个基本国情的科学认识上的。社会主义初级阶段，就是经济、政治、文化还不发达的阶段，我们在社会主义初级阶段的历史任务，就是要逐步摆脱不发达状态，实现工业化、城市化、现代化，把中国建成富强、民主、文明的社会主义国家。这个历史任务，在现阶段，实际上是由实现两个深刻的转变组成的。一是体制的转轨，即从高度集中的计划经济体制向社会主义市场经济体制转轨，二是社会结构的转型，即从农业、乡村、封闭半封闭的传统社会向工业、城镇、开放的现代社会转型。这两个转变交织在一起，使我们现阶段经济社会的发展表现出纷繁复杂的特征。一方面，中国的经济建设突飞猛进，持续快速发展；另一方面各种经济社会问题大量产生，需要通过继续改革、继续发展来解决。

从历史发展的角度看，由计划经济体制向社会主义市场经济体制转变，这是实现由传统社会向现代社会转型的前提，比较而言，实现社会结构转型，则是更加艰巨、更加漫长也是更加本质的转变，将伴随社会主义初级阶段的始终，需要几代人坚持不懈地努力和奋斗。

一个国家或者地区从传统社会转变到现代社会，将是整体社会结构的变迁，既包括经济结构的转型，也包括政治结构、社会结构以及生活方式、文化价值观念等方面的转变，也就是我们通常说的经济基础和上层建筑都

---

* 本文原载《中国经济开放与社会结构变迁》（国际学术研讨会论文集，北京：社会科学文献出版社，1998年10月）第11~21页。该文系作者出席香港树仁学院与中国社会科学院联合举办的“中国经济开放与社会结构变迁”学术研讨会提交的论文。该文收录于《“三农论”——当代中国农业、农村、农民研究》（陆学艺著，北京：社会科学文献出版社，2002年11月）。——编者注

要发生深刻的变化，而在经济社会结构转型之中，最本质最主要的变化是产业结构、就业结构、城乡结构的转变。这几个方面的转变是传统社会向现代社会结构转型的核心内容，其中每一方面转变的程度，都可以作为这个国家、这个地区现代化水平的标志。

中国自1978年改革开放以来，经济持续快速健康地发展。1978年我国GDP为3624.1亿元，人均379元，1997年为74772.4亿元，人均6079元，扣除物价因素，19年间平均年递增9.8%；产业结构发生了很大的变化，1978年的GDP中，第一产业占28.1%，第二产业占48.2%，第三产业占23.7%。1997年的GDP中，第一产业占18.7%，第二产业占49.2%，第三产业占32.1%。① 19年间，第一产业比重下降9.4个百分点，第二产业比重增加1个百分点，第三产业比重增加8.4个百分点。1978年三次产业结构的排序是二、一、三；1997年三次产业结构的排序是二、三、一。这标志着中国已经从工业化初期阶段进入到工业化中期阶段。产业结构从二、一、三向二、三、一转变的临界年是1985年，当年的三次产业比重为28.4∶43.1∶28.5。1996年，北京市三次产业的比重为5.2∶42.3∶52.5，上海为2.5∶54.5∶43；② 广州为5.6∶46.7∶47.7，三市的人均GDP依次为1806美元、2684美元和2673美元，这标志着这三个市已经进入或接近进入初步现代化社会的阶段。③

从1978年到1997年，中国第三产业的比重由23.7%增加到32.1%，19年间平均每年提高0.44个百分点，④ 要实现全国的产业结构由二、三、一向三、二、一的格局转变，假定第三产业在GDP中的比重要达到45%，那还需要比1997年的第三产业比重再提高12.9个百分点，如按前几年的速度增长，那还需要27年，即到2024年可以实现。需要指出的是，由于中国的统计口径和统计方法，中国现在统计出来的第三产业产值比实际要低一些，有不少项目还未统计进去。如中国现在的行政、事业机构和大的工矿企业，本身就是一个小社会，单位内部自己办的食堂、车队、幼儿园、学校、医院等的产值多数还未统计在第三产业的产值里，所以随着统计口径统计方法的改进，特别是随着城乡经济社会体制的进一步改革，第三产业

---

① 国家统计局编《中国统计年鉴·1998》，北京：中国统计出版社，1998年9月，第55~56页。

② 国家统计局编《中国统计年鉴·1997》，北京：中国统计出版社，1997年9月，第42、45页。

③ 参见《经济日报》1998年3月6日第5版。

④ 国家统计局编《中国统计年鉴·1998》，北京：中国统计出版社，1998年9月，第56页。

会加快发展，第三产业在 GDP 中的比重会比前 19 年提高得更快些，所以，可以预计中国将在 2015 年前后实现向三、二、一现代产业结构转变（见表 1）。

表 1　中国 1949～1996 年的产业结构变化

年份	国内生产总值（亿元）	第一产业（亿元）	所占比例（%）	第二产业（亿元）	所占比例（%）	第三产业（亿元）	所占比例（%）	人均 GDP（元）
1949	466	326	70	140	30	–	–	86
1952	810	461	56.9	349	43.1	–	–	141
1957	1241	537	43.3	704	56.7	–	–	192
1965	2235	833	37.3	1402	62.7	–	–	308
1978	3624	1018	28.1	1745	48.2	861	23.7	379
1985	8964	2542	28.4	3867	43.1	2556	28.5	853
1990	18548	5017	27.1	7717	41.6	5814	31.3	1634
1996	68594	13884	20.2	33613	49.0	21097	30.8	5634

资料来源：国家统计局编《中国统计年鉴・1986》，第 43、46、91 页；《中国统计年鉴・1997》第 42 页。

注 1：改革开放以前和改革开放初期，我国没有关于国内生产总值（GDP）、人均国内生产总值和三大产业增加值的统计。1992 年以后，国家统计局开始连续统计我国的国内生产总值及其相关数据。《中国统计年鉴・1993》开始提供 1978 年以后连续的国内生产总值及其相关数据。因此，表中 1965 年及以前的数据为工农业总产值，人均工农业总产值，以及工业总产值和农业总产值。1978 年及以后的数据为国内生产总值，人均国内生产总值，以及三大产业增加值的数据。

注 2：产值和增加值均为当年价格。

随着经济的发展、产业结构的转变，就业结构也应发生相应的变化。但由于中国自 20 世纪 60 年代初期就实行了城乡分割的户籍管理制度，限制了农村劳动力向第二、第三产业转移，所以就形成了目前中国的就业结构同产业结构相背离的状况。1978 年的三次产业结构比是 28.1 : 48.2 : 23.7，而当年的就业结构比是 70.5 : 17.4 : 12.1。从产业结构看，1978 年已是工业化初期的经济结构，而就业结构却还基本上是农业社会的结构。1996 年，全国三次产业结构比是 20.2 : 49.0 : 30.8，当年全国从业人员为 68850 万人，在第一产业就业 34769 万人，占 50.5%，在第二产业就业 16180 万人，占 23.5%，在第三产业就业 17901 万人，占 26%。[①]

从统计数字看，1996 年的就业结构与 1978 年改革开放时相比已有了很

① 国家统计局编《中国统计年鉴・1997》，北京：中国统计出版社，1997 年 9 月，第 42、94 页。

大的变化。首先，第一产业就业人数的绝对量虽然比1978年增加了6451万人，但相对比例下降20个百分点，已接近占半数，而且1991年以后，绝对数也是逐年下降的，这表明，农村新增的劳动力都转到了第二、第三产业。其次，第三产业就业人数的比重已超过了第二产业（这是从1994年开始的），而且还在逐年增加。这同一些现代化国家所经历的从农业向工业再向第三产业转移的道路是不同的。

就业结构发生这种变化主要是因为：①从20世纪80年代中期以后，国家鼓励和支持农民创办各种类型以第二、第三产业为主的乡镇企业，到1996年，全国共有13508万人在乡镇企业中就业。②从20世纪80年代后期，数以千万计的农民通过各种渠道到城镇务工经商，形成“民工潮”；③农村发展了个体、私营企业，1996年从业人员共有3859万人（因统计方面的原因，这三个数有交叉重复计算的），按现行的统计口径，中国把这些人中的多数都统计为非农就业，所以就有了第一产业就业劳动力大量下降的状况。事实上，这些人还都保持着农民身份，在农村承包着土地，在农忙时还要从事一段时间的农业劳动。所以如按农村和城镇两个区域划分，1996年城镇从业人员为19815万人，占全部就业劳动力的28.8%，农村从业人员为49035万人，占71.2%。①

中国的就业结构即使有了上述特殊方式的调整，就业结构与产业结构相背离的状况仍很严重（见表2）。1996年，第一产业创造的增加值只占GDP的20.2%，而第一产业就业人员却占劳动力总数的50.5%，这说明了第一产业的劳动生产率很低，或者是在第一产业就业的劳动力没有得到充分的利用。值得指出的是，由于中国人口将继续增长，据测算，从1995年到2020年全国平均每年还将新增920万劳动力，加上这几年国有大中型企业改革，实行“减员增效”，将有数以千万计的职工下岗，需要再就业，所以未来15~20年中国的就业形势是相当严峻的。如果我们的经济不能持续、健康、快速增长，产业结构、就业结构不能继续得到调整，特别是社会体制、社会结构不能适时的改革和调整，那么从事第一产业的劳动力无论是绝对数还是相对比重都会继续增加，出现反弹。这主要是因为城乡二元社会的体制至今还没有本质的改革。

---

① 国家统计局编《中国统计年鉴·1997》，北京：中国统计出版社，1997年9月，第96~97页。

表2 中国1952～1996年的就业结构变化

年份	就业人员总数（万人）	第一产业（万人）	所占比例（%）	第二产业（万人）	所占比例（%）	第三产业（万人）	所占比例（%）
1952	20729	17316	83.5	1528	7.4	1885	9.1
1957	23771	19300	81.2	2115	8.9	2356	9.9
1965	28670	23372	81.5	2376	8.3	2922	10.2
1978	40152	28313	70.5	6970	17.4	4869	12.1
1985	49873	31105	62.4	10418	20.9	8350	16.7
1990	63909	38428	60.1	13654	21.4	11828	18.5
1996	68850	34769	50.5	16180	23.5	17901	26.0

资料来源：国家统计局编《中国统计年鉴·1997》，第94页。

中国的城乡二元社会结构是从20世纪50年代以后随着国家计划经济体制建立而逐步形成的。由于“大跃进”后出现三年经济困难，自1960年以后，我国全面实行非农业户口和农业户口分隔管理，严格限制农业户口转为非农业户口。城镇办工业商业，农村搞农业。职工住在城镇，称为居民，农民住在农村。农民生的子女只能报农业户口，城镇居民生的子女报非农业户口，两种身份几乎不可逾越。久而久之，就形成了僵化的城乡分割的二元社会结构。1952～1978年，历经四个五年经济建设计划，工业化有了很大发展，1978年的GDP中，工业增加值已占48.2%，农业增加值只占28.1%，但当年农业人口却占82.1%，城市化率只有17.9%。出现了城市化滞后于工业化的格局。1978年以后，中国的工业化发展很快，城市化也有了一定的发展，只是由于户籍制度等并未彻底改革，所以城市化滞后于工业化的格局仍未改变。到1997年，中国已进入工业化中期的发展阶段，但农村人口仍占70.1%，城市化率只有29.9%，远低于世界城市化率47%的平均水平，也低于发展中国家城市化率40%的平均水平（见表3）。

表3 中国1949～1997年的城乡结构变化

年份	总人口（万人）	城镇人口（万人）	所占比例（%）	农村人口（万人）	所占比例（%）
1949	54167	5765	10.6	48402	89.4
1952	57482	7163	12.5	50319	87.5
1957	64653	9949	15.4	54704	84.6
1965	72538	13045	18.0	59493	82.0

续表

年份	总人口（万人）	城镇人口（万人）	所占比例（%）	农村人口（万人）	所占比例（%）
1978	96259	17245	17.9	79014	82.1
1985	105851	25094	23.7	80757	76.3
1990	114333	30191	26.4	84142	73.6
1996	122389	35950	29.4	86439	70.6
1997	123626	36989	29.9	86637	70.1

资料来源：国家统计局编《中国统计年鉴·1986》，第 91 页；《中国统计年鉴·1998》，第 105 页。

目前中国的城市化严重滞后于工业化，城乡结构很不合理，已经严重影响了整个经济社会协调健康地发展。人口、劳动力的合理流动是市场经济发展的必然要求，而现有的城乡体制是限制人口、劳动力合理流动的，这就阻碍农村剩余劳动力向城镇的正常转移。一方面，使城市的很多行业发展不起来，特别是第三产业不能得到应有的发展，导致前述就业结构不合理；另一方面，农村的剩余劳动力转移不出来，农业的经营规模就不可能扩大。现在中国农村每个农业劳动力平均耕作面积只有 4.4 亩，按现有的农业生产力水平，每个劳动力平均耕作面积至少可达到 25 亩。因为劳动力转移不出去，农业劳动生产率就提不高，农民的收入也不能大幅度增加，农村的购买力也就难有大的提高，从而也使工业品的市场不能扩大，反过来，又限制了第二、三产业和城镇的发展，以致进入了非良性循环的怪圈。

中国经济 20 年来是持续增长的，城镇的各项事业还是发展的，建筑业、环卫业、公共基础设施建设以及第三产业等都需要劳动力，20 世纪 80 年代末期以来，农村剩余劳动力就通过各种渠道涌进城里来了。据有关部门统计，1996 年进城打工的劳动力总数有 7400 万。他们身份还是农民，户口在农村，在村里还承包有土地，但长期在城镇务工经商，有的农忙时回去，有的则长年不回农村，而每到年节，这些人从四面八方回农村老家过年，春节后再出来，形成了“民工潮”。这几千万农民工，干的都是最重、最累、最艰苦的活，对城镇建设，对经济社会发展都起了很积极的作用，创造了巨大的社会财富，促进了输入地经济的繁荣和富庶，同时也减轻了输出地剩余劳动力众多的压力，增加了农户和地区的收入，推进了城乡交流。农民工的积极作用，现在已得到各方面的正确评价。毋庸讳言，这种特殊的庞大的社会流动，也给社会管理、社会治安带来了诸多的问题。这么多的人口自发地流动，进城以后工作场所和原居住地分离，又居无定所。在输出地，人已经走了，当地不管了；在输入地，因为不是当地人，输入地并无管理的责任。由此滋生了种种社会问题，增加了城市不安定因素，这已是近几年城市社会矛盾增多的一个重要方面。

可以说，城市化滞后，城乡结构不合理，已是当今中国诸多矛盾中的主要矛盾，很多经济问题和社会问题是由此引起的。要缓解和克服这些问题，就一定要调整现在的城乡结构，就一定要加快推进城市化的步伐。从历史发展的规律看，城市化是工业化的必然结果，是经济发展和现代化建设的必然过程，城市化是产业革命以来世界历史性的潮流。据联合国人居中心预测，世界城市化水平2000年将达到50%，2010年将达到55%。随着劳动生产力的提高，农业劳动力将越来越少，农村人口将大量进城，农民将变为第二、第三产业的职工，变为城市居民，这是历史进步，城市化的潮流是阻挡不住的。现在的问题，是听任它随着经济发展的需要，让千万农民自发地进城，像现在的“民工潮”那样，听任它潮起潮落，横冲直撞，越冲越多，还是遵照历史规律，自觉地、有规划、有步骤地实现城市化，分阶段地改革现行城乡分隔管理的户籍制度，逐步打开城门，引导农民进城？两种做法，经济效果、社会效果都是很不一样的。

江泽民同志在党的十五大报告中指出：“社会主义初级阶段，是逐步摆脱不发达状态，基本实现社会主义现代化的历史阶段；是由农业人口占很大比重、主要依靠手工劳动的农业国，逐步转变为非农业人口占多数、包含现代农业和现代服务业的工业化国家的历史阶段。”① 这是中国实现城市化的目标和方向。从1996年起，国家正在各省进行小城镇户籍制度改革的试点，有关部门正在制订加快推进城市化步骤的规划。1996年，中国政府向联合国人类居住区第二次大会提出的《中华人民共和国人类居住区发展报告》中说：预计到2000年，中国城镇人口将达到4.5亿人，城市化水平将达到35%；到2010年中国城镇人口将达到6.3亿左右，城市化水平将达到45%。按近几年的城市化发展势头看，这个目标是能够实现的。

1990年中国总人口为114333万人，城镇人口30191万人，占26.4%。1996年总人口为122389万人，城镇人口35950万人，占29.4%。城市化率6年提高了3个百分点，平均每年增加0.5个百分点。按这个增幅发展，到2000年，城镇人口可达到31.4%。据预测，2000年全国总人口为12.74亿人，城镇人口为4亿人。但这是按现有户籍制度、现行的统计口径统计的结

① 《中国共产党第十五次全国代表大会文件汇编》，北京：人民出版社，1997年9月，第16页。

果。实际上，现在长期居住在城镇的人口要比这个统计数要多，至少应包括上述已离开本地农村到城镇务工经商的7400万“农民工”的大部分。这部分“农民工”中的多数会长期留在城镇，转化为城镇居民。而且通过正在进行的小城镇户籍制度的改革，其中一部分已在小城镇的“农民工”，将成为小城镇居民。所以到2000年，中国城镇人口可以达到4.5亿人，城市化水平可以达到35%。随着经济的继续发展，随着社会主义市场经济体制的建立和完善，第二、三产业会继续发展，城镇经济的规模会扩大，特别是户籍制度经过上述改革试点而逐渐向全国推出，农村剩余劳动力进入城镇的渠道会比现在通畅，城市化的步伐将会加快。预计在2000年后的10年，中国城市化水平每年提高1个百分点，到2010年中国城镇人口可以达到6.3亿人，城市化水平可以达到45%。

实现上述目标还有两个问题。第一，有的同志认为，即使到2010年，中国城市化水平达到45%，但还低于届时世界城市化率55%的水平，也同中国那时将达到的经济社会水平不相称。确有这个问题，但我们只能实事求是地来对待这个问题。西方发达国家达到目前的城市化水平，是经过了100到200年的历史过程，中国是个10多亿人口的大国，城市化起步晚，又历经坎坷，真正地发展城市化，是从1978年改革开放以后，才达到现在的30%的水平，到2010年只有13年时间，要达到城市化率45%的目标，需要每年提高1.15个百分点，平均每年要增加2000万城镇人口，这个任务是相当艰巨的，我们宁愿把困难估计得充分一些，把目标定得实在一些。第二，到2010年要把2.6亿农村劳动力（相当于美国的总人口）转到城镇里来，这是一次巨大的社会迁移。我们现在①有668个市，其中4个直辖市，222个地级市，442个县级市。现有城镇人口36989万②，13年间还要增加70%的新城镇人口，靠原有城镇扩容显然是不够的，还会新增很多大、中城市和新的小城镇。这一点我们现在就要着手准备，要做出比较科学的规划。可惜，这些年来，我们做一个城市的规划是有经验了，要作全国、全省的城市化规划，哪里放大城市、特大城市，哪里设中小城市，哪里设镇等等，在这方面，我们既缺乏理论也没有经验，不过，实践已经提出了迫切的要求，我们现在就应该组织力量着手制定。

---

① 此处指1997年。——编者注

② 国家统计局编《中国统计年鉴·1998》，北京：中国统计出版社，1998年9月，第3、105页。

总的说来，改革开放20年，中国在经济体制改革、经济发展方面已取得了历史性的成就，国民经济市场化、社会化程度有了显著提高，产业结构作了调整，已进入工业化中期阶段，综合国力极大地增强，城乡人民生活有了很大改善，这些成绩，是举世瞩目的。比较而言，中国在社会体制改革，社会事业发展，社会结构调整等方面则相对滞缓了。这有一定的必然性，一般说来，经济发展、经济结构调整在前，社会发展、社会结构调整在后，但是要实现社会全面进步，社会事业的发展、社会结构的调整，不能长期落后于经济发展。否则，社会影响经济发展本身，而且经济发展所取得的成就也不能巩固。实际上，中国现在就业结构同产业结构不相适应，城市化严重滞后于工业化，城乡结构不合理，社会事业的发展不能适应经济发展的要求，诸如教育、科技等的发展不能满足群众和实践的要求，社会保障体制不健全，已经在阻滞经济体制的深化改革，也限制了经济的健康发展，并且由此产生了种种社会问题，对此我们应该有清醒的认识。经济社会协调发展的要求，社会全面进步的要求，呼唤着要加快社会体制的改革，呼唤着社会结构的调整和社会事业的发展。

中国社会结构变迁中妇女社会地位的现状与发展脉络*

各位领导、同志们：

大家好！首先，我代表评估鉴定专家组对第二期中国妇女社会地位调查的顺利结束和主要数据报告的发布表示衷心的祝贺！

7月23日，由社会学、人口学、女性学、统计学专家组成的专家组召开了第二期中国妇女社会地位调查专家评估鉴定会，与会的7名专家、学者听取了全国妇联第二期中国妇女社会地位调查课题组关于此次调查研究设计、抽样设计与主要目标量抽样精度分析、调查实施质量控制办法及检验结果、抽样调查主要数据分析与认识等报告，并就上述方面的学术和技术问题与课题组研究人员进行深入的交流和讨论。专家组认为，由全国妇联和国家统计局联合组织、全国妇联妇女研究所具体实施的第二期中国妇女社会地位调查在研究设计上是科学严谨的，对组织实施和质量控制是严格和有效的，调查数据精度较高、与我们了解的客观事实相符，因而可以说，这是一次比较成功的社会调查。专家组认为，此次调查从学术和技术上有以下几点特别值得肯定。

第一，在调查研究设计上注意到总体调查与典型群体调查、定量研究与定性研究的结合和相互补充。本次调查在对女性总体分析的基础上，选择了在社会结构变迁中变动较大的四个典型女性群体进行专题研究，在进行定量研究的同时，有重点地进行个案访谈和定性的综合分析，有利于全面反映妇女发展状况和地位变化的多样性，增强调查数据的解释力，从而

---

* 本文源自陆学艺署名的打印稿。该文稿系陆学艺于2001年9月4日代表评估鉴定专家组在第二期中国妇女社会地位抽样调查主要数据报告发布会上发言的录音整理稿，该项调查是由全国妇联和国家统计局联合组织实施的全国性大型抽样调查。原稿无题，现标题为本书编者根据打印稿内容所拟定。——编者注

更为全面客观地把握和分析女性整体和不同阶层妇女社会地位变迁的过程、特征和发展趋势，更好地为党和国家的社会发展和妇女发展决策服务。

第二，抽样设计科学，操作严谨。调查以区县为基本抽样单位，增强了样本的代表性，基本方案和省级追加方案的结合，既满足了全国分析和各省单独分析与相互比较的需要，也解决了抽样的科学性与组织实施困难之间的矛盾，是个创新。而且调查的抽样设计和实际操作都直接由国内一流专家进行，较好地保证了抽样质量，从主要目标量的精度分析看，实际抽样误差的控制是比较好的，达到了设计要求，具备推论总体的前提条件。

第三，本次调查的质量控制做得比较有效。实事求是地说，驾驭这样一次大型调查，难度是相当大的。国内目前做的大型调查很多，但在调查质量控制上往往难以把握，也很少有人进行研究。课题组注意到了非抽样误差对调查质量的影响，采取了切实有效的措施加以控制。对调查对象选取，问卷访谈、编码，数据录入，数据清理等调查实施的几个关键环节进行了严格的质量把关和多阶段的复核验收。在实际操作中，各省和基层妇联的调查人员工作认真负责，对不合格的问卷宁可返工，也要保证质量。建议在总结的基础上形成一篇研究论文，让你们的经验能在学术界分享。

作为社会学家，我还想借这个机会从社会调查研究的现实意义和理论意义上谈一些想法。从1978年到现在，中国一直处于经济体制和社会结构双重转型的过程中，20世纪90年代中国社会更是变化巨大的，市场体制是在这十年建立发展起来的，社会资源的重新配置、利益格局的分化和调整也是在这十年出现并迅速扩大的，这种剧烈的社会变革必然会对社会成员的行为、观念、地位变化产生深刻的影响。江泽民总书记在今年[①]的“七一”讲话中，分析了改革开放以来中国社会阶层构成发生的新变化，关注这种变化，并对这种变化做出准确的描述和分析判断，不仅关系到党的阶级基础和群众基础，而且对预期社会发展和社会经济变动，制定社会政策具有十分重要的作用。中国的社会学工作者应该为生活在这样的时代而感到庆幸，同时也有责任密切观察和研究社会的变化，借鉴国际社会结构研究的最新理论和方法，提出分析中国社会阶级阶层结构的理论框架，定期研究、定期检测，为制定中长期社会发展规划提供参考。

妇女占中国人口的一半，妇女的发展与国家的发展进程密切相关、妇女社会地位状况和变化是改革中不同社会阶层的变化的缩影。全国妇联和

① 此处指2001年。——编者注

国家统计局组织的第二期中国妇女社会地位调查以第一期调查为基础，研究中国社会结构变迁中妇女社会地位的现状与发展脉络，分析利益格局变化对提高妇女地位的影响，从社会性别角度监测社会经济发展，不仅对国家社会发展政策的调整和完善具有重要的现实意义，而且对中国社会阶级阶层结构研究的深化具有十分重要的学术价值和理论意义。

第二期中国妇女社会地位调查获得的各种数据，是研究中国社会和中国妇女发展及两性地位非常难得的资料，希望课题组的同志和社会各界妇女研究工作者深入开发利用这些数据，在定量分析和综合研究的基础上，提出并形成分析中国妇女社会地位变迁的理论框架和指标体系，以更多、更有价值的研究成果为中国妇女研究和社会学研究的发展做出贡献。

当代中国社会结构变迁与中国共产党*

实行改革开放以后，中国加快了由传统的农业社会向工业化现代社会转型的步伐，实行了由计划经济体制向社会主义市场经济体制转轨，使经济迅速发展，经济总量和综合国力有了极大的提高，经济结构发生了根本性的转变。1978 年国内生产总值的构成是：第一产业 28.1%，第二产业 48.2%，第三产业 23.7%；到 2002 年转变为：第一产业 15.4%，第二产业 51.1%，第三产业 33.5%。① 经济结构的变化，必然推动社会结构的变化。社会结构演变中最有深远意义的，是中国的社会阶层结构发生了深刻的变化，一些阶层分化了（如农民阶层），一些阶层新生了（如私营企业主和个体工商户）；有些阶层的规模缩小了，有些阶层的规模扩大了，有些阶层的社会地位提高了，有些阶层的社会地位下降了。社会阶层结构呈现向多元化方向发展的趋势。社会分化和流动的机制也变了，社会流动普遍加快。各个社会阶层之间的政治经济关系发生了变化，整个社会阶层结构正在向与现代经济结构相适应的现代社会阶层结构的方向转变。

中国社会科学院社会学研究所于 1998 年成立了“当代中国社会结构变迁”课题组，在有关方面的大力支持下，在全国开展社会阶层结构变迁的调查与研究，先是对全国 10 个县市进行了典型调查，发问卷，开调查会，对各类人员进行深入访谈，听取各方面的意见。2001 年又做了全国性的抽样问卷调查，共取得 6193 个样本。课题组经过长期工作，对国内外有关文献、大量数据和资料的分析研究，于 2002 年撰写并出版了《当代中国社会阶层研究报告》。报告提出当代中国划分社会阶层的标准，应该以职业分类为基础，以组织资源、经济资源和文化资源的占有状况为依据。根据这个

---

* 本文源自作者手稿，手稿写于 2003 年 11 月 28 日。——编者注

① 国家统计局编《中国统计年鉴·2003》，北京：中国统计出版社，2003 年 9 月，第 56 页。

分层原则，课题组描述了当代中国社会阶层结构的基本形态：它由十个不同的社会阶层组成。它们是：国家与社会管理者阶层（占整个社会阶层结构的2.1%，1999年数据，下同）；经理人员阶层（占1.5%）；私营企业主阶层（占0.6%）；专业技术人员阶层（占5.1%）；办事人员阶层（占4.8%）；个体工商户阶层（占4.2%）；商业服务人员阶层（占12%）；产业工人阶层（占22.6%）；农业劳动者阶层（占44%）；城乡无业、失业和半失业人员阶层（占3.1%）。①

总体说来，中国已经形成了与现代经济结构相适应的现代社会阶层结构，但还只是一个雏形，正在迅速成长。现代社会阶层的基本构成成分都已经有了，已经不是原来的工人、农民、干部、知识分子组成的社会结构了。而且，现代社会阶层结构中的阶层位序已经确立。所谓社会阶层位序，是取决于各个阶层所拥有的组织资源、经济资源、文化资源的数量及其综合实力，拥有这三种资源越多，综合实力就越强，阶层位序就越高，反之就越低。上述十个社会阶层的位序，就是按这个原则排列的。这个位序在相当一个时期里，不会改变。但各个社会阶层的规模，会随着经济发展和各社会阶层成员个人的努力与否而不断变化，因为中国现在的社会流动机制也正在由传统的封闭型流动机制，向现代社会的流动机制转变，尽管先赋性因素还有一定的作用，但后天的获致性因素的影响作用已越来越大。

中国目前的社会阶层结构是在经济发展和经济结构调整的过程中，自然、自发形成的，还在继续变动的过程中，还不合理，与社会主义现代化事业的要求还不适应。现代社会应该有一个有庞大规模的社会中间层，社会阶层结构形态应该是两头小、中间大的“橄榄型”。中国目前的社会阶层结构形态是社会地位处于中下水平的阶层占大多数，形象地说，是一个“洋葱头型”。这是因为该缩小的社会阶层还没有小下去（如1999年农业劳动者阶层还占44%），该扩大的社会阶层还没有壮大起来（例如社会中间阶层1999年推算还只占15%）。

随着中国经济建设的继续发展，全面建设小康社会的各项事业的发展，特别是党的十六届三中全会提出的今后要实行坚持以人为本，全面、协调和可持续发展的方针，中国社会政策将有一些新的调整，预计今后20年里，中国的社会阶层结构将继续发生更深刻的变化，农业劳动者阶层的规模将

① 参见陆学艺主编《当代中国社会阶层研究报告》，北京：社会科学文献出版社，2002年，第44页。

进一步缩小（减少到20%以下），社会中间阶层的规模将进一步扩大（预计将达到38%以上）。到2020年，中国将基本形成适应现代化经济发展要求的合理的充满活力的现代化的社会阶层结构。

中国共产党是一个与时俱进的政党。为了保持党的先进性，增强党的凝聚力和社会影响力，以便更好地调动社会各个方面的积极因素，巩固执政党的地位，完成党的政治和历史使命，党对党员和干部的社会构成和组织结构，都是根据不同时期的基本国情的变化，作出与时俱进的调整。

1956年，中国共产党召开第八次全国代表大会，通过了执政后的新《党章》，《党章》规定："任何从事劳动、不剥削他人劳动的中国公民，承认党的纲领和党的章程，参加党的一个组织并在其中工作，执行党的决议，并且按照规定缴纳党费的，都可以成为本党党员。"[①] 随着党和国家实行工业化、合作化和对私营工商业改造的完成，生产资料私有制已经消失，剥削者作为一个阶级也已消灭，社会各个成员都已成为劳动者。所以加入中国共产党的条件，已没有了出身、阶级、阶层的限制。到了1969年召开中国共产党第九次全国代表大会（这是在"文化大革命"中召开的），八大《党章》的相关内容被修改为："年满十八岁的中国工人、贫农、下中农、革命军人和其他革命分子，承认党的章程，参加党的一个组织，并在其中积极工作，执行党的决议，遵守党的纪律，缴纳党费，都可以成为中国共产党党员。"[②] 以后党的十大、十一大都沿用了这个说法。这是在"文化大革命"中的入党条件，又重蹈了"唯成分论"的覆辙，把出身地主、富农、资本家的人以及知识分子都排除在党的大门之外。

1978年召开党的十一届三中全会，拨乱反正，实行改革开放，为地主、富农、右派摘帽并落实党的政策，明确知识分子是工人阶级的一部分。1982年召开中国共产党第十二次全国代表大会，把《党章》中入党条件修改为："年满十八岁的中国工人、农民、军人、知识分子和其他革命分子，承认党的纲领和章程，愿意参加党的一个组织并在其中积极工作、执行党的决议

---

① 《中国共产党章程》（1956年9月26日中国共产党第八次全国代表大会通过），载《中共中央文件选集》（1949年10月~1966年5月），第24卷，北京：人民出版社，2013年6月，第228~229页。——编者注

② 《中国共产党章程》（中国共产党第九次全国代表大会1969年4月14日通过），载中共中央党校党章研究课题组编著《中国共产党章程编介（从一大到十八大）》，北京：党建读物出版社，2016年6月，第261页。——编者注

和按期缴纳党费的，可以申请加入中国共产党。”① 以后党的十三大、十四大、十五大都沿用了这个说法。这表明中国共产党向所有拥护党的社会主义事业的优秀分子都敞开了大门。

20 世纪 90 年代以来，随着改革的不断深入，在经济大发展的背景下，我国出现了民营科技企业创业人员和技术人员、受聘于外资企业的管理技术人员、个体户、私营企业主、中介组织的从业人员、自由职业人员等新的社会群体，他们都是社会主义的建设者。鉴于此，2002 年召开的党的十六大，在新《党章》中指出，“其他社会阶层的先进分子”，也同工人、农民一样，可以申请入党。② 这是中国共产党在党员社会构成问题上有了新的突破，比党的十三大、十四大、十五大的党章规定有了新的发展。

中国共产党在各个历史发展阶段，随着国情的变化，经济的增长，社会阶层结构的变迁，及时作出与这种形势相适应的关于党员社会构成和组织结构的变化，表明中国共产党是一个与时俱进的政党，能够自觉地进行改革和自我完善，能够不断增强党的阶级基础和扩大党的群众基础；既保持了党的先进性，又能不断增强党的凝聚力和社会影响力，完成党的历史使命，把中国的革命和社会主义建设事业不断推向前进。1949 年新中国成立以来，特别是改革开放以来，中国共产党在党的社会构成和组织结构方面发生了以下变化。

第一，党的队伍不断扩大。1945 年七大召开时，共有党员 121 万人，约占全国人口总数的 0.22%；1949 年新中国成立时，有中共党员约 500 万人，占全国人口总数的 1%；1956 年八大召开时，有党员 1073 万人，占全国人口总数的 1.6%；1969 年九大召开时，有党员 2200 万人，占全国人口总数的 2.7%；1977 年，也就是改革开放前一年，十一大召开时，有党员 3500 多万人，占全国人口总数的 3.7%；1982 年，十二大召开时，有党员 3900 多万人，占全国人口总数的 3.84%；1987 年，十三大召开时，有党员 4600 多万，占全国人口总数的 4.2%；1992 年，十四大召开时，有党员 5100 多万，占全国人口总数的 4.35%；1997 年，十五大召开时，有党员 5800 多万，占全国人口总数的 4.7%；2002 年 6 月，十六大召开时，已有

① 《中国共产党章程》（中国共产党第十二次全国代表大会 1982 年 9 月 6 日通过），载《中国共产党第十二次全国代表大会文件汇编》，北京：人民出版社，1982 年 9 月，第 83 页。

② 《中国共产党章程》（中国共产党第十六次全国代表大会部分修改，2002 年 11 月 14 日通过），载《中国共产党第十六次全国代表大会文件汇编》，北京：人民出版社，2002 年 11 月，第 66 页。

党员6635万人，占全国人口总数的5.16%（如以18岁以上的人口总数计算，则党员已占18岁以上人口总数的6.89%）。[①]

第二，党员队伍的社会构成、职业构成已发生了深刻变化。2002年6月，在6635万中国共产党党员中，工人、农民工、农民共2991.3万人，占45.1%；机关干部、企事业单位管理人员、军人、武警1411.2万人，占21.3%；企事业单位专业技术人员770.1万人，占11.6%；离退休人员1092.4万名，占总数的16.4%；其他人员共370.5万名，占5.6%。[②]在上述我国现阶段社会阶层结构中，可以看到，产业工人阶层、商业服务人员阶层和农业劳动者阶层共占就业人口总数的78.6%，加上城市无业、失业、半失业人员阶层则为81.7%，其他6个社会阶层则为18.3%。可见，中国共产党党员在工人、农民工、农民总数中的比重低于上述6.89%的比重；在国家与社会管理者、经理人员、私营企业主、专业技术人员、办事人员阶层和个体工商户等社会阶层中的党员则远远高于6.89%的比重。如企事业单位的专业技术人员，全国2002年的总数是3089.3万人，[③]上述企事业单位专业技术人员党员有770.1万人，占总数的24.93%，也就是说在四个专业技术人员中已经有一个是中共党员。其实，在国家与社会管理者阶层中，党员占的比重还要更大，约占总数的80%以上。

第三，改革开放以后，新生的社会阶层中的先进分子，正在加入共产党队伍里来，扩大了党的社会基础。党的十六大政治报告指出，要“切实做好基层党建工作”，“重点做好在工人、农民、知识分子、军人和干部中发展党员的工作，壮大党的队伍最基本的组成部分和骨干力量。注意在生产、工作第一线和高知识群体、青年中发展党员。要把承认党的纲领和章程、自觉为党的路线和纲领而奋斗、经过长期考验、符合党员条件的其他社会阶层的先进分子吸收到党内来”。[④]从1997年10月党的第十五次全国代表大会，到2002年6月，近五年的时间，中国共产党发展新党员1189.2万人，其中35岁以下的党员共893.9万名，占75.2%；具有高中以上文化程度

---

① 中共七大到十六大召开时全国党员数，参见中共中央党史研究室编《中国共产党的九十年》，北京：中共党史出版社、党建读物出版社，2016年6月，第252、471、578、648、713、741、796、809、888页。——编者注

② 《中共党员总数已达6635.5万名 队伍结构更趋合理》，中国新闻网，http://www.chinanews.com/2002－09－01/26/217805.html。

③ 国家统计局编《中国统计年鉴·2003》，北京：中国统计出版社，2003年9月，第144页。

④ 《中国共产党第十六次全国代表大会文件汇编》，北京：人民出版社，2002年11月，第51、52～53页。

的党员共935.3万名，占78.4%。①

值得重视的是私营企业主阶层中，已经有相当比重的共产党员，而且还有一批这个阶层中的先进分子正在加入共产党的队伍。2002年，由中共中央统战部、全国工商联、中国社会科学院联合组建的“中国私营企业研究”课题组，进行了中国第五次私营企业抽样调查，共取得了2717个样本。在全部被调查的私营企业主中，共产党员占29.9%。与前四次抽样调查相比，增加很多（1993年为13.1%、1995年为17.1%、1997年为16.6%、1999年为19.8%）。这是因为近几年有大量的国有和集体企业改制变成了私营企业，改制企业的负责人原来多数是中共党员。如果除掉这个因素，私营企业主中的党员比重，与前几次是持平的。在第五次调查的党员私营企业主中，有192人是创办企业后入党的，占党员总数的5.9%；有16人是江泽民2001年7月1日讲话后入党的，占党员总数的0.5%。另外在私营企业主中还有11.1%的人正在争取加入共产党。在这次调查中还发现，党员私营企业主中，党龄在10年以上的占74.2%。② 可见，私营企业主这个新生的社会阶层的成员中，有相当一部分人原来就是共产党员。

中国的经济在持续快速协调健康发展，中国的社会阶层结构也在不断地演变和发展。中国共产党是中国的执政党，上述关于改革开放以来中国共产党在党员构成和组织结构方面的调整和变化，表明中国共产党是一个与时俱进的政党，但这只是中国共产党与时俱进的一个方面。不过从这个方面，我们就可以看到，中国共产党为了完成中国革命和社会主义现代化建设事业，是十分重视共产党自身的建设的，正在不断地自我改革和自我完善，以适应经济社会结构的变化，始终保持党的先进性，不断增强党的凝聚力和社会影响力，以实现中华民族伟大复兴的历史使命。

---

① 《中国共产党党员队伍充满生机与活力》，载中共中央组织部党建研究所编《党的建设大事记（十五大十六大）》，北京：党建读物出版社，2003年6月，第259页。

② 中华全国工商业联合会、中国民（私）营经济研究会主编《中国私营经济年鉴·2000～2001年》，北京：中华工商联合出版社，2003年2月，148～149页。

经济与社会协调发展

关于肇东经济与社会协调发展实验区的几个问题*

一　办实验区的目的和意义

我们国家目前正处于从自给半自给的自然经济向有计划的商品经济转化的时期，是从封闭与半封闭的传统社会向开放的现代社会转变的时期。

总的方向目标和战略部署，邓小平同志已经提出来了，这就是三步走的战略：第一步，1980～1989 年，实现国民生产总值翻一番解决温饱问题；第二步，1990～2000 年再翻一番，达到人均国民生产总值 800 到 1000 美元，实现小康；第三步，21 世纪中期再翻一番，达到世界中等发达国家的水平。

这是一个宏伟的设想，真正实现了，我们国家就真正进入了世界先进民族之林，彻底改变我国自明清以来长期贫穷落后的面貌，真正与我们这个伟大的、文明的泱泱大国的名称相符，真正对人类发展作出巨大贡献。

在这样一个实现宏伟目标过程中，我们一个县、一个地区怎么办呢？我们能做什么工作？做出什么样的贡献？

总结十年改革开放的经验和教训，十年来我们取得了空前的成就，无论在经济、社会等各方面都取得了伟大的进步，举世瞩目，这是首先要充分肯定的。但是如果做客观的总结，我们也确有不足之处。曾经在相当一段时间里，我们在抓经济改革、经济发展的目标时，没有足够重视社会改革和社会发展。有些地方还片面地把经济建设、生产力发展作为唯一任务，

---

* 本文源自作者手稿。该文稿写于 1990 年 9 月 17 日，系陆学艺 9 月 19 日在黑龙江省肇东经济与社会协调发展实验区的演讲稿。——编者注

致使经济在这些地区是上去了，取得了一定的进展，但是社会没有得到相应的进步，致使一些社会问题突出了。分配不公，人际关系紧张；城乡差别扩大，城乡发展不协调；政治思想薄弱，社会秩序混乱，刑事犯罪增加，社会治安差，人们没有安全感；社会风尚不好，道德风貌败坏，六害泛滥，吃、喝、嫖、赌、吸毒、拐卖妇女，特别是青少年犯罪增多；人口失控，生态环境遭到破坏，许多城市脏乱差。

总的是，出现了一手硬一手软的情况，这既对社会发展不利，同时也影响了经济的健康发展。1988 年的物价改革，方向是对的，长期形成的不合理的物价体制，不改是不行的，如工农产品剪刀差，原材料基础工业产品同加工产品的不平衡，靠补贴，国家已无法承受了。但是改革的方法步骤上有问题，操之过急，想冒险闯关，40 年积累的问题想一个早上解决，毕其功于一役，这当然不对。

更大的错误是对群众的心理忍受能力估计过高，也就是说这些年的社会问题积累了，对此认识不足，还当作一般任务向下布置，这些问题在 1988 年物价改革行将出台时出现了全国性的抢购。群众投了反对票，所以我们不得不紧急刹车，党的十三届二中全会提出治理整顿的措施。可以说，这是我们经济发展中的一次大的挫折，是经济与社会不协调发展，从而出现了问题，其后果是使我们经济发展出现了波折，付出了高昂的代价。

1989 年 50 天的政治风波，这是在国际大气候和国内小气候结合下出现的，中央已经作了总结。这个不利的小气候，中央概括为“一手硬一手软”，实际上也就是经济社会不协调发展的结果。所以中央从十三届四中、五中、六中全会以来，一面提出要继续执行十一届三中全会以来的方针政策，执行十三大提出的“一个中心两个基本点”的基本路线，同时明确提出要两个文明一起抓，改变一手硬一手软的状况，也就是说要经济社会协调发展。

我们正是响应党中央号召，贯彻“两个文明”一起抓的方针，提出了建立肇东实验区的任务的，这是一。

其二，从国际历史经验看，据国外有关学者的研究，凡是处在人均国民生产总值 400 ~ 1300 美元的国家，经济上处于刚解决了温饱问题，社会正处于从传统社会向现代社会转化的时期，广大群众温饱问题解决了，各方面需求都很高，但经济上却不能满足这些需求，经济结构、社会结构、思想观念都处于大变动的时期，正是产生大量社会问题的时期，处理不好就容易产生大的社会震荡，社会不安定，出现动乱。再处理不好，整个经济

社会就倒退，就混乱不可收拾，如伊朗的巴列维－霍梅尼时期就是失败的例证。

我们国家目前正处于这样一个阶段。人均国民生产总值在600～1000美元之间。所以要特别强调稳定是高于一切的，强调社会问题的治理和防止，强调经济社会的协调发展。

其三，整个经济社会发展是一个大的系统工程，本身就要求全方位的、整体协调的发展，而不能畸轻畸重地单项独进。特别是到了现代，经济的发展离不开科技，离不开教育，离不开人的素质的全面提高。

整个社会发展是有规律的，经济发展也是有规律的，经济社会协调发展就是按照客观的经济社会发展规律去做。不协调、不平衡就是违背了客观的规律。所以，按照经济社会协调发展的原则去做就会比较顺利，比较稳定，效果就会事半功倍；而违背了这个规律，就会处处碰壁，就会事倍功半，费力不讨好。

经济与社会协调发展实验区就是根据以上三个方面，根据经济与社会发展的规律，根据国际国内的经验教训提出来的。

二　实验区怎么搞法？怎么实验？

有的同志反映，实验区很重要，意义深远，应该搞好，但这么大的题目，不知从何搞起。老虎吃天从何下口？还有的同志担心会不会像海伦那样，一下来几百人，单搞一套？

可以说实验区不神秘。就是按照党的十一届三中全会以来的方针路线，按照“一个中心两个基本点”的基本路线，在市委的领导下进行工作，在抓好经济改革、经济建设的同时，更加自觉更加主动地抓好社会改革、社会发展，注意社会问题的治理，从而促进经济改革、经济建设，使经济社会发展得更稳更快更好，使经济社会协调地发展，使肇东的物质文明和精神文明双丰收。真正达到市委在实验区规划中提出的目标：“政治稳定，经济繁荣，人民富裕，社会文明。”真这样，我们的实验区就成功了。

具体说，我想有以下四个方面。

（一）关于经济发展

实验区怎么搞？经济改革，经济发展是中心，经济建设是第一位的，这不能动摇，经济社会协调发展，经济发展是基础，社会发展要在经济发展的基础上去进行，在一定程度上也可以说是经济发展的保证。肇东的经济怎么发展？

1. 农业要稳步发展

农业是国民经济的基础，我们肇东的农业特别是粮食生产已经有了很好的基础，给国家做出了很大的贡献，我们的粮食生产，给国家的贡献在全省是第一的——已经五连冠了，卖10亿斤粮，在全国也不多。我们人均占有2500斤粮，是全国人均（750斤）的2倍多。要保持这个传统优势，还有发展余地，还有潜力，市委设想"八五"期间搞到25亿斤，经过努力，再上一个大的台阶，为国家多做贡献，这是可能的。但这个任务很不容易，产量已经很高了，再高不容易。

这里一个关键是今年丰产了，获得了历史最高年产量，但是丰产了，农民能不能丰收？农民现在有三怕，一怕卖粮难，二怕粮价下跌，三怕卖粮不给现钱打白条。如果出现这种情况，那么就会严重挫伤农民务农特别是生产粮食的积极性，明年的粮食生产就成问题了，历史上这种教训是有过的。丰收也发愁啊！真要如此，我们的市委、乡镇党委，各个与农村有关的部门，要多做工作，而不能火上加油，趁机向农民伸手。应该尽量减少这方面的压力，千方百计尽一切可能保护农民的生产积极性，否则农民积极性受到挫伤，若干年恢复不过来。这件事要先做准备，先做方案，这是迫在眉睫的大问题。

还有一点，农村还可发展林牧副渔、庭院经济，这还大有余地，潜力还很大。4000平方公里，可做的文章很多。

2. 要重点发展工业，大上工业

实验区的试点计划是说，要把解决好农业问题、农村问题、农民问题（"三农"问题）作为重点，这是对的。但要解决"三农"问题，单靠发展农业解决不了，要靠工业的发展，城市的发展，科技、教育的发展来解决。

就我们的研究来说，肇东已经到了重点调整产业结构的时候了。就是要把重点由第一产业向第二产业、第三产业转移，要使肇东更快地富裕起来，经济社会更加稳定协调地发展。现在是调整产业结构，重点发展工业的时候了。前不久我到吉林去调查，吉林的同志对我说："吉林是农业大省，工业大省，财政穷省。"这也反映了吉林要调整产业的强烈要求。无农不稳，无工不富，无商不活，无才不兴，这是科学的总结。"办好工业是财政之本，富裕之源。"

怎么发展工业？肇东工业已经有了一定的基础，要在现在的基础上大踏步地把工业搞上去？发展工业，无非是三个层次：国营地方工业、城市集体工业、农村乡镇企业。城市工业已经有了5亿产值，是很可观的，现在遇到了市场疲软、产品销不出去、资金积压、经济效益严重滑坡的问题。这方面要做工作，我看是两条：一是要看宏观经济政策的调整，大气候的变化；二是我们要下功夫，进行工业管理体制的改革。实在说，城市工业吃大锅饭的根本体制还未解决，还没有找到像包产到户那样的好办法。只要继续探索，这方面潜力很大，要做工作。

现实的很快能见效的，解决我们肇东更快更好发展的，是要把重点放在发展乡镇企业上。而现在正是发展乡镇企业的时候。乡镇企业，这是中国农民的又一个伟大创造，是农村经济、社会发展的必然产物，是农村今后发展的快慢、发展的好坏的关键，是解决"三农"问题的好形式，是农村第二步改革的突破口，是具有中国特色的社会主义的一个组成部分。黑龙江省在这方面抓得晚了，全省乡村两级工业还只有70多亿元，比不上南方一个县的乡镇企业产值。肇东市在全省是处于比较领先地位的，但在全国范围看，步子也晚了，乡村两级工业产值只有1.3亿元，抵不上发达地区一个村的村办企业产值。前面说了，调整产业结构，农村的工作要在保持农业粮食稳步发展的前提下，把重点向乡镇企业上转移，要把全省发展乡镇企业提到重要的议事日程上来。

为什么说发展乡镇企业是历史发展的必然？这是由中国特殊的条件决定的。要实现四个现代化，向现代社会过渡，其中一个条件必然是工业化、城市化，农业人口不能高于30%。中国40年历史造成的，向工业化过渡的时候，带走了资金，带走了原材料，但劳动力留在农村了。现在的人口政策，农村人口越来越多，照此下去，农业人口无论在相对量还是绝对量，都是越来越多，总不能越现代化，农民越多吧。但按现在的格局，大量的农转非国家受不了，城市受不了，怎么办呢？农民自己想了办法，办乡镇企业，自我农转非。离土不离乡，离土又离乡，已经转移出了1亿劳动力。

农村要富起来，达到小康，也要靠乡镇企业。全国人均耕地1.5亩，农村人口人均也只两亩地，肇东好一点，得地独厚，农民人均5亩地。如果通通种玉米，全部达到吨粮田，人均1万斤，2000元收入，去掉物质成本300元，纯收入1700元。按4.72元1美元计，仅380美元，离800美元还差一半。何况还达不到吨粮田。无工不富嘛！

我们穷就穷在几个月干闲上。搞乡镇企业就是使现有的60万农业人口、30万农业劳动力，都增加就业机会。好处已经得到了证明（如苏南）。现在全国有100亿元（产值）的县，有5亿～10亿元的乡镇，有1亿到几亿元的村，有几千万元的个体私营企业，潜力是很大的。农业产量有限，搞工业，搞第三产业，财富积累就无穷无尽。要改变肇东的面貌，叫我出主意，就是要抓住现在的大好时机，调整产业结构，大上乡镇企业，可以大有作为。

怎么搞法？办乡镇企业无非要解决这几个问题。

第一是劳动力。我们肇东农村有14万劳动力，300多万亩耕地，腾出3万～5万劳动力是不成问题的，而且有大批的回乡知青，他们有文化素质。

第二是资金。我们这几年农业搞得好，集体和个人都有了一定的积累，用各种形式，转一部分、集中一部分资金办工业是有条件的。关键是要用好。现在是不发达地区的钱，被发达地区拿去用了。

第三是技术，说到底是人才问题。一是要发掘本地人才。农村有能人，要把这些能人用起来。起用本地的人才（肇东工业有基础）。二是招聘外地人。请到一个工人、一个技师，就能办一个厂（如湖北的沙市、襄阳）。三是请星期日工程师。我们靠近哈尔滨、大庆，这是好条件。他们也有需要。

第四是原材料。肇东农牧业发达，这就是极大的有利条件。黑龙江省农业、重工业发达，原材料是有保证的。

第五是市场。肇东的市场是广阔的。不要老盯着国际上，盯着上海，就是要面向肇东，面向黑龙江，还要用好苏联这个口岸。

所有这一切都证明，肇东办工业是有条件的，而且有很好的条件。有了这些，就剩下一个领导问题了。

形式上可以五个轮子一起转，乡、村、组、联户、户一起办，集体的、股份制的、个体的一起上。要执行让一部分人先富起来的政策。在发展集体乡、村二级工业的同时，要发展一部分个体和私营企业。要开放一些，政策用得充分一些、放宽一些，要广泛发动群众。

关键是领导思想的转变。万事俱备，只欠东风。东风就是领导的决定，要适时地调整产业结构，把重点放到发展上来。

现在是有点难处，正是市场疲软的时候。但在别人都按兵不动的时候，你要抓住这个机遇，重点转型，捷足先登，做出成绩来。搞商品经济，就要有“老子天下第一”的劲头，慢了，坐失良机就不行了。发展乡镇企业，南方一些地方已经有很好的经验，可以去取一取经。

3. 搞活商业，发展第三产业

要使肇东经济发展起来，商业系统要发展、要改革。无商不活。这么多粮食要卖出去，不搞活流通不行。要发展乡镇企业，没有大量的供销人员不行。像无锡一个县，每年一两万人去全国各地采购推销。肇东的商业供销系统有大发展的必要。这里有两点。

一是我们的国营商业和供销、物资、外贸系统要改革，有为农民服务、为农业生产服务的观念。“农业发展我发展，我与农业共兴衰。”山东诸城组织“商品经济大合唱”，仅外贸公司，组织肉鸡、肉猪生产、收购、加工、销售一条龙。他们自己有1亿多元设备，有1000～2000多万元利润。山东寿光组织蔬菜批发市场，年销售25亿斤，年收入1000万元以上。

二要发展个体工商户。这对搞活流通，发展商品经济很有好处。全市1988年4900户，6400人，但1989年减少到只有3430户，减少了30%，3830人，减少了40%。1989年12月销售额548万元，比1月的981万元下降了40%。这有大气候的原因，现在全国正在恢复。我们要继续执行国家、集体、个人一起上的方针，进一步开放搞活，发展个体工商户。全国现在超过2000万户，我们市至少要有1万户以上。

从发展前景看，将来的商业、服务业、广电、邮政、交通运输业都是第三产业，是产业的大头，我们要看到这个趋势。

（二）关于社会发展

关于经济发展，我们比较熟悉了。社会发展这个概念，大家还不熟悉。从1981年第六个五年计划开始时，我国的五年经济发展计划，就被改称为经济社会发展计划。所以我们可以这样认为，除经济发展以外的，诸如教育、科技、文化、卫生、计划生育、体育运动、环境保护、政治法律、城市建设、民政工作、社会保障、社会秩序、社会治安等方面的发展，都可以看作社会发展的内容，也有人称其为非经济因素的发展。

前面说过，肇东市这几年在社会发展方面也做了大量的工作，成绩很突出。例如我们的教育工作、科学研究、文化、卫生工作、计划生育、体育工作都是搞得比较好的，在全国、在省里、在地区，都是有地位的。但是我们应该看到，由于全国的大气候，环境存在着“一手硬一手软”的情况，在重视经济发展的同时，社会发展注意得不够，所以这方面也存在着不少问题。我们今后在抓经济这个中心工作的同时，要更加自觉、更加主动地去抓好社会发展工作。除了继续抓好已经抓的几项社会发展工作外，我要强调以下几点。

1. 要抓好科技和教育

昨天的农民科学种田技能大奖赛，给我留下了深刻的印象。20世纪80~90年代的农民确实变了。农民掌握了科技，现代农业就有希望了。这也说明科技兴农正在发挥威力。但是科技还要应用到工业，应用到商业，应用到一切方面去，才能使我们国家的现代化化得更快更好。科技工作还要抓，而同时要重点抓好教育。日本有个学者讲，经济竞争的实质是科技的竞争，科技竞争的实质是教育的竞争，教育竞争的实质是人才的竞争，这是很有道理的。要搞好肇东今后的经济和各项工作，就要抓教育。

就教育来说，一是要提高质量，二是要抓教育体制的改革。现在的教育体制还是有毛病的，主要是上面的原因。一是要改变现在城乡间不平等的教育体制，农村里的教师，60%是民办教师。在考分面前也不平等，很多天才的学生得不到深造的机会，人才被埋没了。今后人才选择的余地越来越窄。

再就是要考虑搞职业教育。教育如何为当地的工农业生产服务，如何同当地的生产实践相结合。目前的教育制度，是千人万人上独木桥。

抓基础教育是对的，但是仅有考大学一条出路不行，80%考出去的回不来。要根据本地经济社会发展的需求，培养当地需要的人才。农村搞“三加一”的职业高中是一条路子，城区也可考虑这方面的问题。教育方面的文章很多。

文化工作、卫生工作、体育工作、城建工作、环保工作、民政工作、政治思想工作等，都要在原有的基础上进一步做好。这些工作做好了，社会发展就比较健康了。

2. 社会改革和社会保障

我们在进行经济体制改革的同时，要考虑社会改革。过去我们考虑这方面不够，这就影响了、限制了经济体制的改革。例如我们在城市，对全民所有制企事业单位实行的是铁饭碗、铁交椅、铁工资制度，前些年已经知道这很不利，要改。怎么改呢？搞承包经营，厂长有解聘权。搞优化劳动组合，有些不称职的干部、不称职的工人要解聘。这一条搞不成，将引起尖锐的冲突。你一解聘，他就没有饭碗了，他就跟你拼命。所以，妇联、公安局、街道也不同意解聘。这个问题解决不了，有些不好好劳动、不遵守厂纪厂规的人就治不了，你这个厂的改革就搞不好。

这就涉及社会保障制度的改革。如可改成：你被解聘了，半年工资厂里停发了，社会保障局可以供给你基本生活费用，另外为你进行新的职业培训，再找就业门路。

农村也是这样，计划生育的规定谁都明白，但为什么一定要生儿子？很重要的原因是养儿防老。农村老人保险搞好了，解决了他们的后顾之忧，可以解决相当一部分家庭不多要子女的问题。你们有的地方已经搞了，要把这个试点搞下去。

黎明乡搞的村职干部的退休办法，是个好的设想。村干部是不脱产的，他们做了大量工作，许多工作靠他们去做。设想把他们任职期间为集体做的贡献，如增加集体积累，作为标准，再加上任职时间，作为实行退休保障的条件。这很好，使他们能一心扑在事业上，壮大集体经济，无后顾之忧。

3. 社会结构优化的问题

随着经济结构的变化，农村的社会结构正在发生大的变化，这是现代社会的一个重要标志。农业向第二、三产业转化，其结果是务工经商的人越来越多，城市的实际人口越来越多。农业现代化、农村城市化、农民转变为现代农民或非农民，这是必然的趋势，我们要看到这种趋势。

农民在职业上已经分为若干个不同的阶层了：农业劳动者、农村工人、农村雇工、农民知识分子、农村个体劳动者和个体工商户、农村私营企业主、乡镇企业管理者、农村管理者，都是社会主义条件下的农民，从事不同的工作和职业，都是社会主义劳动者、合法经营的诚实劳动者，都受到法律的保护。但他们因经济地位不同，利益要求不同，价值趋向不同，要看到这种差别，在工作上、政策上也要做适当的区别。

（三）关于经济与社会协调发展

前面说过经济社会发展是一个整体，经济发展和社会发展之间存在着必然的相互关系，是有规律可循的。实践表明，经济发展是基础，没有经济的发展，整个社会就不能前进。但是，整个社会要前进，上述教育、科技、文化、卫生、社会保障、社会治安等各项事业，也就是社会发展事业也必须相应地同步发展，这样才能相辅相成、协调发展。否则，如果畸轻畸重，一条腿长一条腿短，就不能协调发展，就会影响经济的健康发展，整个社会就不安定，甚至干扰破坏经济事业的发展。

例如经济发展了，要求科学、教育事业相应地发展。农业正在向现代化转化，农村的教育科研要跟上。农民要懂得科学种田的知识，这些现代化的生产资料、现代化的种植、现代化的经营管理，还是要跟上，否则事倍功半，不能发挥作用。

工业也是这样。我们有些工厂的设备是很先进的，但工人不会操作，干部不会管理，设备就不能充分发挥作用。

再举个例子，计算机引进了许多，但真正用的占多少？高速公路立交桥出现了，司机、居民没有遵守规则的意识，就会产生许多交通事故，每年要死5万多人。

又如经济发展了，财富增加了。社会分配不公，这也是大问题。一方面是越来越平均主义，一方面是差距越来越悬殊，这是引起群众不安的重要方面。要有调节税，要有社会保障。

从整体上看，我们这几年的教训是，经济发展的同时，教育、科技、管理、文化、卫生、社会治安、社会保障等方面的社会发展工作滞后了一些，引发了不少问题，影响了社会进步，影响了经济更好地发展。所以我们实验区要抓好经济社会的协调发展。协调发展就是按照经济社会发展的客观规律，如果量化的话，就是要按一定的比例发展。经济发展是第一位的，是基础，社会发展要在经济发展的基础上同步发展，从而促进经济更好地发展。

怎么来衡量协调与不协调呢？有没有一个标准，能否量化呢？经济发展得怎样，可以用第一、二、三产业的数字，工农商等行业的数字来说明。社会发展也是有指标的。现在也研究出一些指标，可以用数字来表现。不过应用还不如经济发展那样自觉和成熟。前不久，实验区请了朱庆芳来，搞了一套社会指标。王爱丽等同志据此对肇东的经济社会发展做了测试评估，结果也显示出虽然肇东工农业发展搞得很好，比全国、全省平均水平好，但也发现社会发展滞后、不同步的问题，这同我们的经验感觉是一致的。当然，这个社会发展指标也还要继续完善，更加科学化。试点工作也包括这些工作。

我们要搞出一个经济繁荣的、现代化的，同东方文化中优秀传统文化相结合的经济社会协调发展的模式。如果小康社会经济社会协调发展的模式建起来，这对国家的贡献就大了。

（四）实验区怎么搞法?

实验区经过筹备，已经起步了。具体怎么搞？

1. 实验区的工作方针

各项工作都在肇东市委统一领导下，按照党中央、省委、地委的方针路线进行，不另搞一套。实验工作纳入整个工作中去。还是要按“一个中心两个基本点”的基本路线办。不过是更自觉、更主动地抓经济发展、社会发展、经济社会的协调发展，在二者的结合点上做好工作，创造出经验

来。省社科院的同志也参与、也协调，外来同志的意见仅供参考，我上面讲的供参考。怎么办？按市委的统一意见办。

2. 实验区要从大处着眼，小处着手

还是要以试验起步。已经有了两乡八村的试验，这都是很有意义的。搞出几个双文明村、双文明乡、双文明街道和工厂，工作就逐渐打开了。一心村就是个文明的雏形，可以培养，可以总结。业务区的试点，黎明乡的干部劳保制，这都是创造。做一件，是一件。所以我们说，不是不协调，而是在原有基础上来发现、总结、提高。理论概括是锦上添花，经验都是在下面创造出来的。

3. 实验区的科研

要围绕着实验区的工作，参与进来，题目就多了。一是多学科交叉，不限于社会学。遇到什么问题就研究什么问题。对实验区有利，对肇东工作有利就研究。二是要结合肇东的实际。首先是提出问题，而后是总结、提高、开拓。这就是从实际出发。这是培养干部的大学校。理论与实际相联系，实际工作者和理论工作者相结合，试验研究和参与研究相结合。

4. 几个大项目

（1）国情调查。这对弄清市情很有好处，摸清市情要从调查入手。制定好本市的经济社会发展规划，使肇东更好地发展。这对本市干部也是好教材，是新领导了解本市的最好材料。

（2）“八五”计划。从小科研做起。这两项就很好。

5. 宣传

这一段还是起步阶段，要踏踏实实做工作，埋头苦干。苦干个 3 ~ 5 年，真正做出成绩来，创造出第三代的典型。第一代典型是生产的典型，如王国藩、李顺达、大寨，等等；第二代典型是经济的典型，如苏南模式、温州模式，等等；第三代典型是经济社会协调发展的典型。走出一条解决“三农”问题、经济社会协调发展的路出来，那我们肇东对地区、省和国家的贡献就大了。

我祝愿这个试验成功！

东亚金融危机的社会影响与中国应有的对策*

以1997年7月泰铢贬值为开端，东亚地区相继发生了严重的金融危机。这场危机给泰国、马来西亚、印度尼西亚、菲律宾、新加坡、韩国等国的经济发展以极大的打击，使这些国家的综合国力大为削弱，人民生活水平大大下降。在短短的几个月内，汇率大幅度贬值，股指急剧下降，利率快速上升，一大批工商企业和金融机构破产倒闭，国民经济陷于动荡和混乱之中。危机已影响、波及日本、我国台湾省和澳大利亚。这场金融危机成为全球范围内的重大事件，引起了国际社会的高度关注。

中国作为具有世界影响力的大国，以及地处亚洲的地缘关系，从一开始就对这场危机保持高度警惕，已经采取了一系列积极的应变对策，还将继续采取有效措施，并从深层次上加以考虑，力图从根本上理顺经济发展的关系。

一　东亚金融危机的社会影响

尽管我国不具备直接发生金融危机的条件，但这场危机爆发于周边国家和地区，难免对我国的国民经济、社会发展造成直接、间接的影响。

1. 对就业的影响

我国是个劳动力资源十分丰富的国家，本来我国的就业情况就非常严峻。东亚经历金融危机后，这些国家一些生产企业破产，银行倒闭，股票

* 本文源自《大思路——专家论述：东亚危机和中国的改革与发展》（陆百甫主编，北京：中国发展出版社，1999年3月），第213~232页，作者：陆学艺、邹农俭。原稿（打印修改稿）写于1998年10月，收录该书后有删改。本文根据原打印稿以楷体字形式增补部分内容。——编者注

价格暴跌，失业人数增加，人民收入水平大幅度下降，消费购买力严重降低，国民经济倒退了好几年，几十年劳动所得的经济成果受到严重损失。例如，1997年7月2日一天，泰国铢就贬值20%；8月28日，马尼拉股市下跌9.3%。所有这些直接影响到我国产品对这些国家的出口。而东南亚地区历来就是我国外贸出口的主要地区，1996年我国对亚洲地区的进出口额占进出口总额的60%，金融危机使东南亚国家货币贬值15%～60%。[①] 自1997年8月起，我国对东亚地区出口成交额已有所下降，有些已签的合同未能执行，停止了生产；有的合同要求降价，1998年第一季度日商对纺织品、服装的出口订单已明显减少。

同时，我国的出口商品结构与东亚许多国家相同或相近，都是以劳动密集型产品为主，我国与韩国、新加坡、菲律宾、马来西亚等国的出口商品均以纤维制品和机械、电器产品为主，且出口额均占各国出口总额的一半以上。长期以来，我国与东亚各国存在着竞争性的贸易关系，在欧美市场上就是直接的竞争对手，金融危机使东亚各国货币大幅度贬值，客观上降低了它们的换汇成本，提高了其产品的出口竞争力。而我国人民币汇率相对坚挺，出口产品的价格竞争力相对下降。在金融危机中，港元是亚洲唯一没有正式贬值的自由兑换货币，港元相对较高的估值会直接影响香港的外贸出（转）口，香港外贸出口降低将对内地“三来一补”企业造成负面影响。所以我国的商品出口正受到越来越严峻的挑战。

从我国的出口情况来看，由于东亚国家价格优势造成对我国出口产品的直接冲击似乎还没有反映出来，我国1998年上半年外贸进出口总值比去年同期增长5.2%，其中出口增长7.6%，进口增长2.2%，贸易顺差225.6亿美元。这是因为东亚国家在金融危机中本币的大幅度贬值使大量金融机构失去了投资、融资能力，生产企业经营困难，甚至倒闭，危机造成了经济包括对外贸易的全面萎缩，但危机之后的经济恢复将首先表现为出口反弹。因为经济的复苏迫切需要解决国际收支的平衡这一最为基本的问题。所以货币贬值增强了东亚国家的出口竞争力，东亚产品与我国产品在国际市场上的面对面竞争，以及因为经济危机致使东亚国家国内需求严重紧缩，进而影响到我国产品的进

① “金融危机使东南亚国家货币贬值15%～60%。”一句依据打印稿增补。——编者注

入。这两个方面将伴随着东亚金融危机的缓解、解除，经济的复苏而日益凸显。[①]

对东亚地区外贸出口的缩减，必然影响到我国外贸企业以及相关企业的生存、发展，有些企业因此而亏损，甚至倒闭，导致企业吸纳劳动力的能力减弱，严重的使企业职工待岗、下岗。

吸引国外资本投资，是发展中国家加快发展的重要举措，利用外资是改革开放以来我国经济建设得以较快进行的一条成功经验。中国香港、澳门，日本、韩国、东南亚国家是我国内地境外投资的重要来源，由于金融危机，使这些国家和地区的企业、居民、金融机构损失惨重，自顾不暇，必然要影响到其对外部投资。海外华侨、华人的投资一直占外资投资极大比重，而海外华侨、华人的资金主要集中在东南亚。在这次危机中，境外华人的资本损失较大，尤以印度尼西亚、泰国、马来西亚为甚。东南亚华人与中国的合作投资项目，很多已经搁浅，资金遇到了困难。由于香港股市的疲软，内地企业前往香港市场上市的步伐将放慢，这也影响资金的筹措。再者因为东亚货币贬值和企业倒闭，还驱使一部分国际资本流向东南亚去“淘金”，增加我国吸引外资的压力。[②] 东亚国家对华投资的大幅度减少，也进一步缩小了我国的就业空间，使失业问题更加突出。

由于地缘优势和文化上的相近性，周边国家一直是我国劳务输出和对外工程承包的主要地区。在过去的几十年中，中国劳工广泛参与了东亚的崛起过程，劳务输出也成为我国国内转移剩余劳动力、增加收入的一条重要途径。金融危机爆发后，这些国家和地区的经济景气度降低，企业经营不佳，就业岗位紧缩，失业率上升，影响到对劳务进口的需求，甚至不得不辞退外籍劳工。房地产价格的大幅度下跌，很多工程项目停工，新建工程项目减少，这必然影响到我国的劳务输出，导致我国的就业困难增加。

2. 对旅游业的影响

东亚国家邻近我国，与我国有长期的多种多样联系，多年来东亚国家、地区就是入境我国旅游的重要客源地，东亚发生金融危机后，来我国旅游的客人明显减少，这些国家的企业经营困难，职工收入普遍降低，不少企

① 以上两个自然段依据打印稿增补。——编者注

② “吸引国外资本投资……一条成功经验。”“海外华侨……极大比重，而”“由于香港股市的疲软……增加我国吸引外资的压力。”三段文字依据打印稿增补。——编者注

业减少了奖金，取消了对旅游的奖励。这些措施必定影响居民的出国旅游。而且不少东亚国家，面对本币贬值，外汇不平衡，千方百计鼓励入境旅游，吸引游客入境，与我国争夺旅游市场。海外旅游人数的剧减，影响到我国的旅游业、旅馆业、商业等行业。

3. 对人们心理的影响

东亚金融危机对人们心理的影响是深刻的。危机一方面使我们经受了一次心理锻炼，强化了心理承受能力，对一部分人盲目崇尚东亚发展模式、企图照搬东亚经验的思维定式起到了警示作用，对后发国家现代化道路盲目乐观的情绪有所冲击，使我们增强了忧患意识。前车之鉴，提醒我们，现代化之途非常不平坦，我们必须对自己的发展战略、发展道路进行新的审视，时常提防不测事件的发生。另一方面，爆发金融危机的这些国家大都是新兴的工业化国家，相当长时期内，这些国家的国民经济保持了快速发展态势，是世界经济发展中的新星，正在创造着“东亚奇迹”，被赞誉为“龙”和“虎”。然而在人们毫无心理准备的情况下，危机却降临了，在一夜之间毁掉了几十年奋斗的成果。这不免对世人造成强烈的心理震颤，使人们产生某种危机感，一时不知所措，心中疑团顿生，百思不得其解。中国是一个发展中国家，正在成为又一个新兴工业化国家，在一定程度上，中国似乎正在沿着东亚国家发展的轨道前进着，危机的发生，使人们不同程度地产生了对既定目标的动摇，影响到人们的信心。危机增强了人们对未来的不确定感、不踏实感。东亚金融危机还加剧了人们对人民币贬值的心理预期，直接导致外汇黑市交易活跃、黑市交易价格有所上扬。在日常生活中，心理压力加剧了人们惜钱、低消费、压缩开支的行为，普通老百姓要为未来不确定的变数作准备，从而使启动消费品市场，适当增加消费的号召更难有人响应了。

4. 对文化的影响

在长期的演变过程中，东西方文化形成了两条独立发展的轨道。当代资本主义文明，主要是在西方文化的基础上产生的。东亚的崛起，曾使世界看到了东方文化复兴、再度辉煌的希望。中国是儒家文化的发源地和东方文明的重要组成部分，这次东亚危机似乎使在儒家文化根基上实现现代化面临考验。危机也加深了人们对文化问题的反思，促发人们思考物质文明与精神文明之间的深层关系。

从积极的意义上说，东亚金融危机确实促发人们对支撑东亚经济发展的文化模式的思考，对挖掘东方文化的现代潜力予以足够的重视，对无限扩大“亚洲价值观”的心态及时予以调整，从而促进亚洲经济、文化的协调发展。

20世纪90年代以来，人们对“亚洲价值观”以及建立在这一基础上的“东亚模式”和“东亚奇迹”赞不绝口，推崇备至。东亚金融危机之后，使得不少人对东亚文化群起而贬之。有的认为，亚洲文化已出现了危机；有的认为，东亚文化难以支撑东亚经济的增长；有的则认为，所谓亚洲文化已随金融危机的风暴而卷走；有的甚至认为，儒家文化的树上难以结出现代化之硕果，东方国家要实现现代化，只有认同西方文化，现代化就是西化。东亚金融危机使人们的信心受到很大打击，文化的失落感有所增强，文化迷茫感有所抬头。

5. 对中国与东亚国家关系的影响

中国的发展，希望求得一个和平、稳定的国际环境。处理好与世界各国的关系，尤其是与周边国家的关系，始终是我国对外政策的基本方针。东亚金融危机爆发后，我国与东亚国家的关系既有积极的进展，又有负面因素。积极的促进作用主要表现为，中国政府坚决支持东亚受灾国家克服危机，并力所能及地给予多方面的支持，体现了中国作为维护世界和亚洲稳定的重要力量。中国政府坚决维护人民币的坚挺，全力维护亚洲金融中心。香港的经济、政治稳定，以自己的损失阻挡了金融危机扩散的势头，人民币的稳定成为保持亚洲经济稳定的坚固磐石。这些举措使世界看到了中国是建立国际经济、政治新秩序不可或缺的力量，是一个负责任的国家。不利的影响在于：东亚金融危机的爆发，使亚洲不少国家损失惨重，而中国避开了这场金融风波，而且国民经济保持了良好的发展速度和势头，中国的崛起以及坚强的经济实力，在东亚经济动荡中显得更为突出，这无疑使一些国家加深了对中国强大的担忧，强化了它们的防范心理。危机使一些国家国内发生严重骚乱，暴徒们首先将袭击目标指向当地华人、华裔，危机再一次使排华、驱华行为升级。所有这些都有损于中国与这些国家的关系。

尤其需要指出的是，东亚金融危机对我国造成的不利影响也不同程度地增加了我国内部的社会矛盾。我国经济、社会体制的改革正在深入，在经济结构调整过程中，出现了企业经营恶化、下岗人员增加、经济增长放慢、收入水平降低等问题。东亚金融危机的不利影响以及由此造成的许多社会矛盾与当前我国由计划经济向社会主义市场经济、农业国向工业国、传统型向现代化深刻转变以及经济结构、社会结构调整过程中出现的一系

列结构性矛盾相互交织、重叠、共振、相互推动，进而演化为当前比较突出的社会问题。这是当前我国社会问题增加、程度加剧的重要原因。尽管我国没有发生金融危机，但经济回升缓慢，企业经营不佳，下岗问题突出，职工再就业困难等问题如此严重，都直接或间接与东亚金融危机有关。

东亚金融危机对于我国这样一个幅员辽阔的国家的影响，以东部沿海地区为最甚，因为这里是我国改革开放的前沿阵地，对外开放时间早，经济结构外向度高，与东亚经济的联系密切，例如，三资企业产值已占福建省工业产值的30%，该省在新加坡等国家就有2万多人的劳务人员。而东部地区是我国经济发展速度较快、经济总量占全国比重大的地区，东部经济受损，社会问题突出，必然对全国的影响大、危害大。①

二　东亚金融危机的教训及其启示

东亚金融危机成为近年世界性的事件，是当前世界上的热点问题。不管是当事国还是旁观者，都应当对这场危机进行深刻的总结，得出一些有益的结论。危机本身暴露了一系列深层次的问题，提供了许多极有意义的启示。这场危机正是人类前进中遇到的波折，是发展中国家所付出的代价。对于中国这样的发展中国家来说，总结教训和得出启示更加重要，更有现实针对性。

1. 发展中国家发展的艰巨性问题

随着世界各国经济的增长，各国经济开放程度的不断提高，贸易、投资的自由化，科学技术的进步，信息业的快速发展，世界经济全球化、一体化的态势日渐形成。我们面对的是一个全球一体化的时代，区域化、一体化将是当前和今后世界的基本格局。在经济一体化的大背景下，世界性统一商品市场、金融市场的形成，使得国际上的相互影响力不断增强，经济联动的效应越来越明显。世界经济不可能一帆风顺，总会时不时地出现这样那样的问题，有时可能演化为危机。尽管世界性的经济危机似乎好久没有光临人间了，在和平与发展的主流中人们对经济危机有淡忘的感觉，

① 该自然段依据打印稿增补。——编者注

但危机的基本因子依然潜伏在世界的肌体内，一旦时机成熟，将会喷发而出。世人必须时时对此保持高度的警惕。金融是现代经济的核心、神经，金融危机将是当今世界经济危机最突出、最集中的表现。当代世界金融业领域大量普及电子计算机等高科技产品，这就使资金在全球不同种类、不同地域的市场上迅速流动而牟取暴利成为国际资本的主流，国际金融、货币体系的不完善与国际监管的漏洞等原因，使金融危机爆发成为可能。在金融一体化的条件下，一国、数国金融发生变化，往往会波及全球的金融市场，威胁整个世界金融体系的安全。目前世界短期游资已达7.5万亿美元，相当于全球经济总量的2%，在浮动汇率体制下其投机性比较大，如此巨量的游资不规范的流动、投机都将引起世界经济的动荡。

当今的世界，经济差别巨大，发达国家、不发达国家阵线分明，区域一体化、经济共同体等经济结盟形式使得发达国家主宰世界经济的能力更大、更有实力了。经济危机也可能光顾发达国家，但由于其抵抗力强、实力雄厚，要动摇其经济基础显然难度较大，而一些新兴的工业化国家，既有“油水”可以捞，又有结构脆弱的特征，正是危机最容易发生的环节。20世纪80年代初拉美国家的债务危机，1994年墨西哥金融危机，1997年的东亚金融危机，绝不是随机性的现象。作为发展中国家，理所当然应对经济危机保持高度警惕。当然这绝不是说发达国家不会发生经济危机，而只是说发展中国家发生的可能性更大，危机一旦爆发，承受能力更差，它们更经不起危机的折腾，而发达国家一旦发生经济危机，对世界的影响更大，损失将更惨重。一个时期以来，人们陶醉于东亚高速发展的赞歌声之中，盲目地认为，现代化对我们来说似乎并不遥远，发展中国家赶超发达国家并不难。这场危机提醒了人们，后发国家的现代化之途上充满了荆棘，后发国家的现代化空间已大为缩小，任务更为艰巨。①

2. 短期现代化问题

世界上的发展中国家，由于长期遭受贫穷和落后的折磨，成为现代化的迟来者，目前绝大部分国家都在实行赶超型的战略，争取用短于发达国家实现现代化所花费的时间达到现代化的彼岸。这种短期现代化已有成功的例子，并成为为现代化奋斗的国家的楷模。然而事情并非如此简单，短期赶超型现代化也有短期赶超的问题和矛盾，这次东亚金融危机为世人上了生动的一课，充分暴露了短期现代化过程中的许多问题。

---

① “一个时期以来……任务更为艰巨。”一段文字依据打印稿增补。——编者注

从20世纪80年代到90年代中叶，东盟五个创始国成为世界上经济增长最快的地区之一而受到世界的瞩目，五国中的马来西亚、泰国、菲律宾和印度尼西亚，因为经济的蒸蒸日上而被誉为“亚洲四小虎”，而同属亚洲的新加坡、韩国、中国的香港和台湾也因其经济的生机勃勃而早已冠上了“亚洲四小龙”之称，正当“四小龙”“四小虎”生龙活虎，准备联袂创造世界奇迹之时，金融危机如同一盆冷水浇得其中的多数国家久久还没有清醒过来。于是世人都在纳闷：这些“龙”和“虎”到底怎么了？

东亚金融危机深刻地揭示了短期现代化国家往往得以忽视的基本矛盾：结构性失调。

现代化之路也就是社会结构协调演进的过程，现代化的实现有赖于各种要素的高度耦合，任何因素的脱节、滞后都会产生所谓结构性矛盾，最终会拖现代化的后腿。后发国家都是实行赶超战略，在这种高速赶超过程中，社会结构内部各项要素的匹配、协调往往难以处理好。快速发展中有些因素增长快，有些因素增长慢，从而导致结构上的偏差。快速发展致使原有结构迅速打破，但新的结构平衡的建立需要时间。所以高速发展本身往往会积累许多结构性矛盾。例如，经济总量可能在短期内迅速增加，但人的素质不具备突击提高的条件，于是劳动力素质、管理人才跟不上现代化的要求；又如，利用外资是后发展国家增加发展动力、借外力推动自身发展的重要举措，但负债过多，主动权又极易落入旁人之手，这个“度”在赶超过程中比较难以把握；再如，在短期现代化中，经济获得了快速增长，但社会结构的演进往往滞后，甚至走向恶化，经济结构、人口结构、劳动力结构、城乡结构、自然环境等很难赶上经济增长的节拍。总而言之，短期现代化国家，发展中国家的赶超型发展战略本身往往隐含着结构脱节问题。这次东亚金融危机，从深层次上讲是社会结构失衡、要素不协调长期积累之后的总爆发。

请看，泰国的投资结构严重不合理，大量资金盲目向房地产业倾斜，1996年泰国金融机构贷给房地产业的资金占到总贷款额的50%，非生产性项目的过度膨胀使经济泡沫化。在尚未建立比较完备的金融监管体系的前提下，过早过快地对外资开放金融市场，仅花了三四年时间就开放了资本市场。过分崇尚负债经营，到了1997年上半年，泰国外债余额占到其国内生产总值的一半以上，总量达900亿美元，而且多为短期外债，这样一有风吹草动，就可能导致支付困难，引发金融危机。

经济发展有其内在的、一般的规律，现代化有其循序渐进的展开方式，无论是先发国家，还是后发国家，现代化之途都有某些基本的通则。当今正在迈向现代化的国家，显然有别于现代化先行国家。当初发达国家在实现现代化时，占尽了先发优势，既无原料短缺、劳动力成本上升之虞，又不担心产品销售、市场狭窄的困难，可以说，先发国家现代化的回旋余地相当巨大。而当代后发国家，在发展过程中，一是发展空间大大缩小了，例如，自然资源有的已经枯竭，有的开发成本提高了，商品市场空间大大缩小了。二是发展中国家的发展受到发达国家的严重制约，例如，发达国家的发展模式有意无意地起着影响作用，世界贸易市场早已被发达国家所垄断，世界垂直性的分工体系已经建立，要突破这种体系极其困难。因此，后发国家的现代化既要突破先发国家的陈规，有所创新，但又要遵循经济发展的一般规律，不能轻言标新立异。短期现代化国家要特别防止超速发展中的结构协调问题，及时调整结构失衡，消弭高速发展积累的一系列病态，确保国民经济长期持续、稳定发展，确保经济、社会的协调发展。

3. 现代化模式的选择和转换问题

东亚经济的起飞得益于出口导向型、依靠引进外资的经济发展模式，是以大规模要素投入为动力，通过高投资拉动方式实现的。这一模式在推动工业化起飞，启动现代化时起了关键的作用，也取得了显著的成就。但现代化没有一成不变的模式，东亚金融危机的原因还在于发展模式未能及时转换，或者说发展的方式没有很好地衔接起来。

东亚现代化的起步形成了以劳动密集型和资金密集型产业为主体的粗放型产业结构。这一产业结构为工业化的进一步深化准备了物质基础，但当推动工业化起飞的初级阶段的产业群迅速进入市场相对饱和时期，就预示着旧的发展模式达到了顶点。原来的发展动力到了衰竭之时，推动经济成长必须寻找新的生长点，及时引导产业结构转换升级，培植新的产业群就必须成为首要任务。然而，东亚不少国家正是在这一结构性转换上发生了断裂，致使传统产业群已趋衰退，而新的产业群尚未形成，经济的间歇在所难免。

在缺乏新的主导产业群引导的情况下，就极易驱使大量资金转向投机性强的证券市场、房地产市场，为泡沫经济造势。例如，过去的10年，泰国金融业机构贷给房地产部门的资金占到了贷款总额的一半，马来西亚到了近30%，印度尼西亚占20%，目前泰国银行坏账已达400亿美元，其中的一半是贷款给房地产行业的。

东亚国家的出口导向型、大规模引进外资战略，为工业化的起飞立下了汗马功劳，但过分崇尚出口导向战略，过分依赖外资是难以维持经济长

期高速增长的。从根本上来说，经济增长应以国内资本为主要动力，过度仰仗国际市场，当国际市场一有风吹草动，就很难抵挡得住。特别是中小型国家，抗颠簸的能力弱，经不起国际风浪的冲击。一旦国际收支不能正常运行，如资本项目盈余不能弥补经常项目赤字，或者经常项目赤字与GDP之比超过正常水平时，就有可能爆发资本抽逃及货币贬值的金融危机。所以，在经济高速增长持续一定阶段后，应及时调整利用外资的政策，从“用市场换资本”过渡到“用市场换资本与技术”，在利用外资发展本国经济过程中保持主动性，即既要根据国家总体目标，合理利用外资，又要使外资有利于产业结构、区域结构的优化。通过吸引外国资本和先进技术，为国民经济的长期持续增长准备新的动力。

4. 政府的作用问题

东亚国家既创造了经济奇迹，现在又面临着经济危机，东亚的崛起，政府的推动起了巨大的作用，有人称其为“强政府”“开发性政府”型的经济腾飞。我们在转向社会主义市场经济过程中，也十分重视政府的推动，并已尝到了若干甜头。但是，关于政府干预经济活动需要进行辩证的分析。强政府干预下的赶超发展模式具有两面性。

政府干预经济活动，在当代被认为是必不可少的，但如果政府对经济过度干预，则容易产生各种弊端。

“强政府”的特点是，政府不仅为经济运行提供有助于经济增长且必不可少的秩序和制度，而且自身直接置身于市场运作之中，成为经济活动中不可或缺的一项要素并驾驭着市场的运行。建立这种模式的理论基础是，认为市场有缺陷和不足之处，只有政府才能引导市场的发展。政府可以通过监督管理市场有意扭曲价格和系统地干预生产激励机制实现超高速增长，从而达到快速赶上发达国家的目标。一些依靠比较优势难以发展起来的工业部门，可以通过政府的干预建立和发展。东亚金融危机的爆发，促发人们对强政府干预下的高速赶超战略进行系统的反思。

其一，政府干预经济活动的领域和范围。政府应当对经济活动进行必要的干预，这已为现代世界经济的正反两方面经验教训所证明。问题是，政府应当干预哪些领域和范围，是当“裁判员”还是既当“裁判员”又当“运动员”。一般的回答是政府是比赛的“裁判员”，但东亚的崛起证明，政府不仅仅是裁判员的角色，而且国民经济照样实现了腾飞。这种强政府模式是有其必然性呢，还是一种或然性。东亚金融危机启示人们，现在仍有必要对政府干预经济活动的领域和范围，以及在不同历史阶段的政府介入程度进行必要的界定。

其二，政府的能力问题。政府推动经济成长是建立在政府具有良好的判断力和正确的决策力的前提下的。如果拥有一个开明的政府，这个政府具有高超的驾驭经济的能力，那么政府干预无疑会大大有利于经济的成长。问题是这个前提如何得到保证。如果政府对经济发展做出错误的判断，对国内外局势做出错误的估计，或者干预经济的能力有限，那么，所谓的“强政府”只会给经济发展带来更大的危害，强政府干预经济的损失比弱政府还要大。

其三，“强政府”干预往往导致政治的腐败。如果政府长期控制社会、经济资源的配置权力，政府官员要始终保持清正廉洁是十分困难的。政府长期干预金融活动，容易产生官商结合，使金融运作和市场运行偏离正常轨道。东亚不少国家经济是起飞了，但政治腐败也触目惊心。有的政府官员与银行、金融机构合谋，违法操作，共同谋取私利；有的政府官员让行贿者承担国家工程建设项目；有的政府官员为企业担保，向银行贷款，造成重大经济损失。政治腐败是金融危机爆发的定时炸弹。

5. 机遇与风险

一个国家在发展的过程中，始终是机遇和风险并存。尤其是发展中国家，比起早发国家来，可以说是机遇不多，机遇非常难得，但风险大，到处都是陷阱，因此，作为后发国家，务必审时度势，谨慎操作。例如，对外开放是发展中国家利用后发优势，借助外部力量，增加现代化推动力的重要举措，然而如果利用外资不注意投资结构，将借来的钱过多地用于对经济发展并不紧要的高档消费品上，就必然会影响经济发展的后劲。或者引来的外资都是用于占领国内市场，那势必压抑民族工业的成长。外资进入过多，则国民经济极易受到国际经济的影响。出口产品如果长期以传统产品为主，终将造成出口竞争力不足，经济效益下降，在国际市场上处于被动的严峻局面。发展中国家实行赶超型发展战略，发展速度要求能快则快，但如果发展速度不顾经济结构的协调，则往往会造成虚假性的繁荣，形成所谓“泡沫经济”。金融体制的市场化转变以及与国际金融市场的接轨，既带来了金融事业的繁荣与发展，又不可避免地产生着风险。长期以来，泰国资本市场一直受国家保护，1992 年时向国外敞开了大门，泰国铢与美元在固定汇率下可自由兑换，这样，当发达国家经济不景气时，大量的外国

资本流入泰国，其中有一部分属于投机的短期资本；而当发达国家经济回升，泰国经济不景气时，大量外资又纷纷从泰国流出，这便造成泰国经济的剧烈动荡。1996年时韩国排名前30名的大财团自有资本比率仅占18.2%，大部分资本来自银行贷款。国家负有外债1100亿美元，其中银行外债占了三分之二。当代世界是一个全新的世界，很多新事物、新问题以前从未碰到过，也有很多风险从未见过，一旦遇到大的危机，很有可能前功尽弃，发展中国家在现代化过程中，要尽力预防和避免发展中的风险。[①]

三　我们应有的对策

东亚金融危机发生在我国的家门口，这些国家与我国有着广泛的密切的联系。这场危机是战后新兴工业化国家进入新的发展时期，经济结构转换中矛盾的大爆发，是国际上的重大事件。危机是一部十分难得的非常深刻的活教材，各个国家应当从中吸取教训，并拿出切实的对策来。中国作为一个发展中的大国，更应当如此。

1. 变压力为动力

东亚金融危机对我国有所影响，我国也存在企业亏损严重、银行不良资产增加、房地产投资过热、外资投资结构不合理等产生金融危机的因素。但由于我国资本项目尚未开放，整体实力较强，外汇结存达1400亿美元，外贸仍是顺差，国内储蓄充足，前几年的金融混乱已得到必要的治理，因而我国不可能爆发类似东亚国家的金融危机。对于这场金融危机，我们要作积极的应对，要冷静地分析造成危机的原因，切切实实消除这些病因，从根本上防范金融风险。要面对东亚危机有所作为，在如何化不利因素为有利因素方面有所进展、有所突破。

东亚金融危机使得受灾国家经济吃紧，这自然会影响东亚国家、地区资金流入我国。但同时我们也应看到，经历金融动荡的国家因外债信用等级降低而影响外资的进入；相反，中国持重、稳健的市场再次得到验证，中国对外资的吸引力反而有所上升，外资在中国投资更安全、更有保障，在这一点上，中国的资信得到提高，因而只要我们操作恰当，世界更大范

① 该小节依据打印稿增补。——编者注

围内的外资仍然会向中国投资。而且东亚国家经历了危机之后，经济的复苏仍需时日，对于中国来说，正迎来引进外资和加快经济发展的良好时机。

东亚金融危机真是一部生动的活教材，它提醒我们，加快经济体制和经济增长方式的两个根本性转变，进行产业结构的调整，改革国有企业，改善外贸出口结构再也不能迟疑不决了，而是要下更大的决心，花更大的精力，尽力把这些工作做好。经济的持续、稳定、协调发展十分重要，这是从根本上消除危机的长期对策；深化金融体制改革，整顿金融秩序，建立现代金融体系和金融制度已经非常迫切了。对经济运行的把握，对管理经济的水平要求更高了，更应当缜密了。

2. 社会结构的协调

东亚爆发金融危机，深层次的原因是结构失调：经济结构内部重大比例关系失调，社会结构与经济结构不协调。因而从长计议，我们应把社会结构的协调置于十分重要的地位。

在赶超型现代化过程中，维持经济的高速增长是首要的目标，也是加快发展的基础。正因为如此，经济增长往往得到特别的关注，倾注全力予以确保。但社会是一个有机体，社会现代化是经济、政治、文化、体制、生态环境等的全面进步，经济增长也需要社会其他方面提供条件和保障。东亚金融危机暴露了深层次的问题，这些国家的经济发展速度很快，但社会结构的调整跟不上经济增长的速度，经济、社会之间出现了结构性矛盾。例如，政治腐败普遍存在于东亚金融危机的重灾国，其组织管理手段普遍落后于现代化的要求，法制化、制度建设滞后于经济现代化的步伐。前车之鉴，触目惊心，也给了我们极大的启示，我们必须对社会结构的调整予以足够的重视。

其一，加快法制化进程。从人治社会转向法治社会是社会现代化的必然要求。社会的繁荣、稳定，根本上来说要靠法制化来维持，法制化是确保社会稳定、国家长治久安的基石。

其二，重视各种具体制度的建设。东亚金融危机也暴露了制度上的漏洞，制度缺损是危机爆发的潜在原因。造成东亚国家金融危机的体制性原因，我国也不同程度地存在，对此应当予以足够的重视。例如，金融体制的不健全、不完善，管理体制的落后、僵化，发展规划、目标的随意性，国有企业的高负债经营，市场信号的失真，等等。制度建设、体制改革是摆在我们面前的重大课题，也是预防经济危机的必要手段。在经济高速发展阶段，经济结构、社会结构调整的步伐特别快，这一阶段的规则、制度

就显得特别重要，矛盾、问题也特别多。防止、解决这些问题的工具就是社会制度。当前我国的制度建设也特别薄弱，制度漏洞滋生了一系列问题，因而制度建设是当前和今后的一项社会工程。

其三，政治体制改革。东亚金融危机夹杂着政治腐败，使得危机更为沉重。解决政治腐败的对策在于政治体制改革。政治体制改革是社会主义现代化中社会结构变革的题中之义，我们同样面临着政治体制改革的艰巨任务。政企不分、官商勾结、权力异化，这些问题在我国同样相当严重，我们必须切实解决这些问题，健全权力的约束机制，建立与现代化要求相适应的政治体制。

其四，提高组织、管理社会的水平。现代世界，相互开放是必然趋势。我们面对的世界，越来越开放化、复杂化，世界上的很多新事物、新问题，以前见所未见、闻所未闻。对于现代社会的管理，要求比以前更高了。在这次东亚金融危机中，可以清楚地看到，管理社会的水平高低，组织手段的先进与落后，结果很不一样。新加坡政府成功地实现了产业结构的高级化，建立了健全的经济管理体制，使其成为重灾区中的轻灾国。我国香港特别行政区政府在对付国际投机者猛烈冲击的过程中，应变及时，措施得当，使金融危机在香港遇到了阻击，成功地挫败了国际投机者企图动摇香港经济的图谋，再次确保了香港国际金融中心的地位。这些事例告诉我们，组织水平、管理水平同样需要现代化。

3. 加强和改善政府的宏观调控职能

现代经济必须要有宏观调控，宏观调控是政府的职责。东亚金融危机中一些国家宏观调控措施失当，并不能成为政府对经济的敢于不重要或不必要的理由，恰恰相反，加强和改善政府的宏观调控已成为当务之急。

例如，对于金融业的监管。近几年爆发金融危机的墨西哥、泰国、韩国、印度尼西亚等国家，在推行金融业私有化、自由化、独立化之时，却取消或放松了政府对金融业的管制、限制和必要的管理。金融机构可以在国外乱贷款，导致了国家经常项目的严重赤字，最终危及国家的国民经济。泰国开放了资本市场，外资大量涌入，但泰国中央银行对外资却没有实行有效的管理，任凭外资组合结构、投资结构的放任自流。而一旦国际市场风吹草动，大量外资流出，引起国民经济动荡，政府对之则无能为力。即使在1997年金融危机爆发之前，在国际投机者不断对泰铢冲击之时，泰国政府仍然没有对金融危机系统进行干预、整顿，最终酿成大祸。

东南亚的新加坡是个小国，照例在金融风暴的冲击下，抗颠簸能力非常有限，但新加坡是个有政府宏观调控传统且政府管理非常成功的国家，因而在危机中显示了它的优势。在20世纪70年代，新加坡在经历了初步工业化后，政府即大力推进经济结构的转换，引导产业的升级，促使劳动密集型产业向资本密集型、技术密集型转变。新加坡既无资源优势，又无市场优势，但有区位优势，它通过贸易，带动国内加工业、制造业的兴起，成功地走上了贸易立国的道路。新加坡一方面实行了金融开放，另一方面则对金融业实行严密的监管。所有银行半个月、每月都要向政府呈交业务情况报告，以供稽查、审核。政府规定银行贷款必须有90%的抵押。

我国政府十分重视加强和改善对经济的宏观调控问题。早在1993年下半年，中央开始整顿金融秩序，制止金融业对房地产业的过度投资，使银行业与证券业分业经营。1996年下半年，着力调控了股票市场。1997年国家又严禁银行资金流入股市和国有企业上市公司炒作股票，严厉打击违规者。1997年上半年，我国就对国际金融危机有所警觉，对国内金融风险有所防范，并陆续出台了一些措施。如发布并开始实施新的《境内外汇账户管理规定》，规定境外法人或自然人在境内买卖B股的外汇，今后将可以开列外汇账户保留外汇，但是外币股票的收支都必须用于说明书规定的用途。中国境内机构和外国驻华机构一般不允许开列外币现钞账户，以防止国际炒家侵入。中国人民银行多次调低银行存款利息和贷款利率，降低银行准备金率，以减轻企业负担，刺激投资，提高国有银行和商业银行支配资金的自主性。1997年11月份，中共中央和国务院联合召开了全国金融工作会议，显示了党中央和国务院对金融工作的高度重视。会议正确估量了当前经济、金融形势，充分认识到进一步深化金融改革和整顿金融秩序、防范和化解金融风险的重要性和迫切性，明确了做好这项工作的总体原则、主要任务和重要措施。会议要求力争用3年左右时间大体上建立与社会主义市场经济发展相适应的金融机构体系、金融市场体系和金融监管体系。近几年中央政府将严格控制银行不良贷款，消除银行呆账、坏账作为金融工作的重要任务。又严格清理了非金融机构和非法金融活动，及时处理了一批违规行为。1997年新年伊始，中国人民银行全国分行行长会议就将金融监管列为1997年金融工作的重中之重。1997年下半年召开了党的十五大，其报告指出，要“依法加强对金融机构和金融市场包括证券市场的监管，规范和维护金融秩序，有效防范和化解金融风险”。这是首次将金融问题写入党的代表大会的报告。中国政府坚定维护人民币不贬值，致使东亚金融危机有所遏制，也使世界看到了中国是稳定世界经济的重要力量和中国的大国风

范。中央政府支持香港特区政府坚定地维护香港的经济稳定，使金融危机在香港遇到阻击，挫败了国际投机者企图冲垮香港的联系汇率制、动摇香港经济的图谋。[①] 所有这些重要举措，对建立良好的金融秩序、防范金融风险起到了十分巨大的作用。今后，加强和改善政府的宏观调控职能依然是一项重要任务。

4. 社会心态的调整

老百姓稳定的心态、良好的心理结构无论是在正常情况下，还是在非常态下，都是社会稳定的重要因素。稳定的心理结构有利于克服经济危机；反之，心理恐慌则对经济危机起推波助澜的作用。

1997 年泰国爆发金融危机之前，国际投机者一方面套购泰国的外汇储备，另一方面大肆渲染泰铢将大幅度贬值，于是到 3 月初，恐慌心理便笼罩于人们的心头，人们疯狂去银行挤兑，导致银行支付困难，增加了信用危机，最终使泰铢贬值成为现实。

自 20 世纪 70 年代以来，印尼盾多次大幅贬值，东亚金融危机爆发后，国民普遍对印尼盾能否挺得住持怀疑态度，加之民众对苏哈托政权缺乏信心，1998 年初，国际信贷评级机构标准普尔把印尼的本国货币信贷评级从 A 一级降为 BBB 一级，终于引起公众的恐慌心理。人们纷纷转移资金，抛售印尼盾，抢购美元，使印尼盾大幅下跌成为现实。

我们应当认识到，东亚爆发金融危机，确实是这些国家现代化过程中的重大挫折，危机使东亚国家的现代化大打折扣。但通过冷静、细致的分析不难看出，这次危机既非东方文化类型的原生性所致，又非社会体制的本质规定，而是具体的政策失误所诱导。人们坚信，东亚在经历这场危机后，将会重新振作起来，重新朝着现代化的目标迅跑；而且在经历曲折后，它们对未来的发展将更加珍惜，操作起来将更加谨慎，从而也将发展得更快、更稳健。对于我们自己来说，我们应当坚定信心，朝着既定的目标前进，根本没有必要因为东亚金融危机而惊慌失措，动摇我们的目标选择、政策选择，而是应当冷静地、科学地分析造成东亚金融危机的深层原因，并对照我们自己，切实消除造成危机的潜在原因和机制。从他国的挫折、教训中探索出规律性的东西来，从而把我们自己的事情办得更好。

我们要调整对外开放度越高越好、引进外资越多越好的心态。对外开

① “1997 年下半年……大会的报告。”“中央政府……香港经济的图谋。”两段文字依据打印稿增补。——编者注

放必须逐步展开，顺次进行。开放度取决于条件的成熟和各项措施的配套。引进外资切忌盲目性、随意性。

我国政府面对周边国家的金融危机，一方面采取有力措施，防范金融风险；另一方面，承诺人民币不贬值，消除了抛售人民币的压力，有力地稳定了人们的心理预期，起到了稳定人心、稳定金融、稳定货币的积极作用，也有力地阻止了危机的进一步扩散。

5. 提倡适度消费

我国是发展中国家，中华民族向来是个勤劳、节俭、朴素的民族。在工业化阶段，资金始终是紧张的，投入必不可少，积累十分重要，因而我们应保持优良传统，坚持消费与生产相适应，重视积累，重视储蓄，坚持主要依靠国内储蓄发展经济，而绝不能将发展经济主要建立在负债经营的基础上。这次东亚金融危机中深受其害的国家，大都陶醉于前几年的经济繁荣，形成了一种高消费、超前消费的文化。他们已习惯了高经济增长、高工资和超前消费的生活模式，贷款购房、买豪华汽车、旅游已成时尚，超前消费、能挣会花似乎是现代人标准的生活方式。结果危机一来，个人没有一点积蓄，大部分人生活出现了困难。从整个国家来说，发展经济的动力主要靠借贷，无异于将国民经济建筑在沙滩之上。我国是一个大国，家底很不厚实，现代化的任务异常艰巨，奢靡之风、浪费之风、高消费之风万万刮不得，目前我们有比较高的储蓄率和巨额外汇储备，成为抵御外资冲击的坚强后盾，这一点务必珍惜。

6. 建立风险预警系统

世界上的事情变幻莫测，当代经济日益全球化，世界这样一个大范围内不可控的因素实在太多。对于某个国家来说，一旦遇到某种危机，后果往往不堪设想。当然，危机爆发前总有种种迹象，预防得法，危机是可以避免的、防止的。因而作为一个现代国家，如果在危机爆发之前有所察觉，从而及时采取必要的预防措施，就显得十分重要。无论是为了防止类似东亚的金融危机，还是为了维护我国经济繁荣、社会稳定的基本局面，我们都要建立一套比较科学的风险预警系统，作为观察经济、社会稳定的“天气预报”，并制定出一套对付特大风险的应急制度，这是对现代国家的基本要求。

对我国市场经济改革与社会可持续发展道路的探索*

世纪之交，知识经济时代姗姗来迟。关注中国命运的青年学者周逸博士向大家奉献出一部经过极其严肃认真的思考的著作，这就是将由上海人民出版社推出的全面论述我国市场经济改革与社会可持续发展的 40 余万字专著《中国经济社会的困惑》。其部分章节在海内外学刊上陆续发表后，受到学界比较广泛的欢迎和好评。“与其临渊羡鱼，不如退而结网”。掩卷长思，可将其归纳为三大特色。

一 新时代，大机遇，应挑战

据我所知，周逸博士是中国论坛较早涉足科技、教育、文化可持续发展研究的青年学者之一。知识经济可持续发展有两大特征：全球化和知识化。具体表现是：知识含量高，消耗资源少，更新速度快，社会效益好。周逸博士认为，它给中国未来可持续发展提供了难得的机遇和严峻的挑战。从知识化看，自 20 世纪 60 年代伊始，微电子、计算机、通信等新兴产业迅速发展，导致经济发展呈现信息化、网络化、智能化、集成化的走向，不仅信息产业兴起了，也对经济、社会、文化等方面尤其是打破传统生产和消费模式起到了推动作用。知识化趋势将在 21 世纪上半叶掀起更大的浪潮。

在上述知识化、全球化大背景下，目前，世界经济增长重心正从大西洋向亚太地区转移，处在亚太地区并拥有 12 亿人口的中国，经过 20 年卓有

---

* 本文原载《华中理工大学学报》（社会科学版）1998 年第 4 期，发表日期：1998 年 11 月 30 日。该文系陆学艺为《中国经济社会的困惑》一书撰写的书评，原题为《〈中国经济社会的困惑〉略评》，现标题为本书编者根据评论内容所修改。——编者注

成效的经济改革，在经济高速发展的同时，经济体制加速转轨，社会结构加速转型，即从计划经济体制向市场经济体制转变，由农业、乡村、封闭半封闭社会向工业、城镇和开放社会转变。这是一场极其复杂、内涵丰富深刻、艰苦卓绝的革命，不仅是单一的经济增长与财富积累过程，而且是经济发展、社会发展与人的自身发展三位一体，和谐进步的巨大社会系统工程，是物质文明、市场文明与精神文明协调推进、整体发展的过程。持续了长达20年的这场变革，是在一个人口众多、资源匮乏、科技落伍、教育陈旧、文化偏低、“一穷二白”，又经历了“文革”的起点上进行的，是在世界上没有现成的可参照的发展目标和经验的情况下摸着石头探索的，艰难程度前所未有。

以研究经济社会为己任的青年学者周逸博士，在真切地感受到中国发生经济奇迹的同时，也敏感地发现许多亟待解决的经济社会问题，他试图与众多有志之士一道认真研究和探索，体现了周逸博士强烈的社会责任感和高尚的爱国主义情操。

周逸博士慨叹，我们已经在本世纪中叶失去了全球经济起飞的重大机遇，面临世纪之交的新机遇，切勿隔岸观火、叶公好龙，而应奋起直追。在全球化浪潮中，资本、技术与人才在快速流动，一个国家和民族应依靠自己富有特色的包含经济、科技、文化等在内的综合国力来取得“球籍”。在知识经济时代，社会开放度高，知识共享普遍，引进与模仿无出路，应以“我”为主，兼收并蓄，从教育方法、思想观念、社会环境与学术氛围诸方面反思和重塑。它决定着我们在新纪元的知识经济时代站得多高、走得多远、跑得多快。这是周逸博士通过著述给我们的启示之一。

二　勇批判，求科学，正现实

周逸博士洋洋洒洒40余万字的著述充满对真理的追求精神。他在扉页上引用了莱辛的名言作为座右铭：“如果上帝在他的右手握有一切真理，在左手握着那简单的寻找真理的冲动，然后对我说‘选择吧！’那么即使必须永远留在错误中，我也将谦卑地跪在他左手之前说：‘父亲，给这一手，因为纯粹的思想只属于一个人’。”周逸博士那富有批判勇气、科学道德和求是理性的特色，得益于他长期潜心静读所形成的理论素养和求是学风。

不言而喻，实事求是是马列主义、毛泽东思想和邓小平理论的精髓。

可以说，《中国经济社会的困惑》是一部自觉运用邓小平理论的力作，是将“解放思想，实事求是”这一改革开放新长征的“宣言书”付诸实践的新动作。

著述围绕“什么是社会主义和怎样建设社会主义”这一基本问题，坦诚地阐释了长期束缚了人们思想的一些误区，试图澄清一直困扰理论界的模糊观念。见人之视而未见，发人之未敢先发，字里行间流露出一片苦苦求索的赤诚之心。我国社会主义在改革开放前所经历的曲折和失误，改革开放后在前进中遇到的种种困惑，症结所在，都在《中国经济社会的困惑》中有所探讨。

周逸博士在长期从事实地调研的基础上，运用经济社会学的独特视角和大量经验性材料以及统计数据，深入研究了社会转型过程中的重要问题，生动描述了市场经济正负两重社会功能对中国发展趋势与社会建构的基础性决定作用；辩证地揭示了中国经济畸形增长的内外条件，冷静地分析了社会结构转型这“另一只看不见的手”对中国经济体制改革“程序”的影响；精到地透视了传统人际关系在市场经济中的地位和作用，敏锐地捕捉到转型期中国经济社会出现的人际新气象及其积极与消极作用，客观理解人们既要参与无情的市场竞争，又要投资维系情感性，血缘性人际资源的两难境地，并努力挖掘其变化的深层次动因及价值取向。同时，著述从群际矛盾入手，和盘托出了种种不稳定因素：就业形势严峻而紧迫，大有“山雨欲来风满楼”之势；利益格局的多元与失衡，社会结构的分化与无序，社会意识形态的反常与浮躁；等等。如何突破“四面楚歌”重围呢？作者并没有悲观、消极，而是充满乐观主义精神，认为这只不过是产前的阵痛而已，是黎明前的“黑暗”，给读者以柳暗花明的振奋感。作者指出社会进步是多元互动的综合过程，其实质是人的发展进步和对生产力标准的超越，并以此作为价值判断标准，奏出了可持续发展战略和谐进行曲，即人的现代化与物的平衡和协调。周逸博士清醒地认识到，市场经济既应被规范为法制经济，又应被纳入道德经济轨道，力主公正与和谐发展，经济与社会发展平衡，表达了从法制与社会公平途径推进改革大业更上一层楼的良好愿望。在改革机器高速良性运转的情况下，对保持国民经济持续快速健康发展与社会稳定，提出了切实可行的操作方案，是对正确处理改革、发展与稳定关系的有益探索。

三 跨学科，全方位，宽领域

从周逸博士近年来发表的论文或出版的论著中，可略窥其研究走的是一条跨学科的新路子。

知识经济时代是全方位开放的时代：一是突破，二是融合。社会科学研究的趋势表现为开放的跨学科研究，不断涌现渗透、嫁接、融合和杂交以及移植等新方法。当代世界任何重大科学技术问题、经济问题、生态环境问题乃至伦理道德问题，都具有高度的综合性。只有通过多学科的协同和整合，研究才能得以进行。跨学科研究，从20世纪40年代以来，成为科学研究的一大趋势。开始是边缘学科，如物理化学、生物物理等蓬勃发展，接着横断学科，如一般系统论、控制论、信息论等纷纷崛起，再是综合学科，如环境科学、未来学等大量涌现，给科学的发展开辟了广阔天地，带来丰硕的成果。当前悄然兴起的复杂性研究，更会对科学发展做出突破性贡献。跨学科研究是科学发展规律性的表征和需要。因此，周逸博士运用跨学科研究方法，以全新的视角对中国最紧迫的经济社会问题进行描述、分析与评价，具有较大的理论意义和实用价值。

诚然，过去日益显著的专业化趋势已经把科学与文化分离了。跨学科研究从其根本任务来说，是要创造一种全球规模的文明，它必须打破专业的狭隘范围和垄断地位，在承认专业化价值的同时，力求通过重新实现文化的统一和重新发现生活的内在意义而超越专业化。正如1992年《联合国气候变化框架公约》指出的："严格说来，并没有跨学科专家，只有受跨学科性态度所激励的研究家。以这种方式进行的跨学科研究只有依赖艺术、诗、哲学、符号思维、科学和传统等不同活动，并通过它们的多样性与差异性表现出来。它们既能体现新的思想自由，又能体现各自文化的个体性与存在的整体性。"跨学科研究是有生命力的。"三钱"（钱学森、钱伟长、钱三强）等专家预言："社会科学发展的下一阶段将是跨学科研究。"

诚如周逸博士在著述中所言："从现代化过程来说，人的现代化是国家现代化必不可少的因素，它绝非副产品，而是成功的先决条件。无论任何国家，只有它的人民从心理、态度和行为上都与现代化同步，才能真正实现现代化。"所以我们要培养一代新人，使其形成现代价值观、思维方式和行为准则，并熔铸成这一代人的基本人格。在西方，一个人一生中平均要变换五种职业，每变换一种职业都要经过严格的技术训练，重新学习相关

知识。由于现代社会是一个信息社会，这就要求现代人应思路开阔、头脑开放，有广博的知识和扎实的专业基础，并具备民主精神，宽容地对待不同意见，同时有高度的效能感和超前感。周逸曾获文学学士、哲学硕士和史学博士学位，又曾在北京大学做过经济社会学博士后研究，合理的知识结构，高水平的文化信息的熏陶，使他既博又专，在研究中日趋完善。

跨学科研究发挥的科学功能与社会功能相互结合，填补了单一学科研究的空白，拓宽了领域；而单一学科研究又源源不断地为跨学科研究提供必需的理论信息、技术手段以及宝贵的人才资源。纵观周逸博士近几年的科研成果，不难看出，其跨学科研究主要以应用研究与开发工作为主，与国计民生以及现代化建设息息相关。他的研究活力体现在力求探索综合性的现实社会难题上。这些难题需要综合运用多种学科知识和方法加以研究并全面规划、予以综合治理，方能奏效。他一直驰骋在经济建设的主战场，在社会生活的广阔天地里，履行着应尽的社会职责。

应当承认，在跨学科研究本身的理论中存在悖论，不同学科之间难以充分交流，其合作必然存在空隙和裂痕。未来，跨学科性的目标，将是跨越科技与人文的裂痕，跨越国家这样的政治实体，跨越民族、文化乃至宗教，如前所述，创造一种全球性的崭新文明。周逸博士将置身于跨学科的探索中，在力所能及和欲以达到之间找到平衡。当然，本书的某些观点，还需要进一步推敲和提炼，还要在规范化方面多下功夫，但瑕不掩瑜，本书是值得推荐的一部好书。

调整社会结构　推动经济持续发展*

一　我国已经到了社会结构的转型时期

目前我国正处在由农业、农村社会向工业、城市社会转型，由传统社会向现代社会转型，由计划经济体制向社会主义市场经济体制转轨的时期。实现这两个转变，前者要经历几代人，后者也要几十年，是一个漫长的历史阶段。在这个总的历史进程中，中间还要经过若干个小的阶段，如实现工业化的阶段，实现城市化的阶段等等。当前我国的经济社会发展，正处于由工业化达到一定水平后向城市化推进的一个阶段，正处于由经济结构的变化推进到社会结构调整的一个阶段。诸多经济和社会发展的情况表明，我国目前已到了进入这个阶段的门槛上。

第一，改革开放20年来，经济持续发展，已经提前实现了GDP翻两番的目标，综合国力有了很大提高，人民生活有了极大改善。1998年，全国农民人均年收入达到2162.0元，扣除物价因素，比1978年的133.6元增长3.4倍，平均每年递增8.1%。1998年城镇居民人均可支配收入5425.1元，

---

* 本文原载中共江苏省委党校、江苏省行政学院主管，经济社会发展研究所主办的非正式出版物《经济社会发展研究》，1999年第3期，发表时间：1999年12月10日。该文系作者1999年7月8日在香港树仁学院当代中国研究所与中国社会科学院社会学研究所联合主办的“中国经济改革与社会结构调整”研讨会上的发言，香港《大公报》1999年7月9日A5版刊登了发言摘要。《会计之友》1999年第11期（1999年11月5日）刊发了该文，发表时有删节。该文还收录于《中国经济改革与社会结构调整》（国际学术研讨会论集），北京：社会科学文献出版社，2000年2月，以及《“三农论”——当代中国农业、农村、农民研究》，北京：社会科学文献出版社，2002年11月。本文小标题为本书编者根据《会计之友》文所添加。——编者注

扣除物价因素，比1978年的343.4元，实际增长2.1倍，平均每年递增6.2%。[①] 全国大多数省、市、自治区已进入了小康社会阶段，少部分经济发达地区已进入实现社会现代化的阶段。

第二，1997年全国69600万从业人员中，第一产业从业人员占49.9%，第二产业从业人员占23.7%，第三产业从业人员占26.4%。[②] 全国第二、三产业的从业人员达50.1%，第一次超过了农业从业人员。这是一个具有标志性的数值，表明我国已进入工业化社会。

第三，经过20年的改革和发展，我国主要工农业产量大幅增长，已告别了短缺经济时代。市场供应充裕，消费者选择余地增大，近几年很多工农业产品都供过于求，由卖方市场转变为买方市场，市场疲软，商店降价竞销。据国内贸易局商业信息中心对610种主要商品排队分析，1998年下半年，供求基本平衡的403种，占66.1%，供过于求的206种，占33.8%，供不应求的只有一种。

第四，到1997年，我国国民经济市场化程度已达到50%左右，市场化进程已超过六成。据计委经济研究所测算，1997年，我国农产品市场化程度为77.2%，工业品市场化程度为68.3%，服务产品的市场化程度为1.1%，由此推算出1997年我国产品总体的市场化程度为61.7%。1997年我国资本市场化程度为17.2%，土地市场化程度为22.6%，劳动力市场化程度为70%，企业市场化程度为50%。全国市场化总体水平在50%左右。我国社会主义市场经济体制的基本框架正在形成。

这些经济社会发展的事实说明，我国已发展到了一个经济社会变化的关节点上。另外，就我国改革和发展遇到的问题来看，也从另一个侧面说明了已到了这个转变的关键阶段。比如国有企业的改革仍在艰难地进行，扭亏增盈的目标难以普遍实现，实际亏损的企业还在增加。实行减员增效后，下岗职工已超过1000万，市场疲软已持续十几个月，许多产品销不出去。农业产品难卖，工业品也难卖；生活资料卖不出去，生产资料也卖不出去。曾经火爆了多年的大型商场经营困难，争相削价竞销，但收效甚微。前几年民工潮汹涌，多时到过8000万人，引起了上上下下的议论，这几年也消停了，今年还在继续回流。亚洲金融危机又增加了新的压力，外贸出口受阻，很多产品出不去，不少外贸企业面临亏损停产的困境。去年就提

① 国家统计局编《中国统计摘要·1999》，北京：中国统计出版社，1999年5月，第78页。

② 国家统计局编《中国统计年鉴·1998》，北京：中国统计出版社，1998年9月，第128页。

出要扩大内需的决策，但扩得很不理想，城市扩不上去，农村这一块也因近几年农民收入减少，无钱购买，扩大农村内需市场难以实现。

二　城镇化低是市场疲软的社会背景

学术界有人撰文评说：我们真的到了工农业产品过剩，实现了卖方市场向买方市场的转变了。不就是人均803斤粮食、66斤肉、17米布、89公斤钢、1.1吨煤吗?[①] 这只达到世界的平均水平，比发达国家还差得很远，怎么能说过剩了呢？1997年我国生产电视机3513万台，其中彩电2643万台、电冰箱986万台、洗衣机1257万台。面对3.4亿户居民（其中农村23402万户)，这点产量不应该销不出去。据国家统计局1997年的抽样测算，城镇居民这三大件每百户拥有率都在73%以上；而农村居民每百户家电的拥有率：彩电27.3%、冰箱8.5%、洗衣机21.9%。[②] 可见家电市场的潜力还很大，怎么能说过剩了呢？结论是多乎哉，不多也。但产品就是卖不出去，这是不争的事实。

到底是怎么回事呢？我想主要是两点：第一，我国经济正处在上一轮宏观经济调整的后期。1992年后，经济高速增长，一时出现了农业供给能力跟不上需要，通货膨胀。1994年物价猛增21.4%，[③] 国家进行经济调整收缩银根，连续3年多实行财政、金融从紧的政策，物价降下来了，经济仍保持较高的增长速度，实现了经济的软着陆。但市场疲软，销售困难等问题出现了。国家适时加大了基础建设的投资，降低了银行利息，适度放宽了银根，经济还在启动。

第二，目前许多工农业产品销售困难的根本原因，是城乡社会结构性矛盾引起的，是城镇化发展严重滞后于工业化发展而引起的。所以，单靠调整产品结构，调整产业结构已经远远不够了。比如在农业内部，粮食多了，卖粮难，多种瓜菜，瓜菜也多了，也是卖不出去。农产品多了，多发展工业产品，工业产品也卖不出去。服装、家电等日用工业品多了，生产资料产品也多了，煤炭、钢材、水泥等也卖不出去。现在的问题是要调整城乡社会结构，加快城镇化的步伐，打开城门、镇门，让一部分农民进来，

① 国家统计局编《中国统计年鉴·1998》，北京：中国统计出版社，1998年9月，第37页。

② 国家统计局编《中国统计摘要·1998》，北京：中国统计出版社，1998年5月，第104、81、85页。

③ 国家统计局编《中国统计年鉴·1998》，北京：中国统计出版社，1998年9月，第267页。

逐步增加城镇人口，从而扩大内需，推动经济持续发展。

从现代化国家已经走过的历史看，工业化与城市化是同步发展的，有些国家城市化还略快于工业化。我国在计划经济体制和特有的历史背景下形成的城乡分割的户籍制度，使城市化严重滞后于工业化。1978 年，我国 GDP 中第一产业占 28.1%，第二产业占 48.2%，第三产业占 23.7%，而城镇人口只占总人口的 17.9%。直到 1997 年的 GDP 中，第一产业占 18.7%，第二产业占 49.2%，第三产业占 32.1%，[①] 但乡村农民仍占 9 亿。[②] 现在我国的实际情况是，占 70% 的农民消费不到 40% 的商品，3 个农民消费的商品，还不如 1 个市民，这就是目前市场疲软的社会背景。

1996 年世界城镇人口平均占世界总人口的 45.5%，发达国家平均达到 75%，发展中国家平均为 37%，有些发展中国家城镇化率也超过 50%。学术界普遍认为目前我国已进入工业化中期阶段，但我国的城镇化水平却还只达到工业化初期的水平。即使按目前世界人口城镇化达到的平均水平 45.5% 计，我国 1997 年的城镇化率，也落后 15.6 个百分点。1997 年我国总人口是 123626 万人，[③] 如果使城镇化率提高 15.6 个百分点，就意味着可以增加 1.9 亿城镇人口。

三　发展小城镇，培育新的经济增长点

调整社会结构，已成了当务之急。如果我们采用适当的政策和措施，加快小城镇建设，用 3～5 年工夫，让 1.9 亿农业人口以至更多的农民到小城镇安家落户。那么，当前的许多经济问题，可以得到解决，至少可以缓解。

第一，可以使过于分散的乡镇企业适当到小城镇集中，使小城镇成为乡镇企业的重要载体，使正处在结构调整、体制创新过程中的乡镇企业得到小城镇各种“硬件”的支持，公路、水、电、通信以及相关的公用设施可以共用，一些先进适用技术可以在企业间相互传播和共同开发，既节省了投资，也增加效益，对于乡镇企业的新一轮发展和提高是非常有利的。

第二，让 1.9 亿农民（其中多数是先富起来的农民）进入小城镇，他

① 国家统计局编《中国统计年鉴・1998》，北京：中国统计出版社，1998 年 9 月，第 56、105 页。

② 国家统计局编《中国统计摘要・1998》，北京：中国统计出版社，1998 年 5 月，第 87 页。

③ 国家统计局编《中国统计年鉴・1998》，北京：中国统计出版社，1998 年 9 月，第 105 页。

们必然要建房、买房和租房，建筑和房地产业就会兴起，加上相应的基础设施建设，建筑业就繁荣了，平均每人以1万元用在住房上，几年工夫，就有1.5万亿元的需求。这会大大推动我国建筑业和相关产业的大发展。

第三，农民进了城镇，生产方式、生活方式就会改变，传统的消费观念也会改变，加上有了小城镇的电力、自来水、通信等基础条件的支持，农民购买彩电、冰箱、洗衣机等家电产品和服装、皮鞋等日用消费品的需求就会大量增加。现代工业的许多产品，主要是为城镇居民生产的，也需要有城镇的基础设施作为应用的条件。农民进了城，条件改变了，就会购买各种工业产品。

第四，1.9亿人向上万个小城镇集中，使城镇人口有了相当的规模，商业、交通、邮电和文化、教育、医疗、科技等第三产业就会相应发展起来，形成生产和消费的良性循环。我国的第三产业严重滞后，原因是没有城镇的发展作为依托。城镇发展起来了，第三产业就会迅速发展，各种服务业发展起来，整个社会的现代化水平就能上一个台阶。另外，就农村来说，转移出了1.9亿农业人口，按现在农业已达到的生产水平，农业产量和农村经济收入不会受什么影响，那么留下的7亿多农业人口，就等于增加20%多的收入，加快小城镇建设是当前培育新的经济增长点、扩大内需、促进经济协调发展的重要环节，可以起到一石数鸟的妙用。

我们的经济体制改革走在前面，已经取得了巨大的成就，从某种意义上说，这是突破了原来计划经济体制那些条条框框的结果。但是20世纪50年代以后实行的计划经济体制已经渗透到方方面面，城乡分割、二元社会就是计划经济条件下形成的。要建立和完善社会主义市场经济体制，要推动经济的持续协调发展，就必然要求改革目前还存在的城乡分割的二元社会结构体制，加快城镇化发展。这既是亿万农民的强烈愿望，是生产力发展的必然要求，也是解决目前经济发展困难的一剂良药。

当然，目前的城乡二元社会结构体制，已实行30多年，可谓盘根错节，已成体系，改革起来，涉及各方面的利益关系，改革的难度也很大，好在改革这套体制，已得到社会各界的认识。1998年10月召开的中共十五届三中全会通过的《中共中央关于农业和农村工作若干重大问题的决定》，充分肯定了发展小城镇的重大作用和意义，明确指出："发展小城镇，是带动农村经济和社会发展的一大战略，有利于乡镇企业相对集中，更大规模地转移农业富余劳动力，避免向大中城市盲目流动，有利于提高农民素质，改善生活质量，也有利于扩大内需，推动国民经济的更快增长，要制定和完

善促进小城镇健康发展的政策措施，进一步改革小城镇户籍管理制度”[①]。《决定》着重阐述了积极发展小城镇在当前经济社会发展中的重大意义，这对于统一全党全国发展小城镇的认识，提高发展小城镇的自觉性是非常重要的，为今后小城镇建设全面开展奠定了基础。应当积极推进小城镇的发展和建设，使之积极、稳妥、有序地展开，真正做到通过发展小城镇，起到调整社会结构，促进经济健康协调发展的目的。值得欣慰的是，在20世纪80年代中期以后，沿海经济发达地区和大中城市的周边地区，随着乡镇企业的兴起，农村经济得到很大发展，一批小城镇已经崛起，在当地的政治、经济、社会发展中起了越来越重要的作用，显示了小城镇在社会主义现代化进程中的强大威力，已经积累了比较丰富的经验，对全国今后发展小城镇有很重要的示范意义。例如，上海市通过对发展乡镇企业和发展小城镇实践的总结，在1994年就提出了“农村工业向工业小区集中，人口向小城镇集中，耕地向种田大户集中”的战略安排。又如，江苏省部分市县提出了让先富起来的农民先进小城镇落户，吸引了先富农民带资金进小城镇建房、买房办产业，使人气财气在小城镇很快兴旺繁荣起来。再如，浙江温州龙港镇制订优惠政策吸引各地农民共建农民城等，总结推广各地发展小城镇的成功经验，有利于推动城镇建设事业的发展。当然，在以往发展小城镇的过程中，也有不少教训，要认真吸取，避免重蹈他们的覆辙。

调整社会结构，积极发展小城镇建设，促进经济持续协调发展，这实际上是对原有计划经济体制的又一次重大冲击。改革原来与计划经济体制相适应的城乡分割的二元社会结构，使城乡融合，形成城乡一体的大市场，这是建立完善的社会主义市场经济体制的重要步骤，意义十分重大，必定会产生巨大的社会影响。这是建设有中国特色社会主义现代化的一个重要组成部分，是亿万人民的伟大实践。我们社会科学工作者要密切关注这场变革，参与这个实践，做出相应的理论总结。

① 《〈中共中央关于农业和农村工作若干重大问题的决定〉学习辅导讲座》，北京：人民出版社、经济科学出版社，1998年10月，第19页。

全面建设小康社会：社会指标难于经济指标*

江泽民同志在党的十六大报告中提出了全面建设小康社会的目标，令全国各界人士为之一振。作为著名的社会学家，中国社会科学院陆学艺研究员最兴奋的是，报告中对小康的阐述除了经济指标外，增添了更多的社会指标，以实现全面小康社会的目标。陆学艺深感："也不能光是看不见的手起作用"。这20年来我们国家的经济发展很快，但对社会政策管得不够。陆学艺的发展观是，强调效率的同时要兼顾公平。对于我国未来的经济速度和翻两番的目标，陆学艺说"我的信心太足了"。但要发展成一个全面的现代社会，陆学艺认为还要做许多改革。

总体小康还只是偏重于物质消费的小康

陆学艺拿着十六大报告几乎是逐字逐句地向记者解读从目前"总体上的小康"到未来全面小康社会的联系和距离。他非常赞同对目前总体上的小康"低水平的、不全面的、发展不平衡的"的概括，认为"总体上的小康是刚刚解决温饱的小康，是小康的低级阶段"。

陆学艺为此做了详细的解释：目前，我国人均 GDP 不到 1000 美元，① 离人均 GDP 3000 美元的现代化门槛还有很大的差距，因而小康是低水平的；总体上的小康还处于满足温饱水平的需要，人们的住、行、文化等多

* 本文原载《中国经济时报》2002 年 11 月 15 日第 5 版。该文系该报记者专访陆学艺的访谈摘编。该文收录于《"三农"新论——当前中国农业、农村、农民问题研究》（陆学艺，北京：社会科学文献出版社，2005 年 5 月），《陆学艺文集》（陆学艺，上海：上海辞书出版社，2005 年 5 月）。——编者注

① 国家统计局编《中国统计年鉴 · 2002》，北京：中国统计出版社，2002 年 9 月，第 51、612 页。

方面的需求还没有实现，小康处于不全面的状态；各地区、城乡、各阶层的差别还很大，各地的经济发展水平是不平衡的。全面小康是一个较高标准的小康。现在，我国人均GDP只有1000美元，处于中下收入国家的水平，我国人民生活总体上达到小康水平。而到2020年，我国人均GDP将超过3000美元，达到中等收入国家水平。

小康水平有一个从低到高的发展过程，总体小康只能说是刚刚跨过小康的门槛。总体小康是一个偏重于物质消费的小康，强调的是经济学上的指标。而全面建设小康社会，除了注重物质生活提高外，还特别注意人们的精神生活、所享受的民主权利，以及生活环境的改善等方面，更加注重社会意义上的全面社会进步，追求的是物质、政治、文化等方面的社会和谐的发展。

陆学艺说："如果GDP以每年7.2%的增长率，到2020年达到3000美元没问题，步入现代化国家在经济的指标上没问题。更难达到的是社会学意义上的一些指标。"全面小康社会强调使经济更加发展，民主更加健全，科教更加进步，文化更加繁荣，社会更加和谐，人们生活更加殷实。全面小康社会是社会的整体进步。除了经济的发展外，强调整个社会的和谐发展。

全面小康社会的社会学指标

陆学艺解释说，达到全面小康社会的一些社会学指标主要表现在城市化程度，社会结构的构成，教育、科技的水平以及社会生活质量等几个方面。陆学艺对我国未来的城市化速度表现得很乐观，他估计到2020年我国的城市化水平可能不是普遍预计的50%，而是能高达55%，因为户籍制度改革以后，城市化发展会很快。

城市化是乡村人口向城市人口转变，以及人类的生产生活方式由乡村型向城市型转变的一种社会现象，是人类进步的体现，城市化水平是一个国家或地区经济和社会发展水平的重要标志。在目前的城市化水平上，我国与世界上大多数国家相比有着较大的差距。发达国家大致在20世纪70年代相继完成了城市化进程，城市化水平高于70%，步入后城市化阶段。而我国多年来却采取了限制城市发展速度的政策，在户籍、土地、经济、教育、卫生、就业、社会保障等方面采取了严格的城乡分割政策，大大延缓了我国城市化的发展进程。

据陆学艺介绍，目前我国城市化水平在 37.7% 。[①] 由于改革开放前实行严格的控制城市化的政策，限制了城市化进程。经过改革开放，我国城市化虽然已有近 20 年的较快发展，但与世界水平相比，城市化水平仍然较低。

社会结构是社会学专家非常看重的一个小康社会指标。中国正处在从总体小康向全面小康转型过程中，社会阶层结构同样也在不断地变迁。陆学艺告诉记者，全面小康社会表现为现代化的社会阶层结构，学术界有一种比较形象的说法，即两头小、中间大的橄榄型等级结构，它有庞大的社会中间层。与现代社会阶层结构相反的是传统社会阶层结构，即顶尖底宽的金字塔型结构，在这种结构中，极少数人居于社会的上层，而绝大部分人则处于社会的下层。历史经验表明，在社会中间层规模大的社会，社会资源的配置一般都比较合理，分配差距比较小，社会各阶层之间的利益矛盾和冲突一般都不会很大，这样的社会是最稳定、最可持续发展的。他说：中国是否达到全面小康社会，仅有 3000 美元的人均国民收入是远远不够的。只有现代化的社会阶层结构形态，才能深刻、本质地反映中国整体现代化水平。教育、科技的水平也是反映全面小康社会的指标。我国教育无疑是落后了，尤其是大学和高中教育。大学教育甚至不如印度，虽然在 1999 年大学已经扩招。陆学艺说，“早在 20 世纪 80 年代末，邓小平曾说过最大的失误在教育。全面小康社会，教育、科技水平是一个重要指标”，教育上的落后导致科技和文化发展的落后。另外，还有一些现代化的指标也可以反映全面小康社会的状况。如，第三产业就业人员比重、食品支出比例（恩格尔系数）、平均预期寿命、每千人口医生数、婴儿死亡率、中学入学率、每户居民拥有的住房、每百人拥有的电话、人均生活用电量和人口自然增长率等。陆学艺说：“全面小康社会要求我国农业劳动力不能超过 15%，农村人口不能超过 50%，大学人数不应低于适龄人数的 20%，第三产业占 45% 比例以上。”对于我国第三产业的待挖潜力，陆学艺非常看重，他举例说：我国台湾一个两千多万人口的省，电视频道多达 85 个；国外的一所大学是一座城，能养多少人！而我们的大学周围多的是饭馆。

中等收入阶层是政治经济的稳定力量

陆学艺对中国的社会结构做过深入的调查和分析。他认为扩大中等收

---

① 国家统计局编《中国统计年鉴·2002》，北京：中国统计出版社，2002 年 9 月，第 93 页。

入阶层将是未来全面小康社会的重要特征，也是社会政治、经济的稳定力量。陆学艺的调查表明，经过20多年的改革开放，中国原来的阶层发生分化，新阶层已经形成和壮大；与发达国家相比，代表社会阶层结构的基本构成成分在中国已经具备，凡是现代化国家所具备的社会阶层，都已经在中国出现，其中最引人关注的是出现了一个不断扩大的社会中间阶层和企业家阶层；但中国现代化的社会阶层结构还只是雏形。

陆学艺说：社会中间阶层不是某个阶层的代称，而是几个具有相近或相似特征特别是收入处于中等或接近中等以上水平的阶层的合称。按照国际学术界的分类，社会中间阶层主要由两大部分人组成：一部分是所谓老社会中间阶层，包括中小私营企业主、个体工商户和富裕的自耕农；另一部分是所谓新社会中间层，主要包括大部分专业技术人员、经理人员、行政与管理人员、办事员、商业服务业人员和技术工人等。

目前，我国中等收入阶层在18%左右，离西方国家的40%还有不小的距离。如果中等收入阶层以每年1%的增长速度，到2020年，我国也可以达到35%左右的比例。达到这个比例将有利于形成稳定的社会结构。陆学艺解释说，第一，在政治上，中等收入阶层拥护现有的政策，是政治上的稳定力量。第二，在经济上，他们是稳定的消费群体，可扩大社会的需求，促进社会的发展。第三，在文化上，他们都有一定的文化资本。老的中等收入阶层，一般是指中、小企业主，个体户等，他们拥有的文化资本有限。但随着专业技术人员，如，医生、律师等中等收入阶层的加入，这个阶层拥有的文化资本越来越多。这样，中等收入阶层的扩大会带动整个社会政治、经济、文化水平上的提高，形成稳定的“橄榄型”的社会结构。

尽管中国已形成了现代化的社会阶层结构雏形，但按照陆学艺的说法，目前，我国的社会结构还只是一个“洋葱头型”，并没有形成成熟的“橄榄型”。陆学艺的研究认为，现阶段中国的社会阶层结构形态并不是合理的，这可以概括为两句话：该缩小的阶层还没有小下去，该扩大的阶层还没有大起来。目前，我国农业劳动者阶层规模过大，在全部劳动人口中农民所占比例仍然高达70%左右。① 而1992年，农业就业比重在英国为2%，在德国和美国为3%，在日本为7%，在韩国也仅为17%。考虑到中国农业人口比重大，到全面小康社会时，我国农业人口的比重最多也不能超过25%。与此同时，我国社会中间阶层规模过小，目前能够纳入中间阶层和就业人

① 国家统计局编《中国统计年鉴·2002》，北京：中国统计出版社，2002年9月，第117页。

口所占比例仅为18%左右。这直接意味着社会资源分配较为不平等。对造成中国社会阶层结构发育滞后的深层原因，陆学艺认为是自发性状态、制度安排、社会政策滞后和缺位。

在陆学艺看来，与市场体制相适应的经济政策追求的是效率，而培育合理的现代社会阶层结构所需要的社会政策，就应当以公平为目标。这需要国家不仅关注经济增长，也要注意制定相应的适于培育现代社会阶层结构的社会政策，因为经济政策不能替代社会政策，也不能自发产生社会政策所需要的结果。

社会制度创新明显滞后，也阻碍了阶层之间相对自由的流动。其中，最突出的是户籍制度，它使广大农民陷入结构性的机会不公平状态。有关产业工人、农业劳动者以及其他各阶层在现代化的社会阶层结构中的位置、地位，各自利益的表达和保障，以及相互利益的调节和协调等问题，还没有得到清晰、具体且符合公正原则和现代化社会阶层结构需要的说明。

陆学艺认为，党的十六大报告提出扩大中等收入阶层，实现全面小康社会，这明确了今后形成合理的社会阶层结构的思路。国家这只“有形的手”必须发挥作用，加强在税收、遗产等方面的“二次调节”。培育合理的现代社会阶层结构应该成为今后社会制度安排和政策选择的核心，借此建构一个较为完整的社会制度与社会政策体系。

今后20年更要追求社会经济协调发展*

一个国家（地区）要实现现代化，其首要条件是经济现代化、社会现代化同时发展，这两者相辅相成。但现代化的核心是经济，有了经济基础，才能有社会各项事业的发展。在“深圳蓝皮书”首发仪式暨学术报告会上，中国社会科学院学术委员陆学艺就经济社会协调发展的问题做了学术演讲。

社会发展滞后于经济发展

陆学艺说，随着我国经济发展取得了突飞猛进的成就，目前我国发展也出现了一个矛盾现象，那就是社会事业、社会体制与经济发展还不相适应。整体上看，我国现在已经发展到了工业化中期阶段，城市化率虽达到了37.7%，[①] 但是城市化水平还是严重地滞后于现代化。科技、教育、文化、卫生等事业还相对落后，社会管理没有跟上经济管理的发展，在许多方面软件建设跟不上硬件建设，社会发展滞后于经济发展。

调整社会结构

陆学艺说，正因为发展中出现了不平衡、不协调，对于中国社会发展而言，今后20年是十分重要的发展阶段。一个新的发展主题就应该是，在经济持续稳定快速发展的前提下，要重视调整社会结构，发挥政府调控和

---

* 本文原载《深圳商报》2003年7月3日第B04版。该文系该报记者专访陆学艺的访谈摘编。——编者注

① 国家统计局编《中国统计年鉴·2002》，北京：中国统计出版社，2002年9月，第93页。

引导的作用，使中国的社会结构向着合理的有活力的现代化阶层结构方向变化。题中之义就是要追求社会事业、社会体制与经济协调发展，从而逐步解决发展中出现的矛盾和问题。

缩小城乡居民收入差距

如何克服发展中出现的不平衡？陆学艺说，首先是要加速城市化进程，今后我国的城市比率，如果平均每年增长一个百分点，到2020年中国的城市比率就可以达到58%左右；其二是改善就业结构，2001年全国有73025万就业劳动力，第一产业占就业结构的50%，占GDP的15.3%，[①] 这表明必须加快农业劳动力向二、三产业转移的步伐，平均每年减少一个百分点，到2020年农业劳动力降到30%以下；第三就是持续改善基尼系数指标；第四就是努力缩小城乡居民收入差距。

2001年城镇居民可支配收入与农民人均纯收入为2.79∶1；2002年扩大到3.1∶1；[②] 加上城镇居民的隐性收入、除去农民的必要开支，实际城乡差距在6∶1，且还有扩大的趋势。这是中国面临的最重大的社会问题和矛盾。我们应该采取非常措施，首先使城乡差距扩大趋势遏止住，2003~2010年，每年能缩小0.1~0.12个百分点，到2011~2020年平均每年缩小0.05个百分点，到2020年城乡居民收入差距控制在15∶1的水平上。

扩大中间阶层规模

陆学艺指出，越是在经济快速发展的时候，越要加快发展高等教育事业。我国高中、高等教育相对滞后，不能满足经济社会发展的需要。到2020年，争取使高等教育入学率平均每年能提高1个百分点，每年入学的大学生和毕业生有800万人左右。

另外，还要努力扩大中间社会阶层的规模。近几年，由于经济事业发展得比较快，私营企业主、专业科技人员、经理人员等增加得都比较多，到2002年，中间社会阶层的规模扩大到18%。

① 国家统计局编《中国统计年鉴·2002》，北京：中国统计出版社，2002年9月，第52、117页。

② 国家统计局编《中国统计年鉴·2002》，北京：中国统计出版社，2002年9月，第319、344页。

今后20年，如果能按这个发展速度，每年增长1个百分点，到2020年，中国社会阶层结构中，中间社会阶层的规模将达到38%～40%的水平，到那时，中国将基本形成一个合理而有活力的现代化的社会阶层结构。

经济和社会要协调发展*

党的十六大确立了我国经济社会未来的发展目标："要在本世纪头二十年，集中力量，全面建设惠及十几亿人口的更高水平的小康社会，使经济更加发展、民主更加健全、科教更加进步、文化更加繁荣、社会更加和谐、人民生活更加殷实。"① 这六个方面的要求是一个缺一不可的有机的整体，意义十分重大。具体分析起来，第一条是经济发展，第二条是政治文明，后四条都可以说是社会发展方面的要求。要实现全面建设小康社会的目标，要点是经济发展，而难点在社会发展方面。为此，要贯彻落实党的十六大报告中提出的发展新思路、新构想和新的政策措施，如要"统筹城乡经济社会发展"，要"加快城镇化进程"，要实现"初次分配注重效率"，"再分配注重公平"，要"扩大中等收入者比重，提高低收入者的收入水平"，等等②，促进经济和社会协调发展。

一

综观各发达国家的发展轨迹，一个国家或地区要实现现代化，主要是

---

* 本文原载《宏观经济研究》2003 年第 9 期，发表时间：2003 年 9 月 18 日。该文摘要刊发于《国际技术贸易市场信息》2003 年第 3 期、《中国经济时报》2003 年 10 月 27 日、《中国社会科学院院报》2003 年 12 月 9 日，收录于《"三农"新论——当前中国农业、农村、农民问题研究》（陆学艺著，北京：社会科学文献出版社，2005 年 5 月）和《陆学艺文集》（陆学艺著，上海：上海辞书出版社，2005 年 5 月）。——编者注

① 江泽民：《全面建设小康社会，开创中国特色社会主义事业新局面——在中国共产党第十六次全国代表大会上的报告》，载《中国共产党第十六次全国代表大会文件汇编》，北京：人民出版社，2002 年 11 月，第 18 页。

② 《中国共产党第十六次全国代表大会文件汇编》，北京：人民出版社，2002 年 11 月，22、27、28 页。

两大方面，一是经济要繁荣发展，二是社会要全面进步。就经济发展和社会发展的关系来说，第一，经济发展是社会发展的基础。因此，经济应该优先发展，这是第一位的，只有经济发展了，才能为社会发展提供物质条件，也只有经济发展了，才会提出相应的社会发展的需要，例如经济要继续发展，产业结构要升级，对教育、科技、文化等方面就要提出要求。第二，经济和社会要协调发展。社会是一个整体，经济发展不可能长期脱离社会发展而孤军独进，必然要求社会发展与之相协调。社会发展既要为经济发展提供环境和条件，也要满足经济发展本身不能满足人们的多方面的需要，所以社会发展了会促进经济发展，如果社会发展滞后，不能与经济发展相协调，就会阻碍经济发展或使经济畸形发展。第三，社会发展是经济发展的目的。因为发展生产及一切经济活动，归根到底都是为了满足人们日益增长的物质文化需求，是为了改善人们的生存环境和提高生活质量，是为了促进人的全面发展。

从一个国家或地区实现现代化的全过程看，经济发展和社会发展的关系是随着生产力水平变化而变化的。大致可以分为三个阶段。第一，经济发展为主的阶段。这个阶段生产力水平低，劳动产品少，只能初步解决人们的温饱问题，满足人们的基本物质生活需求。第二，经济发展和社会发展并重，也即协调发展的阶段。这个阶段生产力水平已有了较大的提高，温饱问题已经满足，社会剩余产品增多，人们对物质生活以外的精神文化需求，全面发展的需求越来越迫切，经济发展本身也对科技、教育、社会环境提出了要求，而经济发展也为社会发展提供了物质条件，于是社会发展加快，经济社会协调发展成为这个阶段的主旋律。第三，经济高速发展以后，社会发展的内容日益丰富，人们对全面发展提出了越来越高的要求，经济发展将服从于、服务于社会发展，实现社会全面进步。总的说来，在整个现代化建设过程中，社会发展的比重将不断增大，社会发展的地位会不断提高。改革开放以来，我国的经济发展取得了重大的历史性成就。2002年国内生产总值达到102398亿元,[①] 比1980年增长4倍多，年均增长9.5%，经济总量已居世界第六位，人民生活总体上达到了小康水平。这是社会主义制度的伟大胜利，是中华民族发展史上一个新的里程碑。与此同时，我国的社会发展也有了很大进步，教育、科技、文化、卫生、体育等各项社会事业取得了可喜成绩，人民团结，社会稳定，社会主义政治文明、

① 国家统计局编《中国统计摘要·2003》，北京：中国统计出版社，2003年5月，第17页。

精神文明得到发扬，人民素质有了很大提高。

二

从总体上看，我国现在已经越过了经济发展为主的阶段，进入了经济发展社会发展并重、经济社会协调发展的阶段。但是由于种种认识和体制、结构等方面的原因，直到现在我国的社会发展还没有取得应有的进步，经济发展了，经济和社会发展并不协调，由此产生了一系列的社会问题，从而不仅影响了人民群众生活质量的提高，而且也阻滞了经济更加健康、稳定快速地发展。这种状况具体表现在以下几个方面。

第一，经济发展了，经济结构调整了，但社会结构没有相应地调整过来。社会结构包括的面比较广，有人口结构、就业结构、城乡结构、地区结构、阶级阶层结构，等等。就以就业结构、城乡结构来说，2001年，国内生产总值95933亿元，其中第一产业占15.2%，第二产业占51.1%，第三产业占33.7%。这表明，我国已经从农业为主的社会转变为以第二、三产业为主的社会，已经进入工业化中期阶段。但是，在2001年全国73025万就业人员中，第一产业占50%，第二产业占22.3%，第三产业占27.7%。这还是工业化初期阶段的就业结构，占半数的劳动力滞留在农业中。同期，我国总人口是127627万人，其中乡村人口占62.3%，城镇人口占37.7%，城市化率为37.7%。[①] 然而2000年，世界城市化率为48%，我国与之相差10多个百分点。我国工业化水平已达到中期阶段，但城市化率仍处在较低的水平，城市化严重滞后于工业化，城乡关系很不协调，许多社会问题由此产生，阻碍了第三产业和各项社会事业的发展，也直接影响了国民经济的发展。

第二，经济发展了，但教育、科技、文化、医疗卫生、环境保护等社会事业没有相应地发展，社会事业发展严重滞后于经济发展，很不协调。仅以教育和卫生事业为例。应该说，改革开放二十多年来，我国基础教育的发展是比较好的，基本普及九年制义务教育和基本扫除青壮年文盲的工作很有成绩，但是高中阶段教育、职业技术教育和高等教育发展很不理想，没能适应经济发展的需要，也不能满足广大人民群众的需求。直到1998年，我国普通高等学校在校大学生只有360万人，高等教育毛入学率只有6.7%，

① 国家统计局编《中国统计年鉴·2002》，北京：中国统计出版社，2002年9月，第51～52、118、93页。

而根据世界银行统计，1996 年，全世界适龄青年高等教育毛入学率是 16.7%。1999 年以来，国家决定大学大规模扩大招生名额后，大学有了较快的发展，2001 年普通高校本科在校学生达到 719.1 万人，加上成人高校的大学生 456 万人，总数达到 1175.1 万人，[①] 高等学校学生的毛入学率达到 13%，仍然低于世界平均水平。2000 年我国人口平均受教育年限不到 8 年，仍有 9% 的成人是文盲。这样的教育水平，当然不能适应经济发展的需要。

我国的医疗卫生事业，虽有了一定的发展，但也滞后于经济发展的要求，不能满足人民群众的需要，特别是医疗体制不合理，城乡之间分布很不均衡。据卫生部基层卫生和妇幼保健司的资料，87% 的农民完全是自费医疗。原来农村的合作医疗体系已绝大部分解体，农村缺医少药的状况十分严重。很多农民好不容易脱贫了，但全家只要有一人得了大病，马上就返回贫困，多少年解脱不了。2000 年 5 岁以下儿童死亡前的治疗状况城乡差距很大，农村夭亡的孩子 56.6% 是死在家里的，而城市夭亡的孩子 91.3% 是死在医院里的。世界卫生组织在 2000 年的《世界卫生报告》中指出，全世界 191 个国家的卫生系统排名，中国为第 188 名。这同我国经济实力在世界排名第 6 位的地位，实在不相称。这次“非典”疫情突袭，幸好首先暴发在城市，加上政府采取了诸如限制农民工和大学生返乡等断然措施，防止了疫情的扩散，倘如“非典”在农村传播起来，目前农村的这种医疗卫生体系是防治不了的，后果不堪设想。

第三，社会管理相对落后，跟不上经济社会事业发展的要求，各类事故频发，造成人、财、物的巨大损失。一个国家或地区要实现现代化，不仅要有现代化的经济建设，还要有现代化的各类基础设施建设，还一定要有现代化的管理。也就是我们通常讲的“硬件”要现代化，“软件”也要现代化。应该说，改革开放 20 多年，许多城市建设起来了，高楼大厦、豪华宾馆，宽广平坦的马路，各种名目的广场，铺草坪种大树，绿化美化，硬件都相当现代化了，有一些城市真可以同发达国家的大城市媲美，然而就是社会管理跟不上，交通拥堵，上班路远、公共交通不便，儿童上学、老年人就医困难，环境脏乱差，空气污染，饮用水不干净，噪声嘈杂，乱哄哄的并不适合现代人居住。就拿公路交通来说，1949 年全国公路通车里程只有 8.07 万公里，到 2000 年已经增加到 140.3 万公里，增长 16.4 倍，不

---

① 国家统计局编《中国统计年鉴·2002》，北京：中国统计出版社，2002 年 9 月，第 673、681 页。

仅是县县通公路，而且基本上实现了乡乡通公路，有的省市到村的道路也都通了。近几年公路等级明显提高，路况也大为改善。到2002年，全国已有高速公路2万多公里,[①] 跃居世界第2位，但是交通管理却相当落后。我们现在每年投入公路交通建设2000多亿元，绝大部分都用来建造新路，而在公路交通的科学管理，培训司机，教育群众遵守交通规则等方面，则很少有人力财力的投入，以致城市交通堵塞不畅，交通资源并没有得到有效利用。有人说现代化事业是三分建设，七分管理，这是很有道理的。

第四，经济体制改革了，已经基本建立了社会主义市场经济体制，但是社会事业的管理体制基本上还没有按社会主义市场经济的要求改变过来。我国的各级各类学校、科研院所、文化单位、医疗卫生机构等事业单位大多数都是在20世纪50年代以后逐步建立的。那时实行的是计划经济体制，多数是全民所有制，少数是集体所有制，旧中国遗留下来的各种事业单位，也都按公有制的模式改造过来。整个事业单位按照计划经济体制的要求运行。行政化的体制机构庞大，人浮于事，规章制度僵化，投放不少、成果不多，运行成本很高，效率低下，服务质量差，人民群众很不满意。党的十一届三中全会以来，工作重点向经济建设转移，计划经济体制向社会主义市场经济体制转轨。通过一系列经济体制改革，市场经济运行规则已在经济领域发生作用，而教育、科研、医疗、卫生、文化、体育等事业单位，虽然也进行了多次改革，取得了一定的进展，但从总体情况看，整个事业单位的体制改革并没有取得实质性的进展，因而同目前经济发展，社会进步要求不适应的矛盾越来越大。

社会事业管理体制改革的难度比较大。有相当多的国家级科研、教育、文化、医疗单位就像国有大企业一样，长期按行政计划管理体制的规章运作，已经形成路径依赖，问题庞杂，积重难返。加之国家把主要精力放在经济体制改革上，无暇顾及，因而虽然上述单位自身也在进行改革，但由于缺乏动力和外部压力，内部各种群体利益难以调整，所以只是改改停停，收效甚微。

国家级事业单位的改革迟迟缓行，各地的事业单位也基本上是按兵不动。上行下效，还是在吃大锅饭，低效运行。更有甚者，20世纪90年代以来，企业改革，减员增效，国家行政机构也搞精简，压缩编制，许多人就

① 国家统计局编《中国统计年鉴·1983》，北京：中国统计出版社，1983年10月，第299页；国家统计局编《中国统计年鉴·2003》，北京：中国统计出版社，2003年9月，第572页。

拥到事业单位，照发工资，使事业单位编制继续膨胀，冗员越来越多。有一个地方的科研单位，全体职工不足150人，行政、办公人员过半，仅司机就有7个，作为科研单位主体的科研人员反倒是少数，处于弱势地位，这怎么能不影响科研成果！其实这种状况在事业单位是比较普遍的。据国家统计局统计，2000年，全国有普通高校1041所，教职工总数是111.3万人，专职教师46.3万人，在校学生556.1万人。专职教师只占职工总数的41.6%，每个教职工平均只负担5个学生，每个专职教师负担12人，[①] 而美国每个大学教师负担17人，日本更多。而且这些国家的大学里专职教师是主体，职工很少，社会化服务的教职工负担的学生很多，相比而言，我们高校的效率是低下的。

三

毋庸讳言，目前我国的经济社会发展不相协调。我们没有在经济发展为主的阶段解决了温饱问题之后，适时地转入经济发展社会发展并重、经济社会协调发展的阶段。没有在产业结构已经开始调整的条件下，及时地进行社会结构、城乡结构、地区结构的相应调整。在经济体制改革取得了成功之后，没有对一些社会体制、社会政策适时进行改革和调整，如户籍制度、城市化政策和社会保障制度，等等，以致出现了上述社会结构同经济结构失衡，社会发展事业滞后，社会管理、社会事业管理体制落后等的问题。现在，经济社会发展不协调的问题凸显，经济发展很快，社会发展缓慢、滞后（至少滞后5～8年）。我们历来主张两条腿走路，现在是一条腿长，一条腿短，这是走不快的。经济社会发展不协调，已经直接影响到经济的健康、稳定、快速发展，如城市化滞后于工业化，农村剩余劳动力不能适时地转化为第二、三产业的职工和城市居民，农民的收入就不能提高，购买力上不来，内需就扩大不了，第二、三产业的发展就快不起来。经济社会发展不协调，广大人民群众对于教育、科技、文化、医疗的需要得不到满足，公共服务不能普遍惠及广大群众，就会滋长不满，引发诸多的社会问题，影响社会的稳定。现在是到了强调社会发展，强调经济社会协调发展的时候了。

---

① 国家统计局编《中国统计年鉴·2003》，北京：中国统计出版社，2003年9月，第718～719页。

第一，要进一步明确把经济和社会协调发展作为国家发展的指导方针。党的十一届三中全会，决定把工作中心从阶级斗争转移到经济建设为中心的轨道上来，实践证明这是完全正确的。今后要全面建设小康社会，经济建设还是中心，是第一位的，但经济建设不是唯一的。仅有经济发展是不够的，还一定要有社会发展。前面说过，比较而言，社会发展是滞后了，形成了现在经济社会发展不协调的局面。今后，要特别强调社会发展，强调社会结构的调整，社会事业的发展，社会管理水平的提高和社会事业体制的改革。是否可以把党的十一届三中全会确定的坚持以经济建设为中心，进一步完善、明确为坚持以经济建设和社会发展为中心，不断解放和发展社会生产力，促进社会全面进步？当然，这样大的问题要从长计议。这仅是我的一家之言。

国家发展要强调坚持经济和社会协调发展的方针，地方建设也要强调坚持经济和社会协调发展的方针。相当长一个时期以来，不少地方政府把经济建设强调到唯一的程度，把经济建设、经济发展作为硬指标硬任务，社会发展作为软指标软任务，甚至到了可有可无的程度。为此，今后检查考核地方政府、干部的业绩，不仅要有经济发展的硬指标，也要有社会发展的硬指标。这样坚持若干年，才能把经济和社会协调发展的问题解决好。

第二，要继续深化改革，抓紧出台户籍制度改革，城乡关系、社会保障体制改革等政策，加快城镇化步伐，以调整社会结构、城乡关系。现行的户籍制度早已过时，早就应该改革，不宜再拖了。改革了户籍制度，对9亿农民是一种解放，农业剩余劳动力才能向城镇顺畅地转移，农民工问题才能从根本上得到解决，增加农民收入、解决“三农”问题才有希望，城镇化步伐才能加快，社会结构才能得到调整，目前存在的城乡差距，地区差距扩大的趋势才能得到遏制。当然要解决这些大问题，还要有其他经济社会政策相配套，但户籍制度改革是关键，是瓶颈，要抓紧解决。

第三，国家和地方政府都要扩大对社会发展方面的投入，改革目前政府投资过度偏重于经济建设而对社会事业偏少的格局。政府的财力应该主要投资于教育、科研、文化、医疗卫生、环境等社会发展和公共事业。改革开放前，我国实行计划经济体制，重经济轻社会，重工轻农，重城市轻乡村，长期如此，造成了种种不协调。现在已经初步建立了社会主义市场经济体制，这种局面应该改变了。决策领导部门一定要转变观念，下决心，改变这种硬件投资过硬，软件投资过软的状况。实践证明，重经济发展轻社会发展的结果，使经济发展成本提高，经济效益也不好，事倍功半。只有教育、科技、文化、医疗卫生等各项社会事业发展了，人民群众的多种需求得到满足了，经济效益才能真正提高，这是一举两得、事半功倍的好举措，何乐而不为呢？

第四，要改革社会事业管理体制。改革的目标是要建立一个同社会主义市场经济体制相适应的、城乡一体化的、按社会主义市场经济规律要求运作的、有利于调动各方面积极性的社会事业管理新体制。要组织一定的人力物力，通过周密的调查研究，制定方案，自上而下、自下而上相结合地进行改革，要像对经济体制进行改革那样，对社会事业管理体制进行全面改革。要像改革经济体制那样，敢于闯，敢于试。例如，在事业单位的所有制和经营形式等问题上，有的可以继续实行公有制，有的可以实行公办民营，也可以民有民营，有的可以实行股份合办的社会所有制，动员社会各方面的力量来办社会事业。有些禁区要逐步向社会开放，改变目前政府独家包办的格局。一般说来，经济项目是挣钱的，社会事业项目是花钱的（当然有部分社会事业可以产业化，是第三产业的一部分，也可以挣钱）。这个钱要使用得当、合理、公平，要讲究社会效益，使人民能够普遍得到服务。

经济发展和社会发展相协调，经济管理体制和社会事业管理体制相匹配，相辅相成，相得益彰，诚能如此，我国的经济就能更加健康、稳定、快速地发展，社会各项事业都能蓬勃发展，从而实现社会的全面进步，全面建设小康社会的历史任务才能得以顺利地实现。

要点、重点与难点*

党的十六大提出了全面建设小康社会的奋斗目标。根据目前我国的基本国情，从各方面的分析来看，我认为，今后20年要实现全面建设小康社会的历史任务，其要点是经济发展，重点是解决农业、农村、农民问题，难点在社会结构的调整，社会事业的发展和社会全面进步。

第一，全面建设小康社会的要点在经济发展。党的十六大指出："全面建设小康社会，最根本的是坚持以经济建设为中心，不断解放和发展社会生产力。"① 经济发展是全面建设小康社会的物质基础。我们要力争在2020年比2000年再翻两番，GDP总量达到4万亿美元，人均达到3000美元，这就要求今后20年年均增长的速度保持在7.2%左右。

这个经济目标是非常宏伟的，是十分鼓舞人心的。要实现它，还要克服很多困难。但我们已经有了一个坚实的经济基础，已经有了初步建立起社会主义市场经济体制等诸方面的有利条件，经过努力，完全有条件实现这个经济目标。

首先，我们已经进行了计划经济体制的改革，初步建立了社会主义市场经济体制，这就为经济的持续发展提供了制度性的保证。其次，经过长期的经济建设，我们已经有了雄厚的物质、技术基础，过去长期制约经济发展的交通、通信、能源等"瓶颈"已经得到基本解决，过去想做而做不到的一些大规模的建设项目现在有条件做了。最后，我国目前的城乡差距、地区差距还很大，人民的生活水平还仅仅是总体上达到小康水平，还有很多事情要做，而差距就是潜力。我国有巨大的市场潜力，这是经济持续发

---

* 本文原载《学习时报》2003年12月8日第2版。——编者注

① 《中国共产党第十六次全国代表大会文件汇编》，北京：人民出版社，2002年11月，第20页。

展增长的空间，只要我们把体制调整好了，一些制度性的障碍，通过深化改革克服了，市场的容量还大得很。社会有巨大的需求，这正是经济发展的最好的条件。还有，从国际形势看，中国目前所处的外部环境比较好。虽然世界仍不太平，但和平与发展仍是时代的主题。我们已加入了 WTO，要善于适应国际交往的游戏规则，趋利避害，为我所用，更好地使我国的经济成长和发展起来。

第二，全面建设小康的重点在农村。目前还有 9 亿多农民，占全国人口的绝大部分，这仍是我国的基本国情。江泽民同志多次说过，“没有农村的稳定和全面进步，就不可能有整个社会的稳定和全面进步；没有农民的小康，就不可能有全国人民的小康”①。

当前农业、农村、农民的基本形势是：农业问题解决得比较好，农产品供给充裕，满足了城乡人民对于农产品的需求和国民经济发展的需要，但是农村问题、农民问题仍未解决。

一是农民太多。我们工业化已到了中期阶段，在三次产业结构中，2001 年第一产业只占 15.2%（第二产业 51.1%，第三产业 33.7%），② 但从事第一产业的劳动力占全国从业人员的 50%，其中农村人口占 62.3%（农民占 73.2%）。③ 这显然是不合理的。

二是农民太穷。2001 年，农民人均纯收入 2366.4 元，年均增长 4.1%。应该说，总的情况还是好的，但与整个经济增长的成果相比，特别是城镇居民的收入相比较，就有问题了。2001 年城镇居民人均可支配收入 6859.6 元，年均增长 5.4%，④ 平均每年增长速度比农民高 1.3 个百分点。特别是在 1997 年以后，城镇居民的可支配收入平均年增长 7.4%，而农民人均纯收入平均年增长 3.1%，增幅差 4.3 个百分点。更有甚者，1997 年以后，约 62% 的以务农为主的农民纯收入不是增加而是减少的。所以这几年农村产生了购买力萎缩等经济和社会问题。

三是城乡差距扩大。改革开放以来，从 1979 年到 1984 年，城乡差距是缩小的，但自 1985 年以后，就开始反弹，1997 年以后扩大的速度加快，现

---

① 《江泽民就农业问题发表重要讲话》，《人民日报》1992 年 12 月 28 日第 1、4 版。

② 国家统计局编《中国统计年鉴·2002》，北京：中国统计出版社，2002 年 9 月，第 52 页。

③ 国家统计局编《中国统计年鉴·2002》，北京：中国统计出版社，2002 年 9 月，第 118、93 页；国家统计局编《中国统计摘要·2002》，北京：中国统计出版社，2002 年 5 月，第 102、35 页。

④ 国家统计局编《中国统计年鉴·2002》，北京：中国统计出版社，2002 年 9 月，第 320 页。

在这个趋势还未得到遏止。城乡差距扩大，不仅表现在城乡居民收入的差距扩大，而且在经济、社会、文化教育、科技、卫生、社会保障、环境等各个方面的差距都在扩大。有学者指出：现在是繁荣的城市、落后的农村并存。一方面城市是越来越好，另一方面农村则是停滞不前，困难重重，这种状况是不可持续的。

农业、农村、农民问题，之所以如此久治不愈，年年讲，年年解决不好，说到底是个体制问题，是原来计划经济体制形成的。所以必须继续深化改革，实现从计划经济体制向社会主义市场经济体制转变。

第三，社会发展、社会进步是全面建设小康社会的难点所在。从现代化发展的历史看，经济和社会要协调发展。经济发展是社会发展的基础，经济要优先发展，但经济不能脱离社会发展而单独发展，如果经济和社会发展不协调，社会就会阻碍经济的健康发展，或者使经济发展畸形。因为，从本质上说，经济发展的目的就是为了社会发展和社会的全面进步。

改革开放以来，我国的经济发展取得了很大的成就，比较而言，我国的社会发展虽然也有了很大成绩，但存在着不少问题。

首先，我国经济发展了，经济结构调整了，但社会结构却没有相应调整。例如城市化严重滞后于工业化，城乡结构不合理；又如经济发展了，所有制结构变了，就业结构也变了，但诸如户籍、劳动人事等制度还没有相应改革，使社会阶层结构不合理，该小的没有相应地小下去（如农民阶层），该大的还没有大起来（如中间阶层）。

其次，经济发展了，但社会事业还没有得到相应发展，不能适应经济发展的要求。例如教育，我国基础教育很有成绩，高等教育则还相当滞后，不能满足经济社会发展的需求。我国现有公务员共540万人，加上参照执行公务员待遇的共有700多万人。其中有大专学历的只占56.7%，有30%的公务员只有初、高中文化水平，在个别系统里，文化水平在初中以下的占45%。这当然是不符合现代化发展要求的。

最后，经济管理体制改革了，企业实行市场化经营了，但社会事业单位的管理体制却改革不大，大多数事业单位仍沿袭原来计划经济体制下形成的管理模式在运作，还没有按社会主义市场经济体制的要求改过来，人员能进不能出，平均主义，大锅饭，松松垮垮，人浮于事，效率不高。

这些状况都说明，目前我国的经济和社会还没有达到协调发展。社会发展滞后于经济发展。有学者估计，大约滞后3~5年。这种不协调、不平衡的状况，亟须改变，而要改变这种状况，难度很大。国内外的实践证明：

经济发展了，经济结构调整了，社会结构会跟着有所调整，社会事业会跟着有所发展，社会事业的管理体制也会有所改变，但是却不可能使社会结构自发地调整到合理的状态，不可能使各项社会事业都发展到合理的程度，不可能使社会管理水平转变到现代化的水平。特别是在我国这样一个实行计划经济体制已经数十年的国家，则尤其如此。虽然已经明确要实现从计划经济体制向社会主义市场经济体制转变，但一些政策性体制性的障碍依然存在。所以，经济发展并不会必然促成社会发展和社会全面进步。我国已经实行了社会主义市场经济体制，那只无形的手，会起很重要的作用，但还必须有另一只有形的手加以调控，加以促进，才能使经济社会协调发展。

区域社会结构与发展

农村是个广阔的天地，社会学在那里是可以大有作为的*

“中国不发达地区农村的社会发展”是1988年国家社会科学基金资助的重点课题，由甘肃省社会科学院社会学研究所刘敏等同志承担，经过两年多的调查研究，辛勤工作，现在终于完成了。这是他们在1987年撰写《农村社会问题与社会发展》一书后的又一重要成果。《农村社会问题与社会发展》是本课题的基础，但内容更加丰富，论述更加系统。前者主要就甘肃省农村的人口、家庭婚姻、生活方式、社会保障等进行了专题的调查与研究，《中国不发达地区农村的社会发展》则根据我国西部地区农村社会的实际情况，对不发达地区的农村社会进行了总体考察，对不发达地区农村的社会特征、社会环境、社会结构、社会分层、群体素质、社会问题、社会保障、社会控制、社会机制和发展模式等，做了比较系统的论述，而且对不发达地区农村社会发展研究的指导思想、研究方法做了探讨，提出了创建具有中国特色的开发社会学的理论构想。甘肃省社科院社会学研究所同志们的这项成果，对于领导部门制定不发达地区农村经济社会发展的决策、对于具有中国特色的农村社会学的创建和发展，都是很有借鉴意义的。

党的十一届三中全会以后，我国农村率先进行改革，普遍实行家庭联产承包责任制，调整产业结构，发展多种经营，发展乡镇企业，发展有计划的商品经济，实行计划经济与市场调节相结合，允许一部分地区、一部分人先富起来，这些政策符合经济发展的规律，符合农村的实际，符合广大农民的心愿，极大地激发了亿万农民的生产积极性，所以农业生产发展

* 本文源自《中国不发达地区农村的社会发展》（刘敏主编，北京：中国经济出版社，1990年9月），第1~3页。原稿写于1990年5月24日，系陆学艺为该书撰写的序言，现标题为本书编者根据序言内容所拟定。——编者注

很快，农村经济日渐繁荣，农村发生了巨大的历史性变化，全国绝大部分地区的农民群众解决了温饱问题，生活得到了改善，有一部分农民已经富起来，但是，还有一小部分地区、一小部分农民群众，由于所处的自然环境恶劣、交通闭塞、文化科技落后等原因，仍然还比较贫困，没有解决温饱问题，党和国家对此十分关心。中央专门成立了扶持贫困的办公室，每年拨出大量的财力、物力进行扶贫。几年来，扶贫工作很有成效，数千万群众已经脱贫，走上了逐渐富裕的道路。但是在我国西北、西南等地区，至今仍有一小部分农民没有摆脱贫困，有些已经脱贫的地区重又陷入贫困，所以，扶贫工作还要继续坚持不懈地做下去。

总结我们多年来对不发达地区农村扶贫工作的经验和教训，实际工作部门的同志和理论研究的同志有一个共同的认识：要使一个地区真正脱贫，不仅要在物质上、经济上进行扶持，要逐步改善这个地区的生产条件，调整生产结构，使这个地区农村的经济持续、稳定、协调发展，而且要在文化教育、科学技术、人口政策、人才开发等方面做工作，逐步改善这个地区的群体素质、社会组织、社会环境，使这个地区的农村社会逐步走上健康、合理发展的道路。哪个地区农村的经济社会稳定协调发展、相互促进了，哪个地区也就真正脱贫了。扶贫工作要重视社会政策、社会发展，这已经越来越受到各方面的关注。《中国不发达地区农村的社会发展》一书的作者们运用社会学的理论在这方面做了比较系统的总结和论述，这项成果对我国目前正在进行着的、要解决约占农村总人口5%的不发达地区农民的温饱问题，具有很现实的指导意义和借鉴意义，对于不久前初步解决了温饱问题地区的经济社会协调发展，同样也有很现实的指导意义和借鉴意义。

中国社会学从1979年恢复重建，至今已有十年，在社会各方面的支持和社会学同仁们的努力奋斗下，已经取得了很大的成就，有了很多成果。但是，在社会学的理论研究和实际应用方面，还有很多工作要做，要继续艰苦奋斗。特别是在农村社会学方面，还只能说是刚刚起步，这同我国是一个有8亿多农村人口的大国的国情很不相称，同我国10年来农村改革取得举世瞩目的伟大成就、目前还在继续发生着历史性变化的现状也很不相称。中国农村的这场伟大变革具有十分深远的历史意义和理论意义，需要大量的农村社会学工作者，从各个方面去调查、研究、总结，并为这场伟大变革服务，具有中国特色的农村社会学也必将在参与这场伟大变革的过程中逐步成长和成熟起来。甘肃省社会科学院社会学研究所的同志们充分认识到这一重大的历史使命，自觉地投入农村这场伟大变革中，多年来深

入农村，调查访问，潜心研究，取得了很多成果，这本书，是他们近几年辛勤劳动、勇于探索的结晶。希望他们沿着这条正确的道路继续坚定地走下去，而且能有更多的同志到农村去从事这项工作、为中国农村经济社会健康协调发展，为中国农村社会学的创建和成长，做出新的贡献。农村确实是个广阔的天地，在那里是可以大有作为的。

论我国区域现代化*

改革开放以来，我国在推进农村现代化这一艰辛的社会实践过程中，已经迈出了颇见成效的三大步。第一步是实施了能充分调动广大农民生产积极性，可以解决绝大多数农村人口温饱问题的家庭联产承包责任制。第二步是扩大兴办了可将部分农村剩余劳动力重新得到安置，能使农村社会进入小康、奔向富裕的乡镇企业。第三步是加强了更有利于农村工农业生产的发展，保证部分农村人口享受到城市文明的小城镇建设。当前需要思考的就是，下一步合乎逻辑的发展应该是什么？根据发达国家的历史经验和我国的具体实际，我们认为必将走向区域现代化。

一　区域与区域现代化

为了弄清什么是区域现代化，首先必须明确区域这一概念。区域是地理上的一个空间单元。它是指在自然、社会、历史、经济、文化等要素上较为相近的同质性地区，是在功能上具有相互关联和相互依存关系的集合性地区。前者表现为地区内的相似性，而后者则表现为地区内的相异性。因而区域是相似性与相异性相统一的概念。一个完整的区域，形成一个相对独立的自我生存、自我发展的功能性社会系统。在区域之内，可以实现一定程度的生产、交换、分配和消费，也可以满足一定水平的其他社会性生活，因而可以实现较为完备的内循环。区域的构成要素主要有如下几个：

1. 区位。区位是一个占有一定空间位置，边界比较明晰的地理单位。它是区域内其他各种要素的物质依托之地。具体一点说，区位就是一片疆

* 本文原载《中国社会科学院研究生院学报》1993 年第 6 期，发表时间：1993 年 12 月 27 日。作者：陆学艺、杨海波。——编者注

土，在其上生存着一定数量的，从事着经济、政治、文化等社会活动，享受着家庭及社会生活的人员。区位是区域成员活动的场所，它有自然的位置和规模之分；区位又部分地成为区域成员活动的对象，因而也有社会的样式和结构之别。而后者又是使前者成为可能的必要条件，因为没有社会性的内容，纯自然的地域是无所谓区域的划分的。从这一点上看，区位应该是人类活动的结果。因此它才具有可变性，亦即，它在规模上可以扩大也可以缩小，它的位置也可相应地移动。只要人类活动的形式和内容发生了变化，便可引起区位的重新安排。更远的历史自不必说，就是在改革开放之后，在我国的大陆版图上就已经重新划定了许多新的区位。最为典型的就是广东珠江三角洲经济区的形成，另一个范本是正在形成中的黄河中上游多民族经济开发区。前者原来的空间位置规模很小，只是在最近几年才形成如今的态势，而后者在此之前并未构成一个完整的区位（社会意义上的）。

2. 经济。经济是构成区域的最为重要的核心性要素。因为生活在区域内的人员，首要的是要保证能生存下去，并且生活得越来越好，因而他们的大部分时间和精力是投入到经济活动当中的。除了非常时期之外（如战争、政治运动、抵御自然灾害等），经济活动始终是区域内的主导性活动。而区域内的其他社会性活动，都是直接或间接地受其制约的。因此，不同区域的最主要区别，也就是在于它们各自的经济模式的不同。由于区域内的经济实质上是整个国家经济的微缩，因而构成一个结构较为复杂的相对独立的经济体系。有对之进行专门研究之必要，由此才产生了微观区域经济学这门分支性经济学科。同时，也正由于区域内的经济可以自成体系，又引申出有关区域内产、行业结构和社会分工等问题。应该明确的是，虽然区域内的经济可以自成体系，但它绝不是完全自我封闭的诸侯经济（其实即使是诸侯经济也不可能与外界没有一点联系），它有点类似于综合式的企业集团，各个分支性的经济主体在功能上相互依赖，协调动作，共同发展。值得注意的是，随着现代交通运输业的发展，区域经济正改变着它的初始的自我完备体系的特征，各经济主体由功能上的相互依赖而转向功能上的趋同，这在发达国家中已有明显的表现。

3. 政治。政治是不可忽视的影响整个区域发展的重要因素，尽管在不同的历史时期，其作用和实现方式有着很大的不同。由于我国实行的是高度集中的政治管理，因而区域内的政治实质上是国家政治的具体化。各个不同的区域在一般政治原则上是完全一致的。长期以来，由于计划经济的全面实施，使政治与经济的关系变得如此紧密，以至于在实践上无法划清二者的界限。政治不仅在生产关系的意义上决定着经济生活，而且也直接参与现实的经济活动。随着市场经济的实施，政治对经济的调控由微观转向宏观，政治与实际的经济活动逐步开始分离，主要是在生产关系的意义上影响经济生活。其主要目标指向社会性的管理，亦即，作为区域内各种社会生活的重要调控系统的政治，不仅关注于区域内社会活动的效率，而且更重要的是致力于区域内社会生活的公平。政治管理的外化形式就是各种政策的制定与实施。它是一种给执行者以一定的自我回旋余地的宏观行动纲领。从根本上讲，它是为使区域内人们行为具有整体上的高效益而作的必要约束。区域的发展缺少不了政治，但独立的政治是没有意义的，而全能的政治则更不可取。

4. 文化。区域内的文化是区域内人们生活的历史积淀。它包括长期形成的生产生活方式、价值观念体系、民风民俗习惯、宗教信仰和道德规范，等等。文化是经过多次选择了的人类有效活动成分的沉积，所以它具有相当程度的稳定性。但它也蕴含着某些创新性的因素，那就是根据人类活动的形式、范围、内容等的改变而作出一定程度的调整。区域内的文化通过教育与社会交往等途径而内化于区域成员的思想意识中，从而作为一种自觉或者不自觉的内在力量规范着人们的行为，对区域成员的活动起着定向调节作用。区域文化是一种相对独立的亚文化，它既有保守的东西，也有进步的成分。越是落后的区域，其文化越趋于保守，而区域越发达，则文化的开放性越强。封闭的区域文化是不利于区域的发展的。

5. 人口。应该说人口是区域内最活跃，最能决定区域发展样式与水平的重要因素。因为本来若没有人的存在区域也就没有存在的可能。区域本身就是人的活动的产物。亦即，区域是经人改造过的自然，是一个地区性的社会。区域内的人口有两个重要的构成指标，一个是数量指标，即区域内人口的多少，通常用人口密度来表示。人是生产者同时也是消费者，并且人越多管理成本越高，因而人口的多少直接影响着区域内经济社会发展的水平。但这并不意味着人口少区域发展的就更好，反之亦然。否则我们就无法解释像苏南这样人口密度极高而经济社会发展又相当快的事实。这就引发出另一个值得注意的区域人口指标，即人口的结构。区域内人口的结构最重要的指标是劳动力与总人口的比值，因为它体现了生产者与消费者的比例。而在劳动力中，不同产业劳动力的结构又显得十分重要，因为它可以代表区域内未来经济社会发展的程度。国际经验表明，第一、第二、第三产业从业人员的结构图呈正宝塔型，代表着高速的社会发展，而呈倒宝塔型则预示着低速发展。另外，劳动力中科技人员所占的比重的大小也至关重要，因为现代社会发展是以高科技为特征的，谁掌握了科技谁才能掌握发展的主动权。

6. 自然。自然是指区域内天赋的客观条件。它对区域内的政治、经济和文化生活都有影响，尤其是对经济发展的影响最大。区域内的自然条件是可以改变的，但却是无法选择的。一个区域内的经济活动，有很大一部分是集中在对区域内自然的改造上。一些重要的自然资源，如土地、水、气候、矿产等，在很大程度上决定着区域内经济的发展样式。初级农业经济的发展则主要取决于自然资源的好坏。区域内自然的开发与利用，主要取决于区域内的技术力量水平。区域内自然资源的丰腴可以带来区域内的富裕，却不一定能令其发达。一些事实证明，许多自然资源丰富的地区恰恰又是欠发达的地区。可见，没有自然资源发展不了经济，而自然资源本身却无法带来经济的发展。日本是世界上公认的自然资源稀缺的国家，而日本的经济发展却是世界一流。因此把发展经济的希望完全寄托于自然资源之上，在现代社会绝不是明智之举。

区域发展就是生活在一定区域内的人们，利用天赋的自然条件，协调地展开经济生活、政治生活和文化生活。更具体一点地说，就是生活在一定区域内的人们，在一定的政治系统的指挥调节下，开展工农业生产及其他社会性活动，以期最大程度地满足区域内人们的物质文化生活需要。而所谓的区域现代化，则是指在这种由一定的区位、自然、经济、政治、文化、人口等要素构成的一个较大的地区之内，由优先发展起来的特大或大城市进行带动，以中小城市为传递中介，最终促使整个区域内的经济社会得到持续、稳定、协调的发展，实现区域内的工业化和城市化。世界上一些发达国家的现代化都是以区域现代化为特征的。我国目前也已出现像京、津、唐地区，沪、宁、杭地区，广、深、珠地区，烟、青地区等的现代化区域。

二　提出区域现代化的根据

我们提出中国农村现代化的第四步是实现区域现代化，并不是一种空想，而是综合考虑到我国农村现代化已经跨过的三大步的具体实际，并参照世界上已完成现代化任务的国家的历史经验，在理论上作出的合乎逻辑的推演。具体说来，主张实现区域现代化主要是基于以下几方面的原因。

第一，我国地区间发展的差异性。现代化是在以往已经形成的一定基础之上进行的，但各个不同地区之间的经济社会发展是有差异的。这种差异既表现为发展速度的不同，又表现为发展样式的相异。因此，我国的现代化便被分解为不同区域的现代化。至于每一区域的现代化会以什么样的速度进行，最终又会发展为何种模式，则又要由区域内的各种要素的构成样式来决定。在我国的经济社会发展中，已经形成了一些边界比较明晰的不同区域，另外一些区域也正在形成之中。如由北京、天津、唐山三大城市带动的京津唐现代化区域；由青岛、烟台、潍坊带动的胶东现代化区域；由南京、上海、杭州三市带动的宁沪杭现代化区域；由广州、深圳、珠海三市带动的珠江三角洲现代化区域；由武汉、长沙、南昌三市带动的长江中游现代化区域；由沈阳、大连带动的辽东现代化区域；由郑州、洛阳、西安三市带动的中原现代化区域；由兰州、银川、呼和浩特三市带动的黄河中上游现代化区域；等等。这些不同的区域，在自然资源的占有、人口数量及其结构、工农业生产结构、历史文化传统、政治管理模式等方面都有很大的不同，形成各自的特色，其发展水平也很不一致，有些已经实现了一定标准的现代化，有些尚处于现代化的启动阶段。对于这些不同的区域来讲，要求它们保持同一发展速度是不现实的，而要求它们按照同一模式发展更不可能。只能是让其相对独立地依照自身的样式与速度去发展。因而整个国家的现代化，也只能被分解为各个区域的现代化。

长期以来，我们对于地区性发展的研究过多地注重发展水平的对比上，并以此而笼统地将全国划分为东部发达地区，中部发展地区和西部欠发达地区。应该说这种研究也是有意义的，却显得过于一般。因为在这三大地区之内，还存在有更为具体的可以自成体系的相对独立的发展区域。这些区域间的差别更具有研究的价值。由对区域差别的认识而制定出的发展战略，在实践上的操作性也更强。而区域间的差别又主要不是在发展水平上，而是在发展模式上。我们在此所说的我国地区间发展的差异性，也正是从这一角度出发而言的。

第二，部分地区优先发展的必要性。由于较早地注意了结构的调整和协同动作，使某些地区获得了比其他地区更快的发展速度，从而具备了优先发展的基础。按照经济发展规律，这些优先发展起来的区域，又产生了聚集效应，使一些必要的发展要素如资金、技术、人才等向其集中，进一步形成了更大的发展后劲。对于我们这样一个资源比较稀缺的国家来讲，在政治上鼓励并保证有条件的区域优先发展是十分必要的，因为它可以使有限的资源得到更为充分的利用，在较短的时间内以较低的消耗创造出更多的财富。就目前我国的发展实际来看，东部沿海地区发展较快，已经形成了进一步加速发展的基础。与其他迟缓发展的地区相比，同量的资源投入在这一地区会产生出更高的效益，因而符合经济上的利益最大化原则。给这一地区（又划分为几个具体的区域）以相应的优惠政策（也包括其他地区的发达区域）使其优先得到发展，在经济上更为合算。在实践上，我们鼓励一部分人先富起来，然后达到共同富裕。同样，我们也应鼓励一些区域先发展起来，最终实现全国的全面发展。现在的问题是，我们应该如何看待先发展区域与后发展区域间的差距问题。区域间的差距是由经济发展所引起的，但它最后又完全上升为社会问题。因而就有了评定区域差距的双重标准，即经济标准和社会标准。从经济的标准看，只要有能力的就应尽力发展。因为经济所追求的目标就是利益最大化。由于不同区域间有不同的发展能力，所以出现差距是不可避免的，也是应该的。尤其是在市场经济条件下，竞争就是优胜劣汰。而从社会的标准看，经济也好，或者其他什么社会性活动也好，最终都是为了满足人们的各种需求。由于人们的需求具有无限性，而阶段性的社会创造物又是有限的，因此需求的满足不是以能力而是以公平为准则的。否则将会带来严重的社会矛盾。由于区域发展上的差距最终必然要表现为需求满足上的差距，因此尽管差距不可避免，但却又不能让其自由扩大，而是通过必要的国家干预而使其保持在既不严重影响发展效率，又不会造成太大的社会不公的范围之内。这的确是一种艰难的选择。严格说来，在实践上没有哪一个国家能将这一问题处理得恰到好处，都是有所偏向，或是更注重效率，或是更注重公平。从效率与公平的关系看，低效率条件下所实现的公平，只能是低水平的公平，只有首先保证效率的最高值，才能最终达到高水平的公平。因此，让有条件的区域（即效率较高的区域）优先发展起来，最终是有利于公平的。况且某些区域的优先发展，并不等于其他区域不发展。其实每一区域都以其自己的速度与样式发展着。根据经济社会发展的梯度推移理论，优先发展的区域利用其扩散能力，可以带动后发展的区域。而根据工业生产生命循环阶段论，后发展的区域又迟早会变为优先发展区域的，它只是阶段性的落后而已。既然某些区域有优先发展之必要，那么我们就应该将区域作为一个相对独立的单元而讨论其现代化问题。

第三，农村现代化的外发性。由于我国的特殊性，国家现代化的重点和难点都体现在农村现代化上。可是农村现代化并非一个自我封闭式的独立运动过程。从根本上说，它是城市发展带动的结果，亦即，城市带动农村，工业带动农业，文明带动蒙昧。要使农村地区实现现代化，就必须大力推进城市化的进程。如果没有城市的高度发展，第三产业也就失去了载体，工业更难以形成规模效益，其他如科技、教育、文化艺术、医疗卫生、社会保障等事业也不会得到高质量的发展。由此导致的，便是非农村人口和非农业劳动力的增加幅度受到严重的限制，社会总产值的增长速度相对缓慢，人的素质得不到显著性提高，农村现代化的过程就要相应地被延长。事实上，城市始终是人类重要的活动中心，工业革命以后，城市的中心地位越来越强，并且开始向综合化的方向发展。城市中心作用的一个重要表现，就是对农村发展的带动。可以说，没有城市的发展，许多农村问题都解决不了或解决不好。

城市对农村的带动主要表现在三个方面：一是城市利用其科学研究中心、人才教育培养中心、现代农业生产资料生产和供应中心的地位而服务于农业，加速农业现代化的进程。众所周知，农业现代化的基本特征就是农业生产的机械化和科学化，而离开了城市，则二者一事无成。二是城市利用其大工业的辐射力而带动乡镇企业的发展。我们承认乡镇企业是中国农民的伟大创造，但是只要进一步考察，就不难发现，凡是乡镇企业发达的地方，都有工业基础较好的大中城市作其后盾。辽南地区、苏南地区、胶东地区和珠江三角洲地区乡镇企业的发展就是例证。另一个典型例子就是，在乡镇企业普遍不太发达的中西部地区，宝鸡地区乡镇企业蓬勃发展已形成一枝独秀的宝鸡模式。三是城市依赖其外延的扩大与内涵的提高，吸纳更多的农村剩余劳动力和农村人口。前者是指城市数量的增加和规模的扩大，后者是指城市产业结构的调整，尤其是以劳动密集为特征的第二产业比重的增加。而没有这种城市外延的扩大与内涵的提高，就只能使更多的人口滞留于农村，更多的劳动力束缚于土地之上。

以上三点表明，农村现代化是一种靠城市化拉动的外发型现代化。而城市不管其有多大，辐射力总是有限度的，一个城市只能带动有限的乡村腹地。几个大城市连同若干个中小城市结成一个辐射网，就能带动一个较大区域的发展。因而由城市拉动的农村现代化，就只能表现为区域现代化。

第四，世界现代化经验的可借鉴性。我国的现代化是起始于清末的后发外生独立型现代化，它是一种有明确目标的、突进的、自上而下的过程。而从这一过程开始，我们就面临着如何处理好借鉴其他国家的成功经验与准确地把握本国具体实际的问题。无视前者，我们就会多走不少弯路，从而延缓现代化的进程；而忽视后者，则又会陷入如同有些发展中国家一样的畸形现代化的泥潭。从已实现现代化的发达国家的正面经验和正在现代化的路上艰难行进的某些发展中国家的失误来看，我国农村现代化必须走区域现代化之路。

在已经实现现代化的国家中，既有像英、法、美等这样的早发内生型现代化诸国，也有像日本等后发外生型现代化国家。而不管属于哪一种现代化的类型，这些发达国家的现代化最终都表现为区域现代化。因而区域现代化是一种具有普适性的世界现代化走向。例如，美国的现代化就是分别在九大区域内实现的。它们是在20世纪20年代即已初步实现现代化的新英格兰地区、中部大西洋沿岸、太平洋沿岸和北部中央东区四个区域，以及在20世纪60年代才实现现代化的南部大西洋沿岸、南部中央东区、南部中央西区、北部中央西区和山区五个区域。并且，这九个区域不仅实现现代化的时间有先有后，而且每一区域都有其特有的现代化样式。如太平洋沿岸现代化区域第二、第三产业甚至第四产业十分发达，是以新技术革命为特征的。而南部大西洋沿岸则以农业为主，靠北部工业的带动而发展起来。其他一些发达国家也具有与美国相同的特点，如英国就有伦敦盆地现代化区域和米德平原现代化区域，日本有东海道现代化区域等。

正在现代化过程中的国家主要是发展中的第三世界国家，由于这些国家现代化起步较晚，又不具有已完成现代化任务的国家所曾拥有的有利条件，因而它们当中的大多数都走上了依附发展之路，造成了畸形的现代化格局，这为我们提供了一面镜子。凡是畸形现代化的国家，都有一个共同的特点，即它们的现代化是以景点式为特征的。亦即，它们只注意发展城市，形成了一个或几个大城市相当先进，而农村则很落后，两者反差很大，而不是将城市和农村腹地有机地结合在一起共同协调发展。也就是说不是从区域的角度来解决现代化问题。其结果是城市发达而农村落后，形成城乡发展严重失调的二元社会。比较典型的有亚洲的印度，非洲的南非和埃及，拉丁美洲的巴西等。

尽管我国未走依附发展之路，但由于各方面的原因也形成了城乡二元格局，引发了一系列的社会问题。改革开放后，这种僵局开始松动和弱化，但远未达到令人满意的程度。因而主张区域现代化，不仅是代表着我国农村现代化的未来，而且也是解决现实的城乡发展矛盾的一条有效途径。

三　区域现代化的宗旨

区域现代化的宗旨就在于实现区域内的城乡协调发展。

纵向考察表明，我国在历史上就已形成了城市剥削农村、城市发达而农村落后的城乡二元发展格局。解放以后，由于当时集中使用资源创建国家工业体系的需要，采取了通过行政等手段从农村积累资金的办法，并利用户籍管理制度、劳动用工制度和粮油副食供应制度严格限制农村人口向城市自由流动。应该说，在建国初期如此做法是不得已的，实践结果也是有益的。它不仅使我国在短时间内便建立起来庞大的国家工业体系，而且也保证了在当时十分重要的农村社会的稳定。但随着时间的推移和条件的变化，理应对此进行必要的调整而实际上又未能如此，结果一方面已有的城乡二元格局不仅没有被冲破，反而变得更加坚固，另一方面城乡发展又受到束缚。下面我们就用城乡居民消费水平的变化和城乡居民消费水平的增长幅度两个指标分别来说明上述两种结果。

城乡居民消费水平的变化可以综合地表现出城乡二元结构的基本状况。新中国成立初期的1952年，我国城乡居民消费水平之比为2.39∶1。它基本上反映了历史上遗留下来的城乡二元发展程度。经过十多年的发展，到1965年时比值仍然保持在2.4∶1的水平上。再过十余年，1987年时比值却又拉大为2.9∶1。以后一直在这一水平上摆动。图1更为直观地显示了这种比例几十年间几乎没有太大的变动①。由此可见，我国城乡二元格局几十年未曾有根本改变。

城乡居民消费水平的增长幅度，可以说明城乡各自的发展水平。由于城乡发展有着相互的依赖性，因此如果城市居民的消费水平和乡村居民的消费水平都有较大幅度的增长，说明城乡发展是相互促进的；如果二者增长的幅度都不大，则说明城乡发展是彼此限制的。而图2表明，从1952年到1978年城乡居民消费水平的增长幅度都很小，可见，城市与乡村的发展都受到了限制。②

① 马侠：《中国人口迁移模式及其转变》，《中国社会科学》1990年第5期。引用时作过处理。

② 马侠：《中国人口迁移模式及其转变》，《中国社会科学》1990年第5期。引用时作过处理。

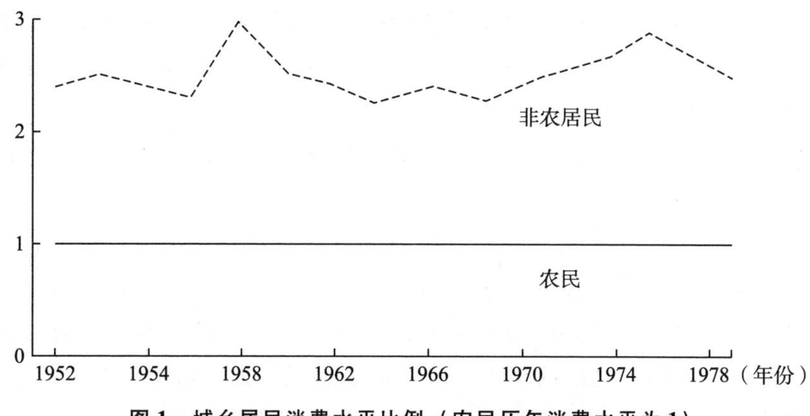

图 1　城乡居民消费水平比例（农民历年消费水平为 1）

资料来源：根据《中国统计年鉴 · 1986》第 646 页的数据绘制。

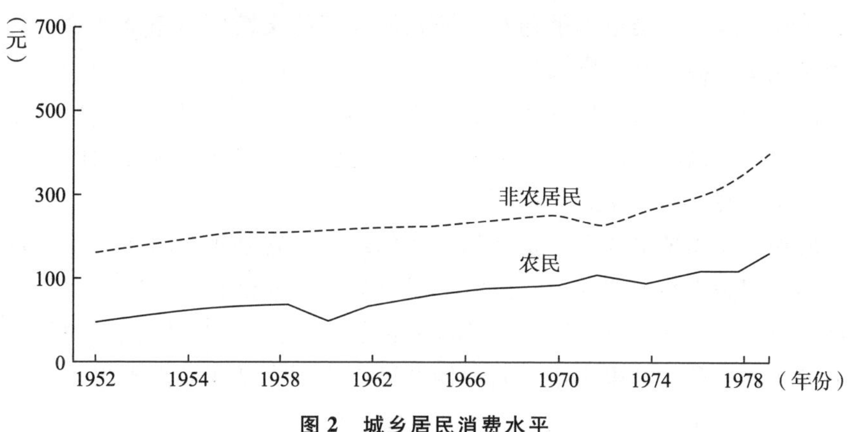

图 2　城乡居民消费水平

资料来渊：根据《中国统计年鉴 · 1986》第 646 页的数据绘制。

十一届三中全会以后，我国先后在农村和城市进行了一系列的改革，取得了很大成就。尤其是农村的改革给农村发展带来了活力，使农村社会在较短的时期内便获得了前所未有的高速发展。部分发达的农村地区已经实现了小康，开始奔向富裕。但一方面由于过去造成的城乡差别太大，不可能一下子就清除掉，另一方面农村改革与城市改革之间尚缺乏必要的协调一致性，因而迄今为止，城乡发展间仍然存在着许多问题。最突出的是城乡分割发展的结构性矛盾和维持这种分割现状的体制性矛盾。20 世纪 90 年代城乡发展的社会结构、人口素质、经济效益、生活质量、社会稳定与社会秩序等重要指标表明，目前我国城乡间并未实现协调发展。[①] 由于区域

① 详见陆学艺主编《2000 年中国的小康社会》，江西人民出版社，1991 年，第 117 ~ 126 页。

内城乡发展与全国城乡发展间具有同构性，因此全国的现状完全可以适用于区域之内，区域内城乡发展同样表现为缺乏必要的协调。而非协调性矛盾不解决，区域内的经济社会就不可能得到持续稳定的发展，更谈不上什么工业化和城市化了。从目前我国的实际情况看，实现区域内的城乡协调发展应着重解决好如下几个问题。

1. 疏通城乡交流渠道。城乡交流是一种综合的社会交换过程。它包括城乡之间的物质商品流通即物流，劳动力互换即人流，还有各种有用消息的传递即信息流等。良好的城乡关系的确立，一是要保证城乡交流渠道的畅通，二是实现城乡交换的平等。前者的要求是，根据需求和能力的原则，自由地实现城乡之间的必要交换，而不人为地设置任何障碍。后者的目的是，在城乡交换之间充分地体现出价值规律和供求关系。目前我国的实际是，不仅城乡交流渠道不够通畅，而且城乡间的交换也不完全平等，其结果便是城市受益而农村受损。

阻碍城乡交流渠道的主要是农副产品购销制度、农用生产资料供应制度、劳动用工制度、户籍管理制度、粮油副食供应制度等制度性因素，它们最终又表现为城市保护主义。

农副产品购销制度完全是计划经济的结果，它以政府的计划而不是市场来组织农副产品的流通。它假定层层收集上来的信息和层层下达的信息都能保证完整，它也假定每一经济活动主体的利益都与集体的利益相一致。而现实中这种条件又根本不具备。因此要么出现农副产品卖不出去，要么出现农副产品短缺。

农用生产资料供应制度同样是一种缺乏市场竞争和价格调节的制度。它是国家依赖于单一的农用生产资料供应系统（农村生产资料公司和农村供销社）而实现计划调配。城市生产者与农村消费者之间缺乏必要的自主性，由此导致农业生产者买不到生产资料，或者导致农用生产资料大量积压。

劳动用工制度规定了农村劳动力无法成为城市内正式的、以工资作为劳动报酬形式的体制内劳动者，这就严格地限制了农村劳动力向城市其他产业的正式流动，使他们当中的大多数人不得不滞留于有限的土地之上，这既不利于劳动生产率的提高，又造成劳动力资源的浪费。

户籍管理制度限定农村人口只能居住在农村，除个别因参军后转业安置和升学后就业者可以获得城市居住户口以外，其他人是无法迁入城市的。这就将一大批有愿望也有能力进城居住的农村人口拒之城外，形成大量产值创造在城市而大量人口滞留于农村的异常社会格局。

粮油副食供应制度是为劳动用工制度和户籍管理制度提供配套服务的。它使那些通过非正式的渠道进城参加劳动和居住的农村劳动力和农村人口无法获得最基本的物质生活资料。它的物质形式就是各种票证。这些票证是一种带有福利成分的购买证明。在完全计划经济的体制之下，它们代表着城市人口的特殊利益。

城乡交换的不平等主要表现在两个方面。一个是工农产品间存在着一个开口较大的“剪刀差”，另一个是农村中的乱收费、乱摊派严重。工农产品比价不合理原是国家为了积累建设资金的需要而作出的不得已选择，却慢慢地演化成部门的利益保护主义。因为城市工业部门通过这种手段所获得的超额利润既不需要增加成本又不承担任何风险。于是尽管政府部门通过限定农用生产资料的价格对之进行行政干预，而实际上生产厂家仍然想尽各种办法来避免这部分易得利益产生流失。结果便是工农产品价格“剪刀差”一直得不到缩小，每年都有一定数值的由农村创造的财富无偿地流入城市。然而比较而言，农村中的乱收费和乱摊派比工农产品价格“剪刀差”更加具有不平等性。因为后者仍然是发生在经济交换上的问题，而前者则是非经济的只夺不予，是用强硬的行政手段进行非公平的社会再分配。它的直接诱因是行政上的超前消费，用各种名目向农民摊派收费，取得款项后并不完全用于正当的事业开支，而有相当一部分用于以参观考察为名的公费旅游、公款吃喝、购买高级耐用消费品等。它所造成的恶果不仅是无偿占有农民的劳动，而且损害了政府在农民心目中的形象，引起许多干群矛盾，甚至发生冲突。

2. 发挥城市的带动作用。现代农村的发展一刻也离不开城市。这里面包括两方面的含义：一是农村只有与城市进行必要交换，才能实现经济社会的良好发展；二是农村社会的高速发展，要靠城市优先发展的带动。前者要求城乡之间不能人为地设置任何障碍，各自形成封闭性的堡垒。而后者则要求在力所能及的情况下加快城市化的进程。

城市对农村发展的带动源于城市的扩散功能，而城市扩散功能的大小又取决于城市规模的大小和发达程度的高低。城市规模越大，发达程度越高，则其扩散力越强，受其带动的乡村腹地也就越大，反之亦然。但不管多大的城市，其扩散力总是有限度的。并且接受扩散之地又不能与城市之间差距过大，即要遵循逐级扩散的原则。因此城市对农村的带动作用的发挥是建立在合理的城市布局和协调的城市体系建设之上的。一般地讲，在带状区域内，城市布局以线形分布为主，几个大城市或特大城市处于等分线的位置，其间分布一些中小城市。而在方状或圆状区域内，城市布局则以星形为主。几个大城市或特大城市坐落于星心和星角，其间分布一些中小城市。如此，区域内便不会产生享受不到城市文明的真空地带，城市的扩散力就会触及区域内的每一角落。

城市对农村的带动也产生于城市的吸纳功能，它包括居住性吸纳和就业性吸纳两个部分。居住性吸纳指靠城市数量的增加和规模的扩大而容纳更多的农村人口进城居住。就业性吸纳则是指城市通过产业规模的扩大和结构的调整而吸收更多的农村剩余劳动力进城就业。因此城市社区发展水平和产业的规模与结构样式就成为决定城市吸纳功能大小的关键性因素。衡量城市社区发展水平的一个重要指标就是城市化的水平。城市化是工业化的结果，如果城市化的进程能与工业化进程保持同步，那么我们就可以说城市化是合理的，因而城市化是一个相对的而非绝对的概念。目前我国的城市化已落后于工业化。因为1991年，我国全国工农业总产值中工业占77.6%，农业占22.4%，但市镇人口占总人口的比重只有26.4%，农村人口占73.6%。[①] 衡量城市产业发展水平高低的主要标准是产业结构是否合理，因为真正的经济增长不是由规模带来的，而是由合理的结构带来的。目前我国城市产业结构中最大的问题是第三产业不发达，1991年只占产业总数的26.8%。因此，从总体上看，如果要想更好地发挥城市的吸纳功能，那么还必须同时在城市外延扩大与内涵提高两方面都下更多的工夫才行。

近十几年来，我们在小城镇建设上下了很大的工夫，也取得了较为显著的成果。1978年全国只有2176个镇，到1992年已增加到14539个。[②] 但这并非长久之计，因为除去过多的小城镇建设所引起的资源浪费不说，小城镇对农村腹地的带动毕竟有限，它本身仍需要高一级城市的带动。因此今后区域内城市建设的重点，应该转移到大中城市的建设上。这既可降低城市建设的成本，又可为农村的进一步发展增加更大的推动力。

3. 确保农村内部的良性发展。农村社会的发展离不开城市，但农村自身也有其相对独立性，否则农村就不称其为农村了。农村社会发展的相对独立性，就表现在农村有其自身的发展规律。我们讲农村城市化，并不意

① 国家统计局编《中国统计年鉴·1992》，北京：中国统计出版社，1992年8月，第57、77页。

② 参见国家统计局国民经济综合统计司编《新中国六十年统计资料汇编》，北京：中国统计出版社，2010年1月，第5页。——编者注

味着要完全消灭农村。现代城市化水平很高的国家出现的逆城市化就是最好的证明。目前不论是在理论上还是在实践上都存在一种值得注意的倾向，即完全按照发展城市的思路去发展农村，企图把农村改造为与城市一样的社区。因此便把与城市不一样的农村社会的各种发展看作是落后和保守，在人们的心目中也对农村发展寄予一些不切实际的希望。其实农村与城市一样，都有其力所能及和力所不及之处。人为地扩大城乡差别不对，而人为地抹杀城乡之间的相异性同样不可取。城乡协调发展的要旨就在于城市和农村各自按自身的规律向前发展，不发生大的矛盾与冲突，相互促进共同提高，绝非是二者按照同一模式进行发展。

农村社区按照其自身的规律向前发展，意味着整个农村社会必然有其特有的社会构成样式和理想的发展目标。与城市社区相比较而言，主要体现在二者有更多的互补性而非兼容性。亦即：整个社会被划分为城市与农村两大社区，它们各自发展的最终结果是能够完整地满足整个社会成员的生存与发展的需要。而如果二者缺一，则所能提供的满足条件都是有缺陷的。理想化的农村发展，应该是为社会成员的生存与发展提供维持生命延续的生活资料和平衡的生态环境。因而围绕农业的发展而组织产业结构和围绕环境保护进行社区建设就成为农村发展的两大主题。这也是农村自身发展的独特之处，农村内部的良性发展，主要是指农村在这两方面的建设上能够达到完满。

围绕农业的发展来组织农村产业结构，预示着农业应该是农村的核心产业，其他各种产业应该服务于这个核心。在实践上就是农工商一体化，亦即以工业生产方式进行生产的农业、对农副产品进行加工的工业和为农业生产服务的商业构成一个有机的整体，最终保证优质足量的必要生活、生产资料的提供。这时的农村产行业结构，是一个有别于城市的独特的农村经济运行载体。它一方面与城市的产行业结构有着相互依赖关系，另一方面又保持着自己独立的体系。亦即，形成鲜明的农村经济个性。

围绕着环境保护建设农村社区，意在创建一个田园式的生活环境。农村社区之内，有两大得天独厚的宜人条件。一个是农村占有良好的自然生态环境，另一个是农村的产行业很少带来破坏性的污染后果（指围绕农业而建立起来的产行业结构）。农村社区的发展，一方面要充分利用自然资源，另一方面又要合理保护和进一步创设自然环境。现代人所追求的现代化生活，其中有一个重要的方面就是要求享受到与自然同一的宁静的生活环境，而这正是农村社区的长处所在。

四 实现区域现代化的中心任务

以城乡协调发展为宗旨的区域现代化，是一种打破城市与农村独自封闭式发展的综合式的现代化。由于我国长期形成的城乡分割的二元社会已经成为实现区域现代化的障碍，因此，消除这种城乡二元的畸形格局便成为区域现代化的中心任务。而在具体的实践中，完成这一中心任务的重点工作应是加强县级综合改革。

县（包括县级市）是城乡之间的结合部。它不仅是农村社区的政治、经济和文化中心，而且也是城市社区影响扩散的传递枢纽。在过去城乡分割发展的年代里，它一方面是农村自身发展的顶端，另一方面又是城市自身发展的底端。因而城乡交流困难的症结就集中在它的身上。从发展的角度看，如果仍然让其按照旧有的模式进行运转，那么既无法发挥城市对农村的带动作用，也无法保证农村内部的良性发展，城乡之间非协调的二元性就会愈演愈烈，区域现代化最终只能成为泡影。

传统的县级发展模式存在着许多不利于发挥沟通城乡作用的因素，这些因素分别存在于县级经济领域、政治领域和社区发展领域。它们又具体地表现为工农关系不顺、政企关系不顺和城乡关系不顺。

首先让我们来看一下工农关系。按理讲，县域内的工农之间应该是联系最紧密，相互依赖最强的。这不仅因为在一县之内二者有地域上的相近之便，而且更主要的是因为它们共同拥有最有利的相互交换的条件。可事实上县域内的工农关系并不顺畅，其表现是以农副产品为原料的加工工业不发达，为农业生产提供必备资料的工业也比较落后，最终既限制了农业生产的发展，又不能提高人民生活消费的档次。到目前为止，农业生产稍提高一点，农副产品便出现积压现象。而广大的农村人口和部分小城市人口却又以原生农副产品为消费对象。亦即，县域内的工业既未能创造出以农副产品的深度加工品为消费对象的消费主体，也未能创造出以进步的农业生产资料为消费对象的消费主体。因而没有成为真正的带动农业发展的有生力量。县域内工农关系不顺也表现为县城内工业规模与结构均不合理，因而对农村剩余劳动力不具备更大的吸纳能力，也限制了县城的进一步发展。近些年来，农村靠发展乡镇企业而解决了很大一部分农村剩余劳动力的就业问题，可是作为县域内最有发展工业前景的县城却未能成为乡镇企业集中之地，第三产业也没有相应发展，所以县城的不发展也是产生农村工业化较快而农村城市化却相对迟缓的重要原因。乡镇企业为农民提供了新的劳动条件，然而却又未能带来使其进一步获得发展的机会。

其次再看一下政企关系。县作为一级政权组织与整个国家政权组织一样对经济领域涉足太深。因而是政治组织与经济组织的并生体。更为突出的是，县直接负责管理着关系到11亿人口生存问题的农业生产。因而县级政权尽管级别不高，但其重要性却是显而易见的，它对农村经济发展的影响也是至深的。从目前的发展状况看，县级政权对实施联产承包责任制后的农业和扩大发展起来的乡镇企业微观管理已经很少，但对县办各种企业仍然控制太多。从而使县办企业成为县域内最缺乏活力，效益最低的单位。并且，县对于负责农业生产和乡镇企业管理的中介性经济组织的建设注意不够，致使它对这两方面的宏观管理仍然是通过下级政权（乡或镇政府）组织来实施，结果是政企不分问题并未从根本上得到解决。县域内的政企不分，一方面使企业失去部分应得的自主权，缺乏必要的独立性，影响了生产的发展，另一方面又使县级行政机构林立，管理队伍庞大，既缺乏办事效率，又增加了财政负担。尽管在20世纪80年代初期提出了对县级机构进行改革的问题，使人们看到了政企分开的曙光。然而时至今日这种改革的范围仍然很小，深度也还不够，要想实现协调的政企关系，尚有一段艰辛的路程要走。

最后来看一看城乡关系。县是城乡交换最频繁的地区。农村生活所需的工业品和农业生产所需的生产资料大都是从县城里得到的。农产品的剩余部分也基本上是在本县之内实现交换的。亦即，县内城镇居民的饮食之需是由其周围的农村给予满足的。因而县城内的城市社区与农村社区之间处于一种唇齿相依的关系之中。可是即使这样，县域内的城乡关系也并非顺畅。最主要的表现是城镇与农村之间横亘着一条人为筑成的阻碍二者深度交流的鸿沟。从社区发展的角度看，城市与乡村两大社区间的物物交换亦即商品交换只是一种浅层次的交换，因为它并不能保证包括生产要素在内的各种社会发展性要素的合理配置，所以实现不了社会发展的高速度与高效益。以现代社会发展的标准去衡量，城乡之间的劳动力交换和信息交换才是更深层次的交换。因为现代社会发展是以高智力和高科技为特征的。人的因素和信息要素已成为决定现代社会发展的核心性力量。而目前县域内城乡之间恰恰又在这个方面的交换上困难重重。一方面科学技术及其他重要信息不能高保真地及时下乡，另一方面可以到城里一展才华的农村人口又难以顺利地进城。这种城乡之间人流与信息流的阻隔，既造成农村发展的盲目性，又使城镇发展缺乏必要的活力。

既然县已经成为城乡协调发展的掣肘性因素，影响到了区域现代化的顺利实现，那么加强县级综合改革也就变得十分迫切了。在实际操作中，我们可以考虑从如下几方面入手进行县级改革。

第一，树立大农业观，推行农工商一体化，探索城乡经济协调发展的新途径。现代农业已经走出过去那种自给自足的自然经济状态，转而融入商品经济的洪流之中。因此，农业生产的独立性开始降低，对于产前、产中、产后的服务要求逐步提高。具体一点地说，它要求农用及农产品加工工业和商业与之形成一个有机联系整体，实现产供销一条龙。这就将围绕农业生产建立包括工业和商业在内的社会化服务体系提到议事日程上来了。它的要旨是打破过去那种部门分割的矛盾性多利益主体格局，建立一种新型的利益共同体和相应的管理体制。理顺县域内三大产业间的关系，形成新型的县级经济发展模式。

第二，转变政府职能，变微观干预为宏观调控，实现小机构大服务的目标。进步社会的一个显著特征，就是组织职能专门化。县级政府作为一级政权组织，理应从不该多管也管不好的具体经济活动中解脱出来，只是在宏观上对之进行调控，在总体上把握住平衡。它的主要职能应该转变为如何管理好社会而不是具体的经济。进而言之，它要管负责具体经济管理工作的经济组织建设，而不是具体的经济活动；它要管由发展经济所带来的非公平性社会后果如失业、贫困等，而不管经济活动过程本身。如此，现有的许多政府机构部门便可转变为具体的经济职能单位。政府机构相应地缩小，而服务却又要不断地扩大。

第三，大力培育市场体系，尤其注重要素市场建设，实现生产要素的优化配置。政府从经济领域的主动退出，意味着市场将取而代之，成为调节经济活动的主体。在商品经济发展的初期，商品市场成为重点建设对象，因而较为发达。随着商品经济的进一步发展，一方面商品市场仍需扩大，另一方面原材料、金融、劳动力、科技、人才、房地产等要素市场需要逐步建立并完善起来。要素市场的培育无论如何要比单纯的商品市场建设困难得多，因为它需要打破一系列为计划服务的旧制度。如金融制度、劳动用工制度、人才交流制度、土地使用制度、科技推广制度、企业管理制度等。同时，要素市场又比单纯的商品市场对经济发展的影响更广泛、更深入。它不仅可以促使生产单位成为独立的商品生产主体，而且也可以使有效的经济资源得到最佳配置，从而实现高效率。市场最能体现经济的原则，只要不人为地加以干预，它可以突破时空的界限来调节物流、人流和信息流，从而实现优化的经济组合。

县级综合改革是一项系统工程，它是经济改革、政治改革和文化改革（主要是制度和观念的改革）的统一体。由于县是国家的微缩，因而县级改革的经验十分有利于整个国家的改革，所以县级改革既要大胆地探索，又要注意总结成功的经验，以便为更大规模的整体改革创设前提。

对社会发展作出预测是社会学的一项重要功能，而根据科学的预测所制定的发展战略则是这一功能的扩大与延伸，并且其意义又远远大于预测本身。据此，我们希望有关领导部门和农村实际工作部门能对我国农村现代化的未来走向有一个清醒的认识，并及早地作出相应的政策性反应，以利于农村现代化顺利地进入更高级的层次。

从政治、社会发展上全面落实中央的战略意图*

读了《重庆市国民经济和社会发展战略的基本思路》，受益匪浅。我认为这个发展战略已经有了一个好的框架和设想，思路清晰，我只想从政治、社会发展的角度，讲几点看法。

（一）我们不仅要从经济发展上，而且要从政治、社会发展上全面领会贯彻好中央关于设立重庆直辖市的战略意图，落实和做好中央关于设市的三项重大工作。张德邻书记提出“要吃透中央精神，吃透新的市情，认真分析形势，了解国内外反响，把重庆放在全国和区域发展大格局中，研究形成符合经济社会发展大趋势、反映时代特征、具有重庆特色的发展战略”。这个指导思想是完全正确的。我们制定的这个发展战略，一定要从政治、经济、社会发展等诸方面体现贯彻中央设立重庆直辖市的精神，要领会中央为什么在“九五”计划的中间，行将跨入 21 世纪的前夕采取这样一个重大举措。改革开放以来，在邓小平建设有中国特色社会主义理论的指导下，我国各方面都取得了伟大的成就。但不容回避的是，这些年东、中、西部的差距扩大了，在相当多的地区城乡差距扩大了，在同一地区内单位间、个人之间的收入差距扩大了，使本来存在的各地发展的不平衡更加不平衡，由此带来了一系列政治和社会问题。如何加快中西部地区特别是西部地区的发展，如何加快扶贫工作，如何做好库区的百万移民工作，保证三峡工程的顺利建设，不仅是重大的经济问题，而且是重大的政治任务。我领会设立重庆直辖市，首先是重大的政治举措，要从政治上、行政区划上、组织结构上来促进解决这些问题，以加快中西部地区经济和社会的

---

* 本文原载《改革》1997 年第 4 期，发表时间：1997 年 7 月 20 日。该文系陆学艺 1997 年 4 月 16 日在“重庆市经济社会发展战略”专家研讨会上的讲话。——编者注

发展。

重庆直辖市是改革开放以来建立的第二个省级行政单位。20 世纪 80 年代后期，国家把海南岛从广东省划出，建立了海南省。实践结果表明，这对海南岛，对广东省的政治、经济、社会发展都起了很好的作用。建立重庆直辖市是更重大的战略举措，必将有利于发挥重庆特大城市的中心作用，推动川东地区以致西南地区和长江上游地区的经济社会发展，有利于把移民工作做好，促进三峡工程的建设。所以建设好重庆直辖市，首先是一项重大的政治任务。我们一定要以政治家的胸怀和眼光来制定好这第一个发展战略。这个发展战略既要考虑当前的经济发展，解决和完成好诸如移民、扶贫等硬任务，又要为今后重庆市 50 年、100 年的发展奠定良好的基础，开个好头。所以这个发展战略一定是一个政治、社会、经济全面发展的战略规划，而不能单纯是一个经济发展战略规划。

（二）要在行政区划、机构设置等方面规划好重庆直辖市的基本格局，为保证当前和以后重庆直辖市的长远健康发展做好政治上、经济上的准备。经济是基础，经济建设是中心，要把经济工作放在第一位，这是无疑的。但第一不等于唯一。从重庆市面临的任务和机遇看，重庆直辖市正处在新旧交替的时期，正在形成行政管理体制和未来管理的模式，当务之急，是要把区划设计好，把管理机构设置好。这件事关系重大，是有关百年大计的。

重庆直辖市 8.2 万平方公里，3022 万人口，面积比台湾省大一倍多，人口约多 1000 万，比海南省面积大一倍多，人口多三倍。如何管理这么大的区域、发挥这么多人民群众的作用是很有讲究的。原来是一个计划单列市、两个地级市、一个地区，仍按老办法、换个名照原样管下去，还是应该重新进行行政区划？变成了直辖市，管理机构是按原来的设置改个名、升个格，还是应该有新的设置？这些都是需要研究决定的大问题。

面对 21 世纪，面对社会主义现代化建设，面对社会主义市场经济体制正在逐步形成，就全国来说，我们现在的行政区划、机构设置很不适应现代化建设的要求，很不适应社会主义市场经济发展的要求，这种矛盾已经日益暴露出来了。今年[①] 3 月，八届全国人大五次会议上，李鹏总理在政府工作报告中就讲到“总结以往机构改革的经验，根据精简、统一、效能的原则，今年将研究和制定国务院机构进一步改革的方案”。新一轮机构改革

① 本文中指 1997 年。

已经在准备了，重庆市遇上这样一个好的机遇，能否在这方面先走一步？

我们社会学研究所，这些年曾对全国各省市的发展做过一些对比研究。其中有一点是很值得重视和借鉴的。改革开放以来，广东、山东、江苏、上海发展都比较快，比较好，除了别的方面，这四个省市都在行政区划建设上作过较大的变革。如广东省，改革开放以来增设了深圳、珠海、中山、东莞等地级市，以后又把汕头地区分为三个地级市。1980 年，广东省辖 7 个地区，10 个省辖市，到 1994 年，全省有 21 个地级市、30 个县级市，现在广东是全国地级单位最多、城市最多的省。而广东的面积在全国排 15 位，人口排 5 位。山东 1980 年有 9 个地区、4 个省辖市，这些年新设了东营、日照、威海、莱芜等地级市，地级单位增加到 17 个。江苏省在改革开放初，撤销了苏州、镇江两地区，把所辖各县划给了苏州市、无锡市、常州市、镇江市，实行市管县体制。1996 年又从扬州分出了泰州市，从淮阴市分出了宿迁市，新增两个地级市。上海市 20 世纪 90 年代开发浦东，在原来的川沙县辖地设立了浦东新区。1980 年上海辖 10 个县，现在 4 个都改为区，只有 6 个县了。这些省市区划变革的结果，都促进了经济社会的发展，他们的基本经验是管理区域划小，增设城市，规格提高。

重庆市可以趁目前建直辖市的大好机会，把行政区划根据社会主义现代化建设的要求，作一些调整。是按现在的一分为四呢，还是一分为六、一分为几？如何区划合适，这要看有利于今后的发展，有利于今后工业化、城市化、现代化发展，要根据市情、地情、民情，要从长计议。

按重庆市所辖 8.2 万平方公里的土地面积（比上海大 12 倍），按现有城市人口的比例（非农业人口只占 18.6%），应该建重庆省，但国家考虑到有利于今后现代化的发展，考虑到避免管理机构重叠，节省编制，减少非生产性建设和开支等因素，还是决定建立直辖市。新建的重庆直辖市的机构是按三个直辖市的模式，是按各省的模式，还是按重庆的特殊市情设置机构，这里大有学问；加上不久国家又要进行新一轮的机构变革，我们应该根据以往的经验和教训，借鉴国内外的做法，专门研究一下重庆直辖市的管理机构的设置，做好这篇文章。把机构设置好，带动各方面的工作，这是非常重要的。

这次会议上，有一份关于《在制定重庆市经济社会发展战略过程中需要深入研究的若干问题》的文件，提了 14 个问题向专家咨询。第 11 条说："重庆市应当向中央争取哪些优惠政策？"我研究了这些文件的内容，在 14 条中，有 12 条是关于经济问题的。前面讲过，经济工作是中心，经济方面

的优惠政策要尽可能争取。但现在是国家调整、整顿经济问题的后期，各方面抓得都很紧，回旋余地不是很大。但在行政区划、机构设置、政治社会体制改革等方面，国家是说了要给重庆以优惠政策的。李贵鲜同志在人代会上曾指出，设立重庆直辖市后，“国务院将依据宪法和有关法律的规定，按照精简、统一、效能的原则，结合重庆直辖市农村人口较多的实际情况，对其管辖的行政区域的建制和划分作必要的调整。由于重庆直辖市所辖区域移民任务重、贫困人口较多，国务院要在经济、社会发展以及扶贫工作方面给予适当的支持”。我认为，行政区划调整、机构设置这两件事事关全局，搞好了将会有力地推动经济社会的健康快速发展，所以要抓住现在的有利时机，把这两件事办好，千万不要错过这个好机遇。

（三）关于农村工作。扶贫、移民、少数民族工作，都主要是农村工作。《发展战略》中关于农村工作部分，写得比较多，也写得比较好。陈锡文等同志就农村工作问题都讲了很好的意见，我补充讲两点：（1）关于《发展战略》中提了“大城市带大农村”的说法。这是相对于京津沪三直辖市“大城市小农村”的说法而提出的。京津沪的城市人口大大多于农村人口。而重庆不是，重庆城市人口只有560万，农村人口2440万，城乡人口之比与我国许多农业大省相当。重庆市是比较大比较先进的城市，与各省会城市比是名列前茅的，而重庆现在所辖的四个地市的农村，却在全国属中下水平，贫困人口360万，占12%，这个比例是很高的。重庆是现在先进的城市与落后的农村并存，是典型的二元社会结构。有人说京津沪的城乡关系是大马拉小车，而重庆现在是大马拉了一串小车。重庆与各市县之间的差别很大，建直辖市之后，如何带动广大农村加快发展，不使现有的城乡差别继续扩大（不注意是很有可能的），使城乡互补，协调发展，最后实现城乡融合、城乡一体化，这是一项需要重视的战略性任务。（2）重庆直辖市如何管理现有农村工作。各省是通过农口各个机构：农工委、农业厅、水利厅等，主要是从业务上管理全省的农业和农村工作。京津沪则建立大农村工委，把有关农村的人财物都统管起来。重庆市情况特殊，市情就介于两者之间，所以管理机构和形式也可考虑介于两者之间。但无论如何要建一个农村政策研究机构，作市委、市政府的农村决策参谋。20世纪80年代初曾提出，发展农业一靠政策、二靠科学，这是很适合国情农情的。这几年靠政策这一点讲得少了，而农村许多问题徘徊反复、久拖不决，主要是没有好的政策。建一个比较强的农村政策研究机构，很有必要。

（四）关于移民工作。要在数年内迁移5个县城，近百个集镇，上千个村庄，107万居民，这是非常艰巨的任务，为古今中外所罕见。但这又是硬任务，非要按时完成不可。现在看来，搬出来，费点力，多做工作，还是能够办到的。难的是搬迁出来之后，能够安置得稳，长治久安。以往的历史教训是，居民迁出来了，但不能充分就业，更不能致富，也就不能安居乐业。20世纪50年代以后，有几大批水库移民，至今还有后遗症。我们要接受以往的经验和教训，做一番认真的研究，采取新的符合当前国情的政策和措施，把这件大事办好。

当前的基本国情是，我们正在实现工业化、城市化、现代化，正在由农村社会向工业社会转变，由农村人口为主的社会向城镇人口为主的社会转变，由传统社会向社会主义现代化社会转变。全国正处于这样一个大的历史转变过程中，重庆也处在这样一个大的历史转变的过程中。在这样一个历史大转变的背景下，我们的移民工作就应该有一些新的思路、新的政策。原来设想的“以农为主，就地后靠”，做起来很困难；重庆辖区里，耕地本来就少，再挤进这么多人去，能安居乐业、能长治久安吗？这么多移民要不稳，就会成为重庆市的心腹大患，成为沉重的大包袱。所以我建议，要改变原来的计划经济的办法，改变空间移民的办法，而采用社会主义市场经济的政策，转变到主要靠产业移民来解决问题。这就是要用好中央给予的优惠政策，用好国家补偿的300多亿元移民资金，趁着三峡库区大建设的机会，把107万移民中的几十万青壮年劳动力，主要去发展工业、发展商业、发展服务业，当然也有一部分去搞农业。广开各种门路，采取国家、集体、个人一起上的方式，可以搞国有企业，但主要是支持发展乡镇企业，支持发展联户企业，支持发展个体、私营企业，不拘一格，多种经济成分，多种经营方式，多种产业构成。这些劳动力有了新的职业，有了稳定的收入，转变了身份，逐步把家属带出去，把这个老大难的问题分散消化、分散解决，充分发挥人民群众的创造性、能动性。这样，既可以把问题解决，也顺应历史转变的潮流，成为重庆整个发展的一支新的经济增长力量，化阻力为动力，促进经济社会的全面发展。

（五）关于社会发展问题。这一节《发展战略》写得比较薄弱，有些重大问题还未涉及。社会发展不仅是科学、教育、文化、体育、医疗等事业的发展，而主要是社会结构的变化。社会进步，首先是社会结构的进步；社会稳定主要是社会结构的稳定。社会结构应该包括人口结构、家庭结构、就业结构、分配和消费结构、阶级阶层结构、城乡结构、区域结构、组织结构等等。这方面问题《发展战略》还基本没有涉及，而这是非常重要的。

随着经济的发展、经济结构的变化，我们国家的社会结构正在发生深刻的变化，如何使社会结构的变化与经济结构的变化相适应，保证经济的健康发展，保证经济社会的协调、持续、健康地发展，这是需要重视和研究解决的深层次问题。另外还有社会治安、社会安定和社会保障等问题，也都提到议事日程上来了。以后有机会，我们社会学研究所的同志，愿意和重庆市的同志一起来研讨这些问题。

关于海南工作的几点看法*

1997年12月15日到28日，我们中国社科院海南政治体制改革课题组一行13人去海南调查考察，先后访问了省委组织部、政法委、纪检委和省政府的计划、法制、人劳、工业、农业、民政、公安、司法等20多个部委厅局，访问了海口、琼山、洋浦、儋州、琼海、三亚等市县，同阮崇武、杜青林等省委领导和近百名厅局长、市县长、处长以及乡镇干部进行了座谈和个别访谈，还直接到农村基层黎族村寨进行了参观和访谈。

通过这次调查，我对海南总的印象是好的。建省10年①，成绩很大，海南原来是个老少边穷的地区，1996年人均GDP 5500元，已经赶上了全国的平均水平，在31个省、市、自治区中人均GDP排第11位。特别是积极发挥了热带农业的优势，1992年以后，农业总产值每年递增10%以上，1996年达224.54亿元，人均农业产值3059元，比全国人均1914元高出60%，列全国第一位，超过了江苏（2565元）和新疆（2549元），农业持续高速发展，增加了农民收入，稳定了农村，稳定了海南社会。海南这10年抓住了机遇，进行了大规模的基础设施建设，修通了海口到三亚的东线高速公路（西线也通了一半），新建了三亚凤凰机场，新建扩建了一批港口，兴建了一批新的电站，彻底改变了海南基础设施落后的面貌，现在海口、三亚等大中城市的水、电、路、港、机场和电话通信等设施的能力，反而略有冗余，这在全国是少有的。十年来，海南引进了大批人才，有数万知识分子和企业家以及大量的营销人员入岛，从各地调入了200多名厅局和处级干部，这些人大多在海南扎根留下来了。海南建省初期，社会治安

---

* 本文源自作者手稿。手稿写于1998年1月11日，系作者带领“海南政治体制改革课题组”在海南调研后向中央领导同志反映的个人思考和看法。——编者注

① 海南省于1988年4月从广东省划出，独立建省。

状况不好，黄色文化泛滥，通过整治，通过严打，特别是近5年来的艰苦努力，现在岛上的治安状况已明显好转，发案率大幅下降，治安案件已低于全国平均水平，民众的安全感增强了，出租司机已把车上的栅栏自动拆除了，城乡社会是安定的。

海南建省、办经济特区，进行经济、政治体制改革先行一步的试验。10年来，海南遵照中央的指示精神，进行了多项探索性的改革试验，很多是成功的，取得了较好的效果，为全国深化改革、扩大开放趟了路子，有启示、借鉴、推广的价值。据海南省委办公厅综合信息，仅党的十四大以后，海南进行的改革试验就有66项，现据我们调查，择要作一分析。

1993年1月，海南省第一届人民代表大会第一次会议，就确定把建立社会主义市场经济体制作为改革的总体目标，改革计划体制下的国营企业制度，发展多种经济成分，改企业审批制为企业登记制，实行国民待遇，取消了预算内企业和内外资企业税收等方面的差别，形成政企分开、产权清晰的运行机制，较早地放开了商品价格统制，建立各类市场，并相继成立商会、企业家协会和律师、公证、会计、审计等各类社会中介组织，到20世纪90年代中期，正如江泽民同志在1996年3月全国人大八届四次会议期间参加海南省代表团分组讨论会审议政府工作报告时指出的那样："目前海南已经为建立社会主义市场经济体制初步搭起了一个基本框架，积累了经验，奠定了基础。"①

海南改革试验中最值得提出的是，10年来海南坚持了政府职能转变，精简机构和人员，实行"小政府，大社会"的改革试验。1988年，海南建省时，就根据海南省情，因地制宜，本着要改革计划经济体制、政府职能要转变的思路，没有照抄其他省区政府的模式，而是按照政府机构要小、人员要少的"小政府"模式设置的。当时的省政府只设了27个厅和12个局，并且决定在省县之间不设地级一层，由省直管市县，这样建的省级政府，比原来海南行政区政府减少机构20个，人员编制减少200多人。1990～1992年为了缓解同中央政府经济管理部门上下不对口的矛盾，把已成为经济实体的18个行政性总公司，重又挂起专业局的牌子，行使政府职能，走了回头路。从1993年起，海南在总结过去实践的经验和教训的基础上，重新界定"小政府"的职能，明确机构改革要"从政府自己的权力开刀"，

① 参见廖月晖主编《中国经济特区发展史》，深圳：海天出版社，1999年2月，第288页。——编者注

“减少看门卖票的，增加打扫卫生的”，把精简机构同反腐倡廉联系起来，进行了“第二次政府机构改革”，而且在省、市县、乡镇三级全面铺开，大部分经济管理部门又摘掉了行政局的牌子，把170多个非常设机构如各种领导小组、办公室撤销了，使机构改革推进到一个新阶段。改革后的省级党政机构共有39个，其中政府机构31个，比建省初的机构又少了3个，行政人员编制缩减了707个。1993年后，中央决定由阮崇武同志任省委书记兼省长。近几年，这种党政“一肩挑”的做法逐渐下伸，现在19个县市中有9个县市的领导是党政一肩挑的，乡镇有1/3是一肩挑的，70%的行政村的党支部书记和村委主任是一肩挑的。我们到过琼山、琼海、儋州和灵山镇，专就党政领导“一肩挑”的做法作过调查，普遍反映良好，减少了两套班子内部的矛盾，提高了工作效率，但对这个一把手的人选要求很高。

海南还进行了诸如社会保险制度改革，医疗保险体制改革，城镇住房制度改革，农垦农场体制改革，农产品运销体制改革，税收征管办法改革，公路征收规费办法改革，流动人口管理制度改革等，都很有成效，推动了海南的两个文明建设。

10年来，海南进行了大规模的经济建设，坚持了改革开放，为建立社会主义市场经济体制初步搭起了一个基本框架，创造性地建立了一个适应发展社会主义市场经济要求的精简有效的“小政府”，引进了一大批人才，建立了一套法规法制和办事的规矩，所有这些都为海南进一步开拓发展奠定了一个好的基础。但是，海南这10年无论在政治上还是经济上，都是大起大落，跌宕震荡，教训也很深刻。海南省要稳定持续健康地发展，当前面临有几个重大问题需要解决。

第一，经济结构不合理，经济实力不强，仍很脆弱。1992年房地产过热的“后遗症”还有待解决。1996年，全省三次产业的比重是36.85∶20.88∶42.27，是特有的三、一、二格局。好处是农业基础较好，而且依靠自然条件好的优势，还有发展的余地。工业基础实在太差，1996年全省工业增加值的81亿元中，有35.5亿元还是建筑业创造的，工业增加值只有46.8亿元，不及内地一个强县。海南至今没有像样的工业拳头产品，说得上的，只有“椰风挡不住”。没有成气候的工业，也就没有成熟的工人阶级队伍和训练有素的企业家队伍，这对海南要实现工业化、现代化是十分不利的。作为一个省区，主要靠旅游业很不牢靠，起伏会比较大。前几年搞房地产热，背了几百亿债务，银行呆账坏账很多，是一个很沉重的包袱，消化需要一个较长的时间。前些年大搞了水、电、路、港和机场等的基础

设施建设，现在建起来了，房地产一降温，投资者跑了，大量农民工也跑了，岛上人少了，盖好的大楼没有人买，没有人住（约有300多栋大楼是“半拉子”工程扔在那里），高速路上车很少，电厂建好了，发的电用不了。所以有人说，现在海南岛是人气不足。如何重新启动海南经济，是面临的一大难题。

第二，人心浮动，思想浮躁，缺乏艰苦创业、踏实渐进的思想基础。改革开放前，海南是一个几乎与外地隔绝的自然经济占绝对优势的大岛。1978年，528万人口中，92%是农民。得天独厚的自然资源条件，四季都可种植。但全岛主要作物水稻的单位面积产量只有全国平均的57%，粮食产量低，不够吃，但海南历来没有乞丐，到处有果实、有野味，食品俯拾皆是。改革开放以来，缺乏正确的引导，舆论指导也不够，几次大的风潮，把人们的思想搞乱了。1985年全岛倒卖汽车，一批人发了；以后又倒卖批文，倒卖家电，少数人发了；建省办大特区，全国各地涌来上百万人，找出路，求发财，接着就是房地产热，炒卖地皮、楼房，也发了一小批人。这助长了一批人急于求成、急于求富的心理。1993年6月以后国家宏观调控，金融改革，房地产热迅速降温，泡沫经济垮了，一批人的发财梦破灭了，于是就怨这怨那。直到现在相当多的干部和群众，还在等着挣快钱、挣大钱，等着中央给大政策（诸如封岛建自由港），等着国家给大项目，等着外国大老板来投资。所以岛上这类的传言特别多，也特别有市场。如何引导干部群众正确认识海南的省情、地情，认识所处的历史时代和历史地位，正确认识客观的历史规律和一个省区的经济发展规律，克服浮躁、侥幸致富的心理，树立艰苦创业踏实渐进的观念，在振兴海南的大目标下团结起来，长期奋斗，这是要解决的又一个问题。

第三，干部队伍不稳定，省委省政府机关干部内部还处于磨合阶段，新老干部之间、本地和外地干部之间、上下级之间还有不少矛盾。据我们了解，海南地厅以上（包括一部分重要部门的县处级）干部流动性比较大，进出比较频繁，出问题、犯事的比例也比一般省份高。这既有历史原因，也有现实原因，上可以追溯到海南是革命老区，23年红旗不倒，20世纪50年代反地方主义的后遗症，也和20世纪90年代初主要领导方向矛盾有关。海南是新建省，干部来自五湖四海，有些是组织部门调动的，有的则是因自己多种原因主动找上门的。这样一支干部队伍，要组织好、调配好、训练好，为发展海南而共同奋斗，是要费功夫的。加上海南建省10年，主要负责人换了三任，现在正在产生第四届，拉长了干部队伍内部协调的磨合期。总的来说，中央关于海南建省的方针是完全正确的，总的发展战略也已经定好了。所以，在政治上如何形成一个政治过硬、业务训练有素、团结进取、相互配合默契，有权威的、能够正确执行中央方针和战略的高级干部队伍，是当前海南继续保持稳定、解决面临的经济困难、带领干部群众把海南建设好的最关键条件。

我作为课题组的执行负责人，在海南调查了14天，听取了方方面面的各种意见，看了从海口到三亚的城市和农村。我感觉海南是个待开发的宝岛，有得天独厚的热带农业资源，有美丽的旅游资源，也有发展大工业的油气等资源。建省10年，已奠定了大发展的工业基础。海南发展的潜力很大，海南发展的余地很大，海南发展的希望很大。1987年小平同志讲过："海南岛好好发展起来，是很了不起的。"① 海南确实可以作出"很了不起的"成绩来，对全国可以做出较大贡献。毋庸讳言，海南要大发展，前面讲到的以及其他一些问题需要解决好。而当前最关键的是要解决好第四届海南省委省政府的班子问题。根据海南的情况有如下三种选择。

第一，由现在的班子接任，只稍作调整，再干一届。这是比较好的方案，有利于稳定大局，有利于1993年以来已经进行的多项改革试验继续进行下去，有利于因为房地产热、泡沫经济造成的经济困难继续得到治理。1997年海南的经济增长率可恢复到与全国持平，今后可望有更好的发展。有利于社会治安形势继续好转、城乡社会安定。这个方案的最大问题是涉及省委主要负责人。据我们侧面了解，这位负责人到海南的头三年，工作是做得很好的，弥合了本地干部和外来干部的矛盾，使大家重新团结起来；果断治理房地产狂热造成的严重恶果。他1993年1月到任，6月就整顿经济。100多亿资金从岛上抽走，人员也大量外流，几百个工地停下来，省委一面做善后工作，一面独辟蹊径，把一部分资金和力量引向开发农业，使农业持续超高速发展，稳定了农村这个大头，也稳定了海南的经济和社会。坚决整治了海南的社会秩序，坚决执行中央关于严打的方针，使海南的治安状况明显的好转，海南在岛外的形象也有改变。在这样困难的条件下，坚持了改革，前面提到了66项改革，都是在他主持下进行的。有些是经过他深入反复调查研究后决定实施的，有创造性，也很有成效。但改革的实质是利益关系的调整，因为改革，触动了一部分干部的利益，上下得罪了不少人。有位长期在海南工作的厅级干部对我们说："我是很佩服他的，比

① 《邓小平文选》第3卷，北京：人民出版社，1993年10月，第239页。

较而言，这几任领导他是最好的。可惜来不逢时，在这样困难的条件下，力挽狂澜，还坚持改革，他是尽了最大努力了……”当然，这位负责同志对自己的问题也作过反省和检讨。[①] 但他是有责任心的，有把海南的事办好的愿望，有一套建设海南的设想，有办事的能力，对海南的情况熟悉了，特别是近年来的挫折，使他看得更清楚了，会有一些新的想法和做法。至于他的年龄，1933 年 5 月出生，还不满 65 岁，从我们和他两次座谈看，身体甚好，精力充沛，工作是能够胜任的。

第二，选一位德才兼备，资历和阅历较深一点的同志去接任，仍是省委书记兼省长。海南作为一个新建的省，又地处边陲，有鉴于目前省情和干部队伍状况，需要有一位能够贯彻中央方针和战略意图的直接向中央负责的“封疆大吏”。省委书记兼省长这个方式，在海南已试行了 5 年，效果是好的，而且这种“一肩挑”的形式在海南已有近 1/2 的县市、1/3 的乡镇和 70% 的行政村实行了，效果也是好的。这个试验应该继续下去，这是“小政府，大社会”方案的一个重要方面，这方面的探索和试验，很有价值，很有意义，应该继续进行。

第三，比照其他省的方法，任命新的省委书记和新的省长，这是常规的做法。但面对海南的历史和 10 年来的曲折经历，可否考虑有一些新的安排？我在海南思索过这样的问题，当年省委省政府主要领导干部之间的矛盾闹得那样尖锐，问题搅得那样复杂，斗争手段那样离谱，造成的后果那样严重，这仅仅是他们两个人之间的问题吗？那为什么在他们此任前、此任后都不是这样的呢？这场矛盾同海南的社会背景、干部队伍状况是什么关系呢？这种背景，我们是应该考虑到的。

建省 10 年，海南已经从一个很穷的地区，步入全国经济平均水平的行列。凭着海南优越的自然资源条件，优越的地理位置，又时逢改革开放的盛世，她应该发展得更好，也可以发展得更好，我们也希望她发展得更好。

---

① 此处删除作者原手稿中的部分文字。——编者注

区域现代化的探索*

党的十一届三中全会以来，苏南（江苏省的苏州、无锡、常州三市所辖城乡）地区以其经济与社会发展取得的巨大成就而饮誉中外，引人注目。二十年来，苏南地区经济持续高速发展，社会结构发生了深刻的变化，人民物质生活水平显著提高，精神文明建设取得了新的成就，展现了一幅现代化建设蓬勃展开的动人画面。

由胡福明、贾轸等同志撰写的《苏南现代化》（江苏人民出版社出版），以现代化为主线，对苏南地区经济、社会变迁诸多重要的方面做了比较深入、系统的研究，这是一本对一个特定区域的现代化建设进行理论归纳的探索之作。

我国是一个地域辽阔、人口众多的国家。总体上说，全国都在朝着现代化的既定目标迈进。然而，由于地区之间在自然、环境、经济社会、文化历史等方面的差异，以及现代化的推动力量需要逐步积累的特性，我国的现代化建设事业将由若干发展条件较好的区域率先实现，然后向全国逐渐扩展推进，而不可能全国整齐划一地同步实现。先行一步的发达地区将对次发达、不发达地区的发展起示范、带动的作用，并提供新鲜的正反两方面经验，使后来者少走弯路，更协调地发展。

苏南地区是我国社会主义现代化建设步伐比较快的地区。十余年来，苏南地区大力发展乡镇工业，以公有制为主体，经济体制比较早地向社会主义市场经济转变，始终坚持工农业协调发展，经济社会协调发展，坚持两个文明一起抓，坚持共同富裕，走出了一条迈向社会主义现代化的成功之路。这些经验，对于其他地区的现代化建设都有一定的参考和借鉴意义。

---

* 本文原载《光明日报》1998 年 1 月 31 日第 3 版，系陆学艺为《苏南现代化》（胡福明、贾轸、严英龙著，南京：江苏人民出版社，1996 年 12 月）一书撰写的书评。——编者注

《苏南现代化》一书，以邓小平理论为指导，通过对苏南地区现代化的实践进行总结和概括，揭示中国现代化过程中一个地区首先实现现代化的内涵和主要特征，并针对推进苏南地区现代化需要解决的若干问题提出对策性建议。该书不仅总结了苏南地区发展的成功经验，而且面对苏南地区未来的发展，直接为推进苏南地区现代化实践服务。当然，也对我国其他地区的现代化建设有重要的参考借鉴意义。苏南地区是中国现代化建设事业的先行者，而《苏南现代化》是率先研究区域现代化的一部很有价值的著作。

以社会协调发展促进西部地区现代化*

现在中国的市场经济建设已经深入资本经营和生产要素重组层次，市场对资源配置的作用与能力加强，区域竞争力与效率、效益、收入增长的关系也更为明显。地区发展差距越来越大，区域间经济结构的差距的本质原因不仅存在于经济结构内部，还受到社会发展的制约。1994 年地方财政包干制改为分税制，实行中央对地方的返还和转移支付制度，以调节分配结构和地区结构，特别是扶持经济不发达地区的发展和老工业基地的改造，对促进西部地区的发展十分必要。目前由于经济和社会的结构性问题突出，地区性问题的重要地位没有变化，但是在全局紧迫性的位序相对后移，国家对西部地区投入不可能有大的增长，西部地区现代化战略需要审时度势，突出区位特点。在不放弃国家支持力量的机会前提下，工作重点转变到挖掘内部发展潜力，集中在发现市场和寻找新的生长点。在追求地区经济实力和人均 GDP 的目标的同时，需要注意西部地区的社会协调发展，以社会协调发展促进区域现代化。

一　社会协调发展面临的压力和问题

西部地区经济发展落后有三个直接的显著标志，一是人均 GDP 水平较低；二是总体上属于重工业原料型粗放经济，工业化程度低，缺乏产业延伸，输出的初级产品在经济结构中所占比例大，采掘或加工对于资源和环境的污染和破坏比较严重；三是经济发展环境差，不仅表现在经济组织内

* 本文原载《现代化研究》专刊第 16 卷［（台湾）财团法人促进中国现代化学术研究基金会、现代化研究社编印］，发表时间：1998 年 10 月，作者：陆学艺、樊平。该文系作者为“第六次海峡两岸中国现代化研讨会”（1998 年 8 月，中国兰州）撰写的论文，在大陆公开发表于《发展》1998 年第 10 期（10 月 14 日）。——编者注

部，而且表现在人口的教育水平和职业素质较低，缺乏激励经济成长的人力资本投资。由此反映出经济总量不足与经济质量脆弱并存。经济发展低水平和产业结构低度化，对西部地区社会发展的城乡内部结构、城乡关系和政府能力（不仅是财政能力）都有显著影响。

地区差距的扩大是由生产的差距来决定的，生产的地区差距比收入的差距更大。从1979年至1995年各地区GDP增长速度排序看，全国为9.89名，沿海地区为11.29名，中部地区为9.27名，西部地区为9.03名。以人均GDP为例，在1994年上海为15204元，贵州为1553元，前者呈后者的9.8倍。广东省为贵州的7.7倍，和1991年3.3倍相比扩大速度很快，不同地区在地理位置、自然条件、经济基础及经济结构等方面的差异，随着市场化进程的推进，市场对资源配置能力的进一步强化，地区间差距扩大的循环性特点就更为显著。发达地区不仅收入高、增长快，决定进一步发展的投入增长及结构调整速度也快；落后地区的情况相反，增长慢、收入低、投入少、效益差。竞争环境条件及竞争能力的巨大差异，造成收入差距的逐步扩大。

收入分化带有明显的地域和群体特征。贫困者多集中于中、西部欠发展及落后地区。1994年之后，西部地区的贫困由农村贫困又加上了城市贫困。1993年按省份统计的城镇居民最高收入（广东人均4275元）与最低收入（内蒙古人均1710元）之比已达2.50：1，而1987年和1991年的该比例数字分别为1.72：1和2.15：1。1994年，不同地区之间城镇居民收入差距又在继续扩大。东、中、西部居民的地区收入差距为1.41：0.95：1，比1985年的1.15：0.88：1扩大了0.23和0.08倍。考虑到不同省份内部也存有较大差距，在贫困程度深的地区扶贫任务更艰巨。

现在城市职工下岗和再就业成为重大社会问题。经济效益不好的国有、集体企业在职职工家庭和退休职工家庭成员多分布在中西部地区，原属低收入户或中等偏低收入户的减收比重更大。1995年按行业工会调查统计，低于当地规定的最低生活费标准的困难职工已经达到1000万人，占国有企业、集体企业职工的8%，只能勉强维持最低水平的基本生活。但是规模分布并不均衡。一是企业污损面的地区差异：据1995年5月的汇总统计，广东困难企业占企业总数的1.6%，困难职工占职工总数的2.68%；辽宁的相应比例是6.5%和8.5%；甘肃的相应比例是19.43%及14.92%。二是各地根据当地标准，包括在业贫困者群体规模，以及占当地城镇居民总人口的比例也不相同：在发达地区，如上海市1994年已经将城镇居民最低生活线调整为职工人均月生活收入180元，职工家属135元，低于这个标准的职工占全市职工总数的1.9%；在欠发达地区，如云南省城镇人均生活费收入低于90元的职工占当地职工总数6%，内蒙古人均收入在70元以下的职工占当地职工总数的8%。虽然西部地区内部也存在着不平衡，但是整体上西部地区由城镇贫困造成的生活水平下降的社会影响更大。

农村的低收入者主要是中、西部地区的贫困农民。1998年仍有5600万左右的农村居民温饱问题未能得到彻底解决，这构成了西部地区低收入层的主体。从20世纪90年代开始，中国农村的区域差别逐渐扩大，如国家统计局农调总队的抽样调查资料显示，在1993年农村人均纯收入排序中，上海以2726.98元高居榜首，居第二、三位的北京、浙江与上海的差距就达850至1000元，收入水平最低的甘肃只有550.83元，仅及上海的五分之一，1993年全国农村居民纯收入比上年增长3.2%，收入水平达此平均线以上的只有11个省份。

另据测算，1993年东、中、西部农民人均纯收入差距之比由1992年的1∶0.69∶0.66扩大至1∶0.66∶0.54，反映收入差距的农户间的基尼系数由1992年的0.3135扩大至1993年的0.3304。综合年度内有关调查资料，1994年这一差距扩大的趋势仍在继续。

全国农村村级组织集体经济水平也相差很大。经济发达的农村地区农民人均收入已经普遍达到3500元以上，贫困落后地区农民收入仅为300元，不同地区农民的收入结构也有所不同。在经济发达地区，农村农民收入的80%来源于非农产业，农民劳动时间的90%从事非农产业，而且在当地从事农业生产的农民的收入往往高于从事非农产业生产的农民的平均收入水平，其原因在于当地从事农业生产的农民已经是高技术含量的企业化经营。1993年年底，全国每个村委会拥有的资金为人均146.91元。扣除东部沿海经济发达地区人均占有额多的因素，中西部地区的“集体经济”已经成为“空壳”的比重就占绝对多数，这些“空壳村”实际已经丧失了进行行政社会管理的能力，处于瘫痪半瘫痪状态，由此出现的一些问题对农村和城市社会都产生了严重影响。

问题的严重性还在于，发展水平和收入水平较低的区域正是农业比重最高的地区。1992年在东中西部三个地带，农业所占比重分别为27.7%、46.7%和55.3%。农业增产不增收也拉大了地区差距，并且动摇了农业生产的基础地位。

地区间经济水平的差异不仅直接影响着生产部门劳动者的收入差距，

现行财政体制对非生产部门社会成员的影响也是很大的。以1993年底对机关和事业单位实施工资改革方向为例，由于财政困难等因素，全国约有50%的地区未能兑现新工资制度，相反，在不少发达地区却认为新工资制度增长幅度太低。

地区间经济水平的差异形成的收入差距与人才流失形成恶性循环。20世纪90年代初期，新疆通过正常手续外流的各类专业技术人员就达6500人，宁夏达5000人。这种状况如果不能从根本上解决问题而持续下去，地区之间的利益差距就容易和民族宗教矛盾交织在一起，产生各种不稳定因素，当地劳动力素质下降又会导致进一步破坏污染环境。

二　区域现代化的社会协调发展目标

社会现代化是指社会在科学技术发展的带动下，以经济发展为基础的社会生活各个方面逐步脱离传统社会的发展过程。社会现代化过程需要长期的准备和积累。社会现代化还是一种协调发展的过程，不是社会体系某一个因素单独发展，而是包括社会生活中的经济增长、制度变革和价值观念的改变。联合国开发计划署（UNDP）《1994年人类发展报告》指出："发展概念的表述并非仅仅是收入，也是包括生产率、公正、持续性和权能授予；经济增长主要取决于'社会资本'的积累，而不是对个体代理商或部门的投资，在国家发展中要特别注意政治资源的使用能力。"任何国家的社会现代化过程，都是普遍的特征与本国的历史文化有机结合的产物。中国西部地区由于自身所处的经济区位、发展阶段和条件不同，可以借鉴但是不能简单照搬发达地区的现代化发展模式。

现代化的基本特征是：①持续迅速的经济增长，首要标志是以农业为主转变到以工业为主。第三产业的发展逐渐超过工业并在国民经济中占据主导地位。②科学技术促进经济发展，进而带动整个社会的发展，引起社会结构重大改变。③政治民主化和普遍参与。④社会结构日趋分化和专门化，各种社会活动日益复杂，相互之间的联系日益紧密。各种专门化的功能互补性社会组织迅速发展。⑤价值观念和生活方式的变革。不发达地区和社会在传统向现代转变的过程中，主要的制约因素在于社会内部的传统性。在现代化过程中，社会成员由落后的、愚昧的生活方式转变到文明的、科学的生活方式，由惧怕变革、墨守成规的价值观念，转变到积极向上进取的精神状态。⑥城市化。城市化是人类居住方式的变化，也是社会经济、社会关系、生活方式迈向现代化的综合反映。国家和地区的城市化的水平同现代化水平成正比。

中国正处于从自然经济向市场经济社会转型时期，其基本特征是从自给半自给的产品经济社会向商品经济社会、从农业社会向工业社会、从乡村社会向城市社会、从封闭社会向开放社会、从同质的单一型社会向异质的多样性社会、从伦理型社会向法理型社会转型。转型社会时期的社会在主导方面开始向现代化转化，但转化不平衡、不系统，存在显著差距与矛盾。各种新与旧的混合是转型社会的突出性质。转型社会时期一个基本特征是异质性，即各种差别很大的行为、观念、规范、制度同时并存，新身份与旧角色并存。第二个特点即形式化，即规则、法令、条文失去实际控制功能，原则界限不清并可能相互矛盾，组织运行的效率降低。在实现现代化过程中社会协调发展十分重要，社会协调发展的基本含义是，社会各个系统之间（包括社会系统与外部系统的交换）以及系统的不同部分、不同层次之间的相互协调与相互促进；社会障碍、失调等因素被控制在最小的限度和最小的范围内。

社会协调发展概括讲主要包括在五个方面，即：经济非农化、人口城市化、社会活动民主化和规范化、生活方式和人口素质现代化。

三 社会协调发展的重点领域

结合上述标准和中国西部地区在中国整体经济社会发展中的区位和自身特点，社会协调发展的重点领域可以考虑以下几点。

1. 树立可持续发展观。转变单纯追求 GDP 增长的传统发展观念，在经济发展中注重从中长期的经济增长的需要条件来确定资源和环境保护战略，丰富的资源如果不与市场相结合，对于西部地区发展就不具有意义；但是如果放任资源浪费和环境污染，则会对西部地区的持续发展造成不可挽回的损失。以经济建设为中心，依靠经济、社会、人口、资源和环境的协调发展推动经济建设，实现资源的综合和持续利用，不断改善环境质量，通过改变生产方式和生活方式，在经济发展进程中带动解决人口、资源和环境问题，建立新社会文明。可持续发展不仅是指导思想，关键是要在区域发展重要资源的配置方向和使用规则上体现出来，并且能够用科学的区域现代化综合评价指标，来检测各因素的贡献份额、发展阶段和趋势。

加强政府对于环境资源公共产品和法律秩序的监管作用，在政府人员

裁减和机构调整的背景下强调此方面尤其重要。市场经济个人理性的效益优先选择，不可能将公共产品放在首位，因此要加强政府作为公共产品守护人的管理能力，通过法规和舆论教育群众，不能为了眼前利益以长远利益为代价。政府行为要防止地方保护主义。在经济一体化条件下，传统行政意义上理解的地理经济概念，并不是由地形地理区域决定的，而是一方面由自然地理所决定，另一方面由实力中心的动态转移所决定的战略区域。违反法律和公共秩序的地方保护主义，会在动态转移中降低自己的竞争力地位，从而限制自己的竞争能力和潜在发展机会。

现代化进程通过经济的欲求和地理的机遇来引导其发展动向。经济和社会发展的成败很大程度上在于区域政府领导人是否认识到了经济的欲求和地理的机遇是不可抗拒的力量。在一个经济相互依赖、生态问题日益严重的时代，如何既能够进入外界市场、参与区域竞争、利用比较成本优势，使自己地区的经济发展和人民生活水平得到改善，又能够学会适应日渐加大的重视生态压力和各种环保标准，把经济发展与环境保护（可持续发展）摆到一个适合国情、地情的平衡点上，同时又避免成为发达地区的“依附性外围”，这一方面的认识十分重要。在区域发展决策中积极鼓励群众参与，通过广泛讨论形成规则，这样才能使群众自己的行动与区域利益、公共利益与个人利益的关系形成共识，才能保护群众有参与的积极性与创造精神。这样就在保护环境、治理污染方面形成一个价值与行动、激励与约束相结合的整体，使可持续发展由价值合理的道德标准转化为具有整合能力的“利他—自利”型行动准则。

2. 优先发展科技、教育和信息产业。以科技进步推动经济水平升级和社会事业管理的效益，提高科技进步在可持续发展中的贡献率。以科技带动地方经济发展、提高当地人民的文化素质。科技和知识资本对经济增长的贡献率远远高于传统的生产要素，并对经济增长的轨迹和趋势产生重要的影响。西部地区经济要从资源出口型经济转变为以智能为核心的人力资源的占有、配置，以科技为主的知识生产、分配、创新和使用为重要因素的经济。

联合国教科文组织目前调查报告指出，最近进入发达国家行列的以色列是国土面积不足2.8万平方公里，条件极其恶劣，资金贫乏，人口仅560多万的小国。1997年其电子业总销售额达72亿美元，电子业出口额为57亿美元。其根本原因是这个国家的国民在占有知识方面拥有很大优势。该国受过高等教育的人数占总人口的比例居世界之首，平均每1900个劳动力就有77名大学生，每1万人当中就有140名科学家和技术人员，这个数字大大高于美国的80人和日本的75人。中国的合肥市居于内陆，缺乏突出的居住、资源等优势，却硬是造出“美菱”“荣事达”等全国知名的大型企业，究其原因还是合肥市人口素质在全国名列前茅，大学毕业生占其人口总数比例为全国第二，加上背靠中国科技大学等高校，其发展经济的实力自然不容小看。由此可见，国与国之间、企业与企业之间的竞争，已经从主要占有厂房、设备和劳动力，转化为注重追求占有更多的科学技术和掌握现代科学知识的人才，这种趋势将随着知识经济的崛起而不断增加。

3. 将就业和人均收入增长放在重要地位。就业是经济发展的“晴雨表”，又是社会稳定的“指示器”。就业对于经济发展和社会稳定具有极其重要的作用。随着农业生产的家庭化方式向相对专业集中型方式转变，公有制经济单位的潜在剩余劳动力加快向社会分离。“就业市场化、失业公开化”制度加快建立，劳动就业从数量型向效率型的模式转换，因而西部地区的劳动就业面临巨大压力。在制度安排方面可以采取的措施有：①继续大力促进集体、私营经济和“三资”企业的发展，特别是保持乡镇企业的健康发展，稳步扩大就业机会。②配合企业制度、工资制度和社会保障制度的改革，进一步发展和完善劳务市场，打破区域封锁，促进横向联系，实现地区间的优势互补，促进劳动力的合理流动。③积极创造条件，稳步扩大对外劳务出口。④提高个人素质和竞争的主动性，迎接就业竞争的挑战。在现代社会，成员的社会地位已经由先赋主导转为自致主导，个人的积极选择在决定自己的发展质量中起越来越重要的作用。社会竞争需要社会保障，但是社会保障也依赖于创造的国民财富，社会保障必须由政府负责，而择业竞争能力和抚养家庭能力则必须由员工个人负责。

4. 变资源存量优势为资源市场优势。西部地区在发展中注意结合资源的有效市场需求的技术产业和劳动密集型产业，这样能够发挥比较成本优势。资源不仅是自然资源，也包括原有的和近年积累起来的社会资源。现有企业结构调整和职工下岗是全国性的，东部地区和中部地区的劳动力市场会因需要首先解决本地职工下岗问题，而采取相应的地方保护性政策，对于西部地区的劳动力需求会有所减少，由此形成的一个新的机会是：西部地区要充分认识和利用几年来外出打工者积累的资金和人力资本优势，出台相应的配套政策鼓励他们回乡并投资，在西部地区创造新的就业机会，这样就使西部地区的资源优势、外地和当地的市场优势通过企业创新者结合起来，通过企业管理和以销定产，能够占领当地的一部分市场，也能带

动一批科技型农业和工业示范项目。在传统农业地区，以打工仔返乡和已经毕业的农村大学生回乡为代表，一批有资金、懂技术、眼界开放、有市场经济头脑的新型农民创办的生态农业、“两高一优”农业和小型企业已经形成规模收益，对当地农民形成生动的邻里示范且产生了强烈震撼。这批新型农民以敏锐的市场眼光、先进的实用技术和科学管理方式，在农村面对面的人际互动中形成强大的号召力和凝聚力，在农村的职业分化和组织分化中成为重要的技术引导力量和社会整合力量。这一思路对于城市职工下岗就业也同样可以适用。

5. 鼓励社会流动。社会分层决定了人们的社会地位和国民收入分配结构，人们总是力求从低社会地位向高社会地位、从低收入向高收入职业、从发展机会较少的欠发达地区向发展机会较多的经济发达地区转移，这种社会成员在社会结构层次和空间的位移上，就形成了社会流动。社会流动是社会结构自我调节的机制之一。社会流动受到原有的社会结构和资源分配的制约，又在重新构造着新的社会结构和资源使用规则。在现代化社会中，决定地位和身份的因素的一个突出变化，是由先赋身份转向成就身份，个人经过自身的努力活动可以改变和提高自己的社会地位。社会结构体系变动也对社会成员的等级身份变化产生影响，正是社会成员的流动，改变着社会结构，促成宏观意义上的社会变迁。

6. 城乡一体化发展。西部地区农村人口多，城市人口比重低。在缺乏大的中心城市带动条件下，要利用已有基础，有规划地逐步发展一些作为地方经济和市场中心的中心城市，建立城市、小城镇与乡村之间的有机联系，带动区域发展，这样的城市建设发展评价指标不会很高，但对于周边地区的带动具有无法替代的重要作用，如攀枝花、六盘水等，城、镇、乡关系要体现出经济和社会的内在关联：第一，社区要素相互交流。城、镇、乡、社区要共同进步和协调发展。第二，社会结构相互渗透。城市社会和农村社区的政治结构、文化结构、人口职业结构、社会组织结构等，都以小城镇为中介相互联结、相互渗透，构成统一体。第三，社会功能相互补充。第四，社区效益相互制约。第五，随着科学技术的进步、社会经济的发展，城市再现了向郊区和乡村扩展的趋势，农村则出了城镇化、现代化的趋势。

在跨区竞争中，西部地区开拓外部市场能力较弱，城乡一体化有助于开拓内部市场，增强区域实力和协调程度。

附注：据 1995 年统计，西南地区市区人口占总人口的 29.17%，东部地区为26.67%。西部地区为28.39%，中部地区为37.45%，全国为41.29%；市区非农人口占总人口的比重为：东部地区20.88%，中部地区16.10%，西部地区10.58%，全国为16.53%；按区域GDP中市区所占比重为：东部地区78.17%，中部地区59.52%，西部地区54.15%，全国为68.82%。以上据国家统计局《中国统计年鉴·1996》《中国城市经济年鉴·1996》计算。[①]

① 作者原注。

苏南归来的报告*

一　苏南经济再次起飞进入新的快速增长时期

（一）从去年①开始，苏南经济走出困境，逐渐复苏，今年②进入快速回升状态，正在迈向一个新的高速发展阶段，表现出比全国先走半步或一步的趋势

首先是工业用电量大幅度增加。据江苏省委农村工作部介绍：今年第一季度，江苏全省的工业用电量比去年同期增加了15%以上，而苏南各县市的工业用电量增加更快，都在20%以上，昆山市竟高达41%以上。

第二，工业产品开票销售收入递增。1～3月份比去年同期高出25%以上，有的县市高达30%以上。昆山市今年一季度开票的工业销售收入与去年同期相比，增长了63.5%。太仓市1999年工业销售收入、利税和利润分别比上年增长15%、18.8%和15%。

第三，财政收入出现快速增加势头。太仓市去年财政收入比上年增长21.1%，到今年第一季度，该市利税净增1.27亿元，比去年同期增长86%；昆山市利税增长达43.1%；苏州全市财政收入第一季度增长46.1%；其他县市的财政增长速度也都在20%以上。

---

* 本文原载中国社会科学院《要报》2000年第71期、第72期（分上下篇两期连载），发表时间为2000年5月26日、28日，作者：陆学艺、王春光。《中国改革报》2000年8月16日第7版以《苏南经济再腾飞的原因》为题转载了该文上篇内容。本文编辑时合并上下篇，并调整了标题。——编者注

① 本文中指1999年。——编者注

② 本文中指2000年。——编者注

第四，产业结构有了调整，第三产业发展加快，逐步在改变以工业为主的经济格局。到1999年末，江阴市第三产业已经占到33%以上。许多县市把发展旅游业、服务业当作重点来抓。昆山市文化名镇周庄，去年门票收入超过3600万元，今年预计达6000万元。太仓市1999年第三产业增加值占国内生产总值的比重达到37.1%，比上年提高2个百分点。

第五，企业经营和发展正在走向规模化和集中化。如江阴市涌现出128家集团型企业，其中82家属于省级集团型企业，46家属于国家级集团企业；销售收入超亿元的企业123家，销售总额达到380亿元，占全市的60%，销售收入超10亿元而利税超1亿元的企业有10家；出现了一批拳头产品，如阳光、双良、奥德臣、陈新灯芯绒、江南模塑、吴仁宝西服等。

第六，世界经济特别是亚洲经济的复苏，拉动了苏南外贸出口大幅度增长，与此同时外资持续增长，外资企业产出明显加快，大大促进了苏南经济的发展。

第七，一些基础性生产资料的价格止跌回升。如钢材、水泥、玻璃的价格上涨，反映了投资和基建状况的好转。值得注意的是棉花价格上涨很猛，1999年冬天以来，棉花需求猛增，而原先所谓库里积压上亿担棉花的数字是假的，真要用了，却是库里空空，连新疆棉花也调不到，市场价格一涨再涨。4月29日我们在大仓沙溪镇（纺织基地）调查，镇委书记告诉我们棉花已经涨到14000元/吨，还调不到货。

苏南经济之所以能再次起飞，有如此好的增长势头，最主要是得益于乡镇企业改制成功，新一轮企业发展的积极性被调动起来了；此时正遇上国家积极扩大内需、大上基础设施建设，开发大西部，经济开始回升；再加上亚洲周边国家经济复苏，我国同俄罗斯贸易扩大，整个外贸出口大幅度增加。这三方面的条件同时汇合，造就了苏南经济再次高速增长的好形势。这既是全国经济形势向好的方面发展的反映，也是苏南广大干部和群众经过三年深化改革，搞活机制，创造条件，从而抓住了机遇，再次成为经济发展领头雁，重振雄风的表现。

（二）苏南经济在快速回升的同时，也存在许多有待解决的问题

首先是农业效益低下，农业生产困难重重。农产品（特别是粮食）价格连续五年下跌，土地抛荒和半抛荒现象严重，农民务农没有收益。当地流传着顺口溜："一亩水稻一条烟，一亩水产一瓶酒，一亩小麦要亏本。"即农民种一亩水稻只赚一条烟的钱，养一亩水产只赚一瓶酒的钱，而种小麦不

但不赚反要亏本。对此，苏南农业正在进行产业结构调整。昆山市农业已出现了“夏收粮油减产减收，结构调整成效明显，农民收入有所增加，外向型农业开始突破”的变化。

第二个问题是在收入分配方式趋于多样化的同时，收入差距在扩大。据苏南某县级市组织的一次入户调查表明，1999 年该市农村人均年收入达到了 5237 元，其中纯务农户人均年收入只有 1840 元，工兼农户人均年收入 4760 元，专业大户人均年收入 14000 多元，个体工商户人均年收入 11200 元，承包者人均年收入达到 38000 元。82.4% 的户人均年收入在平均收入线以下，最高收入者究竟有多少钱，还是一个未知数。另一个县级市组织的一次收入调查也显示：1999 年该市农村人均年收入 5008.53 元，其中人均年收入 2000 元以下的户占 7.5%，2000～3000 元的户占 13.2%，3001～4000 元的户占 19.5%，4001～6000 元的户占 38.3%，6000 元以上的户占 21.5%。其中占总户数 5% 的高收入户却占有 20% 的总收入。

第三个问题是，农民负担因农民收入递减呈加重之势。农民收入因农副产品价格连续下跌而减少；乡镇企业改制后许多企业被私人买断，转而更多地雇用外地民工；另外集体收入也受到一定程度影响，原先由集体承担的税费现在分摊到农民个人头上。所以，农民的负担不论与其收入相比，还是与过去的负担相比，显然在迅速加重。

第四个问题是干群关系相当紧张。农民对基层干部非常不满。一方面是因为基层干部严重脱离群众，群众反映：“县里领导不到乡镇，来了也是为了拍电视、发新闻，极少与基层领导谈心；乡镇也如法炮制，从不与村领导见面交流，进村入户更是罕见，跟群众隔着一堵墙，干群关系不紧张才是怪事”。另一方面是因为干部以权谋私、损害农民利益的情况相当严重，村民把基层干部称为“三要”（要命，即计划生育；要钱，即收费交税；要粮，即公粮）干部。农民采取了一些宣泄对干部不满的行动，如拒不承担合理的税费负担等。

（三）苏南经济之所以能迎来新的快速增长时期，一个主要原因是乡镇企业的成功改制

苏南乡镇企业的改制大约始于 1996 年，到目前为止，90% 以上的乡镇企业已经完成了改制，只有少数大型且一直盈利的乡镇企业正在逐步地进行改制。昆山市 98% 的企业都完成了改制，其中 50% 以上的乡镇企业转为民营，其他的改制方式则是转化为股份制企业，或是租赁。由于租赁方式

存在一些经营上的问题，后来进行第二次改制，把租赁改为股份制或民营，使企业内外部的关系和运行机制彻底廓清。通过这样的改制，乡镇企业产生出新的发展动力。

首先，改制促进技术投入的大幅度增加，带动了苏南农村产业结构的调整和升级。从1992年到1999年，江阴市乡镇企业技改投入连年增加，平均每年以30亿元的总量投入，累计达230亿元之多，引进先进设备达5000多套。苏南乡镇企业大量投入技改资金，不但对传统产业（比如纺织业）进行了彻底改造，而且上马了一批技术含量高的项目，从而大大推动了产业结构的调整和升级，推出了一批具有很强竞争力的拳头产品，在国内外市场上赢得了一定的地位。

其次，改制提高了企业的管理水平，增强了企业内外部的约束机制。改制后的乡镇企业实现了政企彻底分离，真正成了市场发展的主体。乡镇企业主要考虑的是企业在市场上的竞争力，而不是其他任务，所以就能集中精力改善企业内部管理，以适应不断变化中的市场竞争需求。

最后，改制后的乡镇企业更容易根据市场的需求进行优化组合，实现优胜劣汰。

除此之外，乡镇企业的改制大大改善了苏南个体私营经济发展的环境，促进了个体私营企业的发展。

二　苏南正处在进一步推进城市化发展和小城镇建设的新阶段

（一）苏南正处在筹划如何进一步推进城市化发展和小城镇建设的阶段

总的方针是“三集中”，即“企业向工业小区集中，农田向大户和小农场集中，农民住宅向城镇镇区集中”。具体的做法是，放宽对城镇户籍的控制，着重发展中心城区（城关镇），撤镇并镇，重点建设和发展中心镇。

苏南经济快速发展，带动了中心城区的扩大和发展。江阴市中心城区人口已扩大到30多万，其中城镇居民17.8万，其他则为周围农村进来的农民和外来人口，达13万之多；中心城区面积已达25.8平方公里；预计在未来5～10年内有可能发展成为50万人口的中等城市，几乎集中了全市45%的人口。昆山市中心城区人口已达25万之多，其中有7万多是外来人口，到2010年规划面积达到32平方公里，人口30万。据我们分析，在今后5年内昆山市中心城区就能实现这一规划，到那时它也集中了昆山市近40%的人口。发展中心城区已经成为苏南推进城市化发展和小城镇建设的一个重要方式。

另一个重要方式是规划和促进中心镇的发展。江苏省选择了250个中心镇作为重点小城镇建设对象。江阴市有7个镇被确定为中心镇，昆山市有3个镇被确定为中心镇。确定中心镇为小城镇建设的重点，能避免小城镇建设"遍地开花"、造成资源和生态破坏的现象。对苏南来说，中心镇建设与其经济发展水平是相适应和吻合的。江阴市新桥镇和昆山市周庄镇的建设在这方面可以给我们一些启示。

新桥镇是一个工业重镇，拥有阳光集团、三毛集团等享誉国内外的著名企业集团，全镇人口2.3万，有1万多劳动力，只有40多人从事农业劳动，其余都集中在阳光集团、三毛集团等企业从事工业生产，同时该镇还吸纳了1万多外来劳动力从事工业生产。该镇去年上交国家利税达1亿元之多，今年预计工业销售收入达55个亿，综合经济效益5个亿。该镇现已被确定为中心镇，政府准备投入3个亿，在镇区进行基础设施建设和改造。现镇区面积2平方公里，规划面积为5平方公里，计划实施彻底的"三集中"小城镇建设发展计划，即撤销所有的村庄，把所有的企业和人口集中到镇区。经测算，如果该计划得以顺利实施，通过中心镇建设，不但不会使农田减少，反而能增加6000多亩农田。

周庄是一个依托江南水乡和古民居发展起来的旅游城镇，现有人口2万多，面积30多平方公里。1999年的GDP达到5.3亿，财政收入8000多万，第三产业占56%，第二产业占26%。今年预计财政收入达1亿多，1.1万劳动力中有近6000人从事旅游业。与此同时，该镇还与中国科学院合资兴建了高科技产业园，把旅游和高科技产业作为该镇的两大支柱产业，两大产业已经具有一定实力。1999年周庄镇被国家列为"小城镇建设试点"。该镇已制定了"科学规划定镇，产业拉动兴镇，政策放活强镇"的方针。

（二）尽管苏南城市化发展和小城镇建设已经具备很坚实的经济基础以及较合理的建设思路和计划，但在实施过程中的面临许多问题和困难

主要表现在以下几方面。

首先，国家户口制度改革政策滞后于苏南小城镇建设和城市化发展。

去年国家放宽对小城镇户口的控制以后，在整个苏南地区，户籍制度改革并不很理想，主要是没有农民愿意从农村户口转变为城镇户口。原因是改为城镇居民户口已经失去了吸引力：一方面苏南的所有学校都集中在城镇，农村户口的孩子都在城镇上学；另一方面农民转变为城镇居民户口就意味着失去对农村土地利益的享有，而城镇却不能保证为他们提供稳定的就业和社会保障，而且他们还得花钱买城镇居民户口。两者相权衡，转变为城镇居民户口确实是得不偿失。现在，没有城镇居民户口，农民照样在城镇居住、生活和工作。现在还想采取出售城镇居民户口来推进城镇户籍制度改革的政策，至少在苏南地区已经失去了效用。

其次，没有相应的法律来规范集体房产的开发、上市买卖和拆迁。国家已经颁布了城镇房产相关的法律，城镇房产可以依法进行买卖、拆迁和转移，而集体房产却不享用该法律，不能上市买卖和转移，所以不利于开发经营。房地产开发公司为了在镇区集体所有的土地上开发商品房，先得将集体土地转变为国有土地，须向村民委员会支付征地费（2万元/亩），然后再向镇土地管理部门和国家分别交纳相应的费用，这样开发出来的商品房比直接在国有土地上兴建的房子价格要高得多，从而也就影响销路。另外农民在镇区集体土地上兴建的房子也由于在法律上不能上市流通，带来了许多纷争。

再次，《土地管理法》不适应苏南小城镇建设和城市化发展。为了保护耕地，严格控制对农田的征用，《土地管理法》确实很有必要。但是如何实施这一政策，以便更好地促进小城镇建设和城市化发展，需要找出一套更有效的措施。目前“先复耕后占用”的措施对小城镇建设来说存在一定的局限性。在苏南实施“三集中”的过程中，如何让农民在村庄房子被拆用于“复耕”之后且在镇区房子没有建成之前有个安身之处，已经成为摆在苏南小城镇建设面前的问题。如果仍然用“先复耕后占用”措施，这个问题显然是难以解决的。这里存在着“先复耕后占用”与“先占用后复耕”的矛盾。

最后，靠“收费多、多收费”方法进行管理，不利于小城镇建设和城市化发展。在苏南，上级政府部门对小城镇建设规定了许多收费项目，比如墙改费（每平方米10元）、白蚁防治费（每平方米2.5元）等，有的费用（如白蚁防治费）应该返回用于小城镇建设，但上级部门或少返回或者干脆不返回，从而影响小城镇建设。

（三）要确保苏南农村经济出现的良好发展势头得以持续，需要在政策上进行相应调整和创新

为此提出以下建议。

1. 制定有利于第三产业发展以及农业产业结构调整的产业政策，使苏南产业结构进一步得到升级。苏南农村经济还是属于“二三一”结构格局，当然比起全国其他农村地区，已经具有很强的结构优势，但是苏南的发展应该具有全球的视野，到国际市场去竞争，不能仅仅依靠工业产品取胜，更要靠服务、信息和人才去赢得竞争。目前最急需的是要投入更多的资金用于发展职业教育、高等教育。

2. 加快社会保障体系的建设和完善。苏南已具备了构建农村社会保障的经济条件，政府有关部门应加大工作力度，特别要为低收入者提供一定的生存和生活保障。

3. 取消将户口与社会待遇挂钩的户籍制度，在小城镇实行不分差别的户口登记制度。凡是居住和工作在城镇的人都属于城镇居民，凡是迁移到城镇的农民自动转变为城镇居民，不需要花钱购买城镇居民户口，更不要交纳相关的费用，并享有平等参与就业和享受社会保障的权利。

4. 保留农民在转变城镇居民前所享有的所有利益（特别是土地利益），允许并鼓励他们将这些利益进行转移和置换。

5. 尽快制定集体房产法，允许集体房产上市流通。

6. 建立小城镇建设征地占用和复耕的评估和监督机构。在确实证实占用耕地不多于复耕耕地的情况下，应该在一定的时限内（根据建设和开发情况）允许采用“先占用后复耕”的措施。对于只占用不复耕的行为，需制定严厉的惩罚措施甚至法律。

7. 减少小城镇建设的收费项目，把有限的收费项目与如何推进小城镇建设直接挂钩，为后者服务，不要借小城镇建设之机“渔”部门之利。

8. 重点建设城关中心城区和中心镇，不要再搞中心村建设。

无锡跨世纪现代化发展的战略重点是要抓城市化*

感谢市委市政府对我的盛情邀请。家乡日新月异地发展，使我们这些在外面工作的老乡感到兴奋，感到光荣有面子。刚才洪书记、吴市长全面介绍了无锡改革开放以来的历程和伟大成就，阐述了无锡率先基本实现现代化的战略设想，分析了形势，指出了重点和难点，讲得很深刻很全面，我们听了很受启发。我想讲三点补充意见。

一　今后5~10年，无锡的战略重点要抓住城市化，这对无锡的发展至关重要，要抓住这个机遇

从世界发达国家的发展历史看，工业化、城市化、现代化是三位一体的，工业化、城市化是同步的。我国因计划经济体制、二元社会结构体制的障碍，所以我们在进行工业化的时候采取了发展乡镇企业的道路，一方面工业化发展得很好（1999年第一产业与第二、三产业的比重是82∶18），但人口却留在农村，使城市化滞后。1999年全国城市化率只有30.4%，低于世界城市化水平46.5%约16个百分点。

限制农民进城的一个原因，是物资短缺。经过经济改革，到1996年工农业产品普遍过剩了。这才发现，限制城市化就限制了消费（3个农民的消费=1个城镇居民的消费），使工农业产品过剩，也就限制了经济的发展。所以反过来，形成了“城市短缺”。1998年，十五届三中全会提出了“小城镇大战略”的方针，从此城市化浪潮在全国兴起，就是要解决城市短缺的

* 本文源自作者手稿。该文稿系陆学艺于2000年7月5日在“无锡市跨世纪现代化发展战略座谈会”上的发言稿。——编者注

问题。

当然城市化不仅是扩大内需增加消费，解决工农业产品过剩的问题。城市是现代文明的载体，是知识经济的载体，是现代化的标志。农民又有强烈的愿望。所以加快城市化步伐，不仅是改正原来城市化滞后的毛病，而且是现代化发展的必然要求。城市化的高潮正在全国各地兴起。

无锡市今后的发展。无锡市在全国城市发展竞争中是升位还是降位，取决于今后5～10年我们的城市化能否抓得快一些、好一些，能否创造出一套新的发展模式来。在20世纪80～90年代，我们在工业化浪潮中，率先发展乡镇企业，创造了苏南模式，使我们成了百强县，先进城市。今后5～10年，我们也要有当年农民抓乡镇企业的勇气、魄力和精神，抓城市化。若真能如此，无锡就大有希望，这个机遇一定要抓住。洪书记、吴市长提出今后要实施科教兴市战略、开放带动战略、城市化战略、可持续发展战略，这是对的，但核心是城市化战略。制订“十五”计划、2010年规划的灵魂是城市化。把城市化战略抓好了，其他的战略也就有了实施的载体、条件和基础，也就都能带动起来了。

就全国来说，城市化是农村人口转变为城市人口的过程，是大部分农民变为居民的过程，是用城市人口占总人口的比重来衡量的。但就一个地区来说，可以有两个含义。一是通过改革、调整政策使本地区的大部分农民转变为居民的过程，也就是洪书记说的，到2005年使无锡的城市化率达到60%左右。城市化还有一个含义，即今后经济全球化，在市场经济条件下人口、资源、资金是自由流动的，我们首先要做到经济全国化。所以原来计划经济条件下形成的无锡市实际是个大单位，这个地区里的人是基本固定的，无锡市是433万无锡人的。今后经济全国化了，户籍制度改革了，你经济社会政策好，你的环境好，适于人的经济、文化的发展，大量的人就会流动到你这里来。不仅出生在无锡的人是无锡人，还有外地的人、外国的人也都要到无锡来。今后无锡是个开放城市，应该欢迎人家来。

我走过许多国家，几乎所有的市长都欢迎别地的居民住到本市来，人多了，第二、第三产业就发展起来了，经济文化就繁荣了，税基就扩大了，许多事就好办了。现在许多地方已经在吸引人，欢迎外地人去投资办厂办店，欢迎有文化的人来，如福州最近公布凡有大本文凭的人可以自由落户，连家属都可以进（不像过去要有接收单位，还要公安局批）。北京市最繁荣时有330万外来人口，上海也是。东莞市本地人口有150万人，现在外来人口有350万人，不久它将成为一个大城市。我希望无锡市不仅要改革户籍制度，打开城门，欢迎本市的农民转为居民，而且要打开城门镇门欢迎外地人包括外地农民到无锡来。如果今后5～10年无锡城市增加100万～150万外地人，那么我们不仅可以做到人均GDP是全省首位而且经济总量也是全省第一、第二。诚能如是，无锡将成为南京、上海之间的关键城市。

刚才说，我们要像当年办乡镇企业、率先搞工业化那样，搞城市化，要政策先行。那时是突破计划经济体制，突破“三就地”的框框，到上海聘请退休工人和“星期六工程师”。现在还是要突破计划经济体制，突破不合理的户籍制度、人事制度和工资制度，把有知识的人、有技术的人、有钱的人、有经营能力的人，吸引到无锡来。要像当年深圳那样，制定优惠政策，造成一种环境和气氛，就像在平地上砸个坑，水自然就流进来了，环境好了，各种人、财物就集中流过来了。要像种田人那样，在稻田边开个灰池，水肥就进来了。

二　我是三句不离本行，我是社会学家，昨天大家都从经济发展来谈规划，我下面要讲一讲社会发展的问题

从发达国家走过的历史来看，经济社会是要协调发展的。经济结构变化一定要引起社会结构的变化。但我国在特定的历史条件下，改革开放以来，经济改革在前，经济发展了，但是还没有做到经济社会协调发展，由此引起了一系列的社会问题。现在大约有一半的社会问题是由此引起的。

主要有以下四个方面。

1. 社会结构调整落后于经济结构的变化。例如，城乡关系不协调、城市化滞后于工业化。现在已在起阻碍经济发展的不良作用了。

2. 社会事业的发展滞后于经济的发展。例如，教育事业、科技事业、社会保障、环境治理等。

3. 经济管理改善了，但社会管理跟不上。如交通管理不好，我们每年花上千亿元修公路，但管理跟不上，每年有数十万起事故，死亡近10万人。

4. 经济体制改革了，但社会事业的管理体制还没有改过来。如学校、医院、科研体制，还是原来计划经济时代的管理体制，吃大锅饭，凭良心干活，这方面的改革还没有破题。

所以无锡制定的四个战略，科技兴市、外向型经济、城市化、可持续发展，有三个是要解决好经济社会协调发展方面的问题，很有针对性，是

符合实际的。

三　我认为这四个战略中，城市化是为主的，是战略重点

今后的5～10年，要重点抓城市化，它可以带动各方面的发展，而且对今后无锡的长远发展有决定的意义，要抓住这个机遇。现在城市化浪潮正在全国兴起，昨天①中央公布了关于促进小城镇健康发展的若干意见。不久江苏省委要召开城市化工作会议。我希望无锡在今后的城市化建设中，能像过去在工业化过程中一样带个好头，做出好的成绩来。

① 此处指2000年7月4日。——编者注

昆山20年巨变的历史记录*

我自1978年以后，年年有几个月在各地做农村经济社会调查，能够比较及时地了解农村发展的新情况、新经验、新问题，对中国的农村、农业、农民问题有些初步的认识，完成了几项有一定价值的研究课题，写了几篇稍有影响的调查研究报告和论文。回顾总结起来，其中，一个很重要的原因是，我在长期的调查研究过程中，在各地（主要是市、县两级）交了一批朋友。他们一般都是长期在农村工作部、政策研究室、办公室工作的同志，对本地各方面的情况很熟悉，对当地的改革发展事业有很强的责任心，对全国的大局也了解，勤于研究问题，善于总结分析，有真知灼见。我到这些地方调查，只要找到这些朋友，常常是几十分钟，他们把几个问题一摆，这里的情况就基本清楚了。近几年通信方便了，我在北京遇到想不清的问题，给他们打个电话，他们几句话，我就明白了。这些年来，我能了解一些农村的真实情况，掌握一些比较准确的数据，觉察农村正在发展的趋向，看到在大面上看不到、听不到、估计不到的问题，主要是通过向这些同志学习得来的。他们是我的良师益友，他们是我认识农村、了解农村的重要渠道。

昆山市的张树成同志就是我这群朋友中的一个。1992年4月，江苏社科院社会学所的吴大声同志，陪我到太仓建立经济社会研究中心。先到昆山，张树成同志当时是昆山体制改革委员会的主任，由他向我们介绍昆山市的情况，并陪我们考察了周庄、淀山湖等乡镇，只一天半工夫，就使我

---

* 本文源自《管见集——20年来昆山发展之目睹》（张树成著，北京：中国农业科技出版社，2000年10月），第1~6页。原稿写于2000年8月19日，系陆学艺为该书撰写的序言，现标题为本书编者根据序言内容所拟定。该序言还以《要重视发挥本地专家的作用》为题《“三农论”——当代中国农业、农村、农民研究》（陆学艺著，北京：社会科学文献出版社，2002年11月）。——编者注

们对昆山市蓬勃发展的概貌有了一个全面的了解。张树成同志和我也一见如故，从此就成了常来常往的老朋友。这8年，我前后去过昆山4次，每次去，我都有新的收获，他也常来北京，每次来，都带来新的信息。

今年①4月我又在昆山住了两天，还是吴大声同志陪我，事先电话约好，还在原来住过的昆山宾馆见面。那天下午6点半，我们从江阴市新桥镇出发，到昆山已近8点了。进了市区，由吴大声同志带路，转了两个圈，愣是没有找到昆山宾馆，真为难这位“苏南通”了。最后只好靠手机，通了话，由张树成遥控指挥司机，才找到目的地。见面后，才明白原来老房子已拆掉了，就地新建了一座12层的四星级宾馆，大门的朝向也变了，原来的马路拓宽了，周围的标志性建筑和环境也都变了，吴大声同志找不到新宾馆，也在情理之中。

今年8月，张树成同志送来了他的著作《管见集——20年来昆山发展之目睹》，要我写个序，老朋友的事，我欣然答应了。序者，叙也。关于本书的内容和要旨，他自己在前言里已经叙述过了。这是一本文集，“是描绘、总结、评述走在全国改革开放前列的苏南地区昆山市近20年间经济社会的发展轨迹的”。“客观地反映了昆山的发展状况，有着鲜明的时代的印记，记录了昆山历史进程中一个阶段的现实状况。”这本文集是从他20年来所写的许多调查报告、研究论文中按上述要求精心选出来的一部分，是他多年心血的结晶。

我想从另一个角度来谈点看法。文如其人，我想通过介绍张树成其人来介绍这本书。

张树成是昆山人，土生土长，在求学时代就加入了中国共产党，当人民代表。毕业回昆山后不久就调到昆山县委机关工作，曾被派往江苏省委党校深造，学习政治理论。“文革”期间下放到农村锻炼，曾当过大队支部书记、党委秘书，以后又到过几个乡镇蹲点，参加工作队，搞社会主义教育运动、修水利、学大寨，经历了农村的各种运动，积累了丰富的农村基层工作的实践经验。与众不同的是，他年轻时就爱读书，记笔记，收集资料，钻研问题，勤于思考，好写文章，乐此不疲。

改革开放以后，他被调回昆山县委机关，在办公室从事调研工作，后又出任经济研究中心主任、体制改革委员会主任、人大常委会副主任，并兼任苏州市社会学学会副会长、昆山市农村经济研究会会长等职，参与了

① 本文中指2000年。——编者注

昆山经济社会变迁重大改革和发展的全过程。昆山市的发展，同全国的不少县市一样，风风雨雨，坎坎坷坷，大成大就，飞跃发展，他都参加了，付出了辛劳和心血。所以，本书的副标题为“20年来昆山发展之目睹”，是实实在在的。这几十篇文章，就是对昆山改革、发展、振兴、繁荣的记录。

张树成是“昆山通”。40多年来，他在县委（1988年以后是市委）机关和农村基层，上上下下，走遍了昆山全市的山山水水，对全局有透彻的了解，对经济社会变迁发展的历史、前因后果，了如指掌，所以听张树成介绍昆山的情况，如数家珍，娓娓道来，真是一种享受。你问他关于昆山的问题，他当场就能给你回答，子丑寅卯，条分缕析，而且常常是一语中的，使你疑团顿消，明明白白。我们这些在外地工作的同志，都称他是昆山的活字典，这是真实的。

张树成不仅对昆山的情况熟悉，而且十分重视对政治理论和中央文件的学习，了解国家宏观政策，掌握中央、省、地（市）委在各个时期的决策精神，并且也很注意吸取外省、外市、外县的改革发展经验和教训。所以张树成同志常常能够在昆山市改革和发展的关键时期，向昆山市委提出建设性的意见。20多年来，昆山市委、市政府的领导班子已经换过多任，张树成同志的职务也变过多次，但他为昆山的改革、发展工作出主意想办法却没有停顿过，所以各届的领导对他都很尊重，对他的意见，都很重视。从1996年开始，市委还委以调整转制办公室、技术创新办公室顾问重任，他还是一如既往，尽职尽责，为昆山的发展和建设鼓与呼，宣传昆山的成就和经验，这本文集中有一部分文章就反映了他这些年的工作内容。

张树成同志勤奋好学，孜孜以求，不断探索昆山发展的规律，总结昆山改革发展的经验，而且常常带着昆山发展工作中的热点、难点、疑点、盲点问题，深入基层调查研究，或召开专题座谈会，或进村入户访问，或到企业现场察看，或与同行磋商，探索昆山经济社会发展的路子，解决前进道路上的问题。这本《管见集——20年来昆山发展之目睹》就是他研究昆山经济社会发展中一个又一个问题的论文集。综观全书，有以下几个特点。

第一，论文论及的问题都是实践中提出来的。昆山不同的发展阶段，有不同的问题，他的论文是对提出这些问题、得到解决方案的过程的总结。所以论文有明显的阶段性。昆山实行联产承包、横向联合发展乡镇企业、创办开发区发展外向型经济、内资企业转制、技术创新、农业产业化、农村城镇化等几个主要发展阶段，他的文章和调查报告都论述到了。所以这

本《管见集——20年来昆山发展之目睹》，比较完整地反映了昆山由一个农业、农村社会逐步转变为工业化、城镇化的现代社会，由计划经济转变为社会主义市场经济的全过程。

第二，论文都有很强的针对性。问题是从实践中来的，解决问题的方案也都是从群众中、实践中调查得来，经过比较、筛选、综合，形成决定，付诸实现，又依靠群众的实践得到解决，体现了我们党“从群众中来到群众中去”实事求是的工作路线。当然，这也反映了张树成同志对党的事业有高度的责任心，针对昆山改革和发展事业中的问题，不辞辛劳地寻求解决问题的办法，解决问题之后，又善于加工整理，描述总结，形成文章，概括了昆山经济发展“农转工”“内转外”“低转高”的三个阶段及其经验。所以他的论文，都有针对性，言之有物，言之有理，持之有故，有理论，有分析，有事实，有数据，读了使人信服。

第三，文章有典型性。张树成同志在昆山工作了40多年，他在基层长期蹲点，做过数不清的典型调查，也培养过典型，总结过各种典型经验，写过许多剖析典型、介绍典型、宣传典型、推广典型的文章。收录到本书中的只是挑选出来的一部分，有介绍乡镇村的，有介绍各类企业和开发区的，也有讲体制改革和技术创新的。因为这些典型都是他亲身经历过的、调查研究过的、分析解剖总结过的，所以每个典型都写得有背景、有人物、有故事、有过程、有情节，活灵活现，很有感染力。其实，整本《管见集——20年来昆山发展之目睹》通过这数十篇文章和调查研究报告就是向读者介绍了改革开放以后的昆山由一个经济基础薄弱的农业县，经过20年的工夫，逐步演变为一个工业经济为主、外向型经济为主，已经实现了小康、正在率先向社会主义现代化社会迈进的先进典型。通过这数十篇文章和调查研究报告，向读者介绍了昆山实现这个历史性变化的过程、内容、情节和经验。昆山市是一个典型，但这个典型有普遍意义，它反映了我们国家，从党的十一届三中全会实行改革开放以后，全国经济社会取得了巨大的历史性进步的普遍现实。佛经曰：从一滴水，可以看到大千世界，此其谓也。

张树成同志亲身参加了昆山巨变的全过程，他是这段历史的见证人，他的这本《管见集——20年来昆山发展之目睹》是对这段历史演变的记述，记述得比较完整、相当深刻，文字也好，有可读性，读了引人深思。所以，我愿意向读者推荐这本书。

最后，我还想说几句。像张树成同志这样的本地专家，各市、各县都有一些。他们是新中国成立后在各地的政治、经济、文化建设过程中培养出来的。他们一般都是本地人，长期在县（市）委、政府的机关工作，经过历次政治运动，受过正反两方面的教育，热爱家乡，忠于职守，对改变本乡本土面貌有强烈的责任感、使命感、事业心，善于学习，对本地的经济社会状况有深刻的认识，有实际工作经验，也有较好的文字功夫。应该说，他们是本县、本市的专家，也是本地的宝贵财富。

张树成同志一生努力，实现了自己的人生价值。年满花甲了，仍然奋发有为，怀着对家乡昆山深深的热爱之情，辛劳奔走，尽心尽力，继续为促进昆山经济社会事业的建设奔走辛劳；同时也总结过去，撰写文章，并整理文稿，结集出书，以记录故土前进脚步的印迹。张树成同志这两点做法，都很有意义，值得我们学习。

以城市化为主导的苏南现代化新阶段*

一　城乡二元结构背景下的现代化

（一）典型的城乡二元结构

发轫于18世纪、起始于英国的工业革命，开辟了世界历史的新纪元。工业化从根本上改变了整个世界的面貌，它使人类从农业社会进入现代工业社会。英国、法国、美国、德国等四国是世界上工业化起步最早的国家。在工业革命发生之前，工业化的先行国家都不同程度地发生了“农业革命”，扫清了工业资本主义发展的障碍。在15世纪初期的英国，农奴制已基本瓦解。从15世纪末叶到19世纪中叶持续近四个世纪之久的圈地运动破坏了传统的封建土地占有制度和陈旧的耕作方式，加速了小农的分化，资本主义农场开始崛起，农业技术得到改进，商品农业迅速发展。

英国的工业革命是以纺织业的发展为突破口的。“织布是一种多半不需要很多技艺并很快就分化成无数部门的劳动”①，而纺织业与农业的关系极为密切，纺织业的原料是农产品，纺织活动是农户家庭副业的自然延伸和突破，可见，纺织业在农业与工业之间架起了桥梁，把城市与乡村很好地联结了起来。

纺织业在英国的工业化过程中起着举足轻重的作用。手摇纺车、自动纺车、卧式织布机等纺织机械不断发明和广泛应用，生产效率大幅度提高。

---

* 本文源自《城市化：苏南现代化的新实践》（汝信主编，北京：中国社会科学出版社，2001年6月），第1～18页，该文系陆学艺、邹农俭为该书撰写的导论。——编者注

① 《马克思恩格斯全集》第一卷，北京：人民出版社，1972年5月，第62页。

工具的改进要求不断扩大生产的组织规模，不同工种之间的衔接日益紧凑。于是，以分工和协作为基础的工场工业取代了作坊生产。工业活动的集中性、分工性和协作性呼唤近代城市的诞生，只有城市，才是容纳工业生产的真正基地。

某一项工业活动的星星之火，又必然要求工具机械、动力工业、原材料工业以及其他工业和交通运输业、商业、服务业的相应发展。工业的发展，还要求为工业提供原料的农业的发展跟上其步伐，同时，工业化也为播种机、收割机等农业机械的出现奠定了物质基础，且进一步拓宽了工业的发展空间。轻工业、重工业、交通运输业、银行业和服务业就是这样逐渐发展起来的。工业、商业和服务业的大发展、大膨胀，使城市的原有人口远远不能满足需要，于是，农村人口就被源源不断地卷入工业化，投入城市的怀抱。城市化终于成为一种潮流。

不难看出，西方发达国家的工业化的展开，是在城乡联系密切、城乡差别不大、启动工业化的工业部门与农业有内在关联的基础上进行的。工业的扩展，将大量农村劳动力吸引进工场和商店，从而造就了一个又一个的城市。

与现代化的先行国家相比较，中国是一个后发国家。发展中国家在工业化起步时面临的是鲜明的城乡差别和二元经济结构，城市与乡村构成两个自成体系的社会经济单元。这种社会经济结构在中国表现得更加典型，这主要体现在以下几个方面。

第一，工业与农业的生产力水平落差较大。经过中华人民共和国成立以后近30年的努力，中国建成了一个比较健全的工业体系，但是这个体系主要集中在城市，城市的工业生产能力和生产水平都相当高。另一方面，农业生产力水平提高缓慢，基本上保持着传统的作业方式，工农业生产力水平差距很大。

第二，城市虽然较为先进，但相对于庞大的农村而言，其经济总量实在过小，两者在社会经济结构上不成比例。因而，对于广大落后的农村来说，城市的带动作用显得微不足道，城市要影响农村显得力不从心。

第三，农村人口数量巨大，加上几十年内国家禁止农村人口向城镇流动，农村内部积压的剩余劳动力高达数亿，难以为城市所容纳消化，以致如发展经济学家刘易斯所说的，城市通过农业剩余劳动力转移而引导传统部门向现代部门转化，并使二元结构转化为现代一元结构，这种发展趋势难以在中国实现。这一情况与发达国家在工业化之初通过城市工业的扩张

而将农村人口吸引到城市的经典模式有很大的不同。

第四，中国的城市与乡村长期在两套不同的制度框架内运行，这使城乡之间难以对话、沟通，城乡各种要素的相互渗透与流动极其困难。

第五，现代化先行国家在其工业化起步时的工业水平非常低下，随后经过一二百年的发展，其工业的水平与结构才逐步提高。中国现阶段却面临着完成一般工业化和追赶工业先进水平的双重任务，没有从容的时间来逐步提高工业的水平，改善工业的结构，而必须实施短期追赶战略，这无疑加大了工业化的难度。再者，20 世纪 90 年代的工业化起点已远远高于 18、19 世纪的工业化的起点，农业与现时代的一般工业化水平的落差更大，这也在客观上使城乡产业之间的协调更为困难。

总而言之，作为一个现代化的后来者，中国是在典型的城乡二元社会经济结构的基础上进行工业化和现代化的，鲜明的城乡差别成为中国现代化的历史背景和操作平台。我们还不可能很快地摆脱这一宏观制约。

（二）工业化的两条线索

中国的工业化是沿着两条不同的线索展开的，一条是城市工业化，另一条是农村工业化。

1949 年，中华人民共和国成立时，整个国家的工业底子是极其薄弱的，该年工业产值仅为历史最高水平的一半；在工农产值中，现代工业产值只占 17%；在全国社会总产值中，工业产值只占 25%。那时，正如毛泽东所说，我们“一辆汽车、一架飞机、一辆坦克、一辆拖拉机都不能造”（毛泽东语）。1953 年开始的第一个五年计划明确以社会主义工业化作为总路线的主体。第一个五年计划的指导方针和基本任务的第一条就是“集中主要力量发展重工业，建立国家工业化和国防现代化的初步基础”。[①] 随后的几十年，尽管中国工业化的道路曲曲折折，战略选择发生这样那样的失误，工业布局不尽合理，其间又经历了十年“文化大革命”，耽搁了很多宝贵的时间，但经过几十年的努力，中国初步形成了独立的国民经济体系和现代工业体系，在从 1952 年到 1979 年的二十多年里，工业产值年均增长率达到 11%。1979 年以后，中国的城市工业化进入了一个新的发展阶段。与 1978 年相比，1988 年的工业产值增长了四倍多，工业在整个国民经济中占有举

① 中共中央党史研究室著、胡绳主编《中国共产党的七十年》，北京：中共党史出版社，1991 年 8 月，第 294 页。

足轻重的地位。

然而，改革开放之前，中国的工业化是舍弃农村、没有农民参与而单独在城市范围内进行的，城市工业化的推进并没有带动农村的繁荣，广大农民没有从城市的工业化得到什么好处，城乡差别依然十分巨大。

20 世纪 70 年代末期开始的改革开放，启动了中国农村工业化的过程。1979 年之前的中国农村工业一直处于小手工业阶段，规模不大，发展缓慢，长期附属于农民，是作为农村的副业而存在的。农村经济体制改革伊始，尤其是 1984 年以后，广大农村利用大量剩余的劳动力、农业增长后形成的积累，借助于城市扩散的技术、设备，迅速发展农村工业和其他非农产业。经过近 20 年的发展，今天，乡镇企业已不仅成了农村经济的重要组成部分，也成了整个国民经济的一大支柱，乡村工业占有整个工业的半壁江山。在本书所研究的苏南地区，乡镇企业在国民经济中所占比重，已是三分天下有其二。没有乡镇企业的异军突起，就没有中国农村的工业化。同样，在苏南地区，没有乡镇企业，就没有今天繁荣兴旺的城乡经济，没有广大农民的小康生活。目前，苏南的乡镇企业正在成长为真正现代化的企业，正在走向集团化，走向世界，参与国际竞争，其技术水平、管理水平和产品质量，已经可以与城市工业一争高下。

乡镇工业植根于农村，大多数分布于农村集镇附近或村落之内，与农业、农村和农民有着天然的联系。它依靠农业的积累起步，又在发展的过程中不断反哺农业。它充分利用农村的多种资源，又以建设农村、繁荣农村为己任。它以广大农民为自己的产业大军，又把转移和消化农村剩余劳动力作为自己的基本职责。一句话，可以看到，在二元社会经济结构的条件下，苏南的广大农村地区，依靠社区内部的力量，走出了一条最便捷、社会最易接受的“三为主”方式，完成了农村工业化的任务，从而展示了有中国特色的工业化道路的真正内涵。

乡镇企业是中国农民的伟大创造。乡镇企业崛起以后，农村经济获得了长足的发展，从而彻底改变了原有的城乡格局，重新构建了中国的城乡关系，引导农民走上了现代化的大道。

（三）工业化与城市化不同步

以蒸汽机的发明和广泛应用为重要标志的工业革命，创造了人类历史上前所未有的生产力，工业革命迅速使资本、人口和物质设施从分散走向集中；工业化摆脱了人类生产活动对土地的依赖，以机器大工业代替了以

手工劳动为主的工场手工业，以社会化专业协会代替了分散、孤立的传统生产模式。机器革命使交通运输手段发生了革命性的变化，交通运输业的大发展又进而促商品交换、经济联系与社会交往，缩短了空间距离。所有这一切都使城市发生了质的变化，表现为原有的城市规模急剧扩大，新兴城市不断涌现，城市人口迅速膨胀，城市的性质和功能也发生飞跃式的变化，经济功能日益突出。因此，工业化造就了现代意义上的城市，工业化开辟了城市主宰整个社会生产、生活的时代。

在工业化起步阶段，西方资本主义国家依托城市工业的急速扩张，将乡村人口源源不断地转移到城市，使城市规模迅速膨胀形成了一大批大城市、特大城市，这些国家的工业化、城市化基本上是同步展开的。

在中国，工业化与城市化明显不同步，城市化进程明显落后于工业化的进程。即便在农村经济发展较快的苏南地区，迄今为止也仍然是工业化领先而城市化滞后的典型地区。

改革开放以来，苏南地区的乡镇工业异军突起，走出了一条成功的农村工业化道路。但苏南地区的乡镇工业主要聚集在各级各类的小城镇上。20年来，苏南的小城镇旧貌换新颜，小城镇经济在整个区域的经济中占有举足轻重的地位。1997年苏南三市农村工业产值已达到3960亿元，工农业产值比为95：5，但是与其工业化程度相比，苏南的城市化水平显得很不相称。1997年，苏南的城市化水平约为35%。

不仅如此，农民进小城镇主要还是产业转移，绝大部分的农村人口仍然早出晚归，早上进小城镇工作，晚上回农村的家中休息，家中仍然留有口粮田和责任田，农忙季节还要忙农活，平时也要照看田地。最后，他们还属于农村户口。

近年来，在苏南，已有一部分农民在镇上购买了商品房，有的已经改变了其农业户口的性质。但这部分农民为数并不很多，只占小城镇人口中的很小比例。即使如此，他们的户口也仍然有别于一般意义上的“城镇人口”，一旦他们迁出本镇本县，过去所买“户口”便不能通用。他们不享有城镇居民所享有的种种社会福利，如城镇居民在子女入托入学方面、就业方面所享受到的照顾，他们就不能享有。总之，这部分的农业人口的劳动方式已经从农业转向了非农产业，但他们尚未完成“城市化”。

此外，与其他地方一样，苏南也还有一部分农村劳动力流动到远离家乡的大中城市就业，他们不能像在本地小城镇上就业的农民一样早出晚归，工作在城镇，居住在乡村。在这个意义上，他们的“城市化”程度似乎比在小城镇就业的农民高，但实际上他们的社会身份同样尚未改变，他们还不是一般意义上的城镇人口。他们之进城，仍然具有临时性特征，他们多半仍然保留着农村户口、口粮田甚至责任田，城市还没有从制度上接纳他们。因此，一旦城市就业出现难题，他们就会被当作“外来人口”而被清退。所以，这部分人也没有完成城市化。

阻碍农民城市化的主要障碍存在于以下几个方面。一是户籍制度。城乡分割的户籍制度已经实行了几十年，这种身份“标签”产生了广泛的影响，而黏附在户口上的问题既多且难以解决。二是现有城市的接纳消化能力有限。相对于广大的农村言，中国城镇消化吸收农村剩余劳动力和剩余人口的能力实在小，难以承担让数以亿计的农业剩余人口实现就业转移和城市化的时代使命。三是城市的结构性变动往往对农民进城产生强烈的影响，无法确保农民城市化持续、稳定地进行。现阶段中国的城市正处于重大的结构变动时期，城市的企业制度在创新，社会政策在调整、改革，很多企业可能今年扩大规模，增加员工，而明年又极有可能要大幅度减员，而失业与就业的转换又相当困难。总之，在这种重大的结构变动阶段，如果依托于现有的城市，则中国的城市化就很难顺利持续地进行。四是中国社会保障制度建设滞后。中国农民长期以来都是把土地当作最后的生活保障，在他们实现了向非农产业的转移以后，如果没有相应的社会保障制度解决他们的后顾之忧，他们就不会愿意放弃土地，而如果他们不能放弃土地，他们的城市化就没有真正实现。所以，加快农民城市化进程的前提就在于物质条件的改善和社会体制的创新。

应当说，苏南地区已经具备了加快农村城市化步伐的物质条件。苏南加快城市化的一个关键，理应是加快社会制度的改革。目前，苏南各地已经充分认识到了这个问题，并且正在采取必要措施，以加快农村城市化的进程。

二 城市化主导的新发展阶段

（一）现代化的展开方式

社会现代化是社会整体变迁的过程，是社会各方面的全面进步。人类社会是一个有机体，各个组成部分之间有其内在的相互依存的联系，组成社会的各个因素相互制约，相互推动。然而，社会现代化的演进过程决不

是所有方面都齐头并进的，而是有着一定的次序，有其特定的展开方式。

一般而言，在现代化过程启动之初，经济发展会得到重视，经济因素往往会比较快地增长，但社会结构的变动、社会新体制的建立往往难度较大，其变化也相对缓慢。换句话说，在现代化的起步阶段，工业化是主导方面，它为现代化准备动力，开辟道路。

社会现代化以工业化为起点，工业化是现代化的根本动力，工业化达到一定程度以后，变革社会结构的要求便凸显出来，城市化成为时代的主题。其基本特征是：农村人口向城市流动，从事非农产业活动的劳动者越来越多，人口结构由以农村人口为主变为以城镇人口为主，新兴城市大量涌现，城市开始在社会生产生活中占支配地位，城乡关系发生根本性的变化，乡村原本拥有的社会生活中心的地位全面收缩，城市成为社会生产生活的中心。在西方发达国家实现城市化的过程中，工业化与城市化的衔接非常紧密，十分自然，工业化引导着城市化的进程，为城市化准备物质基础，而城市化则进一步稳固工业化的基础地位，为工业化提供良好的条件和环境。工业化与城市化成为现代化过程中顺次展开的两个重要方面。然而在中国，由于独特的城乡二元结构的影响，现代化的推进过程偏离了世界现代化过程的一般轨道，工业化与城市化严重脱节，甚至在一段时期内还发生断裂，工业化的深入并没有自然而然地启动城市化。导致这一切的原因，从根本上来说，是把发展中国家普遍存在的经济二元结构固化为一种社会政治结构的制度。正是这样一种制度，使中国现代化的展开方式偏离了一般现代化的展开方式。现在应当是纠正这种偏离的时候了。在这方面，应当说，苏南地区已经走在前面，对于已经完成了农村工业化的苏南地区来说，一个以城市化为主导的发展阶段正在到来。

（二）苏南的城市化主导阶段

20 世纪 50 年代初期，中国开始了真正的工业化运动，经过几十年的努力，工业已经成为中国国民经济中的主导产业，独立完整的工业体系基本形成。因而，至少可以说，中国的城市已经初步实现了工业化，并进入到工业化的中期阶段。

在中国的沿海地区和大中城市的郊区，从 20 世纪 80 年代初起，农村工业异军突起，城市工业化与农村工业化互相推进，大大加快了工业化的步伐，并把原来割裂的城乡联结起来，其工业化的整体水平领先于全国其他地区。而在苏南这样的地方，工业化水平更高，因此，城市化应当开始成为这样的地方下一步发展的主题。

第一，工业已经成为苏南地区国民经济的主导产业。自党的十一届三中全会以来，苏南地区以其辉煌的经济与社会发展成就饮誉中外，成为中国的现代化先行地区。到20世纪90年代初，苏南地区已提前实现了小康，开始向现代化的目标迈进。20年来苏南城乡经济一直高速增长，地区综合实力大大增强，为实现现代化打下了坚实的物质基础。1997年，苏南地区国内生产总值达2563亿元，是1978年的24倍；从1978年到1997年，全地区经济年均增长速度为18.3%，1997年人均GDP达19000元，所属12个县级市全部进入全国农村综合实力百强县行列。1998年，在极为严峻的大气候下，苏州市的GDP仍然增长了13.1%，财政收入增长14.5%。乡镇工业增加值增长13.3%，利润增长12.2%，税收增长16.9%。在国民经济增长的同时，苏南地区的经济结构渐趋优化。1997年，苏南地区的国民生产总值中，第一、二产业的比重分别为7%、57%和36%。与1978年相比，第一产业下降了15个百分点，第三产业增加了19个百分点。工业化进入比较高级的阶段，形成了以电子、机械、精细化工为主的工业结构，新兴产业发展迅速，产业升级步伐较快，涌现出一批产品市场占有率高、科技含量高、在地区经济中占有重要地位的企业集团。

第二，随着农村工业化的推进和实现，苏南地区的农村人口大规模地向非农产业转移。1997年，整个苏南地区的515万个农村劳动力中，从事农林牧渔业的166万个，其占农村总劳力的比例不到三分之一。锡山市（今锡山区）约有80%的劳动力亦工亦农或以从事第三产业为主。由于非农产业大都集中于农村集镇（包括镇与非建制镇），所以，农村人口在进行非农产业的就业转移时也在实现向小城镇、城市转移的空间转移。据锡山市的调查，1994年，该市聚居于33个小城镇的人口占全市百万总人口的42%。到1998年，这一比例上升到47%。可见，在这里，以农业为主的传统社会结构正在发生根本变化，以城镇人口为主的人口结构正在形成。

第三，与此同时，工业化的初步实现已经造就了一批拥有一定经济基础的小城镇，这些小城镇成了各地农村的政治、经济、文化、社会服务和信息中心，也有条件成为苏南农村进一步城市化的一种重要依托。尤其是一批原来的县城，已经成为拥有10万~20万人口的初具现代形貌的小城市，这些小城市在县域经济、政治、文化生活中有着重大的影响。对苏南来说，如果无视许多具有强大活力的小城镇的存在，“苏南模式”和苏南的经济社会发展就会黯然失色。

第四，人民的生活水平有了很大提高。苏南地区的城乡居民是中国最早摆脱贫穷进入小康的一部分人。城市职工的年平均收入从 1978 年的 550 元增加到 1997 年的 7000 元，农民年人均收入也从 1978 年的不到 200 元增加到 1997 年的 4700 元。这意味着农民的生活水平提高得尤其快，城乡居民的生活差距迅速缩小。所有农村居民都建起了楼房，少数富裕起来的农民开始营造别墅式的住房，他们的生活水平已经超过了城市居民。在城乡居民的消费结构中，食品消费的比重日益降低，而穿、用、住房乃至文化和精神生活支出的比重则日益提高。生活水平的提高，城乡差别的缩小，使计划生育成为人们的自觉选择，大部分城乡地区已经陆续实现了人口零增长。人口的预期寿命都在 72 岁以上。

第五，交通网络体系逐步形成。最近几年，苏南各地日益重视基础设施建设，加大了对交通的投入。沪宁高速公路已建成通车，多条国道横贯苏南大地，公路已通到每一个镇和许多村落，从而形成了铁路、公路、航空、河道相配套的立体交通运输体系。太仓市是一个县级市，在这里，每平方公里已有 34 公里公路，一批重大的交通工程还在加紧建设之中。可以说，目前比较健全的交通网络已经能够支撑苏南城市化、现代化的推进。

综上所述，由于其较高的经济社会发展水平，以及在其过程中显示出来的一系列特征，苏南地区目前以及今后的发展重心，无疑应当是全面的城市化，以城市化为主导的发展阶段已经到来。

三　用城市化战略统揽全局

城市化主导的发展阶段的到来，使苏南地区面临着一系列新问题、新矛盾，这些问题、矛盾，仅仅按工业化或以农村为中心的思路来解决，已难以奏效。苏南地区的进一步发展，如果局限于农业、工业化这样的经济层面，也没有抓住问题的核心。只有随着现代化的深入推进，把焦点转移到调整社会结构的层面即城市化上来，才是真正抓住了苏南目前及以后的发展根本。这意味着，在苏南地区，从现在起，就有必要切实地用城市化战略来统揽苏南发展的全局。这一战略含有以下几个方面的内容。

（一）农业现代化战略

农业是国民经济的基础。对于苏南这样一个比较大的区域来说，没有农业的现代化，经济社会的协调发展就成了问题，区域的现代化就会落空。

应当说，目前，苏南地区已经有条件有基础真正实现农业的现代化。

但是，苏南地区农业开发早，土地利用率已经很高，其单位面积产量已与国际上的高产指标不相上下。因此，在推进农业现代化时，如果把目光局限于农业内部、农村内部，也难以真正实现较高水平的农业现代化。换句话说，苏南农业现代化的突破口和战略取向，不在农业本身，不在农村内部，而在农业、农村之外。

和中国广大的农村地区一样，相对于其农村劳动力来说，苏南地区的农业资源显得极不均衡，人均耕地不到1亩。这意味着，即便在苏南，农村人口要靠农村内部的资源来实现富裕是不现实的。要实现农业的现代化，要解决农村发展中的一系列问题，首要的条件是要将大量农业剩余劳动力都转移出去，让他们从事非农产业。同时，增加农业投入，提高农业的机械化、水利化水平，是农业现代化的题中应有之义，但这同样不能单靠农业自身的积累来实现。以往的实践表明，哪个地方的农业剩余劳动力转移得彻底，哪个地方的非农产业发达，非农产业的收益大，哪个地方的农业基础就稳固，农民就比较富裕，社区内的各项社会事业就比较好办。

大致到20世纪80年代中期，苏南农业剩余劳动力转移问题就已被基本解决了，但近年来，苏南乡镇企业的发展一度出现波折，乡镇企业的产权制度被迅速改革，城市企业也在进行重大的结构变革，再加上大量廉价的外地劳动力涌入苏南各地，在苏南各地原有的本已实现产业转移的农村劳动力中，又出现了返农现象。同时，新增农村劳动力的就业也成了问题，所以，农业剩余劳动力就业的非农化，仍然是未来若干年内苏南农村发展的一个重要任务。

毫无疑问，解决这一问题的出路，仍然在于农村非农产业的稳定增长和城市企业的持续发展。不仅如此，对于那些主要从事农业生产经营的农村劳动力来说，在本地区农业资源的开发已经相当充分，粮食单产也达到国际先进水平、农村多种经营的潜力已经得到很好的挖掘、大幅度提高粮价的余地已经不大等现实条件下，要进一步提高收入水平，也只有走土地适度规模经营、全面实现机械化从而大幅度提高农业劳动生产率的道路。然而这条道路能否真正走通，又取决于大量的农村剩余劳动力能否彻底从农业转移到非农产业，因而同样取决于非农产业和城市化的发展。

（二）乡镇工业提高战略

在过去的20年里，苏南乡镇工业的大发展，在很大程度上得益于早发

优势和铺摊子式的外延扩张型增长。现在，这种优势已经不复存在。因此，乡镇工业转换增长方式，从外延扩张走向内涵提高，已经成为苏南地区的一个重大而迫切的课题。

苏南乡镇工业从内涵方面实现自我提升的途径，从理论和经验两方面来看，不外乎以下几个。

1. 调整结构

以往，苏南的乡镇工业主要是乡（镇）村集体所有制的天下，其他所有制形式甚至受到有意无意的限制和排斥。这种单一的所有制结构制约了其他方面的生产积极性，因而在新的历史条件下，乡镇工业所有制结构的改革势在必行。这也正是1996年以来苏南各地普遍进行的产权改造的主题。现在，经过产权改造和政策调整，集体、私营、外资、合伙、股份制和股份合作制等多种所有制经济并存发展的格局正在形成之中。

苏南乡镇工业的布局基本上是“村村点火，处处冒烟”，也就是说，分散化是苏南乡镇工业布局的基本特征。在社会主义市场经济日益确立的今天，这种分散布局使企业难以上规模、上档次、上水平，因而其竞争力越来越弱。同时，这种分散布局还不利于从整体上改善一个地方的投资环境，因而不利于招商引资、发展外向型经济。有鉴于此，苏南乡镇工业向中心小城市以及各个有区位优势的集镇聚集、向工业开发区或开发小区集中，正在成为一种普遍的趋势。

经过近20年的发展，苏南地区的乡镇工业已有一定基础。过去以粗放经营为主，现在则进入了提高质量的发展阶段，这要求企业在产业上要升级，在产品上要上档次，在技术上要先进。苏南乡镇工业的产业升级、产品结构和技术结构正在经受着市场经济的考验。

2. 扩大规模

现代市场经济总是青睐那些规模较大而其产品又有市场的企业。大企业在市场竞争中有实力，开发新产品的能力和抵御各种市场风浪的能力都比较强。正是由于这个原因，目前，苏南市场经济的深入发展正在造就一批大型的现代企业。江阴双良集团创办于20世纪80年代初。现在已经成为拥有15亿元总资产的全国空调行业制冷巨头。常熟康博集团以生产波司登羽绒服而闻名，总资产6亿多元。还有阳光集团、红豆集团等大型企业，都是乡镇企业中的佼佼者。当然，企业规模小仍然是苏南乡镇工业的主要特征，中小企业仍然是苏南乡镇企业的主体。因此，如何通过进一步的发展而使广大乡镇企业尤其是乡镇工业企业上规模上档次上水平，是需要研究解决的发展战略问题。

3. 外向开拓

20世纪90年代初，外向开拓即已成为苏南乡镇工业发展的趋势，今天，幽僻乡镇的工业产品已销往世界各地，不少乡镇企业与外商合资、合作，外向型经济在苏南因此而有了长足的发展。总而言之，只有抛弃用小农经济观念办乡镇企业的老做法，而以全新的城市化战略统揽苏南今后的发展，才能开创乡镇工业的新局面。

（三）小城镇发展战略

苏南的小城镇发展又到了一个历史性关头，迫切需要从战略的高度重新考虑小城镇下一步发展的进路。换句话说，只有把小城镇的发展纳入城市化的历史大趋势，才能理清其基本的发展思路。

农村人口向小城镇转移，是城市化的一种类型，是农民参与工业化、城市化过程的伟大实践。小城镇发展的历程，就是农民自己造城造镇、从而完成自身身份改变的历程。发展小城镇城市化道路，有别于“大城市化”之路。第一，在发展小城镇过程中，农民是主体力量；第二，发展小城镇意味着中国的城市化过程是从规模较小的小城镇起步，然后，通过逐步的积累而向小城市、中等城市乃至大城市发展；第三，在发展小城镇的过程中，城市化的动力主要来自乡村的推动，而不是城市的吸引；第四，这种城市化模式下，农民的转化经历了一个从职业转移、兼业到地域性迁移、专业化分工的渐进过程。

但是，实事求是地说，让小城市、小城镇成为现阶段中国城市化的重点，这绝不是一个最理想的城市化方案，而是不得已的选择。因此，在发展小城镇实现城市化的过程中，必须着重注意以下几个问题。

第一，绝不可把发展小城镇的战略凝固化。发展“小城镇”仅仅是城市化的起点。随着小城镇的发展，它们自身会不断壮大扩张，从而会从其中成长出一批新兴的小城市甚至中等城市。我们主张发展小城镇，但我们的目标则是要促进现代小城市和中等城市的形成。

第二，对小城镇要有正确的认识与理解。在一些人的头脑里，一提小城镇似乎就是只有数百人口、破烂不堪、冷冷清清的农村集市。实际上，农村的小城镇包括了县城镇、一般的建制镇以及乡村集镇。在沿海发达地区的许多小城镇上，工厂林立，市场繁荣，设施齐全，街道整洁，镇上还有一些已经成长为现代化大工厂的乡镇企业。

第三，发展小城镇不意味着要遍地开花地把所有农村集市都建设起来，也不意味着所有的小城市都要同步扩展，更不意味着将原来的离土不离乡的模式固定化。

第四，发展小城镇、小城市的战略，要着力促进一批新型中等城市、小城市的成长，建构新型体制的小城镇。因而，现有的小城镇将经历一个分化的过程，结果将是少数发展壮大，大部分体制创新，而一部分降为农村居民点。至于广大的农村村庄，一部分将按照规划，建造新的民居，配上新的设施，成为新型的村庄，一部分则将由于许多人口流动出去，而被复垦为农田。

（四）人口分布与再分配战略

人口的分布与再分布涉及生产力布局结构以及城、镇、村落体系、交通运输体系等区域发展的重大问题。苏南农民的非农化程度较高，大量的农村人口已经转移出去，如果再不对农村人口进行城市化的安排，农村劳动力长时间早出晚归，工作在城镇，居住在乡村，将既不利于农民转移的稳定，也无法进一步将农村居民纳入城镇的范畴。

苏南农民的住房更新很快，楼房已经普及，正在进一步向别墅住房发展，宽敞和高档成为农民的一种追求。在这种形势下，必须对农村人口的再分布进行通盘的考虑，对农民建房加以规划，对各类城镇的建设进行科学规划。否则，将会造成农民建房的无序、资财的无谓浪费、土地的乱占滥用，还将导致城镇布局的混乱，居民点体系的无序，进而制约生产力布局的调整。

（五）建立健全社会保障制度

传统的农业社会根本没有现成的社会保障制度，而现代社会的到来，提出了建立健全社会保障制度的日益迫切的要求。

土地历来是农民生存、保障的依托。在苏南这样的地方，随着工业化的深入，企业、城镇占地越来越多，铁路、公路交通网的完善、提高，需要占用大量耕地，农民住宅的改善、长江大堤的加固也必须占用一定的耕地。这样，苏南出现了不少无地的农村居民。丧失了土地保障的农民，呼唤着新的社会保障制度。

众所周知，在传统社会，家庭养老是农村行之有效的基本养老保障制度，现在，由于长期实施计划生育政策，苏南地区即便是在农村，独生子女家庭也越来越多，家庭养老面临挑战。解决这个问题的最佳选择，无疑是建立社会化的养老保险制度（以及医疗保险制度）。

此外，改革开放以来，大量农民走出田园，进入工厂、城镇，但伴随着农民非农化转移的大潮，失业的现象将不可避免。如何促使他们在有收入时能够有所积累，以便在失业和年老没有收入的时候能够有所保障，是建立新的社会保障制度时应当充分考虑的。

建立完善的社会保障制度，是一个社会成熟、走向现代化的重要标志。实际上，苏南农民大多已经过上了小康生活。他们收入的增加、生活水平的提高，已经为建立社会保障制度提供了物质基础。

加快经济发展要走城市化之路*

很高兴到徐州参加徐州区域经济发展研讨会。来之前，看过徐州的三个材料。来了以后，参观学习了两天，收获很大。我 50 年前来过徐州，现在的变化真是很大，真是翻天覆地，一个大城市的框架已经建起来了。我看了徐州的“十五”规划和中央政策研究室《关于徐州经济发展的若干建议》，都是很好的 。我讲讲我的本行，关于社会发展方面的问题。

一　城乡差距拉大是经济发展矛盾的关键所在

刚才，徐州市委何书记说，要跳出徐州看徐州，站在全国看徐州。我想呢，徐州正处在大发展的前沿，已经打好了基础。但是，也遇到了一些大的问题。我和一些同志谈，要跳出经济看发展。江苏省委回书记说，要把脉开方子。我想，徐州和全国大部分地区一样，同中西部地区、苏鲁豫皖都差不多，遇到的主要问题是工农关系失调、城乡关系失调、经济社会关系不协调。现在，我们奋斗了若干年，特别是改革开放 20 多年，我们解决了长期困扰我们的经济短缺问题。我们这一代人，年轻的时候都是吃不饱、穿不暖的，都是在票证中成长起来的。那时吃饭要粮票，穿衣要布票，买自行车要车票，现在这个问题解决了。国家计委那里有个统计资料说，现在全国 610 种主要商品中有 82% 都是供过于求，发愁的是东西卖不出去。但是，如果按照我们人均 GDP、人均粮食、人均工业产品算，还很低，还不应该到卖不出去的地步。全国有 3.5 亿个家庭，2001 年国内只生产了

* 本文源自中共徐州市委办公室、政策研究室编印的《徐州区域经济发展研讨会资料汇编》(2002 年 6 月)，第 86 ~ 95 页。该文系陆学艺于 2002 年 4 月 8 日在“徐州区域经济发展研讨会”上的发言稿。——编者注

4093.7万台彩电、1351万台冰箱和1341.6多万台洗衣机，[①] 按每10年轮换一次，也能卖出去呀！根本原因是我们国家城乡差别太大，城乡之间有条鸿沟。近几年不断给公务员、事业单位职工涨工资。财政部部长说，你们去买东西吧！但这没有用。当然县一级涨工资有点问题，市以上没有。工资涨了，这些家电为什么还是卖不动？因为他们几乎什么都有了。一般来说，国外人均GDP 3000美元以上才会成为买方市场，才会卖不出去，而我们800美元就卖不出去东西了。可以说，中国的买方市场早熟了。我认为，造成买方市场早熟的根本原因是我们农村与城市间的差别太大。我归纳两句话叫：城乡关系失调，城乡差距过大。目前，我国的城市化严重滞后于工业化。1999年，全国的城市化率是30.9%，2000年人口普查，把农民工、外出人口半年以上的都统计进去了。统计结果，一下子变为36.2%，[②] 去年[③]的统计是37.7%。如果按农业户口和非农业户口划分，那真的非农业户口全国还不到30%，这是指全国平均数，徐州可能也不到30%。1996年，全世界城市化率是46%，现在可能已接近48%了。就是按照我国现有统计的37.7%，与国际比也还差10个百分点，徐州还差18个百分点。如果城市化率提高了，农民进城的多了，市民多了，消费水平就提高了，这些东西就都能卖出去了。经济学家讲调整经济结构、调整产业结构，这是对的。但不解决农村人口向城市转移的问题，我说已经不行了。现在说粮食便宜了，蔬菜也便宜。早上我在袁桥市场做了调研，芹菜开价1块钱4斤，韭菜是1毛钱1把，大棚黄瓜是5毛钱1斤，这在国外是不可想象的。我们现在是3个农民供养1个城市人口，种什么东西都是第一年赚钱，第二年总是要亏本，总是要过剩。这就是城市化严重滞后，经济社会失调。还有一个就是城乡收入差距过大。按2000年统计的结果，全国城乡收入比是2.79∶1，徐州是2.21∶1，而实际上2.89里面有很多收入是没统计进去的，包括医疗、社会保障、教育等。我们那里有个内部统计，应该是3.9∶1。全世界差距大一点的是1.5∶1、1.6∶1就不得了了。我们已经讲了5年的开拓农村市场，可越开拓越萎缩，是何原因？是因为县以下的购买力只占总购买力的38%、39%，而农民是占全国人口的70%以上的。我们说3个农民买的东西抵1个城市人。如果提高到2个抵1个，那些东西就卖出去

① 国家统计局编《中国统计年鉴·2002》，北京：中国统计出版社，2002年9月，第98、474页。

② 国家统计局编《中国统计年鉴·2001》，北京：中国统计出版社，2001年9月，第91页。

③ 本文中指2001年。——编者注

了。如果让我诊断这个病，那就是城乡失调，经济社会发展不够协调，许多问题都是从这里产生的。所以，我的建议是，调整社会结构，加快城市化步伐，促进经济社会的全面发展。要抓住这条，推进第三产业发展，推进经济发展，维护社会安定。

二　实施城市化战略，推进城市化进程

中央已经批准了江苏省的发展规划，就是把四个特大城市、三个都市圈发展好，徐州要抓住城市化的发展机遇来推进经济发展。推进城市化需要解决以下几个问题。

1. 改革户籍管理制度与扩大就业

农民进入城镇，很大的卡口在户籍制度上。据我所知，广东、浙江、福建、湖南等省份都已经把户口放开了，有的是把非农业户口放开了。三个星期前，我去石家庄市，他们已经把户口全部放开了。徐州的三产比例是35%，相当于全国的平均水平，二产还不到，一产占比高出全国2个百分点。20世纪50年代，还没有合作化的时候，全国的三产占比是31%，50年过去了，三产没有上去，原因就是户籍制度。所谓离土不离乡，这些有特色的东西不行了。如果放开的话，三产中的社会、教育及新兴的第三产业都会有大的发展。我觉得我们有些口号欠妥，如减员增效等，减员增效对于老板来说是对的，对于书记、市长来说，不能喊减员增效。徐工、维维的老总可以说，你书记、市长不可以说，你减员减给谁？所以我说，我们经常要考虑中国劳动力多这个基本国情。劳动力多，就要充分就业，能用劳动力的地方就用劳动力。我在北京说，公共汽车还没到非得无人售票不可的程度。一是经济受损失，仅假币就造成一年几十万元的损失，而一个售票员一个月只需五六百元的工资；二是不利于就业。日本有无人售货机，北京也有了，不过被砸掉了一半。城市化就是要解决充分就业的问题。不然，农民进了城，没有地方打工、就业，那他在城市怎么待下去？

2. 城市文明的扩散与辐射

真正的城市化要有城市文明。城市是现代文明的载体，应该是农村城市化，不能城市农村化。有些方面如教育事业、社会事业、文化娱乐事业都要搞上去。另外一个，关于城市的绿化、美化，也要搞好。环境的文明卫生有些就是要有专人搞，我不客气地说，我们看了两个徐工集团的厂，一个是卡特，的确是文明施工；而重型厂，效益也不错，但现场不能比，

我想没别的原因，就是扫地的人少了（吕政：有人说，一个不爱卫生的民族是搞不好现代制造业的。世界上制造业最发达的三个国家，如瑞士、德国、日本，他们无论是生产环境还是内部管理，都一丝不苟，环境非常干净，这反映出他们的产品质量和民族精神）。北京现在申奥，种树、植草、美化环境，但废塑料袋却很多，沙尘很多，除有别的因素外，也有垃圾没有打扫好的原因。所以城市化要抓文明。

3. 抓城市化也要把农村抓好

现在来讲，农业的问题不在农业，农村的问题不在农村。要解决农村问题，必须抓城市化，必须抓工业化。否则，70%的人在黄土地上是富不起来的，况且现在的政策还是向城市倾斜的。徐州要繁荣起来，一方面要使大量的农村人口进入城镇。另一方面，要把农村抓好。北京与上海相比，各方面条件都很好，投资也大，但就不如上海。研究来研究去，只有一个原因，就是上海周围的农村富，有购买力，上海就发达。而北京出了城就不行了，周围的农村穷，农民进城只去天桥买东西。农村是城市发展的基础，我们现在的农村政策需要进一步完善。上次在上海开会时，我在会上听到两句话："90年代的农村发展不如80年代"，"1997年以后，中西部的农村一年不如一年"。为什么这么说？因为1996年粮食大丰收，1997年以后还不如1996年的水平，但粮食价格到现在降了三分之一，甚至40%。1996年北京大米2块钱1斤，今天上午我在市场上问了，淮安大米1斤才8毛8。仔细算算，由于农产品价格下降，农民一年损失4000多亿元，8亿农民，1人500元，这是别的任何东西抵不了的。而上海却有这样两句话："90年代的上海发展大大好于80年代"，"1995年以后，一年比一年发展得好"。这两句话都是真的。一个发展中国家，经济高速发展，城乡差距居然一年年在拉大，这个问题值得深思。所以，农村要安定，社会要安定，就要千方百计增加农民收入，千方百计减轻农民负担，保持农村社会安定。如果收入上不去，负担下不来，这个社会就稳定不了。还有一句话是这么说的：20世纪50年代、60年代农村人到城市当领导，把城市搞苦了；20世纪80年代、90年代城里人到乡下当领导，把农民搞苦了。就是这样，干部"走读"嘛！现在农村里面最大的问题，就是财政体制对农村太不利了。我在安徽听到四句话：中央财政蒸蒸日上，1年增加1000亿、2000亿；省级财政搭车沾光，没有省级机关发不起工资的；地级财政只能喝汤，够发工资的；县级财政两手空空，乡镇财政都是窟窿，不欠债的乡镇不多。说句公道话，乡镇干部这几年确实不容易，有些担子我们不该给他们。以教

育来说，在农村义务教育投入中央只出2%，省、地11%，县9%，乡镇要出78%。徐州税费改革很有成绩，去年人均减负66.63元，全市共减10亿元。但我要说，这10亿元减下来了，乡级财政怎么运转？如果中央、省没有转移支付，肯定要出问题。县、乡欠债已非常严重了，农村要安定，必须解决这个问题。总的来说，要抓城市化，减少农村人口，只有减少农民才能增加农民收入。另一个问题，就是20世纪80年代的地改市有利有弊，这个问题没时间来说了。简单地说，如果能够把社会结构的调整，把城市化作为一项中心工作来抓，通过城市化来发展城市的第三产业，发展社会科技教育事业、新的第三产业，就能对经济发展产生很大的推动力。徐州有这么好的基础，现在又定为大城市，真正把它做起来，把900万人安排好，前途是无限的。徐州市委、市政府如果在城乡关系的调整方面，在农村户口改革、税费改革方面，在原有的基础上更进一步，就一定能对国家做出有意义的贡献。

以社会结构调整促进县域经济发展*

——兼谈昆明县域经济发展的几个问题

很高兴来参加“新世纪县域经济发展论坛”。县域经济是我国经济的一个重要层次。特别是当前我国正处在实现第三步战略目标，进入全面建设小康社会，城市化进入加速时期，理清发展思路，采取有效措施，加快县域经济的发展，则尤为重要。昆明市是西部大发展、大建设的重要城市，经过改革开放这二十多年的建设，昆明市在经济社会等各方面都取得了巨大的成绩。从昆明及所属县市区简况看，虽然云南省属于西部，但昆明市在全国各省会城市是排在前面的。2000 年人均 GDP 为 1.3 万元，比全国 7081 元高出很多。2000 年的三次产业构成全国是 15.9∶50.9∶33.2，昆明市为 8.2∶47.1∶44.7（云南省为 21.7∶42.4∶35.9）。2000 年全国城镇居民人均可支配收入 6280 元，昆明市为 7563 元，比全国高 20.4%（全省为 6324 元）。2000 年全国农民人均收入 2253 元，昆明市为 2220 元，略低于全国水平（云南省为 1534 元）。2000 年全国城乡居民收入差距为 1∶2.79，昆明市为 1∶3.41（云南省为 1∶4.12）。

从这些数据看，昆明市的经济发展水平和城乡居民的收入、生活水平，在全国属中上水平，而昆明市农村经济和农民的收入水平却低于全国的平均水平，昆明市城乡差距和城乡居民的收入差距也大于全国的平均水平。

县域经济主要就是农村经济。昆明市委、市政协举办这次县域经济发展研讨会，探讨加快县域经济发展的新途径，有很强的针对性，也很有必要，很重要。通过研讨，提高对发展县域经济的认识，找到加快县域经济

---

* 本文源自政协昆明市委员会、昆明市社会科学院合编《县域经济发展的新思路——新世纪县域经济发展论坛文集》，非正式出版物，2002，第 30 ~ 37 页。该文系陆学艺于 2002 年 10 月 28 日在“新世纪县域经济发展论坛”上的发言。——编者注

发展的新途径，这不仅能促进农村经济的发展，而且也必将对昆明的城乡经济以及社会的全面发展，提升中心城市的综合实力和竞争能力起到有力的推动作用。所以，我认为这次县域经济发展研讨会有重要的战略意义。

下面我谈几点意见。

第一，我国目前正处在社会主义初级阶段，党的十五大报告提出在这个漫长的历史阶段我们要完成九个方面的任务，概括起来是两条：一是要通过工业化、城市化实现我国从传统的农业、乡村社会向工业化、城市化的社会主义现代社会的转变；二是要实现从原来的计划经济体制向社会主义市场经济体制的转变。

总体说来，改革开放大大加快了第一个转变的步伐，开始了第二个转变。可以这样说，23 年来，我们的一切成绩都可以从这两个转变得到说明，是由于实行这两个转变方面的工作做得好；而我们现在的一切问题，也可以从这两个转变得到说明，是由于在实现这两个转变方面还做得不好或不够好。

改革开放以来，工业化步伐大大加快，经济发展创造了举世瞩目的伟大成绩，经济结构也改变了，三次产业的结构从 1978 年的 28.1∶48.2∶23.7 转变为 2001 年的 15.9∶51.1∶33.6。可以说，我们现在已到了工业化的中期阶段。

比较而言，由于户籍等制度未作根本性的改革，我国的城市化发展并不理想。1978 年，我国的城市化率为 17.9%，2000 年为 36.2%，平均每年提高 0.83 个百分点。按说不算慢了，但由于 1978 年前的十多年停滞了，基数太低，所以我国目前的城乡社会结构同现在我国的经济结构不相适应，也就是说我国现在是城市化严重滞后于工业化。按我国现在的经济结构和经济发展水平，我国的城市化应该说达到了世界的平均水平，但我国现在的城市化率只有 36.2%，比世界平均水平低 10 个百分点。

正因为城市化严重滞后于工业化，这种不合理的城乡结构带来了一系列经济社会问题。其中之一就是买方市场的早熟，近几年市场疲软，许多东西都卖不出去。国家商业部门统计，现在 600 种工农业主要商品，有 528 种供过于求，占 88%，只有 72 种商品供求平衡，没有供不应求的商品。这么多东西卖不出去，仓库大量积压，生产就受到了巨大的压力，竞争激烈，许多工厂停产半停产。仔细分析，我们这些商品产量很大了，但对于 13 亿人口来说应该是不算多，还不该卖不出去。例如，2001 年只生产了 4093.7

万台彩电、1351万台电冰箱、1341.6万台洗衣机，我们有3.5亿个家庭，[①]每10年更换一次，这些家电也不够销的，何况还没有普及（2001年城镇居民每百户有彩电120.5台、电冰箱81.9台、洗衣机92.2台。农村每百户居民有彩电54.41台、电冰箱13.6台、洗衣机29.9台），但就是卖不出去。原因何在？就是城乡结构不合理，农民太多，城乡差距过大，农民太穷的缘故。据测算，现在三个农民的购买力才抵得上一个城市居民。所以这几年，年年讲要开拓农村市场，就是扩大不了，不是农民不需要这些商品，而是农民没有钱买这些商品。

怎样增加农民收入？不仅要调整经济结构、产品结构，而且要调整城乡社会结构。各方面研究都证明，只有减少农民才能富裕农民。这样既可以使进城进镇的农民富裕起来，农民人少了，农业生产不会受影响，留在农村的农民收入也就多了。

所以加快城市化是解决农村农民问题的一条重要出路。从资料看，昆明市在目前，如何加快县域经济发展，通过改革户籍制度等措施，加快城镇化，是最重要的一条。

从总体看，昆明有480.94万人（常住居民，不含外来人口），城市化率已达39.3%，高于全国水平。但昆明是个省会城市，是个特大城市，仅市里4个区就有143.48万城市人口（4个区共187.13万人）。其他1区1市8县的城乡结构，除安宁市城市化已达55.5%外，其余8县城市化率都在20%以下，而石林、禄劝、寻甸等县都在10%以下，禄劝县的农业人口高达97.4%。我不看材料，这些情况真是不可想象。昆明市郊有几个县穷，穷就穷在城乡结构不合理，穷就穷在户籍等不合理制度还在起着束缚农民、束缚县域经济发展的作用。例如，石林是一个全国闻名的旅游景区，这些年旅游业也有了很大发展。但城镇人口只有9.6%，非农业人口只有2.15万人。实际情况可能是从事二、三产业的人口已经很多，但因户籍制度卡着，还算农业人口。

所以，昆明市抓县域经济改革发展，第一条就要抓户口制度的改革。促进城镇化的发展，除了昆明市本身的发展，还要抓各县、市所在的城镇以及中心镇的发展。如果我们能在近期（如2～3年）把昆明所属各县市的城镇化率提高到全国的平均水平（37.7%），那将有30万～40万农业人口

① 国家统计局编《中国统计年鉴·2002》，北京：中国统计出版社，2002年9月，第98、474页。

转变为城镇人口，那将对昆明的县域经济的发展起一个很大的推动作用。

第二，要千方百计扩大就业门路，既解决城市下岗失业人员的就业问题，也要解决进城进镇的农业剩余劳动力的就业问题，办法是通过市场经济的运作，大力发展二、三产业，特别是第三产业，解决现在许多事没有人干、许多人没有事干的问题。

农村穷，农民苦。穷在哪里？民主革命时期，农民问题是土地问题，现在的农民问题，是个充分就业问题。中国地少人多，农民人均 1 亩多地，原来吃大锅饭，田种不好，粮食和农产品都不够，现在实行了家庭联产承包责任制，农民生产有了积极性，加上科学种田，这点田不够种的。现在的农民是一个月过年，三个月种田，八个月没事干。占全国人口 62% 的农民，只创造了 15.9% 的 GDP（昆明是占人口 60% 的农民，创造的 GDP 只占 8.2%），自然就穷。穷就穷在不能充分就业，八个月闲着，就不能有收入。所以，要通过市场经济的运作，使农村剩余劳力转到二、三产业中去，使他们有活干，有钱挣。减少农民，才能富裕农民。

现在城市里有种理论，认为：城市里还有这么多下岗职工没有就业，你农民工进来，不是抢城里人的饭碗，使城市就业问题更严重吗？这是个想当然的理论，实践不是这样的。北京市自 20 世纪 80 年代以来就有这样的争论。另一方面是几百万农民工和外来的务工经商人员（2000 年普查是 359 万），一方面有 40 万 ~50 万下岗失业和待业人员。政府和有关部门曾经数次采取行政措施，轰外来人口，以便腾出位子，让本市人就业，还下了几次红头文件，规定有 100 多个职业，不许外地人干，只用本地人，否则，用人单位就要受罚，但结果都没有奏效。事实是农民工越来越多，外来人口越来越多。其实，不仅北京如此，上海也如此，许多大城市特大城市都如此。什么原因？首先是社会主义市场经济在发展，城市的经济事业在发展，需要人（凡是用外地民工越多的城市和地区就越富，上海、北京、深圳最多，所以也最繁荣、最富）。另外，许多活，本地人不愿干、不屑干、不肯干。如重活、脏活、累活、险活、有污染的活，本地人不干，只有用民工、外地人来干。现在这些城市的建筑、环卫、餐饮服务等，都是靠外地人，而且已经离不开了。每到春节，民工要回家过年，不少行业只好停工，煤、牛奶无人送，老人无人照顾，早点铺开不了业……

实践还证明，这些外来工和人口不仅不是抢本地人的饭碗，还增加了本地人的就业，如这么多外地人要吃、要住、要看病、要娱乐，当地的第三产业就繁荣了。仅就管理这几百万人，就要有多少万人就业。前几年深圳的外来人口有500多万，仅收暂住证费一年就15亿元，安排了多少本地人就业。

国外也有类似的经验。希腊在欧洲是经济不太好的国家，本国失业的人很多。20世纪90年代，南斯拉夫乱了，大量的劳动力涌向希腊。开始也是堵，但堵不住，经过一段实践，这些南斯拉夫人不仅给希腊干了过去没有人干的活，对经济发展起了推动作用，而且希腊本来的失业问题反而缓解了，有不少人由此有了新的就业岗位。

昆明市的经济社会事业还有很大的发展前景，还可能容纳人。前面说过，10个县市的县城和几十个中心镇发展起来，就可以容纳很多人。关键还是要改革，要放开，要发展市场经济。

昆明是个全国、全世界都闻名的旅游城市，有这么多好的风景区，有这么多文化名胜古迹，还有世博园，四季如春，全国独有。旅游业是朝阳产业，是无烟工业，大有发展前途。这几年国家搞了一年有三个七天的休假，成了黄金周，每年旅游人数、消费收入以20%的速度增长。昆明市要抓住这个机遇，把旅游、度假、休闲事业搞起来，上几个台阶，并以此为龙头产业，把旅游工业、新产业带起来，特别是把周边各县市的旅游资源也发掘建设起来，除了石林外，再开辟一些景点，使人们到昆明一趟可以休息5天、7天。这方面还大有文章可做。这些文章做起来就业门路就多了，经济社会事业就发展起来了。2002年的国庆节，北京接待游客384万人，旅游收入28亿元。这次黄金周，有个现象很值得注意。外地游客纷纷到北京来，而住在城里的北京人，有一部分到外地去旅游，还有相当一部分人，到郊区农村中去，住农家院，吃农家饭，呼吸新鲜空气。郊区农村节假日接待城里来的客人，有一笔可观的旅游收入。昆明市里有200万人，各县有条件的农村，办些这样的农家旅店，将是发展旅游产业的一个亮点。

第三，要通过深化改革，逐步改变目前仍在实行的“一国两策”的格局，大力支持农村发展，缩小城乡差距，促进城乡经济社会协调发展。

在原来计划经济体制条件下，逐步形成了城乡分治的二元社会结构，对城市、对城镇居民实行一种政策，对农村、对农民实行另一种政策。长期实行这种“一国两策”，使城乡分割，城乡差距扩大，使城乡都不能协调健康地发展。改革开放以来，这种状况有所改变，但因为户籍制度等还未作根本性的改革，所以“一国两策”还在若干方面实行，这是造成目前农村发展迟缓、农民收入难以提高、负担难以减轻等诸多经济社会问题的重要原因。当然要进行彻底改革，需要国家宏观决策进行改革，但是地方可

以根据中央总的方针，结合本地区的实际情况，率先进行某些方面的改革，进行区域性的调控，加快农村的发展，使城乡差距逐步缩小，促进地区的城乡协调发展。

据我们研究，目前财政体制方面也存在一些问题。如省、地（市）、县、乡之间的财权和事权不相称。总的情况是，财政收入向上倾斜，向城市倾斜，向发达地区倾斜，致使中西部地区的县乡两级财政非常困难。全国约有60%的乡镇负债，乡镇的公务员和中小学教师不能按时发工资，日常办公运转的经费严重短缺，影响正常工作的开展。这是当前许多农村经济社会不能健康发展的原因。

从政协提供的简况中可以看到，昆明市也存在这方面的问题。2000年昆明市地方财政总收入是56.34亿元，人均1171元，高于全国1058元/人的平均水平。城区的五华、盘龙、官渡三区，人均财政收入都在1200元以上，高于全市的平均数（官渡区为2198元，高出近一倍）。但各县的财政收入就差很多，除了安宁市1100元/人和呈贡县（今呈贡区）944元/人，其余7个县都在500元/人以下，寻甸县只有151元/人，禄劝县只有126元/人（官渡区是禄劝县的17.4倍）。昆明下属诸县，这样的财政状况，是很难正常发展的。

当然，实际情况可能不像上述统计方面表现得那么严峻，昆明市政府一定已采取了如转移支付等方式，在财政上支持这些困难的农业县，帮助他们正常地开展工作。我的建议是，要通过深化改革，从各方面加大对农业各县的支持力度，真正实行今年中央农村工作会议提出的“多予、少取、放活”方针，使农业、农村经济更快地发展起来，使农民收入更快的提高，负担真的减轻下来，使城乡差距逐步缩小，使农村社会稳定。这样做了，表面来看是城市支持帮助了农村，实际上农业各县的经济发展起来了，农民富裕起来了，就给城市的工业品创造了市场，城市的第三产业也有了消费的对象，反过来，一定能使城市本身更加繁荣，发展得更好更快。真正做到城乡相互促进，协调发展。

20世纪80年代初期，著名社会学家费孝通教授组织进行了小城镇问题的调查。他在调查中发现，凡是比较繁荣发达的小城镇，它周围农村的农民一定比较富裕，他用了一个名词说，繁荣的小城镇，一定是这个小城镇的“乡脚”好。其实大中城市也一样。拿北京和上海比，这两个城市各方面都很好，北京是党中央、国务院的所在地，政治资源、文化资源、经济资源要比上海更好一些。但上海在经济发展方面，总是比北京好。什么原因？研究来研究去，主要是一个原因。上海周围是苏州、无锡、常州，是杭州、嘉兴、湖州和宁波、绍兴，这里的农村是全国最富裕的农村，农民是全国最富裕的农民，他们到上海购物、消费，上海就繁荣了。而北京周边的农村就比较穷，北京的乡脚，远远不如上海的乡脚好。这里的农民进城来，只到天桥一带去买东西，在地摊小店里购物消费，中高档的商店、饭店是不去的。北京的商店、第三产业发展就不如上海。所以农村是城市发展的基础。从这一角度讲，昆明市要繁荣、要发展，除了其他各方面的工作要做好，重要的一条，要抓 8 个县市的农村发展。农村真的发展起来了，农民真的富裕了，昆明市本身也就更加繁荣、更加富裕了。

南山集团是农村工业化、城市化和全面建设小康社会的典范*

我是第三次到龙口来。第一次是1985年，黄代孝当书记，我是来取经的，那时没有到南山。第二次是2001年，李铁映要我们做重大课题立项工作，我来过南山，只半天时间，走马观花，有好的印象。大佛已经建了，还未开始营业。

这次来参会，看了一天，听了范、于、宋三位同志的介绍，深受教育。看到了一个全面建设小康社会的农村社区。今天我讲三个问题。

一　南山集团实践的重大意义

1. 南山集团是农村工业化的典范

一个国家要实现现代化，首先要实现工业化，要从农业社会向工业社会转化。改革开放以后，中国农民创造了家庭联产承包责任制以后，接着又创造了乡镇企业这个新的经济形式。南山在改革开放初期，以5000元起家，创办了豆腐磨坊和制石棉瓦起家，以后逐步发展，这同全国多数地区是一样的。南山集团的可贵之处在于，它能与时俱进，不断调整产业结构，不断改变经营管理模式，经过一次、两次创业，逐步发展为现代化管理的集团企业、股份制企业。现在已形成精纺毛料、铝制品产业、葡萄酒、旅游等数十个工厂、企业的超大规模，2007年销售收入50亿元，利润5亿多元。这样大的精纺毛料企业、铝制品产业，在全国是一流的。这样大的企

* 本文源自作者手稿。该文稿系陆学艺于2003年7月17日在“南山经验与发展方向”研讨会上发言的提纲，现根据发言提纲整理成文。原稿无题，现标题为本书编者根据发言内容所拟定。——编者注

业，总资产达到106亿元，这在当年如要国家投资，没有几十亿元的投入是办不成的，这堪称奇迹。

实行家庭联产制以后，全国80多万个生产大队的集体经济基本上是垮了。留下来现在还坚持集体经济、集体经营的大致有2000多个，而像南山这样销售收入50亿元大企业集体，全国只有十几个。10亿元以上的不足100个，像北京的韩村河，江苏的华西，浙江的航民村、横店，广东的万丰，河南的竹林镇、南街村，山东的粤庄镇。

如果我们全国74万个行政村，有千分之一达到南山的水平，那就有3.5万亿元的销售收入，中国农村的面貌就可以彻底改观了。按照南山今后三年的规划，2006年销售收入400亿元，利税40亿元，则可成为全国第一村，可对国家做出巨大的贡献。

2. 南山集团是农村城市化的典范

一个国家要实现现代化，就必须实现城市化，使60%～70%的农民转变为二、三产业的劳动者，转变为城镇居民。我国工业化已达到中期阶段，但由于我国户籍制度的限制，城镇化率只有37.7%（低于47%的世界平均水平），所以还不能说是工业化国家（二、三产业超过农业产值，就业50%以上，城镇化率50%以上）。现在是城市化严重滞后于工业化，带来了一系列的社会、经济问题，现在已在影响经济的健康快速发展，工农业产品卖不出去，农产品价格上不去，工业品卖不出去。

党的十六大提出要加快城镇化步伐，办法有两个，一是增加城市的数量和容量，扩建和新建城市；二是农村本身变成城市。南山走了一条自身城市化的道路，把一个25万平方公里的农村建成一个现代化的小城镇。这样好的城镇建设，别墅式的住房、整齐的街道、超市、商店、邮局、高尔夫球场等体育设施、学校、医院、影剧院，一应俱全，这比一般的城镇好得多了。3.6万职工，加上家属5万人，在国外就是一个城市。不仅化了本村的5600居民，[①] 也使3万多农民工城市化了。这里再也不要“农转非”了，户口不成问题，想“非转农”也不可能，国家不花一分钱。如果东海园区再开发成功，那里还能化5万～10万人。[②]

3. 南山集团是全面建设小康社会的典范

党的十六大提出了全面建设小康社会的宏伟目标，设计到2020年全国

① 意即使本村5600居民城镇化了。——编者注

② 意即使5万～10万人城镇化。——编者注

达到小康社会。提出了经济更加发展、民主更加健全、科教更加进步、文化更加繁荣、社会更加和谐、人民生活更加殷实等6个方面的要求，也是6条标准。仔细分析起来主要是3条：第1条是经济标准，经济要更加繁荣，GDP总量达到4万亿美元，人均GDP在3000美元以上；第2条是政治标准，民主更加健全；第3条以后是社会标准，社会要全面进步。只要按社会主义市场经济规律运作，经济标准是可以达到的，路已经蹚出来了。难的是社会全面进步，后4条都是。而这6条在南山都做到了，第1条现在已经实现，这已经不是人均3000美元的问题；科教更加进步也不错，两处学校都是全国超一流的；文化更加繁荣也做得不错，会议中心、体育馆、高尔夫、图书馆……；社会更加和谐方面，本地人和外地人、干部和群众的差距缩小了；人民生活更加殷实，中间阶层占主要的了，家家户户都是，人均400万元。而且，南山创造了经验，经济发展是主要的，但同时注意政治和社会全面进步，城乡一体了，城乡协调、经济社会协调、人与自然协调，这三条都做到了。

二　南山工作的基本经验

这几个总结都很好，很到位，一目了然，看了使人深受教育，龙口和南山有人才，有高手。

1. 党的领导和群众创造相结合干出大事业的典范

南山之所以有今天，是南山党委在山东省委、烟台市委、龙口市委的领导下，自始至终创造性贯彻党的十一届三中全会精神的结果。前30年不行，1978年以后一步步变了。南山有今天离不开烟台市委、龙口市委的领导。昨天，于爱年书记总结得好，创造各种有利条件，促使南山集团持续、快速、健康发展。原则是参与不干预，到位不越位，指导不指令。专门有人帮助企业把好关、定好位，派出1名市级领导，长期驻南山，指导发展。坚持帮忙不遗余力，创造有利于南山集团快速发展的小气候。让企业发展无顾虑，实行重点项目无障碍，确保优惠政策无截留。为企业做好后勤：缺地，解决地；缺水，调水；缺资金，调资金。把好党的建设和精神文明建设关。当然，南山党委能自觉地接受领导，自己很争气，有干劲，有闯劲，有创造性。这可以说是两方面结合的典范，关系非常融洽。我调查过不少这样的村，凡是成功的，都是党的领导和当地贯彻落实结合得好的。反面例子也有，如大邱庄，起步早，上得快，20世纪90年代初就达到100

亿元销售收入。但禹作敏根本不把县委、市委放在眼里，搞独立王国，老子天下第一。当地党委也有责任，是没有搞好党的领导，等着出事。不少明星村昙花一现，关键在这里。南山幸逢有个好领导，自己也争气，为龙口做出了贡献，以1%的人口贡献了1/10的财政收入。南山经验要总结，龙口市委的经验也要总结，培养出了这样一个状元村。

2. 建设好以南山党支部、党委为核心的一个领导集体，有宋作文这样的好领头人

这几乎是一个普遍规律，凡是搞得好的村，都有这样一个领头人，有一个好班子。华西的吴仁宝，韩村河的田雄，横店的徐文荣，万丰的潘祥恩，房干的韩增强，罗庆镇的李连和，窦店的倪振亮。难能可贵的是宋作文同志，几十年如一日，兢兢业业，艰苦奋斗，团结协作，勇于创新。正如宋建波所讲，他带头学习，带头实干，带头讲团结，带头廉洁守纪。每天5～6点钟起床，先绕企业转一圈，了解生产情况，7点召开碰头会，研究解决问题，推进工作落实，深夜才回家。以企业为家，不知疲倦，管理得这样井井有条，是这一班人数十年的辛勤和智慧的结果。

3. 内育外引的人才战略，是本村人与外村人合作的典范

办这样的大型现代企业，光靠本地人是做不到的，没有人才是不行的。我第一次来就感到这里有高手，不是一般的。集团先后请来了600多名专家，提拔了400多名中层管理干部，处理好了本村与外村、本地与外地人的关系，从政治、经济、收入分配等方面处理好了。对内培养自己的本地人才，在实践中学，提高自己，办学校培养新的接班人，这一点非常有远见，要惠及龙口，惠及子孙。

4. 密切注意市场动向，不断调整产业结构，与时俱进，高水平、高起点的经营战略

办好一个企业，同小农业生产完全是两回事。小农经济几千年是老一套，简单再生产，不断地重复，自给自足，只同老天打交道。工业生产、市场经济，要随市场变动而调整。宋作文带领南山集团，20多年从豆腐磨坊到玻璃纤维、织毛巾、毛纺厂、铝材生产，围绕市场需求，不断提升产业层次，抢占制高点。一个行业做高、做大、做强。设备是全世界最好的，一上场，就是占第一的。它这套精纺设备，除了阳光集团，国内其他企业是没有的，而且是链式运作。进口毛料—洗毛—毛涤—纺—织—染—加工服装（40万套），从10元/斤的原料，到2000元/套的西服，数十倍上百倍利润就有了。进口铝矾土—铝粉—电解铝，氧化铝—铝锭—棒—铝材—铝

合金。煤矿—电厂—发电。有这样一个长产业链，就立于不败之地。有产品优势，有成本优势。这是高明的战略。

5. 精心组织、精心设计、严格管理、严格要求的管理作风

中国的企业一开始学苏联，傻大黑粗；加上我们过去是带队打仗的，游击习气，大而化之；再加上“文革”的冲击、停产，管理是粗放的。我到汽车厂劳动过，满地是零件，地上是油乎乎的；纺织厂都是飞絮，黑乎乎的，使人憋气。到南山的精纺厂一看，这样干净，这样整洁，全区看不到纸屑、烟头，使人为之一亮。工人上下班整齐排队，这支队伍是训练出来了。南山不仅创造了财富，而且培养了一支队伍。当年学大庆时，讲“三老四严”，后来都丢了，但我在这里又看到了。

6. 精神文明抓得好，两手抓，两手都硬

三　对南山未来发展的几点希望

南山的三年规划定得好，第三次创业。宋作文说，山外有山、天外有天，与省内外强村强企比还差得远，与联想、海尔比还差得很远。南山已经提出了争做华夏第一村，如果到2006年销售收入400亿元、利税40亿元、200亿元纯资产，那就是华夏第一村，而且进入世界500强企业，每年50亿美元，可以说是天下第一村。按规划实现是有希望的，天时地利人和。我提几点建议。

1. 要继续按市场规律，进行产业结构调整，争抢制高点

要有高新技术，不一定都是搞电子、生物、航天，但要提高技术。我建议你们广泛调查，在做好纺、铝、酒、旅游这几个大项目的基础上，再上一些新的项目，如海水淡化的设备和工艺。现在沿海缺水，南水北调还不能解决问题。可以联合攻关，天津正在上5万吨级的海水淡化项目，烟台也在搞，做成了功莫大焉。有些小技术有大效益，如擦碗布一块10美元，一把吉利刀片5美元（只0.5克）。链式生产要，但要专业化，有些传统项目可以转出去。要搞天下第一、全国第一的产品。山东政治上崇尚争第一，但市场一定要为天下先。资金也还可融资，你们现在是18%负债率，可以搞到50%，不会有危险，一手交钱一手交货不是现代化市场规律。

2. 要国际化，适应加入WTO的状况和要求

要真搞到400亿元，真正是大型国家企业，不是二级而是一级、超级企业。不仅要引进来，而且要走出去，这里大有文章。

3. 城市化的文章还要做

你们现在还是一厂两制，作为现代化企业，长期下去是不行的。这一点首先龙口市要做。龙口63万人，加外来人口10万，73万人怎么办？烟台提出要搞沿海经济带，20平方公里开发了，人口要向那边移。龙口现在正在建新市区，老百姓、干部不愿去。无锡新县城化花了几十亿元，没有搬成。这是大问题，两条：一把学校先搬过去，一中、中心小学先过去，建一流的学校，多数人就会过去；二把超市建起来，服务设施建上去，住房建起来。沿海城市同内陆城市是大不一样的，龙口的城市化要提高。再就是要加强社区管理。

4. 南山要扩大知名度

老宋不宣传、不表彰自己是对的，但往下做就不是个人的问题了。搞工业、商业就要知名度，一个品牌值很多钱，皮尔·卡丹一贴牌身价十倍。你们的西服是名牌就可以多卖1000元/套。你们的酒、南山庄园有了品牌就值钱了。你们的旅游70万人次，可以搞到700万人次。南山的经验还要总结，要推广。榜样的力量是无穷的，增强信心，提高民族自尊心，让老外也来看看华夏第一村。要把文章准备好，销售收入搞到200亿元就可以宣传了。